Zu diesem Buch
Nach neuesten Erkenntnissen ist der Mensch biologisch darauf angelegt, Nachkommen mit möglichst vielen verschiedenen Partnern zu produzieren. Aber warum gibt es dann die Eifersucht, dieses Gefühl wie ein Fausthieb in die Magengrube, das zu tiefer Depression und zu grenzenloser Wut führt? Der amerikanische Psychologieprofessor David M. Buss ist dieser Frage auf den Grund gegangen. Er erklärt, warum Frauen eifersüchtig werden und was Männer quält, wenn die Liebste fremdgeht. Aber Buss zeigt auch, dass es meist mehr als eine Illusion ist, wenn das Gefühl sagt, dass der Partner nicht treu ist, und dass Eifersucht eine Beziehung auch sexuell frisch halten kann.

David M. Buss, Ph. D., lehrte an der Harvard University und an der University of Michigan und ist heute Professor für Psychologie an der University of Texas in Austin. Unter seinen zahlreichen Aufsätzen und Büchern befindet sich u. a. das viel diskutierte Werk »Die Evolution des Begehrens« (1994). Seine Forschungen über Sexualität, Gefühle und Strategien der Partnerwahl haben ihm eine Vielzahl von Auszeichnungen und hohe internationale Anerkennung eingebracht.

David M. Buss

Wo warst du?

Der Sinn der Eifersucht

*Aus dem Amerikanischen
von Zoe Wellerck*

Rowohlt Taschenbuch Verlag

Die Originalausgabe erschien 2000 unter dem Titel
*The dangerous passion – Why Jealousy is as necessary
as love or sex* bei Bloomsbury, London

Für Cindy

Veröffentlicht im Rowohlt Taschenbuch Verlag GmbH,
Reinbek bei Hamburg, März 2003
Copyright © 2003 by Rowohlt Taschenbuch Verlag GmbH,
Reinbek bei Hamburg
Copyright © David M. Buss, 2000
Copyright © der deutschsprachigen Ausgabe
Heinrich Hugendubel Verlag,
Kreuzlingen / München 2001
Umschlaggestaltung any.way, Barbara Hanke / Cordula Schmidt
Druck und Bindung Clausen & Bosse, Leck
Printed in Germany
ISBN 3 499 61442 1

Die Schreibweise entspricht den Regeln
der neuen Rechtschreibung.

Inhalt

Vorwort und Danksagung 9

1. Die gefährliche Leidenschaft 13
Das grünäugige Ungeheuer 15
Das Othello-Syndrom 19
Die Evolution der Liebe 22
Heimliches Begehren 29
Warum Frauen Affären haben 33
Der Ovulations-Trieb 35
Das Problem der Signalerkennung 37
Emotionales Wissen 39

2. Paradoxe Eifersucht 43
Das Eifersuchts-Paradoxon 44
Die Bedeutung von Eifersucht 45
Mythen über Eifersucht 48
Die Evolution des Geschlechterkonfliktes 50
Emotionen – Signale für strategische Störungen 54
Gefahren bekämpfen: der Aufbau der Verteidigung 60
Die ko-evolutionäre Spirale 62

3. Eifersucht auf Venus und Mars 69
Unterschiedliche Wunschvorstellungen 71
Mama's Baby, Papa's Maybe – Mamas Baby zweifellos,
ob Papas, das bleibt dubios 72
Emotionale Strömungen 73
Sophies Wahl 76
Verschiedene Erklärungsmodelle der geschlechtsspezifischen
Unterschiede 78
Eifersuchtserlebnisse: Venus und Mars 81
Eifersucht bei Homosexuellen 84
Das ewige Dreieck 87
Eifersucht gegenüber Rivalen – in den Niederlanden 89
Eifersucht gegenüber Rivalen – in Korea, den Niederlanden
und Amerika 91
Eifersucht gegenüber Rivalen – in Kingston, Jamaika 93

4. Das Othello-Syndrom 96
Die Theorie des Irrtum-Managements 98
Impotenz und männliche Wechseljahre 101
Alkoholkonsum und Eifersucht 106
Sexuelle Unzufriedenheit bei Frauen 108
Verminderte sexuelle Lust bei Frauen 110
Unterschiedliche Begehrlichkeit 111
Schockerfahrungen 119
Symbiotisch krankhafte Konstellationen 122
Die Pathologie der Eifersucht 125

5. Keiner soll sie haben außer mir 127
Eifersucht und Misshandlung 128
Die körperlichen Folgen von Misshandlung 131
Wie erkennt man Risikogruppen und potenzielle
Gewalttäter? 132
Sind Frauen so gewalttätig wie Männer? 133
Gründe für Gewalt aus Eifersucht 136
Ist häusliche Gewalt eine Adaption? 139
Ich weiß, du liebst mich 142
Tödliche Gewalt 145
Evolutionsgeschichtliche Ursachen für Partnermord 149
Gesetze zur Tötung in Ehen 153
Besonders gefährdete Frauen 154
Tötungsphantasien 157

6. Lügen und Geheimnisse 160
Die Vorherrschaft der Untreue 161
Nach Herzenslust 163
Sexualphantasien 166
Anfälligkeit für Untreue bei unterschiedlicher Attraktivität 170
Das Prinzip der abnehmenden Gewinne 174
Emotionale und sexuelle Befriedigung 176
Die Persönlichkeit der Treulosen: Liegt das Schicksal
im Charakter? 179
Treiben manche Menschen ihre Partner in die Arme
eines anderen? 182
Hinweise auf Untreue: Sensibilität für leise Signale 184
Trennung 187

7. Warum Frauen Affären haben 190
Der Duft der Symmetrie 192
Söhne mit Sexappeal 195
Die Partner-Versicherung 197
Das Beziehungsgeschäft 199
Frauen wollen alle nur das Eine 203
Die eine so, die andere so 208
Gründe, nicht fremdzugehen 210
Fremdgehen oder nicht fremdgehen? 214

8. Strategien zur Problembewältigung 216
Klinische Behandlung von Eifersucht 218
Kulturell vorgeschriebene Problembewältigung 222
Wachsamkeit 225
Die Wünsche des Partners erfüllen 226
Emotionale Manipulation 229
Psychologische Strategien der Problembewältigung 230
Verheimlichen oder Erregen von Eifersucht 232
Herabsetzung von Konkurrenten 234
Loyalität und der Concorde-Trugschluss 239
Strafe und Vergeltung 241

9. Emotionales Wissen 243
Das Testen einer Verbindung 245
Die Vorzüge der provozierten Eifersucht 248
Sexuelle Leidenschaft entfachen 252
Ewige Liebe 255
Emotionales Wissen 260

Anmerkungen 265

Literatur 278

Register 291

Vorwort und Danksagung

Wer sein Leben der Erforschung der geheimnisvollen menschlichen Natur widmet, findet sich in der ungewöhnlichen Situation, dass der Forschungsgegenstand seinen eigenen Verstand mit einschließt. Manchmal verhilft eine persönliche Einsicht zu einer wissenschaftlichen Entdeckung. In meinem Fall brachte eine wissenschaftliche Erkenntnis eine persönliche mit sich. In einer meiner ersten Studien zum Thema Eifersucht baten wir Frauen und Männer, sich vorzustellen, ihr Partner hätte Sex mit jemand anderem. Manche der befragten Personen zeigten starke Eifersuchtsgefühle. Sie zitterten vor Wut, wenn sie sich die irritierenden Bilder vor ihr inneres Auge riefen. Andere waren, zumindest dem Anschein nach, emotional weniger betroffen. Ich wollte den Gründen für diese unterschiedlichen Reaktionen auf die Spur kommen. Einer der relevanten Faktoren war, ob die betreffende Person schon eine wichtige und wirklich verbindliche Beziehung gehabt hatte oder nicht. Jene, die entweder gerade verliebt waren oder schon eine Liebe – und deren Verlust – erlebt hatten, reagierten sehr viel eifersüchtiger als jene, die sich lediglich eine Liebe wünschten, aber noch keine persönlichen Erfahrungen damit gemacht hatten.

Als die Ergebnisse dieser Untersuchung schwarz auf weiß vor mir lagen, wurde ich von lange verschütteten Erinnerungen aus meiner Vergangenheit eingeholt. Im jugendlichen Alter von 17 Jahren hatte ich – zweifellos von der damals vorherrschenden kulturellen Ideologie beeinflusst – sozusagen öffentlich verkündet, der Körper meiner Freundin gehöre ihr, sie könne Sex haben, mit wem sie wolle, und Eifersucht sei eine unreife Emotion von spießigen, verklemmten und unfreien Menschen. Ich selbst fühlte mich natürlich darüber erhaben. Es gab nur ein Problem: Ich hatte gar keine Freundin! Als ich ein Jahr später zum ersten Mal eine ernsthafte Beziehung hatte, schlugen meine Gefühle plötzlich um. Es war, als ob eine Eifersuchtstaste in meinem Gehirn, vorher auf »aus« gestellt, mit einem Mal auf »an« umgesprungen sei. Ich bemerkte, wie ich andere Männer verärgert anstarrte, die sich meiner Partnerin gegenüber etwas zu freundlich verhielten, wie ich meine Freundin unerwartet anrief, nur um zu sehen, ob sie auch da war, wo sie mir zuvor gesagt hatte, dass sie sein würde. Plötzlich meinte ich, jeder Mann begehre sie insgeheim. Ich wurde mir einer tiefer liegenden Dimension meines Seelenlebens bewusst, die vormals im Schlummer gelegen hatte.

Über die letzten zehn Jahre habe ich meine Forschungstätigkeit zusammen mit zahlreichen talentierten Kollegen auf die gefährliche Leidenschaft Eifersucht und auf ihren »seelenverwandten« Begleiter, das Gespenst der Untreue, gerichtet. Im Rahmen dieser Arbeit erwiesen sich einige vermeintlich private Dämonen mehr und mehr als überraschend weit verbreitete Heimsuchungen.

Das vorliegende Buch stellt eine Zusammenfassung sowohl meiner eigenen Arbeit als auch der Studien von Hunderten von Wissenschaftlern aus aller Welt dar. Vielen Personen, die direkt oder indirekt zum Entstehen dieses Buches beigetragen haben, bin ich tief verpflichtet. Mein erster Dank geht an meinen Freund Don Symons, der mir mit seinen Veröffentlichungen, Dutzenden von Diskussionen und großzügigem Feedback zu meiner Arbeit geholfen hat. Als Nächstes möchte ich besonders Leda Cosmides und John Tooby danken, mit denen ich Stunden lebhafter Diskussionen zum Thema verbracht habe und deren anregende Publikationen nun schon seit beinahe zwei Dekaden mein Denken maßgeblich beeinflussen. Martin Daly und Margo Wilson haben Pionierarbeit bei der Erforschung der gefährlichen Leidenschaft geleistet, die besonderen Gefahren für Frauen aufgezeigt und mir über Jahre großzügig geholfen, meine Gedanken dazu in klarere Bahnen zu lenken.

Besonderen Dank schulde ich den Mitarbeitern, die direkt an meinen Forschungsprojekten beteiligt waren. Ich hatte das Glück zusammenzuarbeiten mit Alois Angleitner, Armen Asherian, Mike Barnes, Kevin Bennett, April Bleske, Mike Botwin, Bram Buunk, Jae Choe, Ken Craik, Lisa Dedden, Todd DeKay, Josh Duntley, Bruce Ellis, Barry Friedman, Steve Gangestad, Arlette Greer, Heidi Greiling, Mariko Hasegawa, Toshikazu Hasegawa, Martie Haselton, Doug Kenrick, Lee Kirkpatrick, Randy Larsen, Neil Malamuth, Victor Oubaid, David Schmitt, Jennifer Semmelroth, Todd Shackelford und Drew Westen.

Todd Shackelford möchte ich besonders hervorheben – ich kann mir keinen besseren Mitarbeiter vorstellen. Bei mehr als einem Dutzend Veröffentlichungen, mit einer thematischen Bandbreite von Anzeichen für Untreue bis zu Taktiken, die Frauen und Männer zum Halten ihrer Partner einsetzen, war er mein Ko-Autor. Heidi Greiling half mir, zumindest zeitweise so weit von meinem »männlichen Denken« Abstand zu gewinnen, dass ich an einer Reihe von Studien über die versteckten psychischen Dimensionen weiblicher Sexualität mitzuarbeiten vermochte. Martie Haselton, Hauptautor des Buches »Error Management Theory« (etwa: »Irrtum-Management-Theorie«), verschaffte mir außerordentlich wichtige Einblicke im Themenbereich der Signalwahrnehmung und der Bedeutung des weiblichen Ovulationszyklus. Josh Duntley half mir, die Faktoren, die bei eifersüchtigen Männern zu Gewalttätigkeit gegen Frauen führen können, besser zu verstehen. April Bleske half mir zu begreifen, warum Freunde manchmal Rivalen sind und warum Frauen und Männer solche Schwierigkeiten haben, »einfach nur Freunde« zu sein. Barry Friedman war maßgeblich an den Untersuchungen darüber beteiligt, wie Männer und Frauen intime Partnerschaften bzw. deren Stärke »testen«.

Zahlreiche Diskussionen mit folgenden Kollegen haben sich auf den Inhalt des vorliegenden Buches ausgewirkt: Dick Alexander, Rosalind Arden, Robin Baker, Jerry Barkow, Laura Betzig, Nap Chagnon, Helena Cronin, Richard Dawkins, Irv DeVore, Randy Diehl, Paul Ekman, Steve Gangestad, Bill Hamilton, Kim Hill, Sarah Hrdy, Bill Jankowiak, Doug Jones, Doug Kenrick, Lee Kirkpatrick, Kevin MacDonald, Neil Malamuth, Geoffrey Miller, Randy Nesse, Dick Nisbett, Laura Nitzberg, Steve Pinker, David Rowe, Jeff Simpson, Dev Singh, Barb Smuts, Frank Sulloway, Del Thiessen, Nancy Thornhill, Randy Thornhill, Bill Tooke, John Townsend, Robert Trivers, Jerry Wakefield, Lee Willerman, George Williams. D.S. Wilson, E.O. Wilson und Richard Wrangham.

Meine Agenten Katinka Matson und John Brockman haben mich maßgeblich dabei unterstützt, die Idee zu diesem Buch weiter zu verfolgen. Philip Rappaport vom Verlag Free Press hat sowohl bei der Redaktion einer frühen Version des Manuskriptes als auch bei der endgültigen Version ein sehr gutes Auge bewiesen. Rosemary Davidson vom Verlag Bloomsbury Publishers, April Bleske, Joshua Duntley, Barry Friedman, Martie Haselton und Todd Shackelford haben einsichtsvolle Kommentare zu meinem Text beigesteuert.

Und schließlich möchte ich Tausenden von Frauen und Männern meinen Dank dafür aussprechen, mir großzügig Einblicke in ihr Leben gewährt zu haben und somit in die dunkleren Geheimnisse der gefährlichen Leidenschaft.

1. Die gefährliche Leidenschaft

> Eifersucht ist dem Menschen nicht nur angeboren,
> sie ist auch die alles durchdringende Emotion schlechthin.
> Auf alle menschlichen Beziehungen hat sie maßgeblichen Einfluss.
>
> BORIS SOKOLOFF: »JEALOUSY: A PSYCHOLOGICAL STUDY«, 1947

Jeder Mensch ist Teil einer evolutionären Erfolgsgeschichte. Hätte einer unserer Vorfahren eine Eiszeit, eine Dürre, den Angriff eines Raubtieres oder eine Seuche nicht überlebt, wäre er vielleicht nicht unser Vorfahre. Wenn es unseren Vorfahren nicht gelungen wäre, zumindest mit ein paar anderen Mitgliedern ihrer Gruppe zusammenzuarbeiten, oder sie unter eine bestimmte Position in der sozialen Hierarchie abgesunken wären, hätte dies den Ausschluss aus der Gemeinschaft und somit ihren sicheren Tod bedeutet. Hätte auch nur einer bei der Auswahl, Werbung und beim Halten des Partners versagt, wäre die vormals intakte Kette der Nachkommenschaft irreparabel gerissen und wir wären nicht hier, um diese Geschichte zu erzählen. Wir alle verdanken unsere Existenz Tausenden von Generationen erfolgreicher Vorfahren. Von ihnen haben wir die Leidenschaften geerbt, die zu ihrem Erfolg beitrugen – Leidenschaften, die uns, oft ohne dass es uns bewusst wäre, in einem lebenslangen Kampf ums Überleben, im Streben nach einer Position und auf der Suche nach Partnern antreiben.

Gewöhnlich scheint uns der Begriff Leidenschaft auf die Bereiche Sex und Liebe beschränkt, auf die innige Umarmung oder die ewige Sehnsucht. Er hat jedoch eine weitere Bedeutung: Er bezieht sich auch auf Kräfte und Emotionen, die uns bei all unseren Suchen und Aufgaben im Leben vorantreiben. Manchmal glimmen sie nur leise vor sich hin, zu anderen Zeiten entwickeln sie sich zu einem lodernden Feuer. Die Bandbreite von Leidenschaften reicht von stiller Hingabe bis zu gewaltigen Ausbrüchen. Aus ihnen entspringen die größten Freuden des Lebens, aber auch schlimmstes Leid. Und obwohl wir Leidenschaft gemeinhin als Kraft auffassen, die im Widerspruch zu Vernunft und Rationalität steht, als etwas, das gezähmt oder gar überwunden werden muss, liegen den Leidenschaften, richtig verstanden, eine klare Logik, eine präzise Absicht und höchste Sensibilität zu Grunde.

Die Antriebskräfte, die uns morgens aus dem Bett steigen und unseren täglichen Kampf aufnehmen lassen, haben zwei Seiten. Einerseits regen uns Leidenschaften an, beherzt unsere Ziele im Leben zu verfolgen. Sie treiben uns dazu an, uns unseren Wunsch nach Sex zu erfüllen, unsere Sehnsucht nach Prestige und nach Liebe. Die wunderbaren Stücke Shakespeares, die hypnotische Kunst von Georgia O'Keeffe und die brillanten Erfindungen von Thomas Edison existierten nicht, hätte die Leidenschaft diese Menschen nicht aus ihrer Ruhe gerissen und einen kreativen Schaffensdrang bewirkt. Ohne Leidenschaften würden wir müde im Bett liegen und hätten keinerlei Motivation, etwas zu tun.

Leidenschaften haben jedoch auch eine dunklere, ja unheilvolle Seite. Dieselben Leidenschaften, die uns zur Liebe inspirieren, können uns zu einer unheilvollen Partnerwahl verleiten, zur Verzweiflung aus unerwiderter Hingabe treiben oder dazu, unseren Mitmenschen nachzuspionieren und sie in regelrechten Verfolgungsjagden zu terrorisieren. Eifersucht vermag ein Paar in gegenseitiger verantwortungsvoller Verbundenheit zu halten – oder einen Mann dazu bringen, seine Frau brutal zu schlagen. Sich von der Frau des Nachbarn angezogen zu fühlen kann eine rauschhafte sexuelle Euphorie hervorrufen – und dabei zwei Ehen zerstören. Das Streben nach Ansehen kann erfrischende Machtgefühle zur Folge haben, aber auch den Neid eines Rivalen und somit einen potenziell tieferen Fall.

Im vorliegenden Buch werden sowohl die zerstörerischen als auch die glorreichen Seiten menschlichen Verlangens untersucht. Zusammen mit zahlreichen Kollegen habe ich während der vergangenen zehn Jahre vor allem das Wesen, Ursprünge, Konsequenzen menschlicher Leidenschaften zu erforschen versucht, mit besonderer Berücksichtigung der Aspekte Eifersucht, Untreue, Liebe, Sex und Status. Unser Ziel war ein tieferes Verständnis darüber, was Frauen und Männer antreibt, ein Verständnis des Verlangens, das Menschen höchste Höhen des Erfolgs erklimmen lässt oder in tiefe Verzweiflung stürzt. Dabei geht es auch um geistige Strukturen und Mechanismen, die sich beim Menschen evolutionär herausgebildet haben und die definieren, wer wir sind. Im vorliegenden Buch wird etwas Licht auf die dunkleren Aspekte sexueller Treulosigkeit geworfen, auf das Rätsel »romantischer Liebe« und auf die zentrale Rolle, die die Eifersucht in unseren Partnerschaften spielt.

Manche meinen, man sollte diese Geheimnisse nicht anrühren, sie gewissermaßen in ihrer Ursprünglichkeit belassen, geschützt vor dem groben analytischen Forscherblick. Aber ist der Frau, deren Freiheit und Gefühl von Sicherheit von einem eifersüchtigen Ehemann geraubt bzw. zerstört werden, geholfen, wenn sie über keinerlei Wissen darüber verfügt, wie sie ihre Qualen vermeiden kann? Sollen einem Mann, der von unerwiderter Liebe besessen ist, die unterschwelligen Gründe für seine Ablehnung besser verborgen bleiben? Unwissenheit mag manchmal ein Segen sein. Sie kann aber auch unnötige Ängste verursachen. Ich hoffe, dass die Aufdeckung der inneren Logik unserer gefährlichen Leidenschaften uns intellektuell bereichern und uns einen Weg zum besseren Verständnis des Kummers mit Geliebten und Rivalen zeigen kann. So ließe sich möglicherweise – in bescheidenem Ausmaß – das Rüstzeug verbessern, um mit den ungezähmten Dämonen unseres Daseins fertig zu werden.

Im Zentrum des vorliegenden Buches steht die Untersuchung eines gefährlichen Bereichs menschlicher Sexualität: das Begehren von Personen außerhalb der eigenen Partnerschaft – und das Schutzschild Eifersucht, mit dessen Hilfe die tückischen Konsequenzen dieses Verlangens bekämpft werden.

Das grünäugige Ungeheuer

Denken Sie an eine wichtige intime Beziehung, die Sie gerade haben oder einmal hatten. Stellen Sie sich nun vor, Ihr Partner beginne sich für jemand anderen zu interessieren. Was würde Sie mehr aufregen oder quälen: (a) zu entdecken, dass Ihr Partner eine tiefe emotionale Verbindung mit jemand anderem aufbaut und Vertraulichkeiten austauscht? Oder: (b) zu entdecken, dass Ihr Partner leidenschaftlichen Sex mit einer anderen Person hat und dabei Stellungen ausprobiert, von denen Sie nur geträumt hatten? Natürlich sind beide Situationen eher unerfreulich. Aber welche nimmt Sie mehr mit? Wenn Sie zu der Mehrheit der Frauen gehören, die wir in den USA, Niederlanden, Deutschland, Japan, Korea und Simbabwe befragt haben, werden Sie die emotionale Untreue schlimmer finden. Die Mehrheit der Männer dagegen leidet stärker unter der Vorstellung einer sexuellen Untreue der Partnerin. Die Kluft zwischen den Geschlechtern bei emotionalen Reaktionen auf Untreue verweist auf einige grundsätzliche Eigenheiten der menschlichen Partnerwahl.

Zur Erklärung der geschlechtsspezifischen Unterschiede bei Eifersuchtsgefühlen muss man weit in der Evolutionsgeschichte zurückblättern. Beachtenswert ist hier zunächst der grundlegende Unterschied hinsichtlich der Fortpflanzung: Die Befruchtung findet im Körper der Frau statt, nicht in dem des Mannes. Dies ist nicht überall in der biologischen Welt so. Bei manchen Spezies, etwa bei den Mormonengrillen, findet die Befruchtung im Inneren des Männchens statt. Das Weibchen pflanzt sein Ei buchstäblich in das Männchen ein, das es dann bis zur Geburt in sich trägt. Bei anderen Spezies kommt es außerhalb beider Geschlechter zur Befruchtung. Das Lachsweibchen hinterlässt seine Eier, nachdem es eine Weile stromaufwärts geschwommen ist. Das Männchen folgt ihm und legt seinen Samen darauf ab, und nachdem sie so die einzige große Mission erfüllt haben, die ihnen die Evolution aufgetragen hat, sterben beide Tiere. Menschen sind jedoch weder wie Lachse noch wie Mormonengrillen. Bei allen 4000 Spezies der Säugetiere, zu denen wir zählen, und bei allen 257 Spezies der Primaten, zu denen wir ebenfalls zählen, findet die Befruchtung im Inneren des Weibchens statt, nicht im Männchen. Für unsere männlichen Vorfahren stellte dies ein Problem dar – das Problem der unsicheren Vaterschaft.

Aus der Sicht eines unserer männlichen Vorfahren bestand die schlimmst mögliche Form der Untreue, die eine Partnerin begehen konnte – zumindest was Reproduktion betrifft –, in sexueller Untreue. Die sexuelle Untreue der Frau untergräbt das Vertrauen des Mannes, der leibliche Vater ihrer Kinder zu sein. Ein betrogener Mann läuft Gefahr, Jahre oder sogar Jahrzehnte lang in die Kinder eines anderen Mannes zu investieren. Verloren wäre die ganze Mühe, die er für die Auswahl und das Hofieren einer Partnerin aufbrachte. Zudem wäre die Arbeitskraft seiner Partnerin für ihn »verloren«, da sie dann den Kindern seines Rivalen statt seinen eigenen zugute kommen würde.

Frauen konnten hingegen immer 100 Prozent sicher sein, die Mütter ihrer Kinder zu sein (die Befruchtung im weiblichen Körper garantiert, dass die Kinder genetisch eindeutig ihrer Mutter zugeordnet werden können). Keine Frau hat jemals ein Kind geboren, dabei zugeschaut, wie es aus ihrer Gebärmutter herauskommt, und sich dann gefragt, ob das Kind auch wirklich ihres ist. In einem afrikanischen Volksstamm wird dieser Zusammenhang sehr eingängig zum Ausdruck gebracht: »Mama's baby, papa's maybe«, »Mamas Baby zweifellos, ob Papas Baby, bleibt dubios«. Die Natur hat den Frauen ein Vertrauen in ihre leibliche Elternschaft mitgegeben, das kein Mann jemals mit einer solchen Sicherheit haben kann.

Unsere weiblichen Vorfahren sahen sich vor ein anderes Problem gestellt: den Verlust der Zuneigung des Partners an eine Rivalin und deren Kinder. Da anderweitiges emotionales Engagement das verlässlichste Zeichen für diesen verhängnisvollen Verlust ist, reagieren Frauen besonders sensibel auf Hinweise über die Gefühle des Partners für andere Frauen. Der One-night-stand des Ehemannes ist natürlich sehr schmerzlich; Frauen wollen jedoch vor allem wissen: »Liebst du sie?« Die meisten Frauen verzeihen eine einmalige Untreue ohne emotionale Beteiligung eher als den Albtraum einer Frau, die Zärtlichkeit, Zeit und Zuneigung ihres Partners für sich gewinnt. Evolutionsgeschichtlich stammen wir von Müttern ab, deren Eifersucht durch Hinweise auf Liebesverlust hervorgerufen wurde, Mütter, die alles taten, um sich des Engagements ihres Mannes zu versichern.

Aber wem ist es so wichtig, wer der Vater eines Kindes ist oder wo genau sich die Bereitschaft des Mannes, Verantwortung zu übernehmen, bündelt? Sollten wir nicht alle Kinder gleichermaßen lieben? Vielleicht wird diese Utopie in der Zukunft wahr, der Natur des Menschen entspricht dies jedoch nicht. Ehemänner, die sich in unserer evolutionären Vergangenheit nicht darum kümmerten, ob ihre Frau Sex mit einem anderen Mann hatte, oder Ehefrauen, die angesichts der emotionalen Untreue ihres Mannes eine stoische Ruhe bewahrten, mögen in gewisser Weise bewundernswert sein. Vielleicht waren diese selbstbewussten, in sich ruhenden Frauen und Männer reifer. In der Tat ist Eifersucht manchen Theorien zufolge eine »unreife« Emotion, ein Zeichen für Unsicherheit, Neurose, einen schwachen Charakter. Nicht-eifersüchtige Frauen und Männer waren jedoch nicht unsere Vorfahren, denn sie wurden – evolutionsgeschichtlich betrachtet – von Rivalen mit ganz anders ausgeprägten Leidenschaften verdrängt. Wir alle entstammen einer langen Linie von Vorfahren, die die »dunkle Leidenschaft« besaßen.

Dieser Theorie zufolge ist Eifersucht eine Adaption, eine Anpassungsfunktion. Adaption ist, in der Terminologie der Evolutionspsychologie, eine Lösung für ein immer wieder auftretendes Problem des Überlebens oder der Reproduktion, die sich nach und nach herauskristallisiert hat. Der Mensch etwa hat eine Vorliebe für Nahrungsmittel wie Zucker, Fett und Protein entwickelt, die eine adaptive Lösung für die lebenswichtige Frage der adäquaten Nahrungswahl darstellt. Die Furcht vor Schlangen, Spinnen und Fremden hat sich bei uns evolutionär als Adaption hinsichtlich Problemen ausgeprägt, vor die wir uns durch gefährliche Spezies, einschließlich unserer eigenen, gestellt sahen. Und so haben wir auch Vorlieben für bestimmte Eigenschaften potenzieller Partner entwickelt, die zur Lösung des Fortpflanzungsproblems beitrugen. Anpassungsfunktionen finden sich beim heutigen Menschen, kurz gesagt, weil sie unseren Vorfahren beim überlebensnotwendigen Kampf gegen all die »feindlichen Mächte der Natur« und bei der Fortpflanzung hilfreich waren. Adaptionen sind Verhaltensweisen bzw. Vorrichtungen zur Problembewältigung, die über Jahrtausende weitergereicht wurden, weil sie funktionierten – natürlich nicht perfekt, aber sie halfen den Menschen vergangener Zeiten, einige Schwierigkeiten zu meistern und zu überleben.

So gesehen ist Eifersucht nicht ein Zeichen für mangelnde Reife, sondern vielmehr eine höchst wichtige Leidenschaft, die unseren Vorfahren hilfreich war und dies höchstwahrscheinlich noch heute ist, wenn wir unsere Fortpflanzung gefährdet sehen. Eifersucht motiviert uns zum Beispiel, Rivalen mit Hilfe verbaler Drohungen und eines gemeingefährlichen Primatenblickes von unserem Partner fernzuhalten. Sie treibt uns dazu an, unsere Partner mit Taktiken wie erhöhter Wachsamkeit vom Herumstreunen abzuhalten – oder sie in der gleichen Absicht mit Zuneigung zu überschütten. Dem Partner, der abtrünnig zu werden droht, über Eifersucht emotionale Verbindlichkeit zu kommunizieren trägt zur Erhaltung der Liebe bei. Sexuelle Eifersucht erweist sich oft als eine wirksame, wenngleich explosive Verhaltensweise in misslichen Lagen, in die auch unsere Vorfahren immer wieder gerieten.

Normalerweise sind wir uns dieser manchmal verzwickten Fortpflanzungssituation nicht bewusst. Auch vergegenwärtigen wir uns im Allgemeinen nicht die evolutionäre Logik, die zu unserem Eifersuchtsanfall geführt hat. Ein Mann denkt nicht: »Wenn meine Frau Sex mit jemand anderem hat, dann wird meine Gewissheit, der leibliche Vater der Kinder zu sein, untergraben, und das gefährdet die Verbreitung meiner Gene; deswegen bin ich jetzt wirklich wütend.«

Oder wenn sie die Pille nimmt: »Na gut, Joan nimmt die Pille, da macht es eigentlich nichts, wenn sie mit anderen Männern schläft; in der Vaterschaftsfrage kann ich mir schließlich sicher sein.« Auch wird eine Frau nicht denken: »Es ist wirklich furchtbar, dass Dennis diese andere Frau liebt; das untergräbt sein emotionales Engagement für mich und meine Kinder und beeinträchtigt folglich meine Möglichkeiten zur erfolgreichen Reproduktion.« Vielmehr ist Eifersucht eine blinde Leidenschaft, so wie auch unser Hunger nach Süßigkeiten und unserer starkes Verlangen nach Partnerschaften. Eifersucht ist emotionales Wissen, das unbewusst zum Ausdruck gebracht wird, das über Millionen von Jahre von unseren Vorfahren auf uns gekommen ist. Eines meiner Anliegen im vorliegenden Buch ist, die tiefer liegenden Wurzeln unseres ererbten emotionalen Wissens zum Vorschein zu bringen.

Das Othello-Syndrom

Trotz des Wertes, den Eifersucht zu allen Zeiten für Menschen hatte, geht von dieser Leidenschaft eine große Gefahr für die jeweiligen Partner aus. Aufgrund ihrer dunklen Seite neigen Männer zu gewalttätigen Anfällen, mit denen sie ihre Partnerinnen vom »Herumstreunen« abhalten wollen. Frauen, die Zuflucht in Frauenhäusern suchen, berichten nahezu durchgängig, dass ihre Ehemänner vor Eifersucht überkochten. In einer Studie über misshandelte Frauen, von denen viele medizinischer Behandlung bedurften, lautet die typische Aussage der Frau, dass der Mann »versucht, meinen Kontakt zu Freunden und Familie einzuschränken« (Strategie der Isolierung), »darauf besteht, immer zu wissen, wo ich gerade bin« (Strategie der Überwachung) und »mich mit Schimpfnamen belegt, um mich herabzuwürdigen und mein Selbstwertgefühl zu schmälern« (Strategie des unterminierten Selbstwertgefühls). Eifersucht ist der Hauptgrund für körperliche Misshandlung in der Ehe und kann sogar zu Mord und Totschlag führen.

Folgendes gab ein 31-jähriger Mann der Polizei zu Protokoll, der seine 20-jährige Frau erstochen hatte. Die Tat ereignete sich, kurz nachdem das Paar nach einer sechsmonatigen Trennung wieder zusammengekommen war:

Dann sagte sie, dass sie es seit ihrer Rückkehr im April ungefähr zehnmal mit diesem anderen Mann getrieben hatte. Ich meinte, wie kannst du von Liebe und Ehe sprechen, wenn du es mit diesem anderen Mann machst. Ich war wirklich außer mir vor Wut. Ich lief in die Küche und holte das Messer. Ich ging zurück in unser Schlafzimmer und fragte: War das, was du mir gerade gesagt hast, dein Ernst? Sie sagte ja. Wir rangen auf dem Bett, ich stach auf sie ein. Ihr Großvater kam noch die Treppe hoch und versuchte, mir das Messer aus der Hand zu reißen. Ich sagte ihm, er solle die Polizei anrufen. Ich weiß nicht, warum ich sie getötet habe, ich habe sie geliebt.

Eifersucht kann wie emotionale Säure wirken, die Ehen korrodiert, das Selbstwertgefühl beeinträchtigt, Leute prügeln und sogar morden lässt. Doch trotz ihrer gefährlichen Auswüchse half die Eifersucht unseren Vorfahren, kritische Fortpflanzungssituationen zu meistern. Eifersüchtige Männer setzten mit größerer Wahrscheinlichkeit ihr wertvolles Engagement für ihre eigenen Kinder ein, anstatt es an die Kinder von Rivalen zu »verschwenden«. Als Nachkommen von Männern, die darauf bedacht waren, ihre Vaterschaft sicherzustellen, tragen heutige Männer die dunkle Leidenschaft in sich, eine Leidenschaft, mit deren Hilfe ihre Vorfahren ihre Erfolgsquote bei der Fortpflanzung erhöhten.

Eine befreundete Paartherapeutin erzählte mir folgende Geschichte. Ein junges Paar, Joan und Richard, kam mit dem Problem irrationaler Eifersucht zu ihr. Ohne Anlass brach Richard in Eifersuchtstiraden aus und beschuldigte Joan, mit anderen Männern zu schlafen. Seine unkontrollierte Eifersucht zerstörte ihre Ehe. In diesem Punkt waren sich Joan und Richard einig. Gab es eine Möglichkeit, Richard von seiner irrationalen Eifersucht zu heilen? Bei einer Paartherapie gibt es üblicherweise mindestens eine Sitzung, in der der Therapeut mit jeweils einem der Partner allein spricht. Gleich zu Beginn dieser Einzelsitzung fragte die Therapeutin Joan: Haben Sie eine Affäre? Joan brach in Tränen aus und gestand, tatsächlich schon seit sechs Monaten eine Affäre zu haben. Wie sich herausstellte, war Richards Eifersucht also gar nicht unbegründet gewesen. Sie war durch subtile Hinweise auf ihre Untreue hervorgerufen worden. Da er Joan aber vertraute und sie ihn ihrer Treue versichert hatte, glaubte er schließlich selbst, seine Eifersucht sei irrational. In gewisser Weise hatte Richard es versäumt, auf seine innere Stimme zu hören. Zu seinem falschen Schluss kam er, weil er seine Gefühle mit »Vernunft« übertönte.

Diese Episode lieferte mir den ersten Hinweis darauf, dass Eifersucht eine Art archaisches Wissen darstellt, das sowohl nützliche als auch zerstörerische Auswirkungen haben kann. Bei allen Gefahren und Unwägbarkeiten, die eine Forschungsarbeit über Eifersucht in sich birgt, war ich so sehr von der Macht und Bedeutung dieser Leidenschaft beeindruckt, dass ich zu dem Schluss kam, die Wissenschaft dürfe sie nicht ignorieren. In Umfragen ermittelten wir, dass beinahe alle Frauen und Männer mindestens eine Phase intensiver Eifersucht durchgemacht haben. 31 Prozent meinten, ihre eigene Eifersucht sei manchmal schwer zu kontrollieren gewesen. Und von denen, die eingestanden, eifersüchtig zu sein, sagten 38 Prozent, ihre Eifersucht habe sie sogar dazu getrieben, jemandem wehtun zu wollen.

Für extreme Eifersucht wurden schon zahlreiche Bezeichnungen geprägt – das Othello-Syndrom, morbide Eifersucht, psychotische Eifersucht, krankhafte Eifersucht, eheliche Paranoia und das »Syndrom erotischer Eifersucht«. Natürlich gibt es krankhafte Formen der Eifersucht. Sie kann vormalig harmonische Beziehungen zerstören und den Alltag in einen Albtraum verwandeln. Durch jahrelange wechselseitige Verlässlichkeit allmählich gewachsenes Vertrauen kann innerhalb eines Augenblicks in Stücke gerissen werden. Wie wir später noch erörtern werden, ist Eifersucht des Mannes die Hauptursache für Frauen, Zuflucht in Frauenhäusern zu suchen. Nicht weniger als 13 Prozent aller Morde sind Morde in einer Ehe, und Eifersucht stellt hier mit Abstand das Hauptmotiv dar.

Aber zerstörerisches Verhalten ist nicht unbedingt dasselbe wie krankhaftes Verhalten. Der pathologische Aspekt extremer Eifersucht ist, nach herrschender Meinung, nicht die Eifersucht als solche. Vielmehr ist es die »eifersüchtige« Einbildung, der Partner habe einen Akt der Untreue begangen, wo dies gar nicht der Fall war. Für die Wut über eine real begangene Untreue bringen beinahe alle Menschen intuitiv Verständnis auf. In Texas wurde ein Ehemann, der seine Frau tötete, wenn er sie in flagranti mit einem Liebhaber ertappte, bis 1974 nicht als Straftäter verurteilt. Dem Gesetz zufolge war ein Mann, der auf eine solche Provokation mit Gewalttaten reagierte, ein »vernünftiger Mann«. Ähnliche Gesetze fanden sich überall auf der Welt. Beim Anblick seiner nackten Frau in den Armen eines anderen in Rage zu geraten stößt überall auf spontanes Verständnis. Kriminelle Handlungen, für die es normalerweise harte Gefängnisstrafen gäbe, werden in der Regel weniger streng beurteilt, wenn die Untreue des Opfers für den Täter als mildernder Umstand angeführt werden kann.

Fasst man Eifersucht als pathologisch auf, vernachlässigt man dabei einen wichtigen Abwehrmechanismus zur Bekämpfung einer echten Bedrohung. Nicht immer ist Eifersucht nur eine Reaktion auf einen bereits entdeckten Akt der Untreue. Es kann sich auch um eine antizipatorische Maßnahme, eine Art Präventivschlag gegen einen Akt der Untreue handeln, der noch begangen werden könnte. Etikettiert man Eifersucht als pathologisch, nur weil ein Ehepartner noch nicht fremdgegangen ist, übersieht man dabei, dass mit Hilfe von Eifersucht ein Akt der Untreue, der sich bedrohlich am Horizont einer Beziehung abzeichnet, verhindert werden kann.

Übermäßige Eifersucht kann schlimme Zerstörungen verursachen. Maßvolle Eifersucht – also weder ein Exzess noch vollständiges Fehlen – kann jedoch ein tiefes Engagement und Verbindlichkeit signalisieren. Im vorliegenden Buch werden beide Seiten dieses zweischneidigen Verteidigungsmechanismus untersucht.

Um die Kraft dieser außerordentlichen Emotion verstehen zu können, müssen wir sie bis zu ihren Ursprüngen zurückverfolgen, die lange vor dem Kapitalismus, aber auch vor der Ackerbauwirtschaft liegen, lange vor der Erfindung der Schrift und von Geschichtsbüchern, lange bevor die Menschen ausschwärmten, um jeden bewohnbaren Kontinent zu kolonisieren. Wir müssen ihre Wurzeln bis zur Entstehung einer der ungewöhnlichsten Anpassungsfunktionen in der Geschichte der Primaten zurückverfolgen, einer Adaption, die wir als so selbstverständlich ansehen, dass ihre Existenz kaum in Frage gestellt wird: die dauerhafte Liebe zu einem Partner.

Die Evolution der Liebe

Die uns nächsten Primaten, die Schimpansen, kennen keine exklusiven sexuellen Beziehungen. Die meisten Paarungen finden in dem kurzen Zeitraum der weiblichen Fruchtbarkeit statt. Wenn ein Schimpansenweibchen brünstig ist, kommt es zu einer ganzen Reihe von physiologischen Veränderungen. Für vier bis sechs Tage schwellen die Genitalien an und färben sich rosa. Kurz vor dem Eisprung, wenn das Weibchen also empfängnisbereit ist, sind die Schwellungen am größten. Es sendet so genannte Pheromon-Signale aus, d. h. es scheidet mit Hormonen versehene Substanzen aus, die die Männchen besonders reizen, und zwar dermaßen, dass sie zum Teil in einen regelrechten sexuellen Rauschzustand verfallen. Wie Sarah Hrdy von der University of California in Davis anmerkt, berühren Schimpansenmännchen dann manchmal die Vagina des Weibchens mit ihren Fingern, um ihre Sekrete zu riechen und zu schmecken. Die Signale dienen dem Männchen zum Prüfen der weiblichen Fruchtbarkeit.

Die Stellung des Schimpansenmännchens in der sozialen Hierarchie bestimmt maßgeblich seine »Wahlmöglichkeiten« unter den brünstigen Weibchen. In einer recht großen Gruppe von Schimpansen im Zoo von Arnham, Niederlande, fielen auf das dominante Männchen immerhin 75 Prozent der Paarungen mit brünstigen Weibchen ab. Die Beziehungen zwischen männlichen und weiblichen Schimpansen sind komplex und können eine Zeit lang währen, doch binden sich Schimpansen nicht langfristig an einen bestimmten Partner, wie es sich die meisten Menschen wünschen.

Hinsichtlich Überlebensfähigkeit und Fortpflanzung waren Frauen und Männer stets voneinander abhängig. Anders als die herrschende Meinung dies heute suggeriert, wurde Liebe nicht vor ein paar hundert Jahren von europäischen Dichtern erfunden. Liebe ist ein universelles menschliches Phänomen, das in so unterschiedlichen Gesellschaften anzutreffen ist wie bei den Kung San in Botswana und den Ache in Paraguay. In meiner Studie mit 10 041 Personen aus 37 verschiedenen Kulturen nannten Frauen und Männer die Liebe als den wichtigsten Faktor bei der Wahl des Ehepartners. In aller Welt singen die Menschen Liebeslieder und schmachten nach verlorenen Geliebten. Gegen den Willen ihrer Eltern fliehen Geliebte zusammen über Berg und Tal. Wiederholt werden persönliche Geschichten über Schmerz, Sehnsüchte und unerwiderte Liebe zum Besten gegeben. Generation für Generation werden große Liebesgeschichten mit romantischen Verwicklungen erzählt. Der Schriftsteller Hermann Hesse hat es am besten zusammengefasst: Das Leben ist ein ständiger Kampf um eine Position und die Suche nach Liebe. Liebe ist eine universelle menschliche Emotion, die die Geschlechter verbindet. Sie ist der evolutionsgeschichtliche Punkt des Zusammentreffens, an dem Männer und Frauen ihre Waffen niederlegen.

Die universelle Existenz der Liebe gibt allerdings Rätsel auf. Aus evolutionärer Sicht ist keine Entscheidung so wichtig wie die bei der Partnerwahl. Sie bestimmt letztlich das Schicksal der Fortpflanzung eines Menschen. Mehr als in jedem anderen Lebensbereich erwarten wir von der Evolution die Bereitstellung rationaler Mechanismen zur Partnerwahl, rational in dem Sinn, dass sie eher zu weisen Entschlüssen führen als zu impulsiven Fehltritten. Wie sollte eine blinde Leidenschaft wie Liebe – eine Art Wahnsinn, der einem den Verstand raubt, alle anderen Gedanken in den Hintergrund drängt, emotionale Abhängigkeit bewirkt und eine unbegründete Idealisierung des Partners mit sich bringt – überhaupt zur Bewältigung einer Aufgabe beitragen, die besser mit Hilfe eines klaren Verstandes angegangen werden sollte?

Um dieses Geheimnis tiefer zu durchdringen, müssen wir zunächst einen Blick auf wissenschaftlich belegte Vorlieben des Menschen bei der Partnerwahl werfen. Weltweit, von den Küstensiedlungen Australiens bis zu den Zulus in Südafrika, wünschen sich Frauen bei Männern Qualitäten wie Ehrgeiz, Sorgfalt und Fleiß, Intelligenz, Verlässlichkeit, Kreativität, eine interessante Persönlichkeit, Sinn für Humor – Eigenschaften, die darauf schließen lassen, dass ein Mann in der Lage ist, die Lebensgrundlage zu sichern und einen gewissen Status zu erreichen. In Anbetracht der riesigen Investitionen, die eine Frau zur »Produktion« eines einzigen Kindes aufbringen muss – neun Monate Kräfte zehrender innerer Ernährung des Babys während der Schwangerschaft –, ist es nur allzu verständlich, wenn sich Frauen einen Mann wünschen, der seinerseits einen angemessenen Investitionsbeitrag zu leisten vermag. Kinder werden besser überleben und aufwachsen, wenn ihre Mutter einen leistungsfähigen Mann ausgewählt hat. Sie leiden unter der Wahl eines »Faulpelzes«.

Männer dagegen legen mehr Wert auf Qualitäten der Frau, die in Zusammenhang mit Fruchtbarkeit stehen: Jugend, Gesundheit, körperliches Erscheinungsbild – reine weiche Haut, volle Lippen, symmetrische Proportionen und schlanke Taille. Diese Vorlieben machen durchaus Sinn. Wir stammen von Müttern und Vätern ab, die fruchtbare und leistungsfähige Partner wählten. Jene, die ihre Wahl nicht auf dieser Grundlage trafen, liefen Gefahr, ins Abseits zu geraten.

Obwohl diese rationalen Wünsche ein Minimalraster bei der Frage nach möglichen akzeptablen Partnern darstellen, versagt die Rationalität vollständig, wenn es um eine Vorhersage über die letztendliche Partnerwahl geht. Steven Pinker, Psychologe vom Massachusetts Institute of Technology, schreibt dazu: »Flüsterte man der geliebten Person ins Ohr, dass ihr Aussehen, ihr Einkommen und ihr IQ den eigenen Mindestanforderungen genügen, würde dies wahrscheinlich die romantische Stimmung zunichte machen, selbst wenn das Gesagte sachlich zutrifft. Das Herz einer Person erreicht man hingegen, indem man erklärt, dass man sie liebt, weil man einfach nicht anders kann.«

Ein Schlüssel zum Geheimnis der Liebe liegt in der gegenseitigen Verbindlichkeit. Wählt jemand seinen Partner aus rationalen Gründen aus, könnte er oder sie ihn aus denselben rationalen Gründen wieder verlassen, falls sich ein – nach Maßgabe der »vernünftigen« Kriterien – noch etwas wünschenswerterer Partner findet. Wenn jemand jedoch durch eine unkontrollierbare, übermächtige und über jegliche freie Wahl erhabene Liebe zu seinem Partner geblendet ist, eine Liebe, die ausschließlich diesem Menschen gilt, dann wird seine Solidarität und Hingabe unerschütterlich sein, ob sein Partner nun krank ist oder gesund, arm oder reich. Liebe wiegt schwerer als Rationalität. Es ist dieses Gefühl, das sicherstellt, dass man seinen Partner nicht einfach verlässt, sobald jemand auftaucht, der ein klein wenig »besser« erscheint, oder eine Person mit perfekten Eigenschaften nebenan einzieht. Und es gibt einem die Sicherheit, dass der Partner bei einem bleiben wird, durch alle Überlebenskämpfe und die Risiken und Unwägbarkeiten der Elternschaft hindurch.

Liebe hat jedoch auch ihre tragische Seite. Die großen Liebesgeschichten, seien sie fiktional oder historisch, sind oft von Unheil geprägt. Julia starb den Vergiftungstod. Romeo brachte sich lieber um, als ohne sie weiterzuleben. Selbstmorde aus Liebe haben sich über Jahrhunderte durch die japanische Kultur gezogen, eine letztgültige Bestätigung absoluter Hingabe und Verbundenheit. Konspirieren Eltern und Gesellschaft, um Liebende auseinander zu halten, fesseln sich diese manchmal aneinander und stürzen sich von einer Klippe oder in einen Brunnen. Die gefährlichste Seite der Liebe zeigt sich jedoch nicht in einer folie à deux, sondern in einer folie à un – die dämonische Besessenheit, die eine Person verzehren kann, wenn ihre Liebe nicht erwidert wird. Unerwiderte Liebe ist die Grundlage für fatal attraction, eine tödliche Anziehungskraft.

Ein spektakuläres Beispiel dafür ist der Fall von John W. Hinckley, Jr., der am 30. März 1981 einen letzten Brief an die Schauspielerin Jodie Foster hinkritzelte, bevor er ein Attentat auf Präsident Ronald Reagan verübte:

Liebe Jodie,
   wahrscheinlich werde ich beim Versuch, Reagan zu kriegen, getötet. Deshalb schreibe ich Dir diesen Brief.
   Wie Du nun schon lange weißt, liebe ich Dich sehr. In den letzten sieben Monaten habe ich Dir Dutzende von Gedichten, Briefen und Liebesbezeugungen zukommen lassen, in der leisen Hoffnung, Du könntest ein Interesse für mich entwickeln... Ich weiß, dass die Botschaften, die ich vor Deiner Tür hinterließ und in Deinen Briefkasten warf, Dich eher belasten mussten. Aber ich hatte das Gefühl, dass dies die am wenigsten schmerzvolle Art und Weise für mich war, meine Liebe für Dich zum Ausdruck zu bringen...
   Jodie, ich würde sofort von der Idee, Reagan zu kriegen, ablassen, wenn ich Dein Herz gewinnen und den Rest meines Lebens mit Dir verbringen könnte... Ich muss zugeben, ich unternehme diesen Versuch jetzt, da ich Dich nun endlich irgendwie beeindrucken will. Ich muss jetzt etwas tun, was Dir unmissverständlich klarmacht, dass ich es für Dich tue! Indem ich meine Freiheit und möglicherweise mein Leben opfere, hoffe ich Deine Meinung über mich ändern zu können. Diesen Brief schreibe ich nur eine Stunde, bevor ich zum Hilton Hotel aufbreche. Jodie, ich bitte Dich, in Dein Herz zu sehen und mir wenigstens eine Chance zu geben, mit dieser historischen Tat Deinen Respekt und Deine Liebe zu gewinnen.
   Ich werde Dich immer lieben.
   John Hinckley

Solch extreme Fälle wie bei John Hinckley sind selten. Die Erfahrung unerwiderter Liebe ist jedoch recht weit verbreitet. In einer unlängst veröffentlichten Umfrage gaben 95 Prozent der Frauen und Männer an, bis zum Alter von 25 mindestens einmal eine unerwiderte Liebe erlebt zu haben, entweder indem sie selbst liebten und zurückgewiesen wurden oder als Objekt des (nicht erwünschten) Begehrens. Nur eine von 20 Personen hatte noch keinerlei Erfahrung mit unerwiderter Liebe, welcher Art auch immer, gemacht.

Obgleich unerwiderte Liebe eine gefährliche Leidenschaft ist und fatal attractions sowie unerwünschtes Nachspionieren mit sich bringen kann, zahlt sich hartnäckige Beständigkeit manchmal auch aus. Die Geschichte von Nikolaus und Alexandra zählt zu den großen Liebesgeschichten der Weltgeschichte. Ende des 19. Jahrhunderts bestieg Nikolaus den russischen Thron. Während seiner Jugend begannen seine Eltern eine geeignete Ehefrau für ihn zu suchen. Im Alter von 16 Jahren verliebte er sich, gegen den Willen seiner Eltern, unsterblich in die schöne Prinzessin Alexandra, die zu dem Zeitpunkt in England bei ihrer Großmutter, Königin Victoria, lebte. Trotz elterlicher Einwände, kultureller Unterschiede und einer geographischen Distanz von Tausenden von Kilometern war Nikolaus fest entschlossen, Alexandras Liebe zu gewinnen. Alexandra wiederum fand ihn eher schwerfällig und war zudem keineswegs von dem Gedanken an ein Leben in dem harten Klima Moskaus angetan. Unumwunden lehnte sie seine Anträge ab. Nachdem Nikolaus im Jahr 1892 seinen 24. Geburtstag gefeiert hatte – er liebte Alexandra nun schon seit beinahe acht Jahren –, entschloss er sich zu einem letzten verzweifelten Versuch, ihr Herz für sich zu gewinnen. Vor diesem Hintergrund war es besonders niederschmetternd, als sie ihm schrieb, sie habe sich definitiv gegen eine Ehe mit ihm entschieden. Sie bat ihn sogar, sie nicht mehr zu kontaktieren. Alles schien verloren.

Sofort verließ Nikolaus sein geliebtes Moskau. Bei schlimmster Witterung trat er die beschwerliche Reise durch ganz Europa an. In London angekommen, begann Nikolaus, obgleich von der Reise ausgelaugt, sofort, Alexandra mit größter Leidenschaft den Hof zu machen. Nach zwei Monaten ließ sie sich schließlich erweichen und akzeptierte seinen Heiratsantrag. So wurden die beiden zu Mann und Frau und Herrscher über das russische Reich.

Obwohl Nikolaus' Liebe anfänglich unerwidert blieb, erwies sich ihre Ehe schließlich als glücklich. Tagebucheinträge der beiden geben Aufschluss über ihr eheliches Glück und eine tiefe wechselseitige Liebe. Sie hatten fünf Kinder. Nikolaus verbrachte viel Zeit mit Alexandra und den Kindern, und das russische Reich litt unter der Vernachlässigung der Regierungsgeschäfte durch Nikolaus. Während zeitweiliger Trennungen verzehrten sie sich nacheinander, schrieben sich ständig und litten schwer, bis sie wieder vereint waren. Ihre Liebe währte ihr ganzes Leben lang, bis die russische Revolution den Zaren stürzte und sie hingerichtet wurden. Sie starben am selben Tag, ohne dass ihre lebenslange Liebe jemals beeinträchtigt worden wäre. Hätte Nikolaus am Anfang aufgegeben, wäre ihre große Liebe für immer verloren gewesen.

Die gleiche Leidenschaft, die John Hinckley Jodie Foster mit verzweifelten Aktionen nachstellen ließ, half Nikolaus dabei, eine unerwiderte Obsession in eine lebenslange Liebe zu verwandeln. Im Nachhinein scheint das eine irrational und maßlos, das andere logisch und normal. Das eine nennen wir pathologisch, das andere eine Liebesgeschichte. Doch was wäre passiert, wenn Hinckley Jodie Fosters Liebe gewonnen hätte – und Nikolaus in seinem Anliegen erfolglos geblieben wäre? Liebe ist eine gefährliche Leidenschaft. Sie kann in ganz entgegengesetzte Richtungen ausschlagen. In der Irrationalität liegt etwas Rationales.

Nachdem Menschen Liebesgefühle entwickelt hatten, bedurften ihre Beziehungen eines gewissen Schutzes. Es wäre schon sehr verwunderlich, wenn die Evolution keine Instrumente und Mechanismen zur Verteidigung dieser zerbrechlichen und fruchtbaren Verbindungen gegen Eindringlinge hervorgebracht hätte. In der Welt der Insekten gibt es eine Spezies, die Märzhaarmücke, die im Englischen auch als lovebug, »Liebesinsekt«, bekannt ist. Zusammen mit anderen Geschlechtsgenossen schwärmen die männlichen Mücken jeden Morgen auf der Suche nach einer Paarungsmöglichkeit aus. Hat ein männliches Insekt bei einem Weibchen Erfolg, schert das Paar aus der Gruppe aus und schwebt zu Boden, um zu kopulieren. Da andere männliche Insekten manchmal sogar noch, nachdem das Paar schon mit der Begattung begonnen hat, mit dem weiblichen Insekt zu kopulieren versuchen, bleibt das Pärchen ganze drei Tage in einer fortwährenden »Kopulations-Umarmung« zusammen – daher der Name lovebug. Mit Hilfe dieser Strategie schirmt sich das Pärchen erfolgreich gegen unerwünschte Eindringlinge ab.

Beim Menschen müssen Beziehungen mit dem Ziel der Fortpflanzung gemeinhin länger als ein paar Tage halten, länger als Monate, sogar Jahre. Liebe kann ein Leben lang währen. Die gefährliche Emotion Eifersucht hat sich herausgebildet, auf dass sie hier ihre Dienste leiste. Liebe und Eifersucht sind miteinander verflochtene Leidenschaften. Sie sind voneinander abhängig und nähren sich gegenseitig. Aber so wie die fortgesetzte Umarmung der Mücken uns eine mögliche Bedrohung von außen vor Augen führt, so verweist die Macht der Eifersucht indirekt auf die allgegenwärtige Möglichkeit, dass Liebesbande gebrochen werden können. Vergegenwärtigt man sich die zentrale Bedeutung, die Eifersucht in menschlichen Liebesbeziehungen spielt, kommt auch eine versteckte Seite unserer Wünsche ans Tageslicht, eine, die wir normalerweise mit großem Aufwand zu verbergen suchen: die Leidenschaft für andere Partner.

Heimliches Begehren

Eines Sonntagmorgens platzte William in das elterliche Wohnzimmer hinein, um aufgeregt zu verkünden: »Vater! Mutter! Ich habe Neuigkeiten für euch! Ich werde die wunderbarste Frau der ganzen Stadt heiraten. Sie lebt einen Block entfernt und heißt Susan.« Nach dem Abendessen nahm der Vater seinen Sohn William beiseite: »Ich muss mit dir reden. Deine Mutter und ich sind jetzt seit 30 Jahren verheiratet. Sie ist eine wunderbare Frau. Aber im Bett war es nie so richtig aufregend. Deshalb habe ich früher öfters mal was mit anderen Frauen gehabt. Ich fürchte, du kannst Susan nicht heiraten – sie ist deine Halbschwester.«

William war am Boden zerstört. Erst nach acht Monaten ging er wieder mit Frauen aus. Ein Jahr später kam er stolz in sein Elternhaus und erklärte: »Dianne hat ja gesagt! Im Juni werden wir heiraten.« Abermals bestand der Vater auf ein Gespräch unter vier Augen, und wieder hatte er schlechte Nachrichten für William: »Dianne ist ebenfalls deine Halbschwester, William. Das tut mir wirklich Leid.«

William war außer sich vor Wut. Schließlich entschloss er sich, mit seiner Mutter darüber zu reden. »Vater hat so viel angerichtet. Ich schätze, ich werde wohl niemals heiraten«, klagte er. »Jedes Mal, wenn ich mich verliebe, sagt mir Vater, dass die Frau meine Halbschwester ist.«

Seine Mutter schüttelte nur ihren Kopf: »Mach dir keine Sorgen. Er ist nicht dein echter Vater.«

Der Reiz dieser Geschichte liegt nicht nur in ihrem überraschenden Ende. Sie ist auch amüsant, weil die Mutter am Ende eine »Genugtuung« für die Untreue ihres Mannes erhält. Gehörnte Ehemänner sind immer gute Zielscheiben für Spott und Gelächter und eine unerschöpfliche Quelle für fesselnde Geschichten, von William Shakespeares Tragödie »Othello« bis zu Ehedramen der heutigen Mittelklasse, wie sie John Updike in seinen Romanen schildert.

Wollen wir die Ursprünge sexueller Leidenschaft besser verstehen, müssen wir einen irritierenden Unterschied der Geschlechter näher betrachten. Aus Alltagsbeobachtungen geht hervor, dass Männer eine stärkere Tendenz zur Promiskuität haben als Frauen. »Männer wünschen sich mehr Sexualpartner, als dies bei Frauen der Fall ist« würde wohl kaum mehr Schlagzeilen machen als »Hund beißt Mann«. Wissenschaftliche Verifikation kann indes nicht schaden, zumal sich unser »gesunder Menschenverstand« – der uns auch sagt, die Erde sei flach – manchmal als irreführend erweisen kann. In diesem Fall bestätigen wissenschaftliche Untersuchungen jedoch das Alltagswissen, wonach Männer stärker zum »Herumschweifen« neigen als Frauen. In einer unserer Studien mit mehr als 1000 Frauen und Männern gaben Männer an, sich für den Zeitraum der nächsten drei Jahre acht Sexualpartner zu wünschen, Frauen wünschten sich hingegen nur einen oder zwei. In einer anderen Studie zeigte sich, dass Männer mit einer viermal so großen Wahrscheinlichkeit wie Frauen sagten, sie hätten sich schon einmal vorgestellt, Sex mit tausend oder mehr Partnern zu haben.

Festzustellen, dass sich Frauen und Männer unterscheiden, ist einfacher als zu erklären, warum sie sich unterscheiden. Es gibt zwingende Gründe für die Annahme, dass die unterschiedlichen Wünsche nach sexueller Vielfalt universell sind, man sie also nicht nur in Kulturen findet, die mit Bildern verführerischer Models aus den Medien übersättigt sind, nicht nur unter Hugh Hefners Generation von Playboy-Lesern und nicht nur in Studien, die von männlichen Wissenschaftlern durchgeführt werden. Wollen wir eine Erklärung für diese Wünsche finden, müssen wir eine weitere grundlegende Tatsache über die menschliche Fortpflanzungsbiologie in Betracht ziehen.

Für eine Frau währen die Freuden und Belastungen einer Schwangerschaft neun Monate – neun Monate, die mit »obligatorischen Investitionen« verbunden sind, wie sie Männer gar nicht tätigen können. Im Vergleich dazu müssen Männer zur Zeugung desselben Kindes nur ein paar Stunden, Minuten oder sogar Sekunden ihrer Zeit aufbringen. Es besteht also eine weite Kluft zwischen den Anstrengungen, die eine Frau und die ein Mann auf sich nehmen muss, um neues Leben zu schaffen. Im Laufe der Zeit erwies sich die

Strategie, nur vorübergehende sexuelle Beziehungen einzugehen, im Hinblick auf die Fortpflanzung für Männer erfolgreicher als für Frauen. Männer, die mit vielen Frauen schliefen, »reproduzierten« sich erfolgreicher als Männer, die mit wenigen Frauen Sex hatten. Unsere weiblichen Vorfahren hätten dagegen mit Hunderten von Männern im Laufe eines Jahres Sex haben und in diesem Zeitraum dennoch nur ein Kind zur Welt bringen können. Erwies sich der reguläre Partner der Frau nicht gerade als unfruchtbar, führte zusätzlicher Sex nicht zu zusätzlichen Kindern. Folglich entwickelten Männer ein größeres Verlangen nach Sex mit einer Vielzahl von Frauen.

Der geschlechtsspezifische Unterschied hinsichtlich dieses Begehrens stellt ein faszinierendes Rätsel dar. Für eine sexuelle Begegnung werden zwei Personen benötigt. Mathematisch betrachtet, muss die Anzahl heterosexueller Kontakte für beide Geschlechter gleich sein. Männer können ihre Lust auf Sexualpartnerinnen nicht ohne willige Frauen befriedigen. Die Leidenschaft von Männern für mehrere Sexualpartner hätte sich also nicht entwickeln können, wenn es keine Frauen gäbe, die diesen Wunsch teilten. Ist lockerer, unverbindlicher Sex ein aktuelles Phänomen, das die weite Verbreitung von Verhütungsmitteln mit sich brachte, dank derer Frauen nicht mehr das Risiko ungewollter Schwangerschaften tragen? Oder gab es das auch bei unseren weiblichen Vorfahren?

Nimmt man drei wissenschaftliche Forschungsergebnisse zusammen, erhält man eine überzeugende Antwort. Die sexuelle Eifersucht des Mannes – die ominöse Leidenschaft, die uns zur Beschäftigung mit diesem Mysterium anregt – gibt den ersten Hinweis. Hätten unsere weiblichen Vorfahren eine natürliche Neigung zu absoluter Treue gehabt, dann hätte es keinen evolutionären Katalysator für männliche Eifersucht gegeben. Die Eifersucht der Männer ist eine evolutionäre Reaktion auf etwas »Alarmierendes«: die drohende Untreue der Geliebten. Die Intensität männlicher Eifersucht ist ein psychologischer Hinweis darauf, dass Frauen außer ihren regulären Partnern auch noch andere Männer begehren.

Zweitens gibt es in allen Kulturen, einschließlich in Stammesgesellschaften, Affären, was auf eine globale Verbreitung von Untreue schließen lässt. Das Ausmaß variiert von Kultur zu Kultur (in Schweden hoch, in China gering), grundsätzlich sind Affären jedoch überall zu beobachten. Weltweit rangiert sexuelle Untreue unter den Scheidungsgründen an erster Stelle, dicht gefolgt nur von Unfruchtbarkeit der Partnerschaft. Die Tatsache, dass Frauen unterschiedlichster Herkunft – von den Tiwi im Norden Australiens bis zu den Vororten von Los Angeles – Affären haben, zeigt, dass sich Frauen trotz aller Versuche von Männern, sie zu kontrollieren, und trotz des Risikos einer Scheidung bei Entdeckung nicht auf einen einzigen Partner beschränken wollen.

Ein dritter Hinweis geht aus neueren Untersuchungen zur menschlichen Spermienkonkurrenz hervor. Zu einer Konkurrenz zwischen Spermien kommt es, wenn sich das Sperma zweier Männer zur gleichen Zeit im Vaginaltrakt einer Frau befindet. Innerhalb des weiblichen Vaginaltraktes überleben menschliche Spermien bis zu sieben Tage lang, und nicht nur ein oder zwei Tage, wie Wissenschaftler lange vermuteten. Meine Kollegen haben Hunderte von »Krypten« in der Vaginalwand entdeckt, in denen Spermien aufbewahrt werden können, um dann einige Tage später einen Marathonlauf zur Eizelle anzutreten. Hat eine Frau innerhalb einer Woche Sex mit zwei verschiedenen Männern, kann es zu einer Spermienkonkurrenz kommen, bei der die Spermien der beiden Männer gewissermaßen um den Preis kämpfen, die weibliche Eizelle befruchten zu können. Untersuchungen haben gezeigt, dass das Volumen des männlichen Spermas im Verhältnis zum Körpergewicht zweimal so groß ist wie bei Primaten, die als monogam bekannt sind – ein Hinweis auf eine lange Evolutionsgeschichte menschlicher Spermienkonkurrenz.

Auch gibt es bei menschlichen Spermien verschiedene »Formen« oder »Typen«, die unterschiedliche Funktionen erfüllen. Die bekanntesten sind die »Befruchter«, sozusagen das offizielle Standardmodell mit konischem Kopf und sehnigem Schwanz zum Wettschwimmen – die Michael Großs der Spermienwelt. Aber eine nicht unbedeutende Minderheit hat einen spiralförmigen Schwanz. Diese so genannten Kamikaze-Spermien sind nicht gut geeignet zum schnellen Schwimmen. Dies ist auch nicht ihre Aufgabe. Werden die Spermien zweier Männer im Labor zusammengebracht, wickeln sich die Kamikaze-Spermien um die Befruchter-Spermien und zerstören sie, wobei sie selbst sterben. Diese physiologischen Anhaltspunkte weisen auf eine lange Evolutionsgeschichte hin, während der Männer buchstäblich innerhalb des weiblichen Vaginaltraktes darum kämpften, den erforderlichen Zugang zur weiblichen Eizelle zu erhalten, um ihre Gene in die nächste Generation transportieren zu können.

Ohne eine lange Geschichte der Spermienkonkurrenz hätte sich weder das Volumen menschlichen Spermas vergrößert, noch hätten sich die speziellen zum Kampf geeigneten Spermien-Typen entwickelt.

All diese Fingerzeige – die Universalität der Untreue, die sexuelle Eifersucht von Männern und die Merkmale der Spermienkonkurrenz – suggerieren eine irritierende Antwort auf die Frage nach den Sexualstrategien unser weiblichen Vorfahren. Sie offenbaren eine anhaltende Leidenschaft von Frauen für außereheliche Affären, ein Phänomen, das über die lange menschliche Evolution hinweg wiederholt aufgetreten sein muss. Heutige Frauen haben diese Leidenschaft von ihren Urmüttern geerbt.

Warum Frauen Affären haben

Da sich die Wissenschaft vor allem auf die offenkundigen Vorteile des männlichen Wunsches nach sexueller Vielfalt für die Fortpflanzung konzentriert hat, sind die entsprechenden potenziellen Vorteile, die sich aus der kurzfristigen sexuellen Leidenschaft von Frauen ergeben, über Jahre unerforscht geblieben. Das Puzzle wird durch die Tatsache, dass eine kurzfristige Vernarrtheit der Frau in einen anderen Mann mit Gefahren beladen ist, noch komplexer. Im Fall einer Aufdeckung riskiert eine untreue Frau die Schädigung ihres sozialen Ansehens, den Verlust der Unterstützung durch den Partner, körperliche Misshandlungen – und sogar Tötung – durch den eifersüchtigen Mann. Zweifellos wägen viele Frauen diese Risiken ab und entscheiden sich, nicht ihren sexuellen Wünschen gemäß zu handeln. Die Vorteile für Frauen, die sich doch entsprechend ihrer Leidenschaft für andere Männer verhalten, müssen demnach, unter Berücksichtigung eventueller katastrophaler Folgen, als groß genug wahrgenommen werden, das Risiko wert zu sein.

Während der letzten sieben Jahre untersuchten Heidi Greiling und ich, warum Frauen Affären haben. Wir haben uns auf die Erforschung der Vorteile konzentriert, die Frauen aller gesellschaftlichen Schichten derart erstrebenswert erscheinen, dass sie auf der Suche nach Sex und Liebe außerhalb der Ehe solch große Risiken eingehen. Unsere Untersuchungen waren um drei zentrale Fragen herum aufgebaut: Welchen Nutzen ziehen Frauen aus Affären? Unter welchen Umständen gehen Frauen am ehesten fremd? Welche Frauen neigen dazu, Affären zu haben?

Historisch betrachtet, konnten Frauen auf vielerlei Art und Weise von Affären profitieren. Der erste und offensichtlichste Gewinn ergibt sich ganz direkt aus den »Ressourcen«, die der Liebhaber in einer Affäre bereitstellt. Ein paar Einladungen zu teuren Abendessen mögen heutzutage nicht als spektakulär erscheinen, aber eine Extraration Fleisch aus dem Jagdvorrat konnte während eines strengen Winters zwischen Hungertod oder Überleben entscheiden oder, in besseren Zeiten, zwischen dem puren Überleben und einer soliden Existenz.

Aber auch hinsichtlich der Qualität des genetischen Erbgutes können Frauen von Affären profitieren. Aus der Lösung des Rätsels um den Pfauenschwanz ergeben sich wertvolle Hinweise auf diesen Gewinn. Die Vorliebe eines weiblichen Pfaus für Männchen mit brillantem Gefieder kann nämlich zugleich eine genetische Auswahl im Hinblick auf gute Gesundheit sein. Wenn Pfaue eine große Menge von Parasiten beherbergen, manifestiert sich ihre beeinträchtigte Gesundheit in stumpferer Färbung des Gefieders. Durch die Bevorzugung von Leuchtkraft und Glanz sichern sich die Weibchen indirekt gesunde Gene, die ihrer Nachkommenschaft zugute kommen. Aus Untersuchungen von Steve Gangestad und Randy Thornhill von der University of New Mexico geht hervor, dass Frauen möglicherweise Partner mit besonders gesunden Genen für Affären wählen. Zudem können Frauen, die Affären haben, Kinder mit genetisch größerer Vielfalt zur Welt bringen, was wiederum als Absicherung gegen veränderte Umweltbedingungen dienen kann.

Obgleich den Frauen, die sich ihren versteckten sexuellen Wünschen entsprechend verhalten, genetischer und materieller Nutzen zukommen mag, hat sich in unseren Untersuchungen ein weiterer Vorteil herauskristallisiert, der die anderen an Bedeutung übertrifft – ein Nutzen, den wir »Partner-Versicherung« nennen. Zu Urzeiten erschweren Krankheit, Krieg und Nahrungsmittelknappheit das Überleben. Die Wahrscheinlichkeit, dass ein Ehemann einer Krankheit zum Opfer fallen, durch einen Parasiten geschwächt, während einer riskanten Jagd oder einer Stammesfehde verletzt würde, war keineswegs gering. Paläontologische Funde (aus unterschiedlichen Kulturen) enthalten dementsprechende Hinweise – die menschlichen Schädel und Skelette weisen Verletzungen vorwiegend bei Männern auf. Kurz: Das Risiko war beträchtlich, dass der Ehemann sich eine langfristig schwächende oder gar tödliche Verletzung zuzog.

Unsere weiblichen Vorfahren, die keine »Partner-Versicherung« hatten, eine Option auf Ersatz für den Fall, dass ihrem regulären Partner etwas passieren würde, mussten mehr Leid ertragen als Frauen, die sich um potenziellen Ersatz gekümmert hatten. Heutige Frauen haben die Wünsche nach Ersatz-Partnern von ihren weiblichen Vorfahren geerbt. Mit den Worten einer der von uns befragten Frauen: »Bei den Männern ist es wie mit Tütensuppen – man sollte immer eine auf Vorrat haben.« Eine Partner-Versicherung schützt vor der Gefahr, ganz ohne Partner dazustehen.

Und Partner-Versicherung bleibt noch heute relevant, auch wenn wir viele der Gefahren, die unsere Vorfahren niederstreckten, unter Kontrolle gebracht haben. War über die letzten zwei Dekaden eine Scheidungsrate von 50 Prozent für viele schon alarmierend, so nähert sich die Scheidungsrate in den USA nun für diejenigen, die heute heiraten, den 67 Prozent an. Sich wieder zu verheiraten wird zur Norm. Im vorliegenden Buch gehen wir unter anderem der Frage nach, inwiefern der weibliche Wunsch nach zusätzlichen Partnern – so alarmierend dies den Ehemännern auch erscheinen mag – einem Urwissen entspricht, das noch heute eine wichtige Absicherungsfunktion erfüllt.

Der Ovulations-Trieb

Die Anziehungskraft einer außerehelichen Affäre auf Frauen enthält einen weiteren geheimnisvollen Aspekt: das Rätsel der verborgenen Ovulation. Anders als bei den Schimpansen schwellen die Genitalien der Frau in der Phase ihrer Ovulation nicht an. Frauen haben Sex während ihres gesamten Zyklus. Im Allgemeinen wird der weibliche Eisprung in der Wissenschaft als Geheimnis gesehen, als Vorgang, der sogar der Frau selbst verborgen bleibt. Doch sind die besonderen Triebe, die mit dem Eisprung in Zusammenhang stehen, völlig verschwunden?

In der umfassendsten Studie zur Ovulation und weiblichen Sexualität wurden einige tausend Ehefrauen gebeten, ihre sexuellen Wünsche für jeden einzelnen Tag über einen Zeitraum von 24 Monaten zu dokumentieren. Die Untersuchungsmethoden waren nicht besonders ausgefeilt, aber effektiv: Auf einem vorgefertigten Plan setzten die Frauen einfach ein »x« an dem Tag ein, an dem sie sexuelles Verlangen verspürten. Zugleich wurde die Basaltemperatur festgehalten, um die Phasen des Menstruationszyklus dokumentieren zu können. Die resultierenden Daten ergaben ein verblüffendes Muster. Fast keine Frau gab sexuelles Begehren für den ersten Tag ihrer Periode an. Die Anzahl der Kreuze stieg im Verlauf des Ovulationszyklus zunächst dramatisch an und erreichte genau zum Zeitpunkt größter Fruchtbarkeit einen Höchstwert – um dann in der Phase nach dem Eisprung rasch wieder abzufallen. Natürlich können Frauen während der gesamten Phase ihres Zyklus sexuelles Verlangen empfinden. Dennoch verspüren sie zum Zeitpunkt der Ovulation mit fünfmal höherer Wahrscheinlichkeit Lust auf Sex als sonst.

Manchmal geben Frauen ihren Leidenschaften nach. Eine Befragung von 1152 Frauen, von denen einige Affären hatten, brachte eine überraschende Tatsache zum Vorschein. Frauen, die fremdgehen, tendieren dazu, den Sex mit dem Liebhaber besonders genau auf den Zeitpunkt größten sexuellen Begehrens auszurichten, der mit dem Zeitpunkt größter Fruchtbarkeit zusammenfällt. Ganz im Gegensatz dazu kommt es zu Sex mit Ehemännern mit größerer Wahrscheinlichkeit, wenn die Frau keinen Eisprung hat – eine Strategie, um den Ehemann eher zu halten, als von ihm schwanger zu werden. Natürlich läuft all dies nicht bewusst ab. Frauen denken nicht: »Ich versuche mit meinem Liebhaber während meines Eisprunges zu schlafen, damit ich mit ihm und nicht mit meinem Ehemann ein Kind bekomme.« Während ihrer Ovulationsphase verspüren Frauen einfach eine stärkere sexuelle Lust und wollen, wenn sie einen Geliebten haben, während ebendieser Phase mit ihm schlafen. Der Eisprung mag nach außen hin verborgen bleiben, Frauen scheinen aber auf Impulse zu reagieren, die davon ausgehen. Und wenn das Verlangen nach anderen Männern aufkommt, vermögen die meisten Ehemänner nicht zu sagen, ob ihre Partnerin fremdgeht oder dies im Sinn hat. Ich nenne dies das »Signalerkennungsproblem«.

Das Problem der Signalerkennung

In allen Kulturen haben Menschen Affären, die so organisiert werden, dass sie möglichst nicht ans Licht kommen. In Arizona etwa steht auf dem Schirmdach vor einem Moteleingang »No-Tell Motel«, »Verschwiegene Herberge«. Manche Hotelzimmer kann man bekanntlich stundenweise mieten. Die Frau, die von einer Geschäftsreise zurückkehrt, macht ihren Seitensprung nicht zum ersten Konversationsthema. Der Ehemann, der seine genauen Finanzen vor seiner Frau verborgen hält, zweigt vielleicht gerade Geld zur Unterstützung seiner Geliebten ab.

Eheleute haben häufig ein Signalerkennungsproblem. Stellen Sie sich zum Beispiel vor, Sie kampieren nachts im Wald und hören irgendwo im Dunkeln ein Geräusch. War es das Knacken eines Zweiges, der Wind oder nur Einbildung? Angenommen, Sie haben das Geräusch korrekt als Knacken eines Zweiges erkannt, dann gibt es viele, aber auch nicht unendlich viele mögliche Ursachen. Es könnte ein Stein gewesen sein, der sich irgendwie gelöst hat. Es könnte sich aber auch um ein gefährliches Tier oder einen feindlich gesinnten Menschen handeln. Beim Signalerkennungsproblem geht es nicht nur um das Erkennen zutreffender Signale in Anbetracht eines ungewissen oder ambivalenten Informations-Wirrwarrs. Es geht auch darum, die richtigen Schlüsse über die Ursachen des Signals zu ziehen.

Da sexuelle Untreue fast immer heimlich stattfindet, werden auch die entsprechenden Signale absichtlich »gedämpft« gehalten. Ein neuer Duft, der Kauf einer »heißen« neuen Jacke, eine neue Vorliebe für gelbes Licht, ein neues Interesse für Beethoven oder die Beastie Boys, eine unbegründete Abwesenheit – all das können Signale sein, aber sie können auch viele andere Gründe außer einer Affäre haben. Die eifersüchtige Person entwickelt eine gesteigerte Sensibilität für Anzeichen von Untreue: »Er könnte einen roten Schimmer auf der Wange seiner Frau sehen; ihre Haltung oder ihre Art, auf dem Stuhl zu sitzen, mögen ihm merkwürdig erscheinen; sie hat ein neues Kleid an; im offenen Kamin liegt ein Zigarettenstummel... der eifersüchtige Mann sieht ein Taschentuch auf dem Boden liegen, ein nasses Handtuch im Badezimmer, Zeitungen im Straßengraben und misst all dem die gleiche Bedeutung bei.«

In diesem Zusammenhang scheint der Fall eines europäischen Psychiaters bemerkenswert, der viele an ihn überwiesene Paare beriet, bei denen einer der Ehepartner mit »krankhafter Eifersucht« zu tun hatte. In den meisten Fällen bildeten sich Ehemänner die sexuelle Untreue ihrer Frau ein, wodurch das Vertrauensverhältnis – notwendige Voraussetzung für eine harmonische Ehe – zerstört wurde. Da der Psychiater der Meinung war, bei diesen extremen Formen der Eifersucht handle es sich um eine unheilbare psychiatrische Krankheit, riet er den Paaren meistens zu einer Trennung oder Scheidung. Viele Paare befolgten seinen Rat. Aus Interesse am weiteren Schicksal seiner Patienten kontaktierte er sie nach ein paar Monaten. Zu seinem Erstaunen erfuhr er, dass viele der Frauen seiner Patienten im Nachhinein sexuelle Kontakte zu ebenjenen Männern gehabt hatten, auf die der Mann eifersüchtig gewesen war! Manche der Frauen heirateten diese Männer sogar, die den Verdacht ihrer vormaligen Ehemänner erregt hatten.

In vielen Fällen müssen die Ehemänner Zeichen der Untreue wahrgenommen haben. Da die Frauen aber ihre »Unschuld« beteuerten und die Eifersucht ihrer Männer als irrational bezeichneten, glaubten die Ehemänner am Ende, das Problem existiere nur in ihrer Einbildung. Das Problem der Signalerkennung besteht darin, in einer komplizierten sozialen Welt mit widerstreitenden Anhaltspunkten den Verrat des Partners zu entdecken und richtig zu interpretieren.

Wie sich im folgenden Fall zeigt, wird Eifersucht oft durch Umstände hervorgerufen, die auf eine reale Bedrohung verweisen – etwa die unterschiedliche Attraktivität der Partner. Der Mann, 35, der seinen Lebensunterhalt als Vorarbeiter verdiente, wurde zu einem Therapeuten überwiesen, der »krankhafte Eifersucht« diagnostizierte. Mit 20 Jahren hatte er eine 16-Jährige geheiratet, die er sehr liebte. Während der ersten beiden Ehejahre war er als Soldat in England stationiert und also von seiner Frau getrennt. In diesem Zeitraum erhielt er mehrere anonyme Briefe, in denen seine Frau einer Affäre bezichtigt wurde. Bei seiner Rückkehr zu ihr in die USA fragte er sie intensiv über die Anschuldigungen aus. Sie bestritt alles. Das Sexleben der beiden erwies sich als enttäuschend. Er wurde obsessiv hinsichtlich der Anfangszeit ihrer Ehe, beschuldigte seine Frau wiederholt der Untreue. Einige Male schlug er sie – besonders wenn er getrunken hatte. Zweimal versuchte er sogar sie zu erwürgen, und einige Male drohte er sich umzubringen.

Ganz offen gestand er dem Therapeuten seine Probleme: »Ich bin derartig eifersüchtig, dass ich ihr schon etwas antun will, wenn jemand auch nur in ihre Nähe kommt. Ich habe sie immer geliebt. Aber ich glaube, sie hat meine Liebe nie erwidert. Diese Eifersucht spüre ich im Magen, und wenn sie hervorbricht, kann ich nichts dagegen tun. Daher mein verrücktes Verhalten... Meine Frau sagt immer, andere Männer seien stärker als ich und könnten mich schlagen... Ich bin weder stark noch besonders gutaussehend, aber meine Frau ist so hübsch, und ich glaube, ich kann ihre Ansprüche einfach nicht erfüllen.« Mit anderen Worten, er sah einen Unterschied hinsichtlich ihrer Attraktivität; sie war attraktiv und reizvoll, und er sah sich als nicht ebenbürtig. Als der Therapeut die Frau in einem Einzelgespräch fragte, gab sie zu, eine Affäre mit einem verheirateten Mann zu haben. Ihrem Mann gegenüber verheimlichte sie ihre Liebschaft und bestand darauf, seine Eifersucht entspringe einer Wahnvorstellung. Die Affäre begann ungefähr ein Jahr, bevor ihr Mann an den Psychologen überwiesen wurde, um »sein Problem« zu behandeln.

Unterschiede in der Attraktivität können zu einer erhöhten Sensibilität für Anzeichen von Untreue bei dem Partner führen, der außerhalb der Beziehung weniger Optionen hat. Elaine Hatfield und ihre Kollegen von der University of Hawaii haben herausgefunden, dass der jeweils attraktivere Partner in einer Beziehung mit größerer Wahrscheinlichkeit fremdgeht. Personen, die sowohl mit attraktiven als auch weniger attraktiven Partnern zusammen waren, sind sich ziemlich genau darüber im Klaren, in welchem Wechselverhältnis Eifersucht zu diesen Unterschieden steht. Sie stellen – neben vielen anderen – ein Anzeichen von tatsächlicher oder drohender Untreue dar, worauf wir später noch näher eingehen werden.

Emotionales Wissen

Eifersucht ist eine aufgrund der Gefahr sexueller Abtrünnigkeit durchaus notwendige »Einrichtung«. In einer unsicheren Welt, in der Rivalen lauern, Partner sich zu anderen Personen hingezogen fühlen und Untreue zu zerstören droht, was eine lebenslange Liebe hätte sein können, würde es überraschen, wenn die Evolution keine hoch entwickelten Verteidigungsmechanismen bereitgestellt hätte, um mit diesen Gefahren fertig zu werden. Diese Gefahren ebenso wie die Waffen zu ihrer Bekämpfung sichtbar zu machen ist der erste

Schritt, das Wissen um die Leidenschaften zu vertiefen, die oft als ausschließlich destruktiv erscheinen.

Das vorliegende Buch ist eine Art Entdeckungsreise zum Verständnis der Rationalität dieser anscheinend irrationalen Emotionen. Auf dieser Reise werden die grundlegenden Wünsche von Frauen und Männern erkundet sowie die Gründe dafür, dass diese Wünsche so oft Konflikte hervorrufen. In Kapitel 2 wird das Paradox der Eifersucht vorgestellt: Es wird untersucht, warum ein Gefühl, das zum Schutz der Liebe entstand, eine Beziehung zerstören kann. Wir beleuchten die Evolutionsgeschichte der Konflikte zwischen Frauen und Männern, warum schmerzliche Gefühle zur Lösung von Konflikten notwendig sind und warum Frauen und Männer in einer endlosen Spirale von Liebe und Kampf gefangen sind.

In Kapitel 3 geht es um die Unterschiede zwischen Frauen und Männern im Hinblick auf eine Psychologie der Eifersucht. Frauen und Männer sind weder Unisex-Äquivalente noch Bewohner unterschiedlicher Planeten. Im Zusammenhang mit den Adaptionsproblemen, die für Frauen und für Männer unterschiedlich ausfallen, divergieren auch die Leidenschaften; bei Adaptions-Problemen, die für beide Geschlechter gleich sind, herrscht auch bei den Gefühlen fröhliche Eintracht.

In Kapitel 4, »Das Othello-Syndrom«, werden scheinbar bizarre klinische Fälle näher beleuchtet, bei denen eine eifersüchtige Person die Kontrolle über sich verliert und sich die Untreue des Partners einbildet. Dabei zeigt sich, inwiefern unser Verstand nicht nur darauf ausgerichtet ist, bereits bestehende Affären zu bemerken, sondern auch Umstände, die auf eine erhöhte Wahrscheinlichkeit zukünftigen Fremdgehens hinweisen. In Kapitel 5 geht es um beängstigende Übergriffe, die durch die dunkle Leidenschaft hervorgerufen wurden – Ausspionieren und Nachstellung, körperliche Gewalt bis hin zum Mord. Untersucht wird auch, in welchen Situationen Frauen am stärksten durch derartig schreckliche Auswüchse der Eifersucht bedroht sind.

Obgleich ich die Eifersucht als dunkle Leidenschaft bezeichne, lässt sie sich nicht vom riskanten Verlangen nach Affären trennen, das Frauen und Männer verspüren. Kapitel 6 hat die Eigenschaften von Beziehungen zum Thema, die einen Partner für Untreue empfänglich machen, die Persönlichkeitsmerkmale, die auf eine Neigung zum Fremdgehen hinweisen, und die Frage, warum manche Menschen ihre Partner unwissentlich in die Arme eines Nebenbuhlers treiben. In Kapitel 7 wird analysiert, warum Frauen Affären haben und warum heutige Frauen von ihren weiblichen Vorfahren einen »umherschweifenden« Blick geerbt haben.

Strategien, mit Eifersucht und Untreue fertig zu werden, aber auch fehlgeleitete Therapien, mit deren Hilfe die Eifersucht ausgerottet werden soll, finden sich in Kapitel 8. Im letzten Kapitel wird gezeigt, wie wir die Eifersucht zur Förderung sexueller Leidenschaft und lebenslanger Liebe nutzen und wie wir emotionales Wissen zur Bereicherung unserer Partnerschaften einsetzen können.

2. Paradoxe Eifersucht

> Ursprünglich lebten Männer in kleinen Gemeinschaften, jeder mit einer Frau oder, falls mächtig, mit mehreren, die er eifersüchtig gegen alle anderen Männer bewachte.
>
> <small>Charles Darwin: »The Descent of Man and Selection in Relation to Sex«, 1871 (»Die Abstammung des Menschen und die geschlechtliche Auslese«)</small>

Als ich mit meinen Untersuchungen zur Eifersucht begann, riet mir ein Kollege, diesem Thema fernzubleiben. Er schilderte mir folgendes Erlebnis. Im Rahmen einer Studie wollte er Eifersuchtsgefühle wecken, um die unterschiedlichen emotionalen Zustände und die Verhaltensweisen der Betroffenen genauer studieren zu können. Gleich zu Beginn der Studie bat er Ehepaare in sein Labor und führte den Mann in ein Zimmer, in dem er über Lautsprecher einem Gespräch im Nebenzimmer zuhören konnte. Dann begleitete der Wissenschaftler die Frau in das benachbarte Zimmer und wies sie an, auf seine Fragen mit sanfter und verführerischer Stimme zu antworten. Nachdem der erste Ehemann die Unterhaltung zwei Minuten über Lautsprecher mitverfolgt hatte, kam er in das Nebenzimmer gestürzt und gab meinem Kollegen eins auf die Nase. Der Ehemann hatte seine Frau in einem Tonfall reden hören, der in seiner Wahrnehmung ausschließlich für Gespräche mit ihm bestimmt war. Der Eifersucht auslösende Reiz war zu stark ausgefallen. Aufgrund des »ethischen Problems«, eine solch starke Emotion hervorzurufen, musste mein Kollege das Experiment abbrechen. Daher auch seine Warnung an mich, von diesem schwierigen Thema Abstand zu nehmen.

Ich war nur für kurze Zeit abgeschreckt, denn bald wurde mir klar, dass Eifersucht eine tief im Menschen verwurzelte Emotion ist, die von Sozialwissenschaftlern bislang vernachlässigt worden war. Auf meine Frage nach dem Grund für diese Vernachlässigung des Themas durch die Forschungswelt meinten manche Kollegen, Eifersucht sei keine »primäre« Emotion, sondern nur eine Mischung aus anderen »grundlegenderen« Emotionen wie Wut, Furcht und Trauer. Als ein Derivat aus anderen Gefühlen war sie die Aufmerksamkeit schlicht nicht wert, die im Allgemeinen den anderen grundlegenden

Emotionen geschenkt wird. Andere Kollegen vernachlässigten das Thema Eifersucht, weil sie sie als ein Symptom anderer Probleme wie Unreife oder Neurosen sahen. Bloße Symptome, so ihre Argumentation, verdienten keine eingehenderen Untersuchungen, wie dies bei grundsätzlicheren Problemen der Fall ist.

Je weiter ich jedoch in das Thema eindrang, desto klarer wurde mir, dass diese Vernachlässigung auf voreiligen Schlüssen beruhte. Eifersucht erwies sich nicht einfach nur als Hinweis auf eine »Persönlichkeitsstörung«. Sie kommt bei ganz normalen Personen mit keinerlei Anzeichen von Neurosen oder Unreife zum Ausdruck. Darüber hinaus hat Eifersucht tiefe evolutionäre Wurzeln, die entscheidend für Erfolg und Reproduktionsfähigkeit unserer Vorfahren waren. Durch die Aufdeckung der Ursprünge dieser Emotion tragen wir zum Verständnis ihrer heutigen Erscheinungsformen bei und lernen, besser damit fertig zu werden. Ich sah mich zu dem Schluss gezwungen, dass Eifersucht keine weniger grundlegende Emotion ist als Furcht oder Wut. Ihre Erscheinungsformen zu kennen ist nicht weniger entscheidend als die Frage nach Flucht oder Kampf.

Das Eifersuchts-Paradoxon

Eifersucht stellt uns vor ein Paradox. In einer Umfrage meinen 46 Prozent (der repräsentativen Auswahl) einer Gemeinde, Eifersucht sei eine unvermeidliche Folge wahrer Liebe. Der hl. Augustinus wies auf diese Verbindung hin, als er bemerkte: »Wer nicht eifersüchtig ist, liebt nicht.« Shakespeares gequälter Othello »ist verliebt, zweifelt jedoch, verdächtigt, und liebt doch abgöttisch«. Frauen und Männer interpretieren die Eifersucht des Partners im Allgemeinen als Zeichen für die Tiefe der Liebe, ihr Fehlen als Hinweis auf mangelnde Liebe.

Eugene Mathes, Psychologe von der Western Illinois University, bat eine Reihe unverheirateter, aber in einer Partnerschaft lebender Frauen und Männer, einen Eifersuchts-Test zu machen. Sieben Jahre später kontaktierte er die Teilnehmer wieder und fragte sie nach dem aktuellen Stand ihrer Beziehung. Ungefähr 25 Prozent der Befragten hatten geheiratet, 75 Prozent hatten sich getrennt. Auf der Eifersuchts-Skala sieben Jahre zuvor hatten die nun Verheirateten 186 Punkte erzielt, wohingegen diejenigen, welche sich mittlerweile getrennt hatten, auf nur 142 Punkte gekommen waren. Die Ergebnisse dieser Studie müssen mit Vorsicht bewertet werden; befragt wurde nur eine kleine Gruppe von Leuten. Nichtsdestotrotz verweist das Ergebnis darauf, dass möglicherweise ein signifikanter Zusammenhang zwischen Eifersucht und langfristiger Liebe besteht.

Interessant ist der Vergleich mit einem weiteren Forschungsergebnis: Bei einer Befragung von 651 Studenten, die eine Beziehung hatten, gaben mehr als 33 Prozent an, Eifersucht stelle in ihrer aktuellen Beziehung ein wichtiges Problem dar. Die Probleme umfassten eine große Bandbreite: vom Verlust des Selbstwertgefühls bis zu verbalen Entgleisungen, von wütenden Streitereien bis zum Terrorisieren durch Nachspionieren.

Paradoxerweise entsteht Eifersucht im Zusammenhang mit tiefer und beständiger Liebe, kann aber zugleich absolut harmonische Partnerschaften zerstören. Dieser Widerspruch spiegelt sich auch in O.J. Simpsons Aussage: »Nehmen wir an, ich habe dieses Verbrechen begangen [seine Ex-Frau, Nicole Brown Simpson, getötet zu haben]. Selbst wenn ich es getan hätte, dann doch deshalb, weil ich sie sehr liebte, nicht wahr?« Die Emotion Eifersucht, die zum Schutz von Partnerschaften gegen Eindringlinge dienen soll, »verwandelt Heime, die Tempel der Liebe sein könnten, in Höllen von Zwietracht und Hass«. Das vorliegende Buch ist ein Versuch, zur Lösung dieses Paradoxons beizutragen.

Die Bedeutung von Eifersucht

Das englische Wort für Eifersucht, jealousy, kam über die französische Sprache ins Englische.[*] Vergleichbare französische Wörter sind jaloux und jalousie, die beide von dem lateinischen Wort zelosus abstammen. Das lateinische wurde wiederum von dem griechischen Wort zelos entlehnt, das Glut, Feuer, Leidenschaft, Wärme, Begeisterung, Eifer oder auch intensives Begehren bedeutet. Das französi-

---

[*] Das deutsche Wort Eifersucht geht auf den Stamm »Eifer« zurück, was in Luthers Bibelübersetzung für zelus, »lieblicher Zorn«, »Zorn Gottes«, steht. Im 15. Jahrhundert findet sich »eifrig« im Sinne von eifersüchtig gebraucht. Mögliche Grundlagen für das Wort Eifersucht: ahd. eivar = »scharf«, »bitter«, aengl. afor = »herb«, »scharf«. (Anm. d. Übers.)

sche Wort jalousie hat eine doppelte Bedeutung. Eine ist dem englischen jealous (eifersüchtig) ähnlich. Aber jalousie bezieht sich auch auf eine Stabjalousie, also eine Jalousie aus horizontal aneinandergereihten Leisten. Der norwegische Psychiater Nils Retterstol von der Universität Oslo vermutet, diese Bedeutung sei aus der Situation entstanden, in der ein misstrauischer Ehemann seine Frau heimlich, hinter einer Jalousie versteckt, beobachtete, wahrscheinlich, um sie beim Sex mit einem anderen Mann zu ertappen.

Der Psychologe Gordon Clanton von der San Diego State University definiert Eifersucht als »Gefühl von Missfallen, das sich entweder als Furcht vor dem Verlust des Partners äußert oder als Unbehagen über eine reale oder eingebildete Erfahrung, die der Partner mit einer dritten Person hatte«. In dieser Definition sind zwei zentrale Bestandteile der Eifersucht enthalten: der drohende Verlust des Partners und die Präsenz einer dritten Person. Tatsächlich wird die Situation der Eifersucht manchmal als das »ewige Dreieck« bezeichnet, weil eben immer drei Parteien involviert sind: die eifersüchtige Person, der Partner und der Rivale. Die Definition lässt allerdings offen, welcher Art »die reale oder eingebildete Erfahrung« des Partners mit jemand anderem war – gemeinsam verbrachte Zeit, gegenseitige Aufmerksamkeit, das Trinken einer Tasse Tee, Oralsex oder Geschlechtsverkehr. Wie wir noch sehen werden, rufen unterschiedliche eingebildete Erfahrungen verschiedene Facetten der Eifersucht hervor. Die zitierte Definition lässt auch die komplexe Mischung von Emotionen unberücksichtigt, durch die Eifersuchtserfahrungen charakterisiert sind: Ärger, Wut, Erniedrigung, Furcht, Besorgnis, Traurigkeit und Depression usw. Schließlich geht die Definition nicht auf das Verhalten eifersüchtiger Leute ein; Eifersucht ist nicht einfach nur ein Gefühl, das in den Köpfen der Menschen herumspukt und nicht in Handlungen zum Ausdruck kommt.

Die Evolutionspsychologen Martin Daly und Margo Wilson von der McMaster University in Ontario definieren Eifersucht als einen »Zustand, der hervorgerufen wird durch eine wahrgenommene Bedrohung einer wertvollen Beziehung oder Stellung und ein Verhalten motiviert, das dieser Bedrohung entgegenwirken soll. Eifersucht ist ›sexuell‹, wenn die hoch geschätzte Beziehung sexuell ist.« Diese Definition hebt drei zusätzliche Aspekte der Eifersucht hervor. Erstens ist Eifersucht ein Zustand, d.h. eine zeitweise und episodische

Erfahrung, und nicht ein permanenter Kummer; niemand kann ständig im Zustand der Eifersucht verweilen. Zweitens ist Eifersucht eine Reaktion auf die Bedrohung einer wertvollen Beziehung, in der eine Person stark involviert ist. Selten verspüren Menschen Eifersucht, wenn eine lockere Bekanntschaft, eine kurze Affäre oder eine vorübergehende Verbindung gefährdet ist. Drittens führt Eifersucht zu Handlungen, die bei der Lösung des Problems helfen sollen.

Aber auch diese zweite Definition deckt nicht alle Facetten dieser komplexen menschlichen Emotion ab. So gibt es natürlich viele unterschiedliche Formen von Gefahren für Liebesbeziehungen, etwa Gefahren sexueller, emotionaler, ökonomischer oder sogar intellektueller Art. Um tiefer in das Eifersuchts-Paradox eindringen zu können, müssen wir die Bedrohungen näher kennen lernen, die zu bekämpfen die Eifersucht geeignet ist.

Manche Autoren unterscheiden nicht zwischen »Eifersucht« und einem anderen Begriff, der manchmal synomym gebraucht wird: Neid bzw. Missgunst.[*] Neid bzw. Missgunst (envy) scheint von dem lateinischen Wort invidere abzustammen, das »argwöhnisch betrachten« bedeutet. Das »Oxford English Dictionary« definiert envy (Neid, Missgunst) folgendermaßen: »Verspüren von Unbehagen oder Widerwillen gegen die Überlegenheit einer Person hinsichtlich Glück, Erfolg, Ansehen oder des Besitzes von etwas anderem Wünschenswerten.« Ein konkretes Beispiel illustriert den Unterschied zwischen Eifersucht (jealousy) und Neid bzw. Missgunst (envy). Ein Mann mag Neid bzw. Missgunst gegenüber einem anderen Mann empfinden, der eine hübsche Frau hat. Neid und Missgunst zielen sozusagen auf den anderen Mann, der besitzt, was er selbst nicht hat. Der Ehemann wird jedoch vielleicht wegen seiner hübschen Frau eifersüchtig sein, wenn er sie verdächtigt, ein Interesse an einem anderen Mann zu entwickeln. Neid impliziert Begehrlichkeit, Argwohn und Böswilligkeit jemandem gegenüber, der etwas besitzt, was man selbst nicht hat; Eifersucht dagegen beinhaltet die Furcht, einen hoch geschätzten Partner, den man schon hat, an einen Rivalen zu verlieren.

---

[*] Im englischen Origialtext ist von jealousy, = 1. »Eifersucht«, 2. »Neid«, »Missgunst« und envy = »Neid«, »Missgunst« die Rede. (Anm. d. Übers.)

Mythen über Eifersucht

Das Thema Eifersucht ist von der Wissenschaft zwar weitgehend vernachlässigt, nicht aber vollständig ignoriert worden. Einige Autoren haben Erklärungsansätze über Ursprung und Ausprägung der Eifersucht vorgeschlagen. Nach Auffassung des Psychologen Ralph Hupka von der California State University in Long Beach ist Eifersucht eine gesellschaftliche Konstruktion: »Es ist unwahrscheinlich, dass der Mensch sozusagen darauf ›gepolt‹ zur Welt kommt, emotional zu werden über Dinge, die nicht für sein Überleben notwendig sind... Der Wunsch, das sexuelle Verhalten von Partnern zu kontrollieren, ist vor allem die Folge einer gesellschaftlichen Konstruktion der Geschlechter[*]. In diesem Kontext bezieht sich gesellschaftliche Konstruktion darauf, jedem Geschlecht willkürlich bestimmte Aktivitäten und Eigenschaften zuzuschreiben (z.B. den Wunsch nach Ehre, Schönheit, ›Männlichkeit‹, ›Weiblichkeit‹ usw. ...).« Dieser Argumentation zufolge verteilt die Gesellschaft bestimmte Rollen und Handlungsweisen an Frauen und Männer und beauftragt mutmaßlich die Männer damit, die Sexualität ihrer Partnerinnen zu kontrollieren. Da soziale Konstruktionen willkürlich sind, sollten sie von Kultur zu Kultur stark variieren. Demnach müssten wir Kulturen kennen, in denen Männer eifersüchtig sind, Frauen aber nicht, andere, in denen Frauen eifersüchtig sind, nicht aber Männer. Und in Gesellschaften, in denen diese willkürliche Zuschreibung des Rollenverhaltens nicht stattfindet, dürfte es gar keine Eifersucht geben.

Der Psychiater Dinesh Bhugra vom Institute of Psychiatry in London argumentiert, Eifersucht sei eine Folge der »kapitalistischen Gesellschaftsform«. Diesem Argument zufolge haben persönlicher Besitz und Eigentum Priorität, was auch ein Besitzdenken hinsichtlich anderer Menschen mit sich bringe. Die kapitalistische Gesellschaft ermutige dazu, »den Gegenstand der Liebe buchstäblich wie ein Objekt zu behandeln und den Partner dadurch letztlich als Besitz oder Eigentum einer Person zu sehen«. Würde diese Theorie zutreffen, ergäben sich daraus einige Implikationen. Erstens müssten dann Frauen und Männer, die in einer kapitalistischen Gesellschaft

---

[*] Im englischen Originaltext heißt es gender, also eingedeutscht: »Gender« – das gesellschaftlich (und grammatikalisch) definierte Geschlecht in Abgrenzung zum rein biologisch definierten.

leben, alle in gleichem Maße und hinsichtlich der gleichen Dinge eifersüchtig sein. Zweitens müssten sozialistische und anarchistische Gesellschaften und Diktaturen frei von Eifersucht sein. Drittens müsste es, da »die Motive für Eifersucht ein Produkt der Kultur« sind, quer durch die Kulturen eine ganze Bandbreite unterschiedlichster Gründe für Eifersucht geben.

Eine andere Erklärung der Eifersucht hebt auf niedriges Selbstwertgefühl, Unreife oder Charakterschwäche ab. Diesem Denken entsprechend dürften reife und seelisch gesunde Erwachsene mit hohem Selbstwertgefühl keine Eifersucht verspüren. Wenn Schwächen in der Persönlichkeit Eifersucht hervorrufen, dann sollte mit einer Behebung dieser Schwächen auch die Eifersucht behoben werden können.

Die vierte Art der Erklärung behauptet, bei Eifersucht handle es sich um eine Art Krankheitsbefund. Der Kernthese hinter dieser Erklärung zufolge resultiert extreme Eifersucht aus einer schweren Fehlfunktion des menschlichen Verstandes. Also sollte eine Heilung dieser Fehlfunktion auch eine Eliminierung der Eifersucht bedeuten. Demnach dürften »normale« Menschen schlicht keine extreme oder starke Eifersucht kennen.

Manche dieser Erklärungen enthalten ein Körnchen Wahrheit. In einigen Fällen ist Eifersucht in der Tat krankhaft, Folge einer Hirnverletzung, sei es vom Boxen oder aus dem Krieg. Die Formen der Eifersucht bzw. des Umgangs mit ihr variieren von Kultur zu Kultur. Bei den Ache in Paraguay etwa legen eifersüchtige Rivalen ihren Streit in rituellen Kämpfen bei, während bei den Kipsigis in Kenia der beleidigte Ehemann eine Rückerstattung des Preises, den er für die Braut bezahlt hat, fordern kann.

Keines der genannten Erklärungsmodelle ist jedoch wirklich mit den bekannten Fakten über Eifersucht in Einklang zu bringen. Sogar bei den Ammassalik-Eskimos in Grönland, oft als Kultur gerühmt, der Eifersucht völlig unbekannt sei, kommt es vor, dass ein Ehemann einen Nebenbuhler tötet, der mit seiner Frau geschlafen hat. Und entgegen Margaret Meads Behauptung, die Bewohner Samoas seien nicht eifersüchtig und »lachen ungläubig über Geschichten von leidenschaftlicher Eifersucht«, ist Eifersucht in Samoa durchaus ein wichtiger Grund für Gewalt gegen Rivalen und Partner; es gibt dort sogar ein Wort für Eifersucht: fua. Um ein Beispiel zu zitieren: »Nachdem Mata, die Frau von Tavita, seinen älteren Bruder, Tule, beschuldigt hatte, ihr gegenüber während seiner Abwesenheit sexuelle Annäherungsversuche unternommen zu haben, griff Tavita seinen Bruder an und stach ihm fünfmal in Rücken und Nacken.« Auch die Frauen Samoas haben Eifersuchtsanfälle. In einem Fall verließ der Ehemann der 29-jährigen Mele sie wegen einer anderen Frau. Daraufhin machte Mele die beiden ausfindig und »griff sie mit einem Buschmesser an, während die beiden miteinander schliefen«. Kulturen in tropischen Paradiesen, die völlig frei von Eifersucht sind, existieren lediglich in den romantischen Vorstellungen mancher Anthropologen und wurden in Wirklichkeit nie entdeckt.

Bei Frauen, die angeblich an »krankhafter Eifersucht« leiden, stellt sich oft heraus, dass ihre Ehemänner jahrelang Verhältnisse hatten. Um Eifersucht besser verstehen zu können, müssen wir einen genauen Blick auf unsere evolutionäre Vergangenheit werfen, auf eine Zeit, in der es keine Computer gab, keinen Kapitalismus und nicht einmal die Kultur des Ackerbaus.

Die Evolution des Geschlechterkonfliktes

Der Evolutionsprozess ist im Prinzip sehr einfach, aber die Entschlüsselung seiner vielen Implikationen liefert tiefe und detaillierte Einblicke in die menschliche Natur. Evolution hat mit Veränderung organischer Eigenschaften über die Zeit zu tun. Eigenschaften, die einem Organismus beim Überleben und der Reproduktion zuträglich sind, finden sich in nachfolgenden Generationen stärker vertreten als Eigenschaften, die neutral sind oder dem Überleben und der Fortpflanzung abträglich. Organismen können immer auch als Sammlungen von Eigenschaften gesehen werden, die ihre Existenz dem evolutionären Selektionsprozess verdanken, der sich wiederholt über Millionen von Jahren hinweg vollzieht. Alle heutigen Menschen stammen aus einer langen und buchstäblich ungebrochenen Linie von Vorfahren ab, die den zum Überleben und zur Reproduktion nötigen Anforderungen entsprachen. Als ihre Nachfolger haben wir eine Reihe von Eigenschaften geerbt, die zu ihrem Erfolg beitrugen. Diese Eigenschaften nennt man Adaptionen.

Dem Evolutionsprozess ist ein Wettbewerb inhärent. Gibt es beispielsweise nicht genug Nahrung für alle Mitglieder einer Gruppe, dann überleben einige, während andere zugrunde gehen. Begehren zwei Frauen denselben Mann, bedeutet der Erfolg der einen, ihn für sich zu gewinnen, einen Misserfolg der anderen. Versucht ein Rivale, sich an die Partnerin eines anderen Mannes heranzumachen, dann kollidieren die beiden Männer in ihren Interessen. Alle Frauen und Männer führen einen ständigen Konkurrenzkampf, der zum Fortbestand zukünftiger Generationen beiträgt. Im evolutionären Konkurrenzkampf um einen Partner gewinnt der Sieger auf Kosten des Verlierers. Die Schlussfolgerung liegt auf der Hand, ist aber von großer Bedeutung: Die Hauptkonkurrenten jedes Einzelnen gehören dem gleichen Geschlecht und der gleichen Spezies an.

Diese evolutionäre Logik bringt ein faszinierendes Rätsel mit sich. Wenn also unsere Hauptkonkurrenten gleichen Geschlechts sind, warum sollten dann Frauen und Männer jemals miteinander in Konflikt geraten? Frauen und Männer sind hinsichtlich der Fortpflanzung aufeinander angewiesen – sollten wir da nicht eine echte Zusammenarbeit zwischen Frauen und Männern erwarten? Auf einer Ebene muss die Antwort »ja« lauten. Männer können sich ohne Frauen nicht fortpflanzen, Frauen nicht ohne Männer. Darüber hinaus stellen die Kinder dieser Verbindungen ein »gemeinsames Vehikel« dar, mit dessen Hilfe die mütterlichen und väterlichen Gene in die zukünftigen Generationen transportiert werden. Mütter und Väter sind durch ihr Interesse am Wohlergehen ihrer gemeinsamen Kinder fundamental verbunden. Die Emotion Liebe ist zum Teil aus diesem Zusammenhang entstanden, zumal es sicher keinen besseren Grund für eine Verbindung geben kann als ein Kind, in dem das genetische Schicksal zweier Personen zusammenfällt. Die Ehefrau ist die einzige Person auf dem ganzen Planeten mit Milliarden von Menschen, die ebenso viel Interesse am Schicksal der gemeinsamen Kinder hat wie der Partner. Wäre dies alles, was man dazu sagen kann, gäbe es keine Rechtfertigung für das vorliegende Buch. Doch jeder, der schon eine tiefe, verbindliche Liebesbeziehung erleben durfte, weiß, dass es im Garten der Liebe manchmal Schlangen gibt.

Zum Geschlechterkampf kann es in verblüffend vielen Varianten kommen. Am Anfang meiner Forschungsarbeiten bat ich einige hundert Leute, irgendetwas aufzuschreiben, das ihnen ein Mitglied des anderen Geschlechtes jemals angetan und das sie irritiert, verärgert oder verletzt hat. Die Personen machten deutliche Aussagen, und ich ermittelte 149 unterschiedliche mögliche Quellen für Geschlechterkonflikte. Die Bandbreite erstreckte sich von scheinbar kleinen

Irritationen wie etwa das Offenlassen des Klodeckels bis zu traumatischen Ereignissen wie emotionaler Missbrauch oder körperliche Gewalt. Einige dieser Ereignisse habe ich in meinem Buch »The Evolution of Desire: Strategies of Human Mating« (»Die Evolution des Begehrens«) untersucht. Aus nahe liegenden evolutionären Gründen fühlen sich Frauen sehr viel stärker als Männer durch Akte sexueller Aggression wie unerwünschtes Berühren, andere sexuelle Annäherungen und erzwungenen Sex verletzt. Sexuelle Aggressionen kollidieren mit der Wahlfreiheit der Frau, wann und mit wem sie Sex will, und also grundsätzlich auch mit der Wahlfreiheit, wann, wie und mit wem sie ihre wertvollen Reproduktionsmöglichkeiten ausschöpfen will. Aus ebenfalls nahe liegenden Gründen regen sich Männer sehr viel mehr auf, wenn jemand ihnen den Sex verweigert. Eine Frau, die sich versperrt, verwehrt ihm somit Reproduktionsmöglichkeiten, für die er so viele Anstrengungen unternommen hat. Manche Männer fühlen sich »an der Nase herumgeführt«, wenn eine Frau es sich »anders überlegt«.

Die Konflikte, die uns hier interessieren, sind jedoch jene, die innerhalb von Partnerschaften auftreten. Die Verbindung zwischen einer Frau und einem Mann kann zerbrechlich sein; die evolutionäre Logik zeigt, warum. Betrachten wir den Film It could happen to you (»2 Mio. $ Trinkgeld«) mit einem von Nicholas Cage gespielten Polizisten, seiner Frau (dargestellt von Rosie Perez) und einer Kellnerin (Bridget Fonda) in einem Imbiss: Beim Bezahlen seines Frühstücks in dem Imbiss bemerkt der Polizist, dass er kein Kleingeld für das Trinkgeld hat. So bietet er der Bedienung stattdessen die Hälfte seines Lotteriegewinns an für den unwahrscheinlichen Fall, dass sein Los gezogen wird. Als er tatsächlich gewinnt, hält der ehrbare Mann sein Versprechen und gibt die Hälfte seines Millionen-Jackpots an die Kellnerin ab. Seine Frau ist außer sich vor Wut, sie will die ganze Summe behalten. Ihr Konflikt führt zur Scheidung – und am Ende des Filmes haben sich der Polizist und die Kellnerin ineinander verliebt. In dem Film geht es um einen allgegenwärtigen Streitpunkt zwischen Ehemann und Ehefrau: den Konflikt um den Gebrauch gemeinsam verwalteter Mittel. Das echte Leben wimmelt von derartigen Konfliktsituationen, und aus einer evolutionären Perspektive betrachtet können finanzielle Entscheidungen, die für den einen Partner von Vorteil sind, für den anderen von Nachteil sein. Dies trifft in einem besonders hohen Maß zu, wenn leibliche Verwandte im Spiel sind und gemeinsame Mittel, die man der Familie der Frau zukommen lässt, den Anteil der Familie des Mannes schmälern. Konflikte um die Verteilung von Ressourcen sind jedoch nur der Anfang. Bedrohlicher nimmt sich die Gefährdung der Monogamie aus. Eine sexuelle Untreue des Mannes kann seine Loyalität zu seiner Partnerin und seinen Kindern untergraben. Vermag die Frau nicht, die Untreue des Ehemannes zu verhindern, riskiert sie den Verlust seiner Unterstützung, Solidarität, seines Engagements, seiner Zeit und Aufmerksamkeit, da diese »Ressourcen« nun möglicherweise der anderen Frau und deren Kindern zukommen.

Vermag der Mann nicht, die Untreue seiner Frau zu verhindern, kann dies sozusagen eine Bedrohung für seine DNA mit sich bringen. Was passiert, wenn seine Frau ohne sein Wissen von einem anderen Mann schwanger wird? Nachteile im Hinblick auf seine Reproduktionsbestrebungen gibt es viele. Erstens büßt er für die Zeit ihrer Schwangerschaft durch einen anderen natürlich seine Chance zur Reproduktion ein. Zweitens fließt die mütterliche Liebe seiner Frau den Kindern des Nebenbuhlers zu. Drittens könnte er in der irrtümlichen Annahme, es handle sich um seine Kinder, seine elterlichen Anstrengungen den Kindern des anderen Mannes widmen. Es ist unwahrscheinlich, dass väterliche Liebe sich evolutionär hätte ausbilden können, wenn Männer nicht erfolgreich die Untreue ihrer Frauen verhindern oder zumindest die Wahrscheinlichkeit, betrogen zu werden, reduzieren hätten können.

Untreue kann die teilweise »Umlenkung« evolutionär wertvoller Ressourcen bedeuten. Die Beendigung einer Partnerschaft kann den vollständigen Verlust dieser Aktivposten darstellen. Trennungen können vielerlei Nachteile für die Partner, die Kinder und die ganze Verwandtschaft mit sich bringen. Der verlassene Partner könnte bei der Kindeserziehung ohne die Hilfe des Partners in eine Sackgasse geraten. Der Status, geschieden zu sein, und das Vorhandensein von Kindern verringern unter Umständen die Attraktivität einer Person auf dem »Partnerschaftsmarkt«. Auch die Kinder können in Mitleidenschaft gezogen werden – die Rate sexuellen und allgemein körperlichen Missbrauchs von Stiefkindern ist 40-mal höher als bei Kindern, die mit beiden leiblichen Eltern zusammenwohnen. Die Verbindung zweier Großfamilien aufgrund einer Heirat kann auseinandergerissen werden. Scheidung, Trennung oder Lossagung können in jeglicher Hinsicht schlimme Folgen für alle Beteiligten haben. Vor diesem Hintergrund ist unwahrscheinlich, dass sich im Laufe der Evolution keine Abwehrmechanismen gegen eine eventuelle Abtrünnigkeit eines der beiden Partner entwickelt haben sollten. Die größte Bedrohung für die empfindlichen Bande zwischen Frauen und Männern ist, kurz gesagt, das »doppelte Schreckgespenst« Untreue und Trennung. Langfristige Liebesbeziehungen hätten nicht aufkommen können, wenn diese beiden großen Gefahren nicht erfolgreich bekämpft oder wenigstens teilweise gebändigt hätten werden können.

Ein zentrales Argument des vorliegenden Buches ist, dass das komplexe Gefühl, das wir Eifersucht nennen, nicht aus dem Kapitalismus, dem Patriarchat, allgemeiner der Kultur einschließlich entsprechender Sozialisationen und Medieneinflüsse entstanden oder nur auf Charakterschwächen oder Neurosen zurückzuführen ist. Zwar kann die Eifersucht zum Teil krankhafte oder sogar lebensbedrohliche Extremformen annehmen. Die große Mehrheit auf Eifersucht begründeter Handlungen ist jedoch Ausdruck von nützlichen Strategien, die zur Abwendung echter Gefahren für Partnerschaften dienen. Um verstehen zu können, inwiefern Eifersucht eine Adaption und nicht ein krankhaftes Verhalten ist, müssen wir analysieren, welche Rolle Emotionen für die menschliche Psyche spielen.

Emotionen – Signale für strategische Störungen

Die Erforschung der Emotionen durch die Psychologie hat eine merkwürdige Geschichte. Viele Wissenschaftler verstehen »Emotionalität« und »Rationalität« als Gegensätze. Dieser Sicht zufolge bewirkt Rationalität bei Menschen vernünftige Entscheidungen. Zur Lösung von Problemen bedienen wir uns der Logik, Vernunft und klarer Schlussfolgerungen. Aus dieser Sicht stellen Gefühle bloß ein Hindernis dar – Wut verwirrt das Denken; Furcht verzerrt vernünftige Ansätze; Eifersucht benebelt den Verstand. Emotionen werden als Überbleibsel aus unserer evolutionären Vergangenheit gesehen, als unerfreuliche Relikte aus archaischen Zeiten, in denen unsere Vorfahren mehr instinktiv handelten als logisch. Psychologen haben Wut, Furcht, Kummer und Eifersucht als »negative« Emotionen etikettiert, die kontrolliert werden müssen, eingedämmt und gebändigt, damit sie uns in unserer Suche nach vernünftigen Lösungen nicht behindern können.

Ich bin anderer Meinung als all die Experten, die eine pessimistische Auffassung über die dunkle Seite menschlicher Gefühle haben. Meiner Meinung nach sind diese »negativen« Emotionen vorzüglich konstruierte Mechanismen, die unseren Vorfahren gute Dienste leisteten und es auch uns heute noch mit großer Wahrscheinlichkeit tun. Genauer gesagt, haben sich diese Emotionen meiner Theorie zufolge herausgebildet, damit wir besser meistern können, was ich »strategische Störung« nenne. Von strategischer Störung kann man immer dann sprechen, wenn jemand oder etwas strategisch ausgerichtete Handlungen bzw. strategisch wichtige Ziele behindert, hintertreibt oder blockiert. Nehmen wir den relativ einfachen Fall, dass wir bei einem Waldspaziergang einer Klapperschlange begegnen. Die Schlange windet sich, klappert mit ihrem Schwanz und zischt uns an und bringt somit unser Ziel zu überleben in Gefahr. Da Schlangen eine immer wiederkehrende natürliche Bedrohung für den Menschen darstellen, hat sich als besondere Neigung des Menschen die Furcht vor Schlangen herausgebildet.

Diese Furcht erfüllt einige Funktionen. Sie bewirkt eine Konzentration unserer Aufmerksamkeit auf die Bedrohung, wobei irrelevante Sinneseindrücke aussortiert werden. Ferner bewirkt die Furcht die Speicherung relevanter Informationen in unserem Gedächtnis, auf dass zukünftig Spaziergengehen auf derartigen Wegen vermieden wird oder mit größerer Vorsicht erfolgt. Die Furcht bewirkt auch unmittelbar zuträgliche Handlungen wie Verharren in Regungslosigkeit – oder Flucht. Angesichts der starken Angst vor Schlangen bei Menschen und Schimpansen ist die Annahme gerechtfertigt, dass die, die gefährlichen Schlangen gegenüber indifferent waren, wahrscheinlicher den Tod fanden und also weniger wahrscheinlich unsere Vorfahren werden konnten.

Die am meisten verbreiteten menschlichen Ängste lassen sich im Wesentlichen in ein paar wenige Kategorien unterteilen: Schlangen, Spinnen, Höhe, Dunkelheit und Fremde. Charles Darwin brachte den Schlüsselgedanken in der Vermutung zum Ausdruck, dass die Ängste von Kindern, die sich relativ unabhängig von Erfahrungen äußern, ererbte Reaktionen auf reale Gefahren aus früheren Zeiten seien. Wir entwickeln mit größerer Wahrscheinlichkeit eine Furcht vor Gefahren aus unserer evolutionären Vergangenheit als vor

Gefahren der heutigen Zeit. Schlangen etwa sind heute in Los Angeles und New York City kaum noch ein Problem, Autos hingegen durchaus. Furcht vor Autos oder Steckdosen gibt es quasi nicht, da es sich dabei um evolutionsgeschichtlich neuere Gefahren handelt, zu neu, als dass es zu einer natürlichen »Selektion« hinsichtlich dieser Gefahren hätte kommen können. Die Tatsache, dass heute mehr Stadtbewohner wegen Schlangenphobien oder Verfolgungswahn zum Psychiater gehen als wegen Furcht vor Autos und Steckdosen, verschafft uns einen Einblick in die Gefahren, denen unsere Vorfahren ausgesetzt waren.

Die urtümlich menschlichen Ängste bilden sich in der Kindesentwicklung genau zu dem Zeitpunkt heraus, da Kinder zum ersten Mal realen Gefahren begegnen. Höhenangst und Furcht vor Fremden etwa zeigen sich bei Kindern erstmals im Alter von ungefähr sechs Monaten, was der Phase entspricht, in der Kinder anfangen, sich krabbelnd von ihrer Mutter zu entfernen. In einer Studie vermieden es 80 Prozent der Kinder, die schon seit mindestens 41 Tagen krabbeln konnten, eine »visuelle Klippe« zu überqueren, einen scheinbaren Abgrund (der in Wirklichkeit natürlich mit einem tragenden Sicherheitsglas überdeckt war), um zu ihrer Mutter zu gelangen. Da ein Herumkrabbeln ohne die direkte Gegenwart der schützenden Mutter die Gefahr gefährlicher Stürze und Begegnungen mit Fremden erhöht, fällt das Auftauchen von Angst vor Höhe und vor Fremden mit der realen Gegebenheit dieser Gefahren zusammen. Furcht vor Fremden wurde bei Kindern zahlreicher verschiedener Kulturen dokumentiert, von Guatemala über Sambia, von den Kung-Buschmännern bis zu den Hopi-Indianern. Tatsächlich scheint das Risiko der Tötung von Kindern durch Fremde allgemein eine »feindliche Naturgewalt« sowohl bei Menschen als auch bei anderen Primaten darzustellen.

Wie der Harvard-Psychologe Jerome Kagan dokumentiert hat, ist eine weitere kulturübergreifende Angst die Trennungsangst, die bei Kindern im Alter zwischen neun und 13 Monaten ihren Höhepunkt erreicht. In einer kulturübergreifenden Studie hat Kagan den Prozentsatz von Kindern ermittelt, die beim Verlassen des Raumes durch ihre Mutter zu weinen anfingen. Im Alter der am stärksten ausgeprägten Trennungsangst zeigten 60 Prozent israelischer Kinder diese Furcht, 62 Prozent der Kinder von guatemaltekischen Indianern, 82 Prozent der Antigua-Guatemalteken und 100 Prozent der Kinder aus afrikanischen Stammeskulturen. Bei Tieren treten die Ängste dagegen erst im Alter von etwa zwei Jahren auf, da die Kleinen ihre Umwelt dann etwas ausgiebiger erkunden. Adaptionen müssen sich also nicht schon von Geburt an manifestieren. Das Auftreten spezifischer Ängste ist, wie das Auftreten der Pubertät, eine von der Entwicklung her bestimmte psychologische Erscheinung.

Die Schlussfolgerung aus all diesen Fakten liegt auf der Hand: Furcht ist alles andere als eine »irrationale« oder »negative« Emotion, schlägt sich auf sehr adaptive Art und Weise positiv nieder und hat zum Überleben unserer Vorfahren beigetragen. Ängste sind wie körperlicher Schmerz. Sie sind zwar unangenehm, aber sie helfen uns, Ereignisse zu vermeiden, die sich mit unseren Überlebensstrategien nicht vereinbaren lassen.

Betrachten wir nun eine andere Form strategischer Störung: die Blockierung einer erwünschten sexuellen Partnerschaft. Es gibt zahlreiche Beweise für etwas, das Ihnen jede Großmutter bestätigen kann – dass nämlich die meisten Frauen nach langfristigen Liebesbeziehungen suchen, nach einem verlässlichen Partner an ihrer Seite. Auch Männer verfolgen über gewisse Zeiträume hinweg eine Strategie verbindlicher Partnerschaften. Sie haben aber auch noch eine andere wichtige Strategie in ihrem Repertoire – die des lockeren, unverbindlichen Sex. Will ein Mann diese Art von Sex mit einer Frau, die nach einer langfristigen Bindung sucht, kollidieren die Interessen des Mannes mit denen der Frau. Eine Frau, die Sex ohne Zeichen für Verbindlichkeit seitens des Mannes verweigert, vereitelt die auf Kurzfristigkeit ausgelegte Strategie des Mannes.

Meine Forschungen haben ergeben, dass die Muster für die Verärgerung von Frauen und Männern jeweils genau mit der Ursache von strategischen Störungen korrespondieren. Sehr viel mehr als Männer geraten Frauen in Wut oder fühlen sich verletzt, wenn ein potenzieller Partner früher, öfter und auf aufdringlichere Weise Sex möchte, als sie selbst dies wünschen. Männer wiederum reagieren empfindlicher als Frauen auf Partnerinnen, die den Sex aufschieben oder ihre sexuellen Annäherungsversuche schlicht ablehnen.

In jedem dieser Beispiele dient die Wut bestimmten adaptiven Zwecken, genauso wie die Muster der Furcht spezifischen Zwecken dienen. Erstens steigert Wut die Aufmerksamkeit für strategische Störungen und die Ereignisse, die zu diesen Störungen führen, und lässt weniger relevante Informationen in den Hintergrund treten. Zweitens werden die Ereignisse mit Hilfe der Wut als der Erinnerung wert definiert. Drittens werden durch die Wut Handlungen zur Reduzierung der strategischen Störung motiviert. Die Verärgerung einer Frau aufgrund der fortgesetzten und unerwünschten sexuellen Annäherungsversuche eines Mannes kann etwa dazu beitragen, den Mann von seiner Verhaltensweise abzubringen, und kann andere vor einem ähnlichen sexuellen Verhalten warnen. Schließlich kann Zorn Handlungen einleiten, die auch zukünftig zur Reduzierung von strategischen Störungen beitragen. Ärger über die Annäherungsversuche des Mannes zum Ausdruck zu bringen wird Männer im Allgemeinen von weiteren Annäherungsversuchen abschrecken und der Frau zu einem Ruf als »anspruchsvoll« bzw. »nicht einfach zu haben« verhelfen.

Diese Beispiele von Furcht und Zorn als Emotionen, die zur Lösung von Adaptionsproblemen beitragen, sind bewusst sehr einfach gehalten und sollen lediglich die Logik der strategischen Störung illustrieren. Natürlich ist Eifersucht eine viel kompliziertere Anpassungsfunktion, bei der mehrere unterschiedliche Gefühle zusammenspielen. Paul Mullen, Psychiater von der University of Otago in Neuseeland, hat folgende für Eifersüchtige typischen emotionalen Zustände aufgelistet: Schmerz, Kummer, Selbstanklage, Beklemmung, Sorge, Verlustängste, Trauer, Vorahnungen, Wut, Unruhe, Gefühl der Erniedrigung, Scham, Nervosität, sexuelle Besessenheit hinsichtlich des Partners, Furcht, Depression und das Gefühl, verraten worden zu sein.

Don Sharpsteen, Professor für Psychologie an der University of Missouri in Rolla, bat 100 Personen, Charakteristika von Eifersucht zu benennen, einschließlich ihrer eigenen Gefühle, Gedanken und Handlungen im Zustand der Eifersucht. Aus dieser Studie gingen 86 klar umrissene Eigenschaften hervor. In einem zweiten Schritt sollte nun eine andere Gruppe von 25 Frauen und 25 Männern jedes dieser 86 Elemente daraufhin einordnen, wie »zentral« und »prototypisch« es für die Eifersuchtserfahrung ist. Zur näheren Beschreibung der als »hochgradig prototypisch« angesehenen Emotionen wurden unter anderem folgende Attribute genannt: verletzt, bedroht, gebrochen, bestürzt, unsicher, verraten, zurückgestoßen, wütend, besitzergreifend, neidisch, unglücklich, verwirrt, frustriert, einsam, depressiv, vorwurfsvoll, verängstigt und paranoid.

Trotz dieser komplexen Gefühlsvielfalt lässt sich die Logik der strategischen Störung prinzipiell auf Eifersucht anwenden. Wie Wut und Furcht dient Eifersucht als Signal, das auf die Quelle der strategischen Störung aufmerksam macht, die Störungsmomente im Gedächtnis verankert, Handlungen zur Eliminierung oder Reduzierung der strategischen Störung auslöst und zukünftiges Verhalten zur Vermeidung ähnlicher Störungen bewirkt.

Die Vielzahl an komplexen emotionalen Reaktionen, die unter dem Begriff Eifersucht subsumiert werden, spiegelt die Komplexität der Bedrohungen wider, die es in den Griff zu bekommen gilt. Da Eifersucht durch Anzeichen von Untreue des Partners hervorgerufen wird, stellt der Verlust des Partners eine offensichtliche Bedrohung dar. Eine subtilere Bedrohung wäre der Verlust an Status und Ansehen. Mary Seeman, Professorin für Psychiatrie an der University of Toronto, untersuchte fünf Frauen, die wegen extremer Eifersucht zu ihr überwiesen worden waren und vom Gedanken an die Umstände und Folgen der Untreue ihres Ehemannes besessen waren. Sie fürchteten, dass ihre Ehemänner sich vor ihren »Rivalinnen« über sie lustig machten (Demütigung), dass andere, die von der Sache erfahren könnten, mitleidig auf sie herabblicken würden (Scham) und dass sie an Status und Ansehen einbüßen könnten. Alle fünf Frauen zeigten größere Besorgnis über die Umstände des Treubruches und die möglichen Auswirkungen auf ihre Reputation als über die sexuellen Handlungen selbst.

Rufschädigung ist nur eines der Probleme, die die Untreue eines Partners zur Folge haben kann. Andere sind: Zweifel an der eigenen Attraktivität, Vertrauensverlust, Gefahr für das Wohlergehen der Kinder, Verlust des Engagements des Partners, Verschlechterung des über Jahre mühsam aufgebauten Verhältnisses zur Familie des Partners usw. Eifersucht ist deshalb ein besonders komplexes Gefühl, weil es so viele korrespondierende Gefühle mit unterschiedlichsten Komponenten mit einschließt.

Die wichtigste Schlussfolgerung ist, dass Eifersucht nur insofern als eine negative Emotion bezeichnet werden kann, als sie seelische Schmerzen verursacht. Aber sie hat auch eine sehr nützliche Funktion, sofern wir verstehen, dass sie sich herausgebildet hat, damit wir mit wirklichen Gefahren für Partnerschaften besser fertig werden.

Gefahren bekämpfen: der Aufbau der Verteidigung

Mechanismen wie Eifersucht beinhalten drei wesentliche Elemente: Input, Informationsverarbeitung und Output. Man kann sich dies anhand einer Analogie vergegenwärtigen: der Abwehrmechanismus gegen Schädigungen durch ständigen Hautabrieb. Wiederholte Reibung der Hautoberfläche ist eine »feindliche Macht der Natur«, weil sie die schützende Hautschicht beschädigt und somit die Gesundheit gefährdet. Für dieses Problem hat der Mensch eine geniale Lösung hervorgebracht: Schwielen. Läuft man etwa barfüßig, entwickeln sich an Fußsohlen und Fersen Schwielen, die ein weiteres Barfußlaufen ermöglichen, ohne dass die Haut bis auf die Knochen abgeschürft wird. Dies finden wir zwar selbstverständlich, es sollte uns jedoch insofern erstaunen, als dieses Phänomen die Gesetze der Physik aus den Angeln zu heben scheint. Beim Herumfahren mit dem Auto etwa wachsen den Reifen aufgrund von ständiger Reibung keine dickeren Profile nach. Die Reifen nutzen sich schlicht ab, genau wie alle anderen Objekte auch, die solchen Kräften ausgesetzt sind. Der Mensch dagegen besitzt einen Adaptionsmechanismus, um sich gegen diese »feindlichen« physikalischen Kräfte zu wehren.

Die Adaption der Schwielenbildung beinhaltet drei Komponenten. Die Erste besteht aus dem »Input«, d.h. aus ständiger Reibung, die eine Bedrohung signalisiert und eine Reihe körperlicher Prozesse auslöst. Die physiologischen Reaktionen setzen die Produktion neuer Hautzellen an genau den Stellen in Gang, an denen der Abrieb bemerkt wurde. Der »Output« sind die frischen Hautzellen, die Schwielen, die dann Schutz vor weiterem Abrieb gewährleisten. Diese drei Komponenten – Input, Informationsverarbeitung, Output – beschreiben auf einer abstrakten Ebene die hoch entwickelten körperlichen Abwehrmechanismen gegen die feindlichen Mächte der Natur. Gefahren für romantische Liebesbeziehungen bringen unterschiedliche adaptive Probleme mit sich, aber die Abwehrmechanismen kann man sich ähnlich vorstellen. Zunächst gibt es »Inputs« – eine Person wird auf eine Bedrohung aufmerksam. Dies können ungewohnte Gerüche auf der Haut des Partners sein, plötzliche Veränderungen des sexuellen Begehrens, die Einführung einer neuen »Technik« beim Sex, mysteriöse Telefonanrufe, langer Blickkontakt des Partners mit einem attraktiven Mitglied des anderen Geschlechts usw. Gregory White und Paul Mullen haben verschiedene Hinweise beobachtet: »Die Ahnung einer veränderten Einstellung, eine minimale Veränderung in der sexuellen Empfindsamkeit, eine unerklärte Abwesenheit, ein verdächtiges Haar auf der Kleidung des Partners – all das sind Faktoren, die Anlass zu Verdächtigungen geben können.« Diese »Inputs«, die später noch genauer behandelt werden, sind Warnsignale.

In einem nächsten Schritt sind komplexe Informationsverarbeitung und Interpretation gefragt. Ist der Treubruch bereits geschehen, oder deuten die Zeichen auf zukünftige Handlungen hin? Ist der Rivale attraktiver oder weniger attraktiv als man selbst, erfolgreicher oder weniger erfolgreich, charmanter oder weniger charmant? Gab es schon in der Vergangenheit Signale, an die man sich erinnern kann? Oder handelt es sich schlicht um alberne Verdächtigungen, zumal der Partner geschworen hat, nie fremdzugehen?

Um die richtigen Schlüsse ziehen zu können, bedarf es einer ganzen Reihe von informationsverarbeitenden Funktionen: einer gesteigerten Aufmerksamkeit in Bezug auf bestimmte Hinweise, der Fähigkeit, daraus entsprechende Schlüsse zu ziehen und diese dann mit anderen kontextuellen Informationen zu verbinden. Dieser Vorgang ist jedoch keineswegs nur kühle Berechnung, wird nicht rein rational und leidenschaftslos vollzogen. Mit Eifersucht gehen zahlreiche Emotionen einher – darunter Wut, Gefühl der Demütigung, Panik, Furcht, Unruhe, Depression –, die verstanden bzw. richtig bewertet werden müssen, da dies wesentlich zum Aufbau dieses Abwehrmechanismus beiträgt.

Zur Bekämpfung einer Bedrohung braucht man »Output«, d.h. Aktionen. Adaptive Lösungen können nicht im bloßen Erkennen der Gefahr liegen. Wie wir in Kapitel 8 sehen werden, sind die möglichen Strategien zur Problembewältigung, die durch die Eifersucht auf den Plan gerufen werden, ebenso komplex und vielfältig wie die Signale, auf die man damit reagiert. Sie reichen von erhöhter Wachsamkeit bis zu impulsiver Gewaltanwendung, von bitterer Selbstanklage bis zum brutalen Angriff auf den Rivalen, vom Selbstmordversuch bis zur versuchten Tötung des Partners.

Der Abwehrmechanismus enthält, kurz gesagt, drei wesentliche Komponenten – Input, Entscheidungsrichtlinien und Output. Deren Beschaffenheit gilt es aufzudecken, will man das Geheimnis der Eifersucht und ihre explosiven Erscheinungsformen ergründen. In den folgenden Kapiteln werden wir diese Muster noch eingehender analysieren. Für den Moment genügt die Feststellung, die Existenz eines prägnanten Abwehrmechanismus impliziere die Notwendigkeit, etwas abzuwehren. Und somit stellt sich die nächste Frage: Warum machen trotz verwegener Versprechungen von Treue und Hingabe, »bis der Tod euch scheidet«, über die Hälfte aller verheirateten Paare irgendwann in ihrer Ehe Erfahrungen mit Untreue? Warum stellt Ehebruch für so viele Menschen eine derart große Versuchung dar, wo sie doch so viel zu verlieren haben? Und auf welche Weise werden diese Gefahren mit Hilfe von Eifersucht bekämpft?

Die ko-evolutionäre Spirale

Die meisten Forscher, die ihre Tätigkeit ganz den Geheimnissen des menschlichen Verstandes widmen, konzentrieren sich auf ein einziges Thema oder Phänomen. Unter den Psychologen finden sich Spezialisten für Bereiche wie Aggression, Kooperation, Status, Liebe, Sprache, das Gehör, das Sehvermögen, Panikattacken, Wahrnehmungs- und narzisstische Persönlichkeitsstörungen. Der menschliche Geist besteht jedoch nicht aus isolierten Bereichen. Er beinhaltet ein vielschichtiges Netz aus miteinander verknüpften Mechanismen. Darüber hinaus ist der menschliche Verstand nicht individuell oder isoliert zu begreifen. Unser Verstand ist zur Interaktion mit dem Verstand anderer bestimmt.

Einer der wichtigsten Ansätze zum Verständnis der Eifersucht ist die Theorie der Ko-Evolution – der wechselseitig bedingten Veränderungen, die sich nach und nach in interagierenden Spezies oder zwischen den unterschiedlichen Geschlechtern innerhalb einer Spezies vollziehen. Raubtier und Beute bieten das anschaulichste Beispiel für die Theorie der Ko-Evolution. Hasen etwa sind die natürlichen Beutetiere für Füchse, die beiden Tierarten koexistieren jedoch auf eine besondere Art und Weise. Die Hasen, die von den Füchsen erwischt und aufgefressen werden, sind normalerweise die langsameren, weniger vorsichtigen, diejenigen, welche den sie umgebenden feindlichen Mächten weniger Aufmerksamkeit schenken. Die flinkeren, aufmerksameren Hasen überleben und haben mehr Nachkommen. So wird jede Hasengeneration ein wenig geschickter darin, den Füchsen zu entwischen, als die vorhergehende.

Aus der Sicht der Füchse haben in jeder Generation die agilsten und schnellsten Füchse den größten Erfolg bei der Hasenjagd. Die trägeren Füchse mit einer weniger guten Koordination bekommen nicht genug zu fressen und produzieren weniger Nachkommen. So ist jede Generation von Füchsen etwas besser zur Hasenjagd geeignet als die vorhergehende. Jeder Zugewinn an Schnelligkeit und Geschicklichkeit bei den Hasen bewirkt letztlich einen Selektionsdruck auf die Füchse, genauso wie jeder Zuwachs an Schnelligkeit und Beweglichkeit bei den Füchsen einen Selektionsdruck auf die Hasen zur Folge hat. Die Veränderungen, die sich unter den Hasen und Füchsen, wie bei allen Raub- und Beutetieren, vollziehen, lassen sich am besten als ko-evolutionäre Spirale beschreiben, die sich unendlich lange fortsetzt – oder bis die physikalischen Grenzen ausgereizt sind.

Dieselbe Logik kann man auf Parasiten und ihre Wirte anwenden. Der Mensch ist Wirt für Tausende von Parasiten, die ohne uns nicht existieren könnten. Prinzipiell ernähren sich Parasiten von einem Wirtsorganismus und können ihn auf Dauer auch zerstören. Wirte haben Verteidigungs- bzw. Immunisierungsmechanismen zum Umgang mit Parasiten ausgebildet. Die Parasiten, die die Abwehrmechanismen der Wirte am besten zu umgehen vermögen, haben die besten Überlebenschancen. Parasiten und Wirte entwickeln sich also gewissermaßen gemeinsam in einer nicht endenden Spirale weiter, wobei jede Veränderung im Wirt einen Selektionsdruck beim Parasiten nach sich zieht und umgekehrt.

Die Logik wechselseitig beeinflusster Veränderungen bei interagierenden Spezies lässt sich auch auf die Interaktion der beiden Geschlechter innerhalb einer Spezies anwenden. Hier lässt sich das Beispiel der ko-evolutionären Spirale bei Frauen und Männern im Bezug auf das Wechselspiel zwischen Verbindlichkeit einer Beziehung und Sex anführen. In meinem Buch »The Evolution of Desire« (»Die Evolution des Begehrens«) habe ich dargelegt, wie sich bei Frauen eine Vorliebe für Partner herausgebildet hat, bei denen verlässliche Zeichen auf die Fähigkeit und den Willen schließen lassen, gewisse Ressourcen für ihre Frauen und Kinder bereitzustellen. Über die menschliche Evolutionsgeschichte betrachtet, haben Frauen, die treue und langfristig sorgende Männer anzuziehen vermochten, besser überlebt und sich erfolgreicher fortgepflanzt als Frauen, denen dies nicht gelang.

Die Vorlieben der Frauen können wiederum einen ko-evolutionären Selektionsdruck auf Männer zur Folge haben. Männer, die verlässliche Hinweise auf Verbindlichkeit geben, werden von Frauen bevorzugt ausgewählt; Männer, bei denen derartige Fingerzeige nicht auszumachen sind, finden sich von der Paarung ausgeschlossen. Letztlich wird die Partnerwahl jedoch immer in einem Nebel der Ungewissheit getroffen, wodurch der Täuschung Tür und Tor geöffnet sind. Manche Männer entwickeln vielleicht eine Taktik, einen falschen Eindruck von Verbindlichkeit zu vermitteln, ködern die Frau damit und verlassen sie, nachdem sie mit ihr geschlafen haben. Die männliche Täuschungsstrategie ist ein ko-evolutionäres Resultat der weiblichen Vorliebe für Verbindlichkeit.

In dem Maß, in dem die Täuschungsmanöver Verbreitung finden, wird wiederum Selektionsdruck auf Frauen ausgeübt, die betreffenden Männer auszusortieren. Frauen können etwa auf längerem Werben seitens der Männer bestehen, bevor sie mit ihnen schlafen, oder auf Zeichen dafür achten, ob der Mann »nur ein Spiel spielt«, was sie zum Beispiel daran erkennen, wie sehr er sich während einer Unterhaltung durch eine attraktive Passantin ablenken lässt. Frauen können seine Verbindlichkeit prüfen, indem sie ihn etwa bitten, sein Treffen mit Freunden zum gemeinsamen Fußballabend abzusagen, um auf ihre Bedürfnisse einzugehen.

Indem Frauen ihre Fähigkeit, Täuschungen zu entdecken, weiterentwickelten, übten sie Selektionsdruck auf die Männer aus, ihre Täuschungsmanöver zu verbessern. So dreht sich die ko-evolutionäre Spirale immer weiter, wobei jede Weiterentwicklung bei einem Geschlecht eine evolutionäre Veränderung beim anderen Geschlecht bewirkt. Adaptionen des einen führen zu Gegen-Adaptionen beim anderen Geschlecht, die wiederum weitere Gegen-Adaptionen und Gegen-Gegen-Adaptionen bewirken. Solange die Strategien der beiden Geschlechter in irgendeiner Art von Konflikt zueinander stehen, wird sich diese ko-evolutionäre Spirale unvermindert fortsetzen. Zur Zeit herrscht eine Art Gleichgewicht, d.h. Frauen sind exzellente »Täuschungs-Detektoren«, was sich etwa in der weiblichen Überlegenheit beim Entschlüsseln nonverbaler Signale zeigt; Männer können dafür wiederum notorisch geschickte Täuscher sein.

Eifersucht bietet das perfekte Beispiel für die Macht der ko-evolutionären Spirale und beginnt mit der Evolutionsgeschichte der Liebe. Dauerhafte Liebesbeziehungen bringen ein besonderes Problem mit sich: Wie kann man die Gefahr durch »Wilderer« bannen, die den Partner zu ködern drohen. Ein populäres Lied fing das Wesentliche des Wilderer-Problems ein, wenn auch aus der Sicht des Mannes: »When you're in love with a beautiful woman, watch your friends.« (»Bist du in eine schöne Frau verliebt, dann achte gut auf deine Freunde.«) Je begehrenswerter der Partner, desto stärker wird das Interesse potenzieller Nebenbuhler sein.

Eifersucht bildete sich als ein wichtiges Element der Verteidigung heraus, als eine ko-evolutionäre Antwort auf die Bedrohung durch Untreue und Trennung. Sie wird aktiviert, sobald ein Partner Zeichen für einen Treubruch ausmacht – ein ungewohnter Geruch, eine plötzliche Veränderung im Sexualverhalten, eine verdächtige Abwesenheit. Eifersucht kann schon allein dadurch entstehen, dass der Partner den Bruchteil einer Sekunde zu lange Blickkontakt mit jemand anderem hält oder ein Rivale einen Zentimeter zu nahe bei der geliebten Person steht oder sich plötzlich durch ein Detail ihres oder seines Lebens fasziniert zeigt. Diese Signale bedeuten nicht zwingend, dass der Partner fremdgehen wird, ebenso wie das nervende Geheul eines Feueralarms nicht unbedingt ein wirkliches Feuer bedeutet. Falscher Alarm kommt vor. Aber diese Signale machen uns auf die Möglichkeit eines Treubruchs aufmerksam, denn sie waren in der langen Evolutionsgeschichte des Menschen statistisch mit dem Verlust einer Partnerschaft verbunden.

Hier kommt der Begriff der Ko-Evolution wieder ins Spiel. Eifersucht, die uns sensibel für Anzeichen eines Treubruchs macht, lässt Partner ihre Untreue und »Möchtegern-Wilderer« ihr Interesse an einem Partner verbergen. Ein klassischer Fall von Täuschung findet sich in Vladimir Nabokovs Roman »Laughter in the Dark« (»Gelächter im Dunkel«). Der Protagonist ist ein wohlhabender, respektabler Geschäftsmann namens Albinus, dessen Hobbys Kunst und Kino sind. Nachdem er lange nur darüber phantasiert hat, verlässt er seine Frau, um mit seiner jungen Geliebten Margo Peters zusammenzuleben. Ohne sein Wissen beginnt Margo einen Plan auszuhecken, wie sie an sein Geld kommen kann. Albinus heuert einen Künstler namens Axel Rex an, der seiner Phantasie freien Lauf lassen soll, um eine neue Art von Film zu schaffen. Albinus weiß nicht, dass Rex und Margo früher ein Liebesverhältnis hatten. Nach kurzer Zeit nehmen Margo und Rex ihre Liebesaffäre wieder auf. Axel Rex bereitet es größtes Vergnügen, Albinus genau vor dessen Augen zu hintergehen. Als Albinus misstrauisch wird, wendet Rex einen interessanten Trick an – er gibt vor, homosexuell zu sein. Margo spielt mit, indem sie ihre Abneigung gegen Rex' »feminine Manierismen« zum Ausdruck bringt. Mit Hilfe dieser Täuschungsmanöver gelingt es Margo und Rex, Albinus in seinem Verdacht zu beschwichtigen, und Rex erhält sogar den Status einer Art vertrauten Hausfreundes – der Albinus bei jeder Gelegenheit Hörner aufsetzt.

Die Ko-Evolution geht weiter. Verheimlichung, als Reaktion auf die Eifersucht eines Partners entstanden, führt nun zu einer erhöhten Sensibilität für subtile Anzeichen von Verrat. Es kommt immer leichter zu eifersüchtigen Reaktionen. In Nabokovs Roman erblindet Albinus bei einem Autounfall, ein Bild für seine psychische Verblendung. Seine Unfähigkeit, Margos und Alex' Täuschung zu »sehen«, führte zum völligen Verlust seines Augenlichtes. Unbeholfen bewegt er sich mit Hilfe eines Stockes fort und stößt sich an Gegenständen, während er so durch die Dunkelheit stolpert. Doch nach einer Weile trägt seine physische Blindheit zur Steigerung seiner psychologischen Feinfühligkeit bei. Allmählich hört er »das Lachen im Dunkeln«. Und zum ersten Mal beginnt er, im psychologischen Sinne, zu »sehen«. Evolutionsgeschichtlich betrachtet, konnten sich diejenigen, die betrogen wurden, weniger erfolgreich fortpflanzen als diejenigen, deren psychologische Antennen auf das Entdecken von Täuschung eingestellt waren. So sind die Menschen geschickte Detektoren von Täuschungen geworden, ähnlich geschickt wie in der Durchführung von Täuschungsmanövern.

Die Spirale setzt sich fort, solange Interessenskonflikte zwischen Frauen und Männern bestehen. In manchen Fällen gewinnt der gute Spürhund, der Betrug wird erfolgreich aufgedeckt und die Gefahr für die Partnerschaft geschickt überwunden. In anderen Fällen gewinnt der Betrüger. Und in manchen Fällen lässt sich kein eindeutiger Gewinner ermitteln. Als Albinus schließlich das Gelächter im Dunkeln hört, sind Axel Rex und Margo zur Flucht gezwungen. Obwohl sie Albinus sexuell und finanziell zu täuschen vermochten, kann er dank seines neu entwickelten psychologischen Gespürs für ihren Betrug seine Verluste zumindest eindämmen. Er kehrt zu seiner Frau zurück und rächt sich an den Verrätern.

Zum jetzigen Zeitpunkt der Evolution sind wir alle Produkte eines ko-evolutionären Prozesses, in dessen Verlauf wir hervorragende

Fähigkeiten zur Täuschung in Liebesangelegenheiten entwickelt haben, ebenso wie eine große Fähigkeit, diese zu bemerken.

Ein weiterer Aspekt der ko-evolutionären Spirale, der bei der Eifersucht eine maßgebliche Rolle spielt, lohnt eine genauere Betrachtung. Obgleich Eifersucht vor allem eine Verteidigungsfunktion gegen einen Treubruch des Partners ist, gibt ihre Intensität auch über die Stärke des emotionalen Engagements Aufschluss. Das völlige Fehlen von Eifersucht lässt sich zutreffend als ungenügende emotionale Beteiligung eines Partners interpretieren. Man stelle sich vor, jemand beginnt auf einer Party einen anderen leidenschaftlich zu küssen und sein Partner schaut ohne irgendeine Regung zu. Man würde sich sicherlich fragen, ob der passive Zuschauer wirklich an seinem Partner interessiert ist, ob er überhaupt Gefühle hat. Das Fehlen von Eifersucht signalisiert einen Mangel an Liebe.

Moderate Eifersucht wird dagegen oft als Zeichen von Bindung und Engagement gedeutet. Doch exzessive Eifersucht weist auf Gefahr hin. Frauen und Männer interpretieren übertriebene Eifersucht als Zeichen der Sorge um die Beziehung. Zutreffenderweise spüren sie, dass ihr Partner sich ständig durch wirkliche oder eingebildete Rivalen bedroht sieht.

Wie finden diese Signale Eingang in das ko-evolutionäre Wettrüsten? Frauen etwa haben eine Taktik entwickelt, absichtlich Eifersucht hervorzurufen, indem sie bewusst in der Gegenwart ihres Partners mit anderen Männern flirten. Warum aber einen Gefühlsschalter betätigen und gewalttätige Eifersucht riskieren? Indem sie Eifersucht provozieren, erinnern Frauen ihren Mann erstens an ihre Begehrlichkeit. Ein Mann, der sich seiner Freundin allzu »sicher« ist, wird durch das Erscheinen von Rivalen darauf aufmerksam gemacht (oder daran erinnert), dass sie wirklich begehrenswert ist. Zweitens ist das Hervorrufen von Eifersucht eine Art Lackmus-Test. An der Intensität seiner Reaktion kann sie das Maß seines »Engagements« ablesen. Verhält er sich ihren Flirts gegenüber gleichgültig, weist dies auf einen Mangel an emotionalem Engagement hin; wird er eifersüchtig, kann man von einer gewissen Tiefe seiner Gefühle ausgehen. Drittens kann ein Hervorrufen von Eifersucht die Bereitschaft des Mannes zu verbindlichem Engagement erhöhen. Wähnt er sich von Rivalen umgeben, wird sich der Mann glücklich schätzen, mit dieser tollen Partnerin zusammen zu sein, und so wird ihre Verbindung gestärkt.

Prinzipiell sollte dies die Grundlage für eine weitere Spirale im ko-evolutionären Prozess bilden. Männer sind nicht einfach Puppen, deren »Eifersuchts-Fäden« in den Händen der Frauen, je nach deren Laune, mal fester gezogen, mal loser gehalten werden – zumindest nicht die ganze Zeit über. Sie lernen, reale Bedrohungen von falschem Alarm zu unterscheiden, den netten Flirt der Partnerin von echtem sexuellen Interesse an einem anderen Mann zu trennen. In einer Gesellschaft voller Unwägbarkeiten kann das Lächeln einer Person das ambivalenteste Signal im ganzen Beziehungs-Universum sein; so ist es oft schwer zu sagen, ob es sich um lockeres Flirten, um wirkliches sexuelles Interesse oder lediglich um Freundlichkeit handelt.

Diese Beispiele vermitteln einen Eindruck von der ko-evolutionären Spirale, die sich im Laufe der Zeit aus dem komplizierten Tanz der Frauen und Männer in Liebesbeziehungen entwickelt hat. Im nächsten Kapitel wird untersucht, inwiefern sich dieser Tanz bei Frauen und Männern unterscheidet.

3. Eifersucht auf Venus und Mars

Die Frau trägt den Tod stärker in sich als der Mann.

RUDYARD KIPLING

Paartherapeut und Autor John Gray meint, bei Beziehungsfragen scheine es stets, als ob Männer vom Mars und Frauen von der Venus seien. Sind Männer eifersüchtiger als Frauen? Oder sind Frauen eifersüchtiger als Männer? In Literatur, Theater und Film werden Männer oft als das eifersüchtige Geschlecht dargestellt. Shakespeares Othello etwa verzehrte sich vor Eifersucht, und es dürfte schwer fallen, in Bühnenstücken ein vergleichbares Beispiel einer eifersüchtigen Frau zu finden. Andererseits entspricht es dem Alltagswissen, dass »die Hölle keine Wut kennt wie die einer verschmähten Frau«. Hier wird suggeriert, Frauen würden stärker auf Verrat oder Treubruch reagieren. Was sagen wissenschaftliche Studien zu der Frage, welches Geschlecht das eifersüchtigere ist?

Wie würden Sie folgende Fragen beantworten, wenn Sie sich dabei einer 7-Punkte-Skala bedienen sollten, die von Trifft überhaupt nicht zu (1) bis Trifft genau zu (7) reicht?

1. Es macht mir nichts aus, wenn ich meine(n) Geliebte(n) mit jemand anderem flirten sehe.
2. Wenn ich meine(n) Geliebte(n) jemand anderen küssen sehe, krampft sich mein Magen zusammen.
3. Wenn mein(e) Geliebte(r) mit jemand anderem tanzt, bin ich angespannt.
4. Wenn jemand meine(n) Geliebte(n) umarmt, rege ich mich auf.
5. Es würde mich quälen, wenn mein(e) Partner(in) öfter mal befriedigenden Sex mit jemand anderem hätte.
6. Es ist unterhaltsam, von den sexuellen Phantasien zu hören, die mein(e) Partner(in) hinsichtlich einer dritten Person hat.

Bram Buunk, Professor an der Universität Groningen in den Niederlanden, hat mit seinen Mitarbeitern insgesamt 2079 Menschen in Ungarn, Irland, Mexiko, den Niederlanden, der ehemaligen Sowjetunion, den USA und Jugoslawien befragt. Das größte Unbehagen über einen Partner, der mit jemand anderem flirtet, brachten Jugoslawen zum Ausdruck, am wenigsten störte dies die Ungarn. Ganz im Gegensatz dazu standen die Ungarn an erster Stelle, was den Ärger über einen Partner, der jemand anderen küsst, betrifft, wohingegen die Jugoslawen über ein paar »geraubte Küsse« wenig beunruhigt waren.

Die wichtigste Erkenntnis bestand jedoch darin, dass Frauen und Männer aller sieben Länder ein nahezu gleiches Maß an Eifersucht aufwiesen. Holländische Frauen und Männer, ebenso wie russische Frauen und Männer »punkteten« beinahe gleich im Bezug auf die Eifersucht über einen flirtenden Partner. Eifersüchtige Reaktionen auf extremere Formen der Untreue, wenn etwa ein Partner regelmäßig befriedigenden Sex mit jemand anderem hat, erwiesen sich ebenfalls in allen Kulturen als nahezu identisch für beide Geschlechter.

Andere Studien, mit amerikanischen Befragten, bestätigen das Fehlen eines geschlechtsspezifischen Unterschiedes, was das Maß der Eifersucht betrifft. Auch folgende Frage wurde gestellt: »Wie sehr würde es Sie aufregen, wenn Ihr Freund oder Ihre Freundin Phantasien über ein einmaliges Sexerlebnis mit einer sehr attraktiven Person hätte, die sie/er in einer Zeitschrift gesehen hat?« Auf einer 7-Punkte-Skala antworteten Männer im Durchschnitt mit dem Wert 3,42 und Frauen mit 3,70, beide reagierten also nicht besonders verärgert, und es bestand kein wesentlicher Unterschied zwischen den Geschlechtern. Dutzende anderer Studien beweisen, dass Frauen und Männer insgesamt gleich eifersüchtig sind.

Klinische Fälle extremer Eifersucht finden sich, entgegen dem Vorurteil, wonach extreme Eifersucht nur bei Männern auftritt, bei beiden Geschlechtern. Im Folgenden zwei Fälle, einer für jedes Geschlecht. Fall 1: »Enid, die überzeugt davon war, dass ihr Ehemann sie in seinem Büro betrog, stattete ihm einen Überraschungsbesuch ab, um ihn ›auf frischer Tat zu ertappen‹. Sie fand sein Büro leer vor, aber komplett umgestaltet. An der Wand hingen Fotos und Malereien, die sie nicht kannte. Sofort schloss Enid, die Geliebte ihres Mannes habe das Büro neu dekoriert. Erst später bemerkte sie, dass sie im Büro von jemand anderem gewesen war – ein Büro ganz anderer Größe und anders geschnitten als das ihres Mannes.« Fall 2: »Ein Mann mittleren Alters begann sich über die Treue seiner Frau Sorgen zu machen. Näherte er sich dem Haus, schaltete er den Motor und die Scheinwerfer seines Autos aus und ließ den Wagen leise in die Einfahrt rollen. Dann betrat er rasch das Haus. Eines Abends schlich er um das Haus herum, stieg auf Zehenspitzen die Treppe hoch und stieß dann in dramatischer Gestik die Hintertür auf, in der Gewissheit, seine Frau in den Armen eines Liebhabers zu überraschen. Seine Frau stand am Herd... kochte gerade das Abendessen und blickte ihn neugierig und erstaunt an.«

Die Schlussfolgerung liegt auf der Hand: Frauen und Männer können gleichermaßen von Eifersucht geplagt werden, sowohl in den alltäglichen als auch in den deutlicher ausgeprägten krankhaften Formen. Wäre dies alles, was es dazu zu sagen gibt, könnte das Kapitel hier enden. Als Evolutionspsychologen jedoch – mit einer Theorie im Hinterkopf – noch eine Reihe anderer Fragen stellten, kamen nach und nach geschlechtsspezifische Unterschiede hinsichtlich der psychologischen Komponenten von Eifersucht zum Vorschein.

Unterschiedliche Wunschvorstellungen

Frauen und Männer verfolgen grundlegend verschiedene Strategien bei der Partnerwahl. Frauen legen größten Wert auf Verbindlichkeit und alle darauf hindeutenden Eigenschaften, vor allem auf emotionales Engagement und Liebe. Männer haben stärker den Wunsch nach sexueller »Vielfalt« entwickelt, was einen immensen Konflikt zwischen den Geschlechtern hervorruft, weil dadurch die Erfüllung des weiblichen Wunsches nach inniger und verbindlicher Nähe beeinträchtigt wird. Da Jugend und Schönheit bei Frauen so stark mit Fruchtbarkeit assoziiert werden, hat sich bei Männern ein starkes Verlangen nach Frauen herausgebildet, die diese Eigenschaften verkörpern. Schließlich schätzen Männer die sexuelle Treue einer Partnerin hoch, bedeutet doch jede Untreue der Frau eine Gefahr für die Vaterschaft ihres Mannes. Die unterschiedlichen »Sexualstrategien« von Frauen und Männern bilden die Grundlage für das psychologische Muster der Eifersucht.

Zum besseren Verständnis kann man sich das Konzept der strategischen Störung in Erinnerung rufen, das zum Zug kommt, wenn jemand die Strategien oder Zielsetzungen einer anderen Person blockiert oder beeinträchtigt. So genannte negative Gefühle wie Wut, Furcht und Eifersucht sind gewissermaßen Hinweise, die uns vor strategischen Störungen warnen. Da Frauen und Männer unterschiedliche sexuelle Strategien entwickelt haben, sollten sie auch aufgrund von anderen Vorkommnissen eifersüchtig, zornig und verärgert sein. Der Wunsch der Frau nach emotionalem Engagement etwa wird verletzt, wenn ein potenzieller Partner sie wie eine »Affäre« behandelt. Der Wunsch des Mannes nach Treue wird übergangen, wenn seine Partnerin Sex mit einem anderen hat.

In den folgenden Abschnitten werden Untersuchungen angeführt, in denen diese Ideen geprüft wurden. Wir beginnen mit dem wichtigsten geschlechtsspezifischen Unterschied in der Psychologie der Eifersucht: der unterschiedlichen Gewichtung von emotionalem und sexuellem Engagement mit einem Rivalen.

Mama's Baby, Papa's Maybe – Mamas Baby zweifellos, ob Papas, das bleibt dubios

Beeinträchtigungen, was die Gewissheit der Vaterschaft anbelangt, sind für Männer von substanzieller Bedeutung. Aus evolutionsgeschichtlicher Perspektive betrachtet, setzen Männer bei einer solchen Unsicherheit das Ergebnis all des betriebenen Aufwands bei der Partnerwahl aufs Spiel, einschließlich Zeit, Energie und Geschenke, die sie »investiert« haben, während sie der Frau den Hof machten. Zudem hat der Mann den Nachteil verpasster Gelegenheiten zu verbuchen – die verpassten Gelegenheiten mit anderen Frauen, weil er seine ganze Aufmerksamkeit einer Frau geschenkt hat, ohne andere Optionen zu verfolgen. Ein gehörnter Mann kann auch die elterlichen Anstrengungen der Frau »einbüßen«, die nun ja auf die leiblichen Kinder des Rivalen gebündelt werden. Er läuft Gefahr, die Kinder eines Rivalen in der fälschlichen Annahme großzuziehen, es handle sich um seine eigenen. Schließlich riskiert der Mann noch eine Rufschädigung, da betrogene Ehemänner in den Augen der anderen oft als lächerlich erscheinen.

In Griechenland etwa ist der Ruf des Mannes in Gefahr, wenn »die Untreue der Frau... Schande über den Mann bringt, der dann als Keratas – die schlimmste Beleidigung für einen griechischen Mann – verunglimpft wird, ein beschämendes Beiwort mit Konnotationen von Schwäche und Unfähigkeit... Während es für die Frau als akzeptabel gilt, die Untreue ihres Mannes zu tolerieren, ist es für den

Mann gesellschaftlich inakzeptabel, die Untreue seiner Frau hinzunehmen, und er läuft Gefahr, wegen unmännlichen Verhaltens verspottet zu werden.«

Vor dem Hintergrund solch potenziell schlimmer Nachteile könnte man erwarten, im Laufe der Evolution hätten sich wirkungsvolle Abwehrmechanismen zur Vermeidung von Untreue herausgebildet. Hierfür ist Eifersucht am besten geeignet. Das besondere Risiko hat sich tief in die männliche Psyche eingegraben, und daran richtet sich die männliche Eifersucht aus. Die Eifersucht der Männer dreht sich also vor allem um die sexuellen Aspekte der Untreue ihrer Partnerinnen. Aus der sexuellen Untreue der Frau erwuchsen unseren männlichen Vorfahren höhere »Kosten« als aus allen anderen Formen der Untreue. Dies mag vielleicht evident scheinen – auf die weibliche Eifersucht trifft indes keineswegs dieselbe Logik zu.

Emotionale Strömungen

Keine Frau war jemals aufgrund einer Treulosigkeit ihres Partners in ihrer Mutterschaft verunsichert. Die menschliche Fortpflanzung gesteht der Frau die Sicherheit zu, die leibliche Mutter ihrer Kinder zu sein. Diese Sicherheit garantiert jedoch nicht, dass die Frau für ein Fremdgehen des Partners nicht mit »bezahlen« müsste. Für unsere weiblichen Vorfahren stellte der Verlust der Zeit ihres Mannes, seiner Energie, seiner Ressourcen und seines emotionalen Engagements – all das, was möglicherweise einer Rivalin und deren Kindern zufließen würde – ein großes Risiko dar.

In der menschlichen Evolutionsgeschichte gab es mindestens drei Situationen, in denen eine Frau Gefahr lief, die Zuwendungen ihres Mannes zu verlieren. Erstens konnte es der Frau in einer monogamen Ehe passieren, dass ihr Mann in eine andere Frau »investierte«, mit der er eine Affäre hatte. Das bedeutet eine teilweise Einbuße seiner Zuwendung. Zweitens konnte eine Frau ihren Mann an eine andere Frau verlieren – was einem weitgehenden oder totalen Verlust seines Engagements gleichkommt. Drittens konnte der Mann – in einer polygamen Ehe – auf Kosten der einen Frau mehr in andere Frauen und deren Kinder investieren.

Der verlässlichste Indikator für die »Umverteilung« der Mittel des Mannes war nicht die Tatsache per se, dass er Sex mit einer anderen

Frau hatte, sondern ein anderweitiges emotionales Engagement. Die Fähigkeit, die emotionale Beteiligung des Mannes zutreffend einzuschätzen, erhält also große Bedeutung für die Frau. Wie würden Sie zu den folgenden beiden Aussagen Stellung beziehen – auf einer 7-Punkte-Skala, die von Trifft überhaupt nicht zu (1) bis Trifft genau zu (7) reicht? »Sex ohne Verbindlichkeit ist sehr unbefriedigend« und »Ich würde mich sehr schwer tun, Sex mit jemandem zu haben, den ich nicht liebe«. Wenn Sie wie die meisten Frauen fühlen, stimmen Sie diesen Aussagen tendenziell zu – mit über 5,0 Punkten auf der Skala. Empfinden Sie wie die meisten Männer, tendieren Sie zum Widerspruch – mit einem Wert von durchschnittlich 3,0. Amerikaner und Deutsche geben ungefähr die gleichen Antworten, insgesamt zeigt sich eine große geschlechtsspezifische Differenz hinsichtlich der gewünschten Verbindung von Sex und Liebe – ein Wunsch, der unterschiedliche Kulturen transzendiert.

Was passiert, wenn man auf jeden Fall Sex hat, ob nun mit oder ohne emotionale Beteiligung des Partners? Der Anthropologe John Marshal Townsend von der Syracuse University ist dieser Frage auf den Grund gegangen. Er interviewte 50 Studenten, ausgewählt wegen ihrer hohen sexuellen Aktivität. Genauer gesagt, wurden die Studenten aufgrund ihrer Werte bei einem Test, dem so genannten »sozio-sexuellen Orientierungstest« (»Sociosexual Orientation Inventory«), ausgesucht, ein Kategorisierungssystem, mit dessen Hilfe die Neigung zu zahlreichen kurzfristigen Sexualkontakten im Vergleich zur Neigung zu langfristigen Partnerschaften ermittelt wird. Die für Townsends Studie ausgewählten Frauen entsprachen insofern nicht dem weiblichen Stereotyp, als sie eine ungewöhnlich hohe sexuelle Aktivität mit zahlreichen Partnern aufwiesen. Ähneln diese sexuell aktiven Frauen in ihren emotionalen Reaktionen auf lockeren unverbindlichen Sex sexuell aktiven Männern?

Townsend fragte die Teilnehmer an der Studie: »Haben Sie jemals regelmäßig Sex mit jemandem gehabt, mit dem Sie nicht emotional involviert sein wollten?« Nur ein Drittel der Frauen (37 Prozent) antworten auf diese Frage mit »Ja«, von den Männern dagegen antworteten mehr als Dreiviertel (76 Prozent) mit »Ja«. Für diejenigen, die mit »Ja« geantwortet hatten, lautete die nächste Frage: »Falls Sie mit ›Ja‹ geantwortet haben: Fanden Sie es schwierig, mit der Person keine emotionale Verbindung einzugehen?« Wiederum war insofern ein großer geschlechtsspezifischer Unterschied zu verzeichnen, als es 74 Prozent der Männer, aber nur 22 Prozent der Frauen leicht fiel, sich emotional nicht auf den Partner einzulassen. Andere Fragen brachten ähnliche geschlechtsspezifische Unterschiede zum Vorschein. Dem Statement »Ich habe das Gefühl, ich sollte, bevor ich mit einer Frau/einem Mann Sex habe, mit ihr/ihm eine emotionale Verbindung aufbauen« widersprachen 72 Prozent der Männer, aber nur 32 Prozent der Frauen.

Frauen, die Sex ohne emotionales Engagement haben, fühlen sich hinterher tendenziell verletzlich, ausgenützt, herabgesetzt oder sogar »billig«. So berichtete eine Frau: »Ich empfinde mich als eine sehr sexuelle Person. Ich liebe Sex, ich will aber nicht einfach nur Sex. Ich will ›Liebe machen‹. Das ist etwas anderes. Es beinhaltet, eine Beziehung aufzubauen. Und etwas Kontrolle zu haben. Vor zwei Wochen etwa war ich wirklich sehr, sehr traurig. Ich hasste mich dafür, den Wünschen der Männer so einfach entsprochen zu haben, und dafür, wie ich es getan habe... Ich bin mit 24 Männern im Bett gewesen. Genauso alt bin ich: 24. Das sind 24 Männer innerhalb der letzten fünf Jahre. Ich glaube, das ist schon krank, denn keiner von ihnen hat mir etwas bedeutet. Oder, anders gesagt: Ich bedeutete ihnen nicht wirklich etwas. Deshalb habe ich mich wirklich billig gefühlt.« In seiner Studie schließt Townsend im Hinblick auf Frauen: »Regelmäßig Geschlechtsverkehr zu haben und sich dabei zugleich mehr emotionale Nähe zu wünschen, als der Partner zu geben bereit war, rief Gefühle von Kummer hervor, das Gefühl, herabgesetzt und ausgenützt worden zu sein. Und dies trotz liberaler Sexualmoral.«

Kurz gesagt werten Frauen und Männer die Bedeutung emotionaler Beteiligung beim Sex ganz unterschiedlich. Die meisten Frauen, sogar jene, die zahlreiche unverbindliche Sexualkontakte haben, wünschen sich irgendeine Form von emotionalem Engagement. Die meisten Männer haben dagegen weniger Schwierigkeiten mit Sex ohne emotionale Bindung. Für lockere Bettgeschichten investieren Männer weder viel Zeit noch viele Mittel. Eine emotionale Nähe des Mannes zu einer Partnerin in einer Affäre würde für seine feste Partnerin eine längerfristige Bedrohung bedeuten; eine zunehmend stärkere Umverteilung von Mitteln könnte die Folge sein. So lässt sich unserer Meinung nach erklären, warum die Eifersucht von Frauen sich weniger auf den Sexualakt als solchen bezieht als vielmehr auf eine emotionale Bindung des Mannes zu anderen Frauen. Die emotionale Nähe eines Mannes zu einer anderen Frau ist ein verräterisches Kennzeichen für eine eventuell bevorstehende langfristige Beziehung. Baut der feste Partner einer Frau sowohl eine sexuelle als auch eine emotionale Beziehung zu einer anderen auf, wird es der emotionale Aspekt sein, der die stärksten Eifersuchtsgefühle bei der Frau hervorruft.

Sophies Wahl

Unsere Theorie der geschlechtsspezifischen Unterschiede von Eifersucht bedeutet natürlich weder, dass eine Frau der sexuellen Untreue ihres Partners gleichgültig gegenüber steht noch dass der Mann von einer emotionalen Verbindung seiner Frau mit jemand anderem unberührt bleibt. Im Gegenteil: Beide Formen der Untreue betreffen beide Gechlechter in einem hohen Maß. Auf einer 7-Punkte-Skala, auf der 7 Sehr schmerzlich bedeutet, erreichen Frauen wie Männer zwischen 6 und 7 Punkte auf die Frage, wie und in welchem Maß sie von jeder der beiden Formen von Untreue, jeweils einzeln bewertet, betroffen sind.

Was passiert aber, wenn man zu wählen gezwungen ist, welche Variante schlimmer ist – die sexuelle Untreue des Partners oder die emotionale? In Wirklichkeit sind die beiden natürlich verknüpft, da Menschen dazu tendieren, eine emotionale Verbindung mit ihren Sexpartnern aufzubauen und Sex mit denjenigen zu haben, zu denen sie eine emotionale Nähe verspüren. Dies ist jedoch nicht immer der Fall. Zu Sex kann es ohne emotionale Verbindung kommen, etwa bei einer einmaligen Bettgeschichte oder einem Urlaubsflirt. Und Frauen und Männer können sich in engen Freundschaften auch ohne Sex emotional nahe kommen.

Doch wenn man die Wahl hätte, ob der Partner mit jemand anderem schläft oder eine enge emotionale Verbindung zu ihm aufbaut? Hier kommt ins Spiel, was ich »Sophies Wahl« hinsichtlich des Eifersuchts-Dilemmas nenne. In dem Film Sophie's Choice (Sophies Wahl) wird die Hauptperson, dargestellt von Meryl Streep, gezwungen, sich zu entscheiden, welches ihrer beiden Kinder getötet wird. Das ist natürlich ein extremes und konstruiertes Dilemma, mit dem sich Eltern im Allgemeinen nicht konfrontiert finden. Doch da sie muss, trifft Sophie letztlich eine Wahl. Das Dilemma brachte eine

Vorliebe zum Vorschein, die vielleicht in keiner anderen Situation jemals bemerkt worden wäre.

Das Eifersuchts-Dilemma ist in mancher Hinsicht mit »Sophies Wahl« zu vergleichen. Obgleich sowohl das sexuelle als auch das emotionale Engagement des Partners mit jemand anderem ein Albtraum für eine monogame Beziehung ist, können Frauen und Männer, wenn sie sich das Dilemma vor Augen führen, doch eine Entscheidung treffen. Folgende Frage stellten wir den Teilnehmern unserer Studien: »Denken Sie bitte an eine ernsthafte Beziehung, die Sie einmal hatten, zur Zeit haben oder sich wünschen. Stellen Sie sich vor, Sie entdecken, dass Ihr Partner anfängt, eine(n) ehemalige(n) Geliebte(n) wieder zu treffen. Welche Handlung zu vergeben würde Ihnen schwerer fallen? (a) Ihr Partner hat wieder leidenschaftlichen Sex mit dem ehemaligen Partner, oder (b) Ihr Partner baut wieder eine tiefe emotionale Verbindung mit dem Ex-Partner auf.« In dieser Studie mit 530 Frauen und Männern gaben 67 Prozent der Männer an, dass sie die sexuelle Beziehung weniger leicht vergeben könnten, was nur bei 44 Prozent der Frauen der Fall war.

Zusätzlich zu diesen mündlichen Befragungen führten wir noch andere Tests durch, deren Ergebnisse weniger durch bewusstes Denken beeinflusst und folglich weniger eventuellen Manipulationen ausgesetzt waren. So baten wir 60 Frauen und Männer in unser Labor. Um die physiologische Belastung, zu der es bei unterschiedlichen Personen kommt, wenn sie sich jeweils die beiden Formen von Untreue ihres Partners vorstellen, zu messen, wurden Elektroden auf dem Stirnmuskel über der Augenbraue der Probanden angebracht, der beim Stirnrunzeln kontrahiert. Außerdem befestigten wir Elektroden am ersten und dritten Finger der rechten Hand zur Messung der Impulse auf der Haut und der Schweißabsonderung. Am Daumen wurde der Puls bzw. Herzschlag gemessen. Dann wurden die Probanden gebeten, sich entweder einen Akt sexueller Untreue vorzustellen (»Stellen Sie sich Ihren Partner beim Sex mit jemand anderem vor... vergegenwärtigen Sie sich die Bilder und Gefühle, die Sie dabei haben«) oder eine emotionale Untreue (»Stellen Sie sich vor, Ihr Partner verliebt sich in jemand anderen... Vergegenwärtigen Sie sich die Bilder und Gefühle, die Sie dabei haben«). Sobald die Probanden die Bilder und Gefühle klar vor ihrem geistigen Auge sahen, betätigten sie eine Taste, über die die Messinstrumente 20 Sekunden lang aktiviert wurden.

Die Männer wurden physiologisch stärker durch sexuelle Untreue geplagt. Ihr Herzschlag beschleunigte sich um beinahe fünf Schläge pro Minute, was in etwa denselben Effekt hat wie das rasche Trinken von drei Tassen starkem Kaffee. Die Leitfähigkeit ihrer Haut, ebenfalls ein Indikator für Stress, erhöhte sich mit dem Gedanken an sexuelle Untreue, wies beim Gedanken an emotionale Untreue aber eine geringere Veränderung auf. Ihr Stirnmuskel begann sich als Reaktion auf sexuelle Untreue zusammenzuziehen wie ein Akkordeon, womit eindeutig größeres Unbehagen zum Ausdruck kam, als dies bei der Vorstellung emotionaler Untreue – mit geringeren Kontraktionen – der Fall war. Bei der Beobachtung der Männer in diesem Zustand durch einen einseitig durchsichtigen Spiegel waren sie zum Teil so errötet und offensichtlich aufgeregt, dass die Messgeräte beinahe überflüssig erschienen.

Frauen wiesen ein anderes Verhaltensmuster auf. Sie zeigten größeren körperlichen Stress beim Gedanken an emotionale Untreue. Ihr Stirnrunzeln verstärkte sich dabei um nahezu das Dreifache im Vergleich zur Reaktion auf sexuelle Untreue. Die Übereinstimmung psychischer und körperlicher Stressreaktionen bestätigt den vermuteten geschlechtsspezifischen Unterschied – die Intensität der Eifersucht mag bei Frauen und Männern die gleiche sein, die Ereignisse, die Eifersucht auslösen, differieren jedoch.

Verschiedene Erklärungsmodelle der geschlechtsspezifischen Unterschiede

Nicht alle Psychologen stimmen unserer Interpretation zu. Nach Auffassung von David DeSteno und Peter Salovey unterscheiden sich Frauen und Männer schon in ihren »Vorstellungen« über sexuelles und emotionales Engagement. Wenn ein Mann meint, seine Frau habe Sex mit einem Rivalen, könnte er etwa davon ausgehen, dass seine Partnerin somit auch eine emotionale Verbundenheit entwickeln wird – eine Art Doppelung der Untreue. Männer, so die Argumentation der beiden Psychologen, fühlen sich nicht deshalb durch sexuelle Untreue stärker betroffen als durch emotionale, weil sie tatsächlich aufgrund von sexueller Untreue eifersüchtiger wären, sondern weil sie glauben, dass sexuelle Untreue zusätzlich emotionale Untreue bewirkt.

Frauen haben nach Auffassung von DeSteno und Salovey andere Vorstellungen – die Erklärung dafür bleiben sie allerdings schuldig. Frauen glauben demnach an einen umgekehrten Doppelungseffekt. Wenn sich der Partner also emotional engagierte, dann als Folge schließlich auch sexuell. Es sind also die Vorstellungen der Frauen über die Doppelung der Untreue, die, so DeSteno und Salovey, eine beunruhigende Wirkung haben, und nicht eine größere Betroffenheit bei emotionaler Untreue.

Unsere Theorie steht im Widerspruch zur Doppelungs-Theorie. Vor dem Hintergrund der deutlichen geschlechtsspezifischen Unterschiede, die von den grundlegenden Unterschieden in der Reproduktionsbiologie herrühren, ist sehr unwahrscheinlich, dass sich im Selektionsprozess keine geschlechtsspezifisch unterschiedlichen psychologischen Wahrnehmungen der beiden Formen von Untreue herausgebildet haben sollten. Normalerweise lassen sich wissenschaftliche Dispute dieser Art mit Hilfe »harter« Fakten beilegen. Also führten meine Kollegen und ich vier Studien in drei unterschiedlichen Kulturen durch, um unsere Evolutions-Theorie gegen die Doppelungs-Hypothese zu verteidigen. An einer der Untersuchungen waren 1122 Studenten eines geisteswissenschaftlichen Colleges im Südosten der USA beteiligt. Wir baten die Teilnehmer, sich vorzustellen, ihre Partner würden sich für jemand anderen interessieren: »Was würde Sie mehr aufregen bzw. bekümmern: (a) die Vorstellung, Ihr Partner würde eine tiefe emotionale (aber nicht sexuelle) Beziehung zu dieser anderen Person aufbauen, oder (b) die Vorstellung, Ihr Partner würde eine sexuelle (aber nicht emotionale) Beziehung mit dieser Person haben?«

In ihren Antworten unterschieden sich Frauen und Männer um rund 35 Prozent, entsprechend der »Vorhersage« des evolutionären Modells. Frauen brachten auch hier größere Betroffenheit über eine emotionale Untreue des Partners zum Ausdruck – selbst wenn dies keinen Sex beinhaltete. Männer schmerzte sexuelle Treulosigkeit mehr als Frauen – selbst wenn dies keine emotionale Beziehung mit sich brachte. Wäre die Doppelungs-Hypothese die zutreffende Erklärung bzw. letztliche Relativierung der anfänglich ermittelten geschlechtsspezifisch unterschiedlichen Reaktionen, dann wäre die geschlechtsspezifische Unterscheidung hinfällig gewesen, sobald wir sexuelle und emotionale Aspekte voneinander isolierten. Dies war jedoch nicht der Fall.

In einer zweiten Studie mit 234 Frauen und Männern gingen wir anders vor, um die beiden konkurrierenden Hypothesen einander gegenüberzustellen. Wir baten die Teilnehmer nun, sich den schlimmsten Fall vorzustellen, in dem ihre Partner eine sexuelle und emotionale Beziehung zu jemand anderem aufgebaut hätten. Dann fragten wir sie, welchen Aspekt sie schmerzlicher fänden.

Die Ergebnisse waren überzeugend. Wir ermittelten geschlechtsspezifische Unterschiede, die genau unserer Evolutions-Theorie entsprachen: 63 Prozent der Männer, aber nur 13 Prozent der Frauen fanden die sexuelle Komponente der Untreue schlimmer; im Gegensatz dazu fanden 87 Prozent der Frauen, jedoch nur 37 Prozent der Männer die emotionale Komponente der Untreue schlimmer. Wie auch immer wir die Fragen formulierten, welcher Methode wir uns auch bedienten – bei jedem Test kamen die gleichen geschlechtsspezifischen Unterschiede heraus.

Zusammen mit Jae Choe von der Universität Seoul und Mariko und Toshikazu Hasegawa aus Tokio führten wir schließlich noch eine Studie mit Koreanern und Japanern durch. Choe und die Hasegawas ermittelten genau die gleichen geschlechtsspezifischen Unterschiede: Frauen gaben größeres Unbehagen bei der Vorstellung emotionaler Untreue ihrer Partner an, Männer störten sich eher an der Vorstellung, dass ihre Partnerin Sex mit jemand anderem hatte.

Einige andere Wissenschaftler haben mittlerweile unsere Ergebnisse – mit teilweise unterschiedlichen Untersuchungsmethoden – bestätigt. In einer Studie mit 392 Frauen und Männern in Schweden haben Michael Wiederman und Erica Kendall von der Universität Ball folgende Dilemmas aufgezeigt: »Lesen Sie bitte folgende zwei Szenarios durch, und kreisen Sie dasjenige ein, welches Sie am meisten aufregen würde: (a) Ihr Partner hat sich kürzlich mit einem Kollegen des anderen Geschlechts angefreundet und mehr und mehr Zeit mit dieser Person verbracht. Sie wissen, dass die beiden keinen Sex gehabt haben, aber sie scheinen einander sehr gerne zu mögen. Die zwei haben viele Dinge gemeinsam, und Sie vermuten, die beiden könnten sich ineinander verlieben. Oder (b): Sie entdecken, dass Ihr Partner, während er allein im Urlaub war, jemanden kennen gelernt hat und einmal Sex mit dieser Person hatte. Sie sind sich sicher, Ihr Partner liebt Sie sehr und schätzt Ihre Freundschaft hoch. Sie wissen auch, dass, obgleich Ihr Partner während des Urlaubs Sex hatte, es eine einmalige Angelegenheit war und Ihr Partner diese Person niemals wieder sehen wird.«

Wiederman und Kendall fanden heraus, dass die Mehrheit der schwedischen Männer (62 Prozent) mehr unter der sexuellen Untreue ihrer Partnerinnen litten, wohingegen die Mehrheit der schwedischen Frauen (63 Prozent) die emotionale Untreue ihrer Partner schwerer nahmen. In ihrer Zusammenfassung heißt es, »entgegen der Doppelungs-Erklärung erfolgte die Wahl des Szenarios unabhängig von den jeweiligen Einstellungen zur Frage, ob das andere Geschlecht außerhalb einer Liebesbeziehung zu befriedigenden sexuellen Beziehungen fähig sei«.

Solche und ähnliche geschlechtsspezifische Unterschiede sind mittlerweile für China, Deutschland, die Niederlande, Korea, Schweden und Japan bestätigt worden. Die schwedischen und die chinesischen Untersuchungsergebnisse zu vergleichen ist besonders faszinierend, weil diese beiden Kulturen jeweils am entgegengesetzten Ende des Spektrums sexueller Liberalität stehen. Schweden ist eine sexuell vergleichsweise offene Gesellschaft mit hohen Raten an vor- und außerehelichem Sex. In Schweden wird Gleichheit der Geschlechter in den meisten Bereichen, einschließlich Sexualität, unterstrichen. In China missbilligt man laut David Geary von der University of Missouri-Columbia vorehelichen Sex, und Affären gibt es eher selten. In all diesen unterschiedlichen Kulturen manifestieren sich indes die gleichen grundsätzlichen geschlechtsspezifischen Unterschiede. Die männliche Eifersucht ist empfänglicher für Hinweise auf sexuelle Untreue, die weibliche für Hinweise auf emotionale Untreue. Diese kulturübergreifenden Studienergebnisse untermauern die Theorie, wonach es universelle geschlechtsspezifische Unterschiede gibt.

Eifersuchtserlebnisse: Venus und Mars

Diese grundsätzlichen geschlechtsspezifischen Unterschiede gehen auch aus Berichten über Eifersuchtserlebnisse hervor. Wir baten einige hundert Frauen und Männer, uns in ihren Worten einen Vorfall zu beschreiben, bei dem sie eine Erfahrung mit Eifersucht gemacht hatten. Eine der Frauen berichtete Folgendes:

»Mein Freund sprach statt mit mir mit einer guten Freundin über ein Problem. Zufällig war sie zu Hause, als er anrief, und ich eben nicht. Diese Freundin mag mich nicht und redet oft schlecht über mich. Was meine Eifersucht auslöste, war einfach die Tatsache, dass er mit ihr redete und nicht mit mir... ich war so wütend! Er spricht nicht oft über seine Gefühle, also ist es etwas Besonderes, wenn er es mal tut. Ich schrie ihn an, weil er sich nach dem Gespräch mit seiner Freundin besser fühlte und danach nicht mehr darüber reden wollte, auch nicht mit mir. Ich war so verletzt, dass ich weinen musste.«

Ein andere Frau berichtete folgenden Vorfall, der sie eifersüchtig machte:

»Mein Freund erhielt einen Anruf von einer Frau, die ihn vor nicht allzu langer Zeit sehr gern gemocht hatte, und sie unterhielten sich sehr angeregt. Er lachte und schien sich wirklich dafür zu interessieren, was sie sagte. Sie machten Witze usw. ... Die Tatsache, dass wir schon lange keine derartige Unterhaltung gehabt hatten und wir den Abend zusammen verbringen wollten,... und während er telefonierte, saß ich nur da und wartete auf ihn... Als er aufgelegt hatte, schrie ich ihn an. In der Nacht wollte ich keinen Sex haben.«

Die emotionalen Aspekte der »Treulosigkeit« durchziehen die Beschreibungen dieser weiblichen Eifersuchtserlebnisse. Man vergleiche sie mit der Beschreibung eines Mannes:

»Ich hatte das Gefühl, meine Freundin betrügt mich. Als ich eines Abends heimkam und die Nachrichten auf dem Anrufbeantworter abhörte, bemerkte ich den Anruf eines Mannes. Ich schaute seine Nummer auf ihrem Display nach und rief ihn an. Der Mann gab letztlich zu, sie seien zusammen gewesen und hätten Sex gehabt. Als ich meine Freundin später darauf ansprach, gab sie alles zu. Über jede Einzelheit ihrer sexuellen Aktivitäten verhörte ich sie. Wir versuchten, über dieses Erlebnis hinwegzukommen, aber ich konnte die Bilder nicht aus meinem Kopf bekommen. Immer wieder musste ich sie mir vorstellen, wie sie unter dem Typen liegt und Stellungen ausprobiert, mit denen wir experimentiert hatten. Sie schwor, sie liebe mich und es würde nie wieder passieren, aber es machte mich fertig; ich bekam die Bilder einfach nicht aus dem Kopf. Ein paar Wochen später trennten wir uns.«

Im folgenden Fall zeigt sich, wie sich sexuelle Eifersucht von Männern sogar entwickeln kann, bevor überhaupt eine richtige Partnerschaft aufgebaut worden ist:

»Ich habe eine intelligente, nette und attraktive Nachbarin, in die ich mich nach und nach verliebte. Ich hatte ihr seit einigen Wochen den Hof gemacht, ihr bei der Einrichtung der Wohnung geholfen, die Stadt gezeigt und viele schöne Stunden mit ihr verbracht. Dann machten mein Mitbewohner und ich zusammen eine Party. Er sieht gut aus, zugegeben, und schließlich kam er mit ihr, in die ich mich gerade verliebte, zusammen [hatte Sex mit ihr]. Dann, gestern Abend, als ich noch in der Arbeit war, kochten mein Mitbewohner und meine Nachbarin zusammen, tranken ein wenig, rauchten einen Joint und hatten wieder Sex! Der Mist dabei war, dass ich mit Kaffee vollgepumpt war und nicht einschlafen konnte; da seine Tür offen stand, konnte ich sie hören. Wochenlang hatte ich mich um sie bemüht – und mein Mitbewohner verbringt die Nacht mit ihr! Ich zog mich an und verließ die Wohnung, denn wenn ich eifersüchtig bin, werde ich echt hitzig und unangenehm. Stundenlang lief ich allein durch die Straßen und fluchte, weil mir diese tolle Frau entgangen war.«

Frauen berichten auch, dass die sexuellen Aspekte einer Beziehung zu anderen Männern die Eifersucht ihrer momentanen Partner mehr provozieren als alles andere.

Hier die Schilderung einer Frau:

»Nachdem mein Freund und ich uns getrennt hatten, beschlossen wir, es noch einmal zusammen zu versuchen. Er bestand darauf zu erfahren, was ich seit unserer Trennung gemacht hatte, und ich sagte ihm, mit wie vielen Leuten ich geschlafen hatte. Er geriet völlig außer sich. Er war zum 4. Juli zu Besuch gekommen, und ich dachte, wir würden unsere alte Beziehung wieder aufleben lassen. Meine Güte, ich habe ihn nie so in Fahrt gesehen! Als ich ihm die Anzahl der Leute nannte, mit denen ich geschlafen hatte, fuhr er beinahe aus seiner Haut.«

Man darf nicht vergessen, dass sexuelle und emotionale Untreue sowohl Frauen als auch Männer berührt. Weder ist es Männern einerlei, ob ihre Partnerinnen mit anderen Männern eine tiefe emotionale Verbindung aufbauen, noch den Frauen, ob ihre Partner mit anderen Frauen schlafen. Auf die Bitte hin, ein Eifersuchtserlebnis zu beschreiben, warten Männer jedoch öfter mit sexuellen Aspekten der Untreue auf, gewürzt mit lebhaften Schilderungen der sexuellen Stellungen, in denen sich ihre Partnerin mit dem anderen vergnügt hat. Männer tun sich schwer, diese Bilder wieder loszuwerden. Frauen legen dagegen mehr Nachdruck auf emotionale Aspekte der Untreue und weisen etwa darauf hin, dass ihr Partner Zeit mit jemand anderem verbracht hat, der anderen Aufmerksamkeit geschenkt, Vertraulichkeiten mit ihr ausgetauscht und gelacht hat.

Die geschlechtsspezifischen Unterschiede hinsichtlich Eifersucht fallen so sehr ins Gewicht, dass sie sogar die Definition des Begriffs Untreue selbst beeinflussen. Nach einer Definition von Untreue befragt, neigen Männer dazu, Untreue fast ausschließlich auf einen Partner zu beziehen, der Sex mit jemand anderem hatte. Frauen pflegen eine etwas weiter gefasste Definition zu geben, bei der etwa ein Partner viel Zeit mit jemand anderem verbringt oder jemand anderem besondere Aufmerksamkeit schenkt. So spricht die Journalistin Judith Viorst gewissermaßen für Frauen, wenn sie bemerkt: »Ich glaube, im Alltag hat Eifersucht weniger mit Angst vor konkreter sexueller Untreue des Partners zu tun als mit der Furcht vor einer Vertrautheit, die uns ausschließt.« In dieser Hinsicht unterscheiden sich Frauen und Männer in ihrem Erleben von Eifersucht ebenso sehr, wie sich ihre Körpermaße und Proportionen unterscheiden.

Eifersucht bei Homosexuellen

In festen und ernsthaften Liebesbeziehungen wünscht sich eigentlich jeder, unabhängig von seiner sexuellen Ausrichtung Ehrlichkeit, Zärtlichkeit, Stabilität, wenig Konflikte, sexuelle Befriedigung, Zuneigung und Gleichbehandlung. Schwule Männer teilen mit ihren heterosexuellen Geschlechtsgenossen eine ausgeprägte Vorliebe für Jugend und körperliche Attraktivität der potenziellen Partner. Der Evolutionsanthropologe William Jankowiak und seine Kollegen baten Schwule und Lesbierinnen mit Hilfe von vorgelegten Fotos von Frauen und Männern, die sich in Alter und körperlicher Attraktivität unterschieden, eine Rangordnung zu erstellen. Sowohl schwule als auch heterosexuelle Männer stuften jüngere Partner als attraktiver ein. Im Gegensatz dazu legten weder homo- noch heterosexuelle Frauen bei ihrer Auswahl viel Bedeutung auf Jugend. In dieser Hinsicht gleichen sich einerseits homo- und heterosexuelle Männer und andererseits homo- und heterosexuelle Frauen.

Homosexuelle Männer weichen in ihrem Verhalten jedoch hinsichtlich der Menge von Sexualkontakten außerhalb ihrer eigentlichen Partnerschaft ab. Aus einer Studie ging hervor, dass homosexuelle Männer mit einer siebenmal größeren Wahrscheinlichkeit fremdgehen; andere Studien bestätigen dieses Ergebnis. Wenn Schwule also sexuell permissiver sind, wirft das eine interessante Frage zur Rolle der Eifersucht in gleichgeschlechtlichen Partnerschaften auf. Theoretisch könnte das Pendel in beide Richtungen ausschlagen. Eine Möglichkeit bestünde darin, dass Eifersucht besonders stark aktiviert wird, da Schwule eben zu mehr außerpartnerschaftlichen Sexualkontakten tendieren und sich also auch häufiger mit Rivalen und Untreue konfrontiert finden. Anders betrachtet, könnten schwule Pärchen ihre Eifersucht aber auch dank einer Übereinkunft, außerpartnerschaftliche Sexualkontakte zuzulassen, unterdrücken.

Daten zu dieser Fragestellung sind spärlich, doch zeichnen sich zumindest die Umrisse homosexueller Eifersucht auch in Forschungsergebnissen zunehmend deutlicher ab. In einer Studie wurde das Eifersuchtsverhalten von 113 homosexuellen Männern mit jenem von 81 heterosexuellen Männern verglichen. Aussagen wie folgende sollten auf einer Eifersuchts-Skala von 28 bis 252 eingeordnet werden: »Wenn ... [Name des Partners] einen anderen Mann [eine andere Frau] verehren würde, würde mich das irritieren.« Oder: »Der Gedanke daran, dass ... ... [Name des Partners] jemand anderen küssen könnte, macht mich verrückt.« Der Durchschnitt der vergebenen Punkte belief sich bei den heterosexuellen Männern auf 131, bei homosexuellen auf nur 106, was deutlich weniger ist.

Robert Bringle von der Purdue University in Indianapolis führte eine größere Untersuchung mit homosexuellen Männern durch, um zu sehen, ob Schwule wirklich weniger sexuelle Eifersucht verspüren. Auch nach seinen Erkenntnissen sind homosexuelle Männer weniger eifersüchtig, etwa wenn der Partner auf einer Party jemand anderen küsst oder wenn eine Affäre des Partners ans Licht kommt. Allerdings brachten homosexuelle Männer auch mit geringerer Wahrscheinlichkeit dem Partner gegenüber ihre Eifersuchtsgefühle, wenn sie sie denn hatten, überhaupt zum Ausdruck – und dies obwohl homosexuelle Männer ihre Gefühle im Allgemeinen stärker zum Ausdruck bringen. Möglicherweise verspüren homosexuelle Männer Eifersucht also durchaus in ähnlichem Maß wie heterosexuelle Männer, es widerstrebt ihnen jedoch, dies zuzugeben. Vielleicht haben Schwule in festen Beziehungen die gleichen Probleme wie heterosexuelle Männer in »offenen Ehen« – wie geht man mit dem Konflikt zwischen dem Wunsch nach einem sexuell liberaleren

Lebensstil und den Eifersuchtsgefühlen um, die auftreten, sobald man diesem Wunsch entsprechend lebt. Ob homosexuelle Männer also wirklich weniger Eifersucht verspüren als heterosexuelle oder sie sich lediglich nicht eingestehen wollen, bleibt offen.

Wie steht es etwa mit homosexuellen Männern hinsichtlich des Dilemmas bei »Sophies Wahl«? Ein Team holländischer Psychologen rekrutierte unter der Leitung von Pieternel Dijkstra von der Universität Groningen 99 Lesbierinnen und 138 Schwule in mehreren Homosexuellen-Bars in verschiedenen holländischen Städten für die Mitarbeit an einer Studie. Die Dilemmas wurden den Studienteilnehmern in zwei Szenarios präsentiert, und sie wurden gefragt, welches Szenario sie mehr stören würde. Ein Beispiel: (a) Die Vorstellung, der Partner würde sich bei einem leidenschaftlichen Beischlaf mit einer anderen Frau/einem anderen Mann vergnügen, oder (b) die Vorstellung, der Partner würde eine tiefe emotionale Verbindung zu einem anderen Mann/einer anderen Frau aufbauen.

In einem anderen Szenario wurden die Teilnehmer gebeten, sich vorzustellen, dass es zu beiden Formen von Untreue gekommen sei: »Stellen Sie sich vor, Ihr Partner habe eine emotionale Verbindung zu einer anderen Frau/einem anderen Mann entwickelt und Sex mit dieser anderen Person gehabt. Welcher Aspekt der Treulosigkeit Ihres Partners würde Sie mehr aufregen: (a) der Beischlaf mit der anderen Person oder (b) die emotionale Verbindung zu der anderen Person?«

Die Ergebnisse unterschieden sich von denen der gleichen Studie mit Heterosexuellen. Als Antwort auf das erste Dilemma fanden 51 Prozent der Lesbierinnen, aber nur 32 Prozent der Schwulen die sexuelle Untreue schlimmer – eine Umkehrung des üblichen geschlechtsspezifischen Unterschiedes. Auch für das zweite Dilemma, in dem nach dem »Aspekt« gefragt wird, der stärker belastet, ermittelte die Forschungsgruppe ähnliche Ergebnisse. Lesbierinnen scheinen, kurz gesagt, in höherem Maß über sexuelle Untreue ihrer Partner bekümmert als heterosexuelle Frauen, während Schwule emotionale »Untreue« schlimmer finden als heterosexuelle Männer.

Mit amerikanischen Studienteilnehmern kam Michael Bailey von der Northwestern University zu ähnlichen Ergebnissen. Mussten sie die schlimmere Form der Untreue benennen, wählten homosexuelle Männer mit größerer Wahrscheinlichkeit die emotionale Untreue aus als die heterosexuellen Teilnehmer; homosexuelle Frauen waren mit einer etwas größeren Wahrscheinlichkeit durch die sexuelle Untreue des Partners bekümmert als heterosexuelle Frauen.

Auf der Grundlage dieser Untersuchungen können wir vorsichtige Schlussfolgerungen über Eifersucht bei Homosexuellen anbieten. Zunächst einmal scheinen homosexuelle Männer weniger sexuelle Eifersucht zu zeigen als heterosexuelle. Dies könnte darauf beruhen, dass in vielen homosexuellen Partnerschaften Sexualkontakte des Partners mit anderen als selbstverständlich gesehen werden, solange sie die eigentliche Partnerschaft nicht beeinträchtigen. Möglicherweise verspüren homosexuelle Männer aber auch genau das gleiche Maß an Eifersucht, halten ihre Gefühle hier jedoch unter Verschluss. Homosexuelle Frauen empfinden offensichtlich stärker sexuelle Eifersucht als heterosexuelle, die eindeutig stärker durch emotionale Untreue betroffen sind. Die wiederholt festgestellten geschlechtsspezifischen Unterschiede bei Eifersuchtsreaktionen von Heterosexuellen – Männer eifersüchtiger bei sexueller Untreue, Frauen eifersüchtiger bei emotionaler Untreue – scheinen sich bei Homosexuellen umzukehren. In ihren Reaktionen ähneln Schwule mehr den heterosexuellen Frauen. Natürlich sind zusätzliche Untersuchungen erforderlich, bevor sichere Ergebnisse präsentiert werden können.

Das ewige Dreieck

Am 30. Juli 1771 klagte ein Mann namens Werther seinem Bruder Wilhelm sein Leid in einem Brief. Werther hatte sich in eine junge Frau namens Charlotte verliebt. Er hatte ihr seine Liebe gebeichtet, indem er ihr erklärte, dass sie für ihn heilig sei und er den Boden, auf dem sie laufe, anbete. In dem Brief an seinen Bruder beschrieb er, wie er in ihrer Gegenwart beinahe in Ohnmacht falle, so groß sei seine Liebe zu ihr. Wenn Werther sich mit seinem Rivalen Albert, dem Verlobten Charlottes, vergleicht, verrät der Brief sein tiefes seelisches Leid:

»Albert ist angekommen und ich werde gehen; und wenn er der beste, der edelste Mensch wäre, unter den ich mich in jeder Betrachtung zu stellen bereit wäre, so wär's unerträglich, ihn vor meinem Angesicht im Besitz so vieler Vollkommenheiten zu sehen. – Besitz! –

Genug, Wilhelm, der Bräutigam ist da! Ein braver lieber Mann, dem man gut sein muß. (...) Seine gelassene Außenseite sticht gegen die Unruhe meines Charakters sehr lebhaft ab, die sich nicht verbergen läßt. Er hat viel Gefühl, und weiß, was er an Lotten hat. Er scheint wenig üble Laune zu haben, und du weißt, das ist die Sünde, die ich ärger hasse an Menschen als alle andre.«

Trotz seiner Bewunderung für den Rivalen, den er als den »besten Menschen« bezeichnet, überlegt er, ob er ihn töten soll – nicht etwa, weil Albert den Tod verdient hätte, sondern schlicht weil dessen relative Überlegenheit Werther unerträglich war. Schließlich entschließt sich Werther, Selbstmord zu begehen, um seinem Leid ein Ende zu setzen.

Die Präsenz eines Rivalen, der versuchen könnte, den Partner aus einer langfristigen Beziehung herauszuziehen, mag an sich noch keine adaptive Bedrohung darstellen. Ein Obdachloser oder eine Obdachlose etwa, der oder die den Partner anzüglich angrinst, wird diesen wahrscheinlich nicht im Geringsten reizen und also auch keine Bedrohung sein. Rivalen werden dann relevant, wenn sie ein äquivalentes oder höheres Niveau an Begehrlichkeit aufweisen.

Der »Wert« des Mannes als Partner hängt, mehr als bei der Frau, mit Ressourcen und Qualitäten zusammen, die Status, Ehrgeiz, Fleiß und Reife bedeuten. Frauen wünschen sich im Allgemeinen Männer mit guten finanziellen Aussichten. Diese Vorliebe wird weder dadurch verringert, dass Frauen über ihre eigenen finanziellen Mittel verfügen, noch durch eigenes Erreichen eines hohen sozio-ökonomischen Status, noch wenn es sich um eine Kultur mit relativ hoher wirtschaftlicher Gleichstellung von Frau und Mann handelt. Da Gewalt ein immer wiederkehrendes Problem für Frauen im Zusammenleben mit Männern war, legen Frauen zudem größeren Wert auf Eigenschaften des Mannes, die auf seine Fähigkeit verweisen, sie zu beschützen, also körperliche Stärke und athletische Geschicklichkeit. Die Fähigkeit, ökonomische Ressourcen zu sichern, und athletische Leistungskraft sind, kurz gesagt, für den generellen »Wert« des Mannes auf dem »Beziehungsmarkt« wichtiger als für den der Frau. Körperliche Attraktivität ist dagegen für die allgemeine Begehrlichkeit der Frau auf dem »Beziehungsmarkt« von zentraler Bedeutung.

Diese grundlegenden geschlechtstypischen Wünsche haben enorme Konsequenzen hinsichtlich der Auslöser von Eifersuchtsgefühlen bei Frauen und Männern – die im Übrigen dem Prinzip der Ko-Evolution entsprechen. In jedem der beiden Geschlechter hat sich eine spezifische Variante der Eifersucht entwickelt, die den Vorlieben des anderen Geschlechts bei der Partnerwahl Rechnung trägt. Da Frauen zum Beispiel beruflich erfolgreiche Männer bevorzugen, sollte die männliche Eifersucht durch Rivalen hervorgerufen werden, die im beruflichen Zusammenhang glänzen. Und da Männer gesteigerten Wert auf Jugend und körperliches Erscheinungsbild legen, müsste sich die weibliche Eifersucht als besonders durch jüngere und körperlich attraktivere Rivalinnen zu provozierendes Gefühl erweisen. Die Abwehrmechanismen sollten, kurz gesagt, über Generationen entsprechend der »Vorlieben« des jeweils anderen Geschlechts ausgeformt worden sein.

Eifersucht gegenüber Rivalen – in den Niederlanden

Die ko-evolutionäre Theorie der Eifersucht bietet einige wichtige Einblicke in die Psychologie der Eifersucht. Doch bestätigen sich diese Erkenntnisse in empirischen Studien? Um dies herauszufinden, führten Pieternel Dijkstra und Bram Buunk in den Niederlanden eine Studie durch. Sie konfrontierten Frauen und Männer mit Schilderungen, in denen Rivalen mit ihren Partnern flirteten. Folgendes Szenario wurde zum Beispiel den Männern vorgelegt:

»Sie sind zusammen mit Ihrer Freundin auf einer Party und unterhalten sich mit ein paar Freunden. Sie bemerken, wie Ihre Freundin am anderen Ende des Raumes mit einem Mann spricht, den Sie nicht kennen. An seinem Gesicht können Sie erkennen, dass er an Ihrer Freundin höchst interessiert ist. Aufmerksam hört er ihr zu, und Sie beobachten, wie er ganz nebenbei ihre Hand berührt. Er flirtet mit ihr. Nach einer Minute beginnt Ihre Freundin mitzumachen. An der Art und Weise, wie sie ihn anschaut, erkennen Sie, dass er ihr sehr gefällt. Die beiden scheinen ganz voneinander vereinnahmt.«

Nachdem die Teilnehmer das Szenario durchgelesen hatten, blätterten sie um und erblickten ein Foto des Rivalen, zusammen mit einer Persönlichkeitsbeschreibung. In einer Version war es ein sehr gut aussehender Mann, in der anderen war er unattraktiv. Dann wurde der Rivale entweder als bestimmende Persönlichkeit beschrieben oder als passiver Mitläufer. Der dominante Typ wurde folgendermaßen dargestellt: »Sie finden heraus, dass Ihre Freundin mit Hans flirtet, dem Mann auf dem Foto. Hans ist ein Student aus Groningen [die Stadt in den Niederlanden, in der die Studie durchgeführt wurde] und ungefähr in Ihrem Alter. Als wissenschaftlicher Mitarbeiter unterrichtet Hans auch Studenten der unteren Semester. Ferner ist er der Vorsitzende des DLP, eines Studentenclubs mit rund 600 Mitgliedern. Hans weiß, was er will, und ist ein guter Menschenkenner. Hans ergreift auch die Initiative, wenn es darum geht, Neues in Angriff zu nehmen, und weiß, Menschen zu beeinflussen. Auf Partys macht er immer gute Stimmung.«

Der passive Typ wurde folgendermaßen beschrieben: »Sie finden heraus, dass Ihre Freundin mit Hans flirtet, dem Mann auf dem Foto. Hans ist ein Student aus Groningen und ungefähr in Ihrem Alter. Hans besucht regelmäßig die Vorlesungen und ist einer der 600 Mitglieder des Studentenclubs DLP. Hans weiß nicht immer, was er will, und registriert häufig nicht, was andere Leute denken. Hans überlässt es meist anderen, die Initiative zu ergreifen, und verhält sich eher nachgiebig. Auf Partys bleibt er normalerweise im Hintergrund.«

Nachdem sie die Fotos betrachtet und die Persönlichkeitsbeschreibungen gelesen hatten, gaben die Teilnehmer mit Hilfe einer 5-Punkte-Skala von 1 (Überhaupt nicht eifersüchtig) bis 5 (Sehr eifersüchtig) an, wie eifersüchtig sie waren. Außerdem bewerteten sie, wie misstrauisch, hintergangen, beunruhigt, zurückgewiesen, verletzt, bekümmert, wütend, bedroht, traurig und durcheinander sie sich fühlten, nachdem sie das Szenario und das Foto aufmerksam studiert hatten.

Das Aussehen des Rivalen hatte keinen Einfluss auf die Eifersuchtsgefühle der Männer, die Persönlichkeitsstruktur sehr wohl. Rivalen mit dominanten Persönlichkeiten riefen mehr Eifersucht bei Männern hervor als passive Typen. Dieser Effekt erwies sich bei einem unattraktiven Rivalen als besonders stark. Hier provozierte der Rivale mit einer dominanten Persönlichkeit Eifersuchtswerte von 3,5, der Rivale mit nicht-dominanter Persönlichkeit Werte von 2,3.

Bei den Frauen waren die Werte genau umgekehrt. Die starke Persönlichkeit der Rivalin hatte absolut keinen Einfluss auf Eifersuchtsgefühle, die körperliche Attraktivität umso mehr. Die attraktive Rivalin brachte es auf Eifersuchtswerte von 3,5, und zwar unabhängig von ihrer Persönlichkeitsstruktur. Im Gegensatz dazu rief die unattraktive Rivalin Eifersuchtsgefühle im Wert von 2,6 hervor, abermals unabhängig von ihrer Persönlichkeit.

Die Studie lieferte den Beweis dafür, dass sich Eifersucht besonders an den Wünschen des anderen Geschlechts ausrichtet: Frauen fühlen sich primär von Rivalinnen bedroht, die verkörpern, was Männer wollen, Männer von Rivalen, die Eigenschaften besitzen, die Frauen sich beim Mann wünschen.

Eifersucht gegenüber Rivalen – in Korea, den Niederlanden und Amerika

Die holländische Studie ist die erste, in der dokumentiert wurde, dass die speziellen Ausformungen der Eifersucht von bestimmten Eigenschaften der jeweiligen Rivalen abhängen. Haben diese Ergebnisse über unterschiedliche Kulturen hinweg Gültigkeit? Um diese Frage zu beantworten, führten meine Kollegen Jae Choe, Pieternel Dijkstra, Bram Buunk und Todd Shackelford Studien mit Rivalen durch, die eine größere Bandbreite an unterschiedlichen Eigenschaften aufwiesen. Die 208 amerikanischen Studienteilnehmer, 106 Frauen und 102 Männer, wurden an einer großen Universität im mittleren Westen der USA rekrutiert. Die 174 Koreaner, 83 Frauen und 91 Männer, stammten von einer großen Universität in Seoul. Die holländischen Teilnehmer waren 182 Frauen und 162 Männer aus Groningen.

Jeder Teilnehmer füllte einen Fragebogen zum persönlichen Hintergrund aus. Dann erhielten sie folgende Instruktionen: »Denken Sie bitte an eine ernsthafte und feste Beziehung, die Sie einmal hatten, gerade haben oder gerne hätten. Stellen Sie sich nun vor, Sie fänden heraus, dass Ihr Partner ein ernsthaftes Interesse an einer längeren Beziehung mit jemand anderem entwickelt. Was würde Sie mehr verwirren oder bekümmern? Ordnen Sie bitte die folgenden Aussagen auf einer Skala hinsichtlich Ihrer ›Betroffenheit‹ ein. Versehen Sie die Aussagen jeweils mit einer 1 für am schlimmsten, einer 2 für am zweitschlimmsten, einer 3 für am drittschlimmsten usw. ... bis zu Nummer 11 für am wenigsten schlimm.

Sie finden also heraus, dass die Person, für die Ihr Partner ein ernsthaftes Interesse entwickelte:

1. ... freundlicher und verständnisvoller als Sie ist.
2. ... ein schöneres Gesicht hat als Sie.
3. ... ein interessanterer Sexualpartner ist.
4. ... einen höheren Sozialstatus und Prestige besitzt.
5. ... gewillter ist, eine langfristige Partnerschaft einzugehen, als Sie.
6. ... finanziell besser gestellt ist als Sie.
7. ... einen attraktiveren Körper besitzt als Sie.
8. ... ›jungfräulich‹ ist (noch keine sexuelle Erfahrung hat).
9. ... körperlich stärker ist als Sie.
10. ... mit besseren Berufsaussichten als Sie aufwarten kann.
11. ... mehr Sinn für Humor hat als Sie.

Die koreanische, die amerikanische und die holländische Studie bestätigten unsere Theorie über Eifersucht im Bezug auf verschiedene Rivalen. In allen drei Kulturen zeigten Männer sich besorgter als Frauen über Rivalen mit besseren finanziellen Voraussetzungen, mit besseren Berufsaussichten und größerer Körperkraft.

Zum ersten Mal machte ich diese Entdeckung in einem Interview, das ich mit einem Ehepaar vor laufender Kamera für eine Fernsehdokumentation über meine Forschungsprojekte zum Thema Eifersucht führte. Ohne vorher von meinen Untersuchungen gewusst zu haben, lieferten sie eine schöne Illustration meiner Theorie. Das Paar, beide Ende 20, bezeichnete seine Ehe als stabil und glücklich. Ihr erstes Kind war gerade zur Welt gekommen. Freunde und Kollegen beschrieben die beiden gleichermaßen als »ausgesprochen nette Leute«. Hinsichtlich Persönlichkeit, Temperament und Aussehen passten die beiden besser zueinander als jedes andere Paar, das ich jemals interviewt hatte. Auf meine Frage, ob er sich vorstellen könnte, dass seine Frau jemals wegen eines anderen Mannes abtrünnig werden könnte, antwortete der Ehemann: »Nun ja, wir haben eine großartige Beziehung, und ich glaube, ich kann ihr fast alles bieten, was sie braucht oder sich wünscht. Ich bringe sie zum Lachen, ich bin aufmerksam, und ich übernehme mindestens die Hälfte der Kinderbetreuung. Es gibt nur einen Punkt, in dem ich mich unsicher fühle – ein anderer Mann, der besser für sie sorgen könnte als ich. Mein Einkommen ist nicht sehr hoch. Ich kann ihr alles bieten außer einem hohen Verdienst. Ich glaube nicht, dass es passieren wird, aber das ist der Bereich, in dem ich mich angreifbar fühle.«

In allen drei Kulturen zeigten die Frauen größere Besorgnis hinsichtlich Rivalinnen mit schöneren Gesichtern oder attraktiveren Körpern als die Männer im umgekehrten Fall. Eine Frau, 24, beschrieb ihre Eifersuchtserfahrung folgendermaßen: »Ich bin nun seit vier Jahren mit meinem Freund zusammen. Aber als wir uns erst sechs Monate lang kannten, war da einmal eine sehr hübsche Frau auf einer Party. Sie freundeten sich an. Ich war eifersüchtig auf ihre Freundschaft – aber erst, als ich erfuhr, dass er sie sehr attraktiv fand, und er mir sagte, sie sei auch an ihm sehr interessiert und hätte ihn gerne als Freund.«

Eine andere Amerikanerin, 23, schilderte ihre Eifersuchtsgefühle: »Mein Freund war früher schon einmal untreu gewesen, und ich hatte das Gefühl, ihm sei nie zu trauen, wenn eine Frau in der Nähe ist. Ich wurde sehr eifersüchtig, als er sich mit einer anderen Frau unterhielt. Sie war hübsch, und beim Gedanken an sie fühlte ich mich wie das hässliche Entlein! Ich ging einfach zu ihnen hin und fragte ›Wer ist das?‹, und er stellte uns höflich vor. Ich war so unhöflich, dass sie sich bald verabschiedete.«

Auch das »sexy« Verhalten einer Rivalin ruft Eifersucht bei Frauen hervor. Folgenden Vorfall berichtete eine Frau Mitte 30: »Vor einigen Jahren setzte sich meine beste Freundin, die sehr ›sexy‹ ist, nur so aus Spaß auf den Schoß meines Mannes – und zum ersten Mal in unserer Beziehung war ich eifersüchtig und fühlte mich bedroht. Auslöser war ihre spielerische Art, ihr Lachen, ihr ureigenes Sexappeal – die Tatsache, dass sie mit ihrem Hintern vor ihm herumwackelte. Mein Mann und ich hatten an dem Abend einen erbitterten Streit.«

Eifersucht gegenüber Rivalen – in Kingston, Jamaika

Eines der schockierendsten Beispiele für die zerstörerische Wirkung von Eifersucht stammt nicht aus einer wissenschaftlichen Untersuchung, sondern aus dem Bericht eines Journalisten. In Jamaika wird schon in der Musik, in Liedern, die man in den Bars und Clubs hört, auffällig oft der Kummer mit Dreiecks-Beziehungen thematisiert. Das Dreieck bilden typischerweise ein Mann, seine Freundin (matey) und die Mutter seiner Kinder (babymother). Die Songs schallen durch die Nacht, der heiße Rhythmus wird durch leichte scherzhafte

Texte aufgelockert, die Geschichten über Rivalität und Untreue erzählen. Geld ist knapp, aber was man hat, wird in auffällige Kleidung investiert, im Wettbewerb um begehrenswerte Partner. Wer erfolgreich war, kann jedoch nicht entspannen. Ob Frau oder Mann, jeder muss sich ständig vor Rivalen in Acht nehmen. Wie erwartet, unterscheiden sich auch hier die Eigenschaften gefährlicher Rivalen bei Frauen und Männern: »Die Männer fürchten, von einem wirtschaftlich besser gestellten Rivalen ausgebootet zu werden, und die Frauen von einer jungen hübscheren Gespielin.« Die Frauen schauen nach wohlhabenden Männern aus, einem Mann, der ihnen das Leben »versüßen«, ihnen im Kampf ums Überleben helfen und ihren Kindern eine regelmäßige Unterstützung bieten kann. Männer setzen ihre Mittel gezielt zur Verführung junger Frauen ein. Autos und Mobiltelefone signalisieren einen hohen Sozialstatus – daher könnte ein männlicher Annäherungsversuch lauten: »Süße, willst du in mein Auto kommen? Willst du mit meinem Handy telefonieren?«

Da es den meisten Männern an Ressourcen mangelt, führen die Frauen einen erbitterten Konkurrenzkampf um die wenigen, die sie besitzen. Sandy, 19, war eine der Erfolgreichsten in diesem Wettbewerb, als sie die entsprechende Club-Szene betrat. Nach ihr drehten sich alle um. Sie kleidete sich ausgesprochen modisch, mit Markenkleidern, die ihr ihre Schwestern aus New York schickten. Sie hatte sogar ihr eigenes Geld. Lucky, der wohlhabendste und am auffälligsten gekleidete Typ im Viertel, wurde auf sie aufmerksam. Er hatte schon fünf babymothers (Frauen mit Kind), aber Sandy war so jung und hübsch, dass er ihr nicht widerstehen konnte. Er kaufte ihr Geschenke und eroberte ihr Herz im Sturm. Sie verliebte sich – und wurde schwanger. Die Beziehung brachte jedoch eine Gefahr mit sich, von der Sandy nichts ahnen konnte.

Eines Nachmittags beim Einkaufsbummel tippte ihr jemand auf die Schulter. Als sie sich umdrehte, stand ihr eine von Luckys babymothers gegenüber. In der Hand hielt sie einen Eimer voll Flüssigkeit. In Sekundenschnelle war Sandys Gesicht mit einer Mischung aus Säure und Schießpulver bedeckt. Sandy schrie vor Schmerzen. Die aggressive Flüssigkeit zerfraß ihr Gesicht, und sie wurde von ihrer eifersüchtigen Rivalin dauerhaft entstellt.

Ein Jahr verbrachte Sandy im Krankenhaus, erhielt mehrere Hauttransplantationen, und die nächsten zwei Jahre war sie rekonvaleszent. Heute kommentiert sie die Ereignisse mit erstaunlichem

Gleichmut: »Die Mutter von Luckys Kindern war wütend. Ich war die attraktivste Frau im Viertel. Ich hatte Geld, studierte, hatte tolle Kleidung und Schuhe... alles teure Marken. Und ich war schwanger – vielleicht hat sie es deshalb getan. Wenn eine Frau merkt, dass ihr Mann eine andere trifft, kommt sie und verätzt ihr das Gesicht mit Säure. Um ihre Schönheit zu zerstören.«

Für die Zerstörungskraft der Eifersucht finden sich natürlich nicht nur in Kingston zahlreiche Beispiele. Selbst in Samoa, einer Kultur, die nach Meinung von Margaret Mead frei von Eifersucht ist, lauern Frauen manchmal anderen Frauen, mit denen ihre Männer fremdgegangen sind, auf und beißen sie in die Nase, um ihre Attraktivität zu verringern. Weltweit dreht sich die ko-evolutionäre Spirale weiter. Frauen und Männer konkurrieren darin zu verkörpern, was das andere Geschlecht sich wünscht. An diesen Wünschen richtet sich jeweils die Eifersucht aus. Zwar handelt es sich bei dem Säureanschlag in Kingston und den Nasenbissen auf Samoa um Extremformen, das Feuer der Eifersucht lodert jedoch in jedem von uns.

4. Das Othello-Syndrom

> Oh, bewahrt Euch, Herr, vor Eifersucht,
> Dem grüngeaugten Scheusal, das besudelt
> Die Speise, die es nährt. Heil dem Betrognen,
> Der, seiner Schmach bewußt, die Falsche haßt.
> Doch welche Qualminuten zählt der Mann,
> Der liebt und zweifelt, argwöhnt und vergöttert!
>
> SHAKESPEARE: »OTHELLO«

Larry und seine Frau Susan waren seit drei Jahren glücklich verheiratet. Er trug immer gestreifte Krawatten, wenn er arbeiten ging. Aus irgendeinem Grund gewöhnte sie sich an, die Richtung der Streifen zu bemerken, bevor er sich morgens auf den Weg zur Arbeit machte. Eines Tages fiel ihr bei seiner Rückkehr auf, dass die Krawatte an diesem Tag neu gebunden worden war.

Ein Mann namens Paul kaufte sich einen modischen Mantel mit Kapuze. Seine Frau hatte eine Art Eingebung, die sie als »Instinkt« bezeichnete: Sie meinte, ihr Mann habe den Mantel »wegen einer sehr jungen Frau« gekauft.

Mark und seine Frau pflegten zusammen astrologische Horoskope zu lesen. Eines Tages bemerkte sie, wie er den Text zu einem anderen Zeichen studierte, dabei lächelte, aber nichts sagte. Sie vermutete, er habe eine Geliebte.

Victor wandelte sich zum Beethoven-Fan, und seine Frau hegte sofort den Verdacht, er habe eine Affäre mit einer Musikliebhaberin.

Eines Weihnachtsabends blickte ein Mann aus dem Fenster über die Straße und meinte zu sehen, dass die Lichter im Fenster des Nachbarn im gleichen Takt blinkten wie die Lichter am Weihnachtsbaum in seinem eigenen Haus. Er schloss daraus mit Sicherheit auf eine Affäre seiner Frau mit dem Nachbarn. Als ihn seine Frau soweit hatte, sich in eine Behandlung zu begeben, wurden prompt »Wahnvorstellungen« diagnostiziert sowie krankhafte Eifersucht.

So unterschiedlich sich diese Fälle ausnehmen – drei Punkte haben sie gemeinsam. Erstens waren in jedem Fall die Leute, die ihren Partner der Untreue verdächtigten, in eine psychiatrische Behandlung überwiesen worden. Zweitens wurde dem Patienten in jedem der Fälle krankhafte Eifersucht diagnostiziert, mit Bezeichnungen wie »Othello-Syndrom« oder »eheliche Paranoia«. Und drittens stellte sich in jedem der Fälle heraus, dass die eifersüchtige Person Recht hatte! Die Frau, deren Mann die Weihnachtsdekoration aufgefallen war, hatte tatsächlich eine Affäre mit dem Nachbarn. In jedem der Fälle hatte die vom »Othello-Syndrom« geplagte Person auf Hinweise reagiert, von denen sie einige nicht einmal zu artikulieren vermochte. Diese Hinweise hatte sie irgendwie verarbeitet und den zutreffenden Schluss gezogen. Wie lässt sich der Widerspruch verstehen, dass bei bestimmten Personen die Diagnose auf Othello-Syndrom lautet, sie in ihren Vermutungen über die Untreue ihrer Partner zugleich aber völlig richtig liegen? In diesem Kapitel wird das Othello-Syndrom dahingehend untersucht, ob es eine wahre psychische Störung darstellt oder uraltes Wissen, das wir alle besitzen.

Nicht alle Menschen, denen wahnhafte Eifersucht diagnostiziert wird, schätzen die Realität richtig ein. Natürlich leiden manche Menschen tatsächlich unter falschen Vorstellungen, wie bei der krankhaften Eifersucht einer 35-jährigen Ehefrau. Ihr Fall war interessant genug, um in ein klinisches Handbuch Eingang zu finden: »Nach 13 Jahren Ehe hatte sich die Beziehung zu ihrem Ehemann abgekühlt, und das Paar hatte getrennte Schlafzimmer. Nach der Entdeckung eines Briefes, der aufgrund bestimmter Umstände auf eine Affäre ihres Mannes schließen ließ, kam sie mehr und mehr zu der Überzeugung, dass eine andere Frau, während sie schlief, ins Haus schleiche und mit ihrem Mann Sex habe. Um ihn überprüfen zu können, bestand sie darauf, ein Stück Stoff um seinen Penis zu binden, bevor sie zu Bett gingen. Ihr Mann tolerierte ihr bizarres Verhalten beinahe ein ganzes Jahr lang. Medizinische Hilfe [für seine Frau] forderte er erst dann an, als sich ihre wahnhaften Vorstellungen noch verstärkten und sie behauptete, ihr Mann könne nicht nur Gedanken in ihren Kopf hineinschleusen, sondern sogar ihre Körperbewegungen mit Hilfe von elektromagnetischen Wellen fernsteuern.«

Realität oder Illusion? Um dieses Rätsel verstehen zu können, müssen wir zum Problem der Signalerkennung zurückkehren und tiefer in die Psychologie des Umgangs mit Fehlschlüssen eindringen.

Die Theorie des Irrtum-Managements

In der unsicheren Welt, in der wir leben, verlassen wir uns darauf, dass unsere Sinne Informationen aufnehmen, mit deren Hilfe wir dann Schlüsse über den wirklichen Zustand der Welt ziehen. Reale Gefahren für unser Überleben und für unsere Partnerschaften sind nicht immer ganz offensichtlich, zumal vor dem Hintergrund der Doppeldeutigkeit und Unsicherheit von Informationen.

Man stelle sich das relativ einfache Problem vor, bei einem Waldspaziergang auf dem Pfad direkt vor den eigenen Füßen flüchtig wahrzunehmen, wie etwas rasch unter den Blättern durchgleitet. Es gibt hier zwei mögliche Versionen der Realität: Entweder ist eine gefährliche Giftschlange auf dem Weg, oder es ist keine gefährliche Giftschlange da. Angesichts der unvollständigen und unsicheren Information gibt es auch zwei mögliche Schlussfolgerungen: Da ist tatsächlich eine gefährliche Schlange, und man meidet die Nähe. Oder man könnte zu der Auffassung gelangen, es gäbe keine Schlange, und man setzt seinen Weg fort. Zwei Versionen einer möglichen Realität, zwei mögliche Schlussfolgerungen.

Es gibt auch zwei mögliche Fehlerquellen. Man könnte meinen, da sei eine Schlange, obwohl es gar keine gibt. Oder man könnte meinen, da sei keine Schlange, während eben doch eine giftige Schlange auf dem Pfad lauert. Die möglichen »Kosten« dieser beiden Irrtümer differieren erheblich. Im ersten Fall macht man aufgrund seiner falschen Annahme einen unnötigen Umweg, der einen geringfügig höheren Stoffwechselaufwand erfordert. Durch einen Umweg um die Stelle mit der fälschlich vermuteten Schlange herum weicht man nur ein wenig von seiner Route ab und nimmt eine kleine Verlängerung des Spaziergangs in Kauf. Im zweiten Fall kann das Versagen, die tatsächlich auf dem Weg lauernde Schlange zu bemerken, einen das Leben kosten. Die zwei Arten, sich zu täuschen, bergen also substanziell unterschiedliche Nachteile in sich.

Man stelle sich nun vor, dieses Szenario wiederholt sich nicht nur mehrere Male in unserem Leben, sondern Milliarden von Malen im Laufe der menschlichen Evolutionsgeschichte. Diejenigen, die den ersten Irrtum begingen, überlebten tendenziell, diejenigen, die den anderen begingen, starben tendenziell. Als Ergebnis stammen heutige Menschen von einer Reihe von Vorfahren ab, deren Schlüsse über die unsichere Welt insofern falsch waren, als in ihrer Wahrnehmung mehr Schlangen existierten, als dies in Wirklichkeit der Fall ist. Diese Irrtümer kann man »adaptive Irrtümer« nennen.

Martie Haselton (University of Texas, Austin), Todd DeKay (Franklin and Marshall College) und ich haben eine neue Theorie des Irrtum-Managements (Error Management Theory = EMT) vorgeschlagen, mit deren Hilfe sich Irrtümer dieser Art erklären lassen. Der Theorie zufolge werden im Rahmen einer evolutionären Selektion Schlussfolgerungen favorisiert, die zu den am wenigsten »kostenaufwendigen« Fehlern führen. Somit können diese Fehler vermieden werden.

Man stelle sich die Zweifel vor, ob der Partner eine Affäre hat oder zumindest insgeheim dazu tendiert. Nun werden Affären natürlich meistens versteckt und verheimlicht. Die Absichten des Partners liegen auch nicht klar zutage. Wer weiß schon, was wirklich im Kopf eines anderen vorgeht? In vielerlei Hinsicht ist die Unsicherheit über die Untreue eines Partners sogar größer als jene über eine Gefahr, die unter ein paar Blättern lauern könnte. Wenn Signale aus der Außenwelt in ihrer Deutlichkeit vermindert, gedämpft oder anders beeinträchtigt werden, geraten zutreffende Schlussfolgerungen dadurch furchtbar schwierig.

Um herauszufinden, wie unsicher sich die Menschen in Bezug auf die Treue ihrer Partner nun wirklich sind, haben Luci Paul und ihre Kollegen von der Temple University eine Studie mit einer größeren Auswahl junger Frauen und Männer durchgeführt, die sich in einer langfristigen festen Partnerschaft befanden. Jede Person wurde einzeln und vertraulich gefragt, ob sie sicher oder unsicher über die Treue ihres Partners sei. Von den interviewten Frauen gaben 45 Prozent an, sich der absoluten Treue ihres Partners sicher zu sein; 41 Prozent waren sich sicher, dass ihr Partner schon einmal untreu war; und 14 Prozent waren sich über die Treue ihres Partners unsicher. Die Antworten der Männer zum Vergleich: 36 Prozent waren sich der Treue ihrer Partnerin sicher; 28 Prozent waren sich der Untreue der Partnerin sicher; und ansehnliche 36 Prozent antworteten, unsicher zu sein, ob ihre Partnerin treu sei oder nicht.

Wir wissen nicht genau, warum mehr Männer als Frauen Unsicherheit angaben. Vielleicht sind Frauen besser im Erkennen der Untreue eines Partners. Vielleicht sind Männer weniger geschickt im Verbergen ihrer eigenen Untreue, so dass Frauen sich mit dem Aufspüren leichter tun. Vielleicht halten Frauen ihre Partner absichtlich öfter im Zustand der Unsicherheit. Eine weitere Möglichkeit besteht darin, dass Frauen zu vertrauensvoll sind, wo sie dies nicht sein sollten. All diese Erklärungen geben über einen gewissen Teil des geschlechtsspezifischen Unterschieds Aufschluss. Unabhängig vom Ursprung dieses geschlechtsspezifischen Unterschieds liegt der springende Punkt jedoch darin: Ein nicht unwesentlicher Anteil beider Geschlechter gibt an, hinsichtlich der Treue des Partners in einem Zustand der Unsicherheit zu leben.

An dieser Stelle kann man nun noch einmal die zwei Arten von Fehlschlüssen bedenken. Man kann Untreue beim Partner vermuten, wo es keine gibt. Oder man kann fälschlicherweise an die ewige Hingabe des Partners glauben, während dieser, wann immer man ihm den Rücken zukehrt, in leidenschaftlichen Umarmungen mit jemand anderem versinkt. Welche Art von Irrtum ist kostspieliger? Im Lichte der menschlichen Evolutionsgeschichte scheint die Antwort klar. Wenn ein Mann seine Frau irrtümlicherweise der Untreue bezichtigt, mag er einen »aufwändigen« Streit vom Zaun brechen, aber vielleicht sieht sie sich dadurch zukünftig auch zur deutlicheren Demonstration ihrer Loyalität veranlasst. Das Aufflackern von Eifersucht kann einen Partner, der eventuell fremdgegangen wäre, davon abhalten. Die Kosten für diese Art von Irrtum sind relativ gering, und der Gewinn ist potenziell groß.

Wie steht es mit dem Versagen, einen Akt der Untreue, der tatsächlich stattgefunden hat oder vielleicht stattfinden würde, aufzudecken? Misslingt es einem Mann, einen tatsächlich begangenen Akt der Untreue aufzudecken, könnte er damit seine ganze Reproduktions-Karriere aufs Spiel setzen. Er müsste die hohen Kosten ihrer Untreue auf sich nehmen, indem er seine elterliche Fürsorge den Kindern eines anderen zukommen lässt und die »Ressourcen« seiner Frau verliert. Wenn diese Dinge sich über die Evolutionsgeschichte wiederholt ereignet haben, würden sich, der Irrtum-Management-Theorie zufolge, dank der natürlichen Selektion Adaptionen entwickeln, die Irrtümer in einer gewissen Richtung begünstigen. Die adaptive Lösung bestünde darin, die Schwelle für ein Schließen auf die Untreue des Partners herunterzusetzen – wie bei einem hoch empfindlichen Auslöser für einen Alarm. So werden die Nachteile einer nicht entdeckten Untreue vermieden, selbst wenn dies bedeutet, den Partner manchmal ungerechtfertigt zu beschuldigen.

Die gleiche Logik gilt für Frauen. Unsere weiblichen Vorfahren, die irrtümlich annahmen, ihr Mann verletze den ehelichen Treueschwur, hätten geringe »Kosten« zu tragen gehabt. Ihre Nachbarin, die nicht bemerkte, wie ihr Mann sie mit ihrer besten Freundin betrügt, riskierte die »Umlenkung« der Mittel und Fürsorge ihres Ehemannes an ihre »Freundin«. Die Schlussfolgerung liegt auf der Hand. Der Irrtum-Management-Theorie zufolge bevorzugt die Selektion Frauen, die sich aufgrund ihrer Vorsicht irren, indem sie die Schwelle für eine vermutete Untreue ihres Ehemanns niedrig ansetzen, selbst auf die Gefahr hin, manchmal danebenzuliegen.

Die Irrtum-Management-Theorie bietet einleuchtende Erklärungen für einige wichtige Aspekte des Othello-Syndroms. Mit ihrer Hilfe lässt sich erklären, warum Frauen und Männer manchmal »Wahnvorstellungen« über das Fremdgehen eines Partners haben, obgleich sie oder er treu geblieben ist. Die Theorie zeigt, warum Frauen und Männer so empfänglich für Zeichen von Treulosigkeit sind. Sie erklärt, warum Frauen und Männer ihre Blicke mit der Genauigkeit von Lasern auf die Rivalen richten, die auf einer Party mit ihren Partnern flirten. Natürlich gibt die Irrtum-Management-Theorie für sich genommen nicht Aufschluss über die speziellen Umstände, die in Beziehungen zu einer plötzlich gesteigerten Sensibilität für mögliche Vertrauensbrüche führen. Um dieses Phänomen erklären zu können, müssen wir auf die Umstände eingehen, die auf ein mögliches Fremdgehen des Partners hindeuten. Und hier sind als Erstes sexuelle Probleme zu nennen.

Impotenz und männliche Wechseljahre

In der Tierwelt ist Monogamie – Paarung mit nur einem Partner – statistisch selten. Sie ist bei nur 3 Prozent der grob 4000 Spezies von Säugetieren gegeben. Lange dachten Biologen, Vögel unterschieden sich, und meinten, die meisten flugfähigen Spezies seien monogam. Mit Hilfe der Technik des »genetischen Fingerabdrucks« wurde jedoch nachgewiesen, dass zahlreiche Vogelarten, die man für monogam gehalten hatte, in Wirklichkeit oft »untreu« sind. Bei manchen Vogelarten stammen bis zu 40 Prozent der Küken nicht von dem Vater am Nest ab, sondern von einem Nachbarn, ein paar Nester weiter, mit dem das Weibchen heimlich kopuliert hat.

Dennoch verhalten sich manche Vogelarten eher monogam als andere. Ringeltauben sind eine der loyalsten Vogelarten. Ihre Rate an Seitensprüngen ist recht niedrig. Dennoch haben Ringeltauben eine »Scheidungsrate« von ungefähr 25 Prozent pro Paarungszeit. Warum? Der wichtigste Grund für die Trennung eines Pärchens ist Unfruchtbarkeit. Pärchen, die in einer Paarungssaison Küken haben, bleiben auch die nächste zusammen; diejenigen, welche sich nicht reproduzieren können, suchen einen neuen Partner. Für Schwierigkeiten bei der Fortpflanzung gibt es sowohl bei Vögeln als auch bei Menschen zahlreiche mögliche Gründe, etwa Sterilität eines Partners oder genetische Inkompatibilität des Pärchens. Ein wichtiger Grund bei Menschen können Probleme beim Sex sein, ein Problem, das ansonsten harmonische Beziehungen zerstören kann.

Bald nach seiner Einführung auf dem Markt wurde Viagra zum bestverkauften verschreibungspflichtigen Medikament. Millionen von Männern überschwemmten die Arztpraxen, um ein Rezept zu bekommen. Dieser Boom verwies auf ein Problem, das Millionen von Männern plagt – das Problem der Impotenz oder Erektionsstörung. Obgleich breiter angelegte Studien rar sind, lässt sich aus den vorhandenen ersehen, dass Impotenz kein seltenes Problem darstellt. In einer Studie mit britischen Männern etwa gaben 120 von 284 bzw. 42 Prozent an, manchmal, des öfteren oder immer unter Impotenz zu leiden.

Hierfür gibt es viele mögliche Gründe, die Bandbreite reicht von organischen Problemen wie Diabetes und Altersleiden bis zu psychischen wie Unsicherheit oder Nervosität aufgrund von »Leistungsdruck«. Evolutionsanthropologe Pierre Van den Berghe von der University of Washington beschreibt eingängig die Macht männlicher Angst vor Impotenz im Zusammenhang mit männlicher sexueller Konkurrenz:

»Bei einem Rendezvous konkurriert ein Mann stets mit einer unbekannten Anzahl unsichtbarer Rivalen, und dies in einer nicht kalkulierbaren Anzahl unterschiedlicher Bereiche. So mag er entmutigt werden und sich vor den Kopf gestoßen fühlen, wenn er sich verabredet (›Ich habe die ganzen nächsten Wochen keinen Abend mehr frei...‹), wenn er sie abholt (›Ich dachte, du hättest ein Cabrio...‹), im Restaurant (›Ach du meine Güte, mein Kleid ist ja viel zu formell für dieses Restaurant; wenn du mir das gesagt hättest...‹), während des Essens (›Du weißt wirklich nicht, wie man eine Artischocke isst?‹), während der Unterhaltung (›Jeder liest doch heutzutage Kierkegaard...‹), beim Bezahlen (›Mein Vater gibt immer mindestens 15 Prozent Trinkgeld...‹), nach dem Essen (›Hast du keinen aufregenderen Vorschlag? Ich hasse diese stickigen kleinen Kinos...‹), auf dem Heimweg (›Du erwartest doch nicht, dass ich bei unserem ersten Treffen so vertraulich werde?‹) usw. Was immer er tun mag, wie auch immer er es tun mag, immer läuft er Gefahr, dass sein Penis doch ein bisschen kleiner ist, ein klein wenig unerfahrener als der eines anderen.«

Es gibt keinen Grund für die Annahme, Impotenz sei ein neues Problem oder eines, das nur moderne Gesellschaften heimsucht. Zwar gibt es hierzu nur wenige systematische Studien, doch zahlreiche Anthropologen, die mit Völkern traditioneller Kulturen der ganzen Welt zusammengelebt haben, berichten immer wieder über Fälle von Impotenz. In einer Studie des so genannten Standard Sample, einer Datenbank mit Informationen über zahlreiche verschiedene Kulturen, findet sich Angst vor Impotenz in 80 Prozent der 40 Kulturen, über die relevante Angaben vorliegen, aufgelistet. Die Mehinaku, ein Indianerstamm aus dem Amazonasgebiet in Brasilien, sind ein gutes Beispiel. Bei den Mehinaku wird ein männliches Versagen beim Sex schnell zum Allgemeinwissen, da sich Tratsch innerhalb dieser kleinen geschlossenen Gemeinschaft rasch verbreitet. Das Thema Impotenz spiegelt sich in der Volkskunst der Mehinaku, wie folgende Geschichte mit dem Titel »Armadillo und die Fußspur« zeigt:

Armadillo verließ seine Hütte, um ein wenig durch die Wälder zu wandern, und ließ seinen Penis in einem Korb liegen, der an den Dachsparren aufgehängt war. Wie er so den Weg entlang lief, erblickte er eine wunderschöne Frau: »Komm zu mir, schöne Frau. Lass uns zusammen schlafen.«

»Kannst du eine Frau glücklich machen, Armadillo?« fragte sie.

»Ich mache Sex wirklich auf wunderbare Weise«, antwortete er. Armadillo setzte sich auf den Boden, um sich auf den Sex vorzubereiten, schaute zwischen seine Beine und bemerkte, dass sein Penis nicht da war. »Oh, ich habe meinen Penis vergessen«, sagte er. »Ich werde ihn holen.«

Als er nach Hause kam, begrüßte ihn seine Frau: »Was ist los?« fragte sie ihn.

»Ach nichts, ich wollte nur meinen Bogen holen, um einen Vogel zu erlegen.«

Armadillo nahm seinen Penis, verließ abermals das Haus und kehrte in den Wald zurück, um nach seiner Freundin zu suchen. »Hallo, hier bin ich!« rief er. »Dieses Mal habe ich meinen Penis mitgebracht. Meine Güte, jetzt habe ich eine Erektion! Wollen wir denn keinen Sex haben, schöne Frau?«

Überall suchte Armadillo nach der Frau, aber sie war verschwunden. Alles was er finden konnte, war ihre Fußspur, und so schlief er damit. Sein Penis grub sich in die Erde.

Das Bild von Armadillo, der seinen Penis zurücklässt, ist amüsant – ein klarer Verweis auf Impotenz. Mit dem Thema Impotenz spaßen die Männer der Mehinaku jedoch nicht. Impotente Mehinaku-Männer verlieren manchmal ihre Partnerinnen, die sich einfach einen neuen Partner suchen. Ein Indiz für die Gewichtigkeit des Problems bei den Mehinaku ist die Anzahl der Bezeichnungen, die es für Impotenz gibt: maiyala euti bedeutet »der Penis ist müde«; iaipiripyai euti heißt so viel wie »der Penis schämt sich«; und akama euti bedeutet »der Penis stirbt«.

Ein weiterer Hinweis auf die Brisanz der Problematik sind die Anstrengungen, die die Männer zur Heilung von diesem Leiden unternehmen. Sie werden mit dem Ausdruck japujate euti umschrieben, der Verfahren umfasst, die dazu dienen, »den Penis wütend zu machen«. Unter den sieben Heilverfahren bei Impotenz finden sich folgende: einen ganzen Fisch gegen den Penis reiben; den Kopf und Nacken einer Schildkröte gegen den Penis reiben; den Penis mit Bambus reiben und dabei singen: »Yanapi [Penis], geh in die Vagina, yanapi«; den Penis mit dem Saft des Kautschuk-Baumes einreiben; den Penis mit den Zähnen eines Hundshaies einritzen; und ejekeki, was »Atem-Magie« bedeutet und darin besteht, dass eine Person den Penis anhaucht und dabei Zaubergesänge anstimmt.

Historisch betrachtet war die männliche Reproduktionsfähigkeit direkt an die Möglichkeit gebunden, regelmäßig eine Frau zu befruchten. Machten unsere männlichen Vorfahren mit einer Frau fortwährend Erfahrungen mit Impotenz, verließen sie also vielleicht die eine Frau, um es mit einer anderen zu versuchen. Eine Frau, deren Partner ständig impotent war, hatte unter Umständen Affären oder verließ ihren Mann, da sie andernfalls Gefahr lief, kinderlos zu bleiben. Wenn Impotenz ein Grund für den Partner war fremdzugehen, dann ist zu erwarten, dass Männer nach einer gewissen Zeitspanne von Impotenz eifersüchtig werden. Genau dies liegt bei klinischen Fällen des Othello-Syndroms vor.

In einer Studie wurde in 19 von 36 Fällen des Othello-Syndroms von Problemen beim Sex berichtet. In einem Fall war ein vollständiger Verlust sexueller Begierde zu beobachten, bei sechs waren Erektionsschwierigkeiten und bei zwölf vorzeitiger Samenerguss das Problem – ein Phänomen, das eng mit Impotenz in Verbindung steht. Ein Mann berichtete: »Bei meiner Impotenz muss meine Frau ja das Interesse an mir verlieren… Sie muss ihre Leidenschaft ja auf andere Männer umleiten.«

In einem anderen Fall war ein 68-Jähriger, der eine langjährige und harmonische Ehe führte, infolge eines Schlaganfalls impotent geworden. Er begann Puzzlestücke aus unterschiedlichen Quellen zu einem Bild zusammenzusetzen, das die Untreue seiner Frau »bewies«. Ihm fiel ein Fenster auf, das seine Frau offen gelassen haben musste, damit ihr Liebhaber nachts, während er schlief, heimlich ins Haus schleichen konnte. Er bemerkte Fußspuren im Schnee unter ihrem Fenster. Er hörte Stimmen in der Küche, doch wenn er nachsah, waren die Stimmen verschwunden, und er schloss, der Liebhaber müsse schon das Weite gesucht haben. Er bezichtigte seine Frau des Fremdgehens und versuchte, sie in ihren Aktivitäten einzuschränken, bestand darauf, dass sie nicht aus dem Haus ging. Er verhielt sich sexuell aufdringlich, machte trotz seiner Impotenz die ganze Nacht hindurch Annäherungsversuche, so dass sie sich schließlich gezwungen sah, in ein separates Schlafzimmer umzuziehen. Ihm fiel auf, wie sein Nachbar bereitwillig Hausarbeiten wie Rasenmähen für sie erledigte, die er selbst nicht mehr durchzuführen imstande war. Daraus schloss er auf ein Verhältnis seiner Frau mit dem Nachbarn, und das obwohl der Nachbar 25 Jahre jünger war als er und seine Frau und außerdem jung vermählt. Nachdem er seine Frau aufgrund seiner starken Eifersucht über ihre vermuteten Eskapaden mit dem Stock zu schlagen versucht und sie zu misshandeln gedroht hatte, gelang es ihr schließlich, ihn vom Besuch eines Psychiaters zu überzeugen.

Soweit der Psychiater dies zu beurteilen vermochte, war die Frau während der gesamten Ehe treu geblieben. Die Eifersucht des Mannes wurde durch seine Impotenz ausgelöst – die in Urzeiten prinzipiell ein Grund für eine Lossagung vom Partner gewesen wäre.

Jed Diamond, Autor des Buches »Male Menopause« (»Das Feuerzeichen Mann: Wenn Männer in die Wechseljahre kommen«), schreibt: »Viele Trennungen im mittleren Alter beruhen darauf, dass Männer Veränderungen, die bei ihnen vonstatten gehen, auf ihre Frauen projizieren. Sie geben den Frauen die Schuld für Dinge, die sich an ihnen selbst vollziehen... Ein Taxifahrer erzählte mir: ›Ich bin dabei, meine sexuelle Begierde, meine Erektionen zu verlieren – und die Nerven. Ich fürchte, meine Frau wird das Interesse an mir verlieren.‹«

Es ist unwahrscheinlich, dass eine Frau ihren Mann aufgrund einer einmaligen Impotenz verlässt. Mehrfaches Auftreten von Impotenz erhöht indes die Wahrscheinlichkeit. Unsere männlichen Vorfahren, die irrtümlicherweise davon ausgingen, ihre Impotenz würde ihre Frau zum Fremdgehen veranlassen, entwickelten Eifersuchtsgefühle und leiteten Aktionen ein, aufgrund derer ihre Frauen wiederum vom Fremdgehen Abstand nahmen. Irrte sich ein Mann in der anderen Richtung, indem er von der Treue seiner Frau ausging, während sie zum gegenteiligen Verhalten tendierte, dann hätte er hinsichtlich Reproduktionserfolg größere Nachteile zu verbuchen gehabt. Heutige Männer stammen von denjenigen ab, die tendenziell lieber in Richtung übertriebene Eifersucht fehlgingen, selbst wenn dieser Irrtum einige eheliche Reibereien verursachte.

Alkoholkonsum und Eifersucht

Der Sexualforscher Krafft-Ebing war der Erste, der, im Jahre 1905, auf die Verbindung von Alkoholkonsum und Eifersucht einging. Er berichtete, 80 Prozent der männlichen Alkoholiker hätten wahnhafte Vorstellungen, die Eifersucht hervorriefen. Krafft-Ebing argumentierte, Eifersucht entwickle sich in der späteren Phase des Alkoholismus und sei durch ein immer wiederkehrendes Muster von Misstrauensmomenten hinsichtlich Untreue gekennzeichnet, die grundsätzlich auf Einbildung beruhten. Habe sich diese eingebildete Eifersucht erst einmal entwickelt, nehme sie, so Krafft-Ebing, eine »äußerst stabile« Form an und sei sehr widerstandsfähig gegen Veränderungen.

Aktuellere Untersuchungen gestehen dem Alkohol eine etwas bescheidenere Rolle beim Auslösen von Eifersucht zu. In einer Studie von 1968 wiesen 18 Prozent der 55 untersuchten Alkoholiker eine krankhafte Eifersucht auf. 1985 fand Paul Mullen heraus, dass nur 11 Prozent der von ihm untersuchten 138 Alkoholiker am Othello-Syndrom litten. In einer deutschen Studie waren von 93 Fällen »wahnhafter Eifersucht« 12 Prozent Alkoholiker.

Im Rahmen einer sehr systematisch aufgebauten Studie, in der 1985 100 Alkoholiker befragt wurden, wurde jedoch bei 35 Prozent der Männer extreme Eifersucht beobachtet. Bei acht Prozent dieser Männer war die Eifersucht »gerechtfertigt«, da ihre Ehefrau tatsächlich eine Affäre hatte. Zieht man diese Zahl von den 35 Prozent extrem Eifersüchtiger ab, bleiben 27 Prozent männlicher Alkoholiker mit »krankhafter Eifersucht« übrig. Dieses Ergebnis muss jedoch mit Skepsis betrachtet werden, da eine unbekannte Anzahl dieser Männer vielleicht zutreffende Hinweise auf Untreue aufgegriffen haben könnten, die ihre Frauen ihnen mehr oder weniger erfolgreich verheimlichten.

Für einen eventuellen Zusammenhang von Alkoholkonsum und Eifersucht lassen sich durchaus einige mögliche Erklärungen anführen. Erstens könnte Alkohol die Hemmschwelle herabsetzen, Verdachtsmomente, die ein Mann ohnehin hatte, aggressiv zum Ausdruck zu bringen. Zweitens könnten Männer, die um ihre problematische Ehe besorgt sind, in stärkerem Maße zum Trinken neigen, wodurch indirekt ein Zusammenhang zwischen Alkoholkonsum und Eifersucht hergestellt wäre. Drittens könnte Alkoholkonsum direkt Eifersuchtsgefühle beeinflussen, indem ein vormals nicht gegebenes Misstrauen durch eine verzerrte Wahrnehmung gespeist wird, wodurch unlogische Schlüsse oder abwegige Interpretationen begünstigt werden.

Obschon all diese Erklärungen ein Körnchen Wahrheit enthalten mögen, könnte es noch eine andere Erklärung geben: die Verbindung zwischen Alkoholkonsum und Impotenz. Um Shakespeare zu paraphrasieren: Alkohol mag das Begehren entflammen, er schwächt jedoch das Fleisch. Alkoholkonsum steht eindeutig in Zusammenhang mit Potenzproblemen. Da wir wissen, dass Impotenz Eifersucht hervorruft, lässt sich alles, was Impotenz bewirkt, mit einem Anstieg von Eifersucht in Verbindung bringen. Und da Impotenz ein Grund für das Beenden einer Beziehung sein kann, könnte die Furcht davor die Eifersucht eines Mannes anstacheln.

Frauen von Alkoholikern könnten Sex mit ihrem Mann im Laufe der Zeit zunehmend als unangenehm empfinden. Sie könnten eine

»Aversion gegen den groben, brutalen Ehemann entwickeln, der beim Beischlaf häufig betrunken ist,... dessen anhaltende und häufige Versuche, zu denen es aufgrund von verzögerter Ejakulation kommt, Schmerzen hervorrufen... Der brutale, reizbare, geistig geschwächte Ehemann, der in einem Zustand ständiger Gereiztheit mit seiner Frau lebt, sucht und findet die Ursache, sexuell unbefriedigt zu sein, in der Treulosigkeit seiner Frau.« Ein Teufelskreis wird geschaffen. Der Alkoholmissbrauch des Ehemannes führt zu unangenehmem Sex, aufgrund dessen die Frau seine Annäherungsversuche ablehnt, was wiederum seine Eifersucht und sein Misstrauen schürt.

Sexuelle Unzufriedenheit bei Frauen

Ein weiterer Umstand, der die Eifersucht des Mannes hervorruft, könnte die Unfähigkeit zur sexuellen Befriedigung seiner Partnerin sein. Über die Evolutionsgeschichte hinweg haben Frauen, die ihre Partner als sexuell »mangelhaft« empfanden, Befriedigung in den Armen anderer Männer gesucht, sei es zeitweise in einer Affäre oder langfristig durch Scheidung und in einer neuen Ehe. Diese uralte Gegebenheit könnte zur Ausformung einer psychischen Empfindlichkeit bei Männern beigetragen haben, wenn es um ihre Fähigkeit geht, ihre Frau sexuell zu befriedigen. Die Unsicherheit des Mannes über den Orgasmus seiner Frau wird manchmal ganz allgemein seiner »Unsicherheit als Mann« zugeschrieben. Sie könnte jedoch ebenso ganz konkret auf der begründeten Befürchtung beruhen, dass sie ihn aus Mangel an sexueller Befriedigung verlässt. Durch einen »vorgetäuschten Orgasmus« der Frau mögen Männer symbolisch ihrer sexuellen Treue versichert werden. Doch wimmelt es von psychologischen Fallstudien über die Unsicherheit von Männern über ihre Fähigkeit, ihre Frauen zu befriedigen.

In einem Fall begann sich ein alternder Mann über die Menge seines Spermas Sorgen zu machen, die seiner Auffassung nach in seiner Jugend größer gewesen war. Im Laufe der Zeit wurde er immer eifersüchtiger. Er bestand darauf, jede Nacht Sex mit seiner Frau zu haben, versuchte sie am Ausgehen zu hindern, ihr sogar das wöchentliche Treffen mit einer Frauengruppe zu untersagen. Er wollte unbedingt jeden Brief und jede Karte, die sie erhielt, lesen, und in einem Fall brachte er sogar einen Brief zu einem Graphologen, der versteckte Botschaften darin analysieren sollte. Täglich untersuchte er die Unterwäsche seiner Frau auf »Spuren« ihrer Untreue hin. Sämtliche ihrer Aktivitäten versuchte er zu unterbinden. Mehr und mehr klagte er darüber, dass seine Erektionen schwächer seien als früher und dass sie zu selten Sex hätten. Er behauptete, die Vagina seiner Frau habe sich verändert, und meinte, »Spuren« von dem Glied eines anderen Mannes in ihrer Vagina spüren zu können! All dies gab er dem Psychiater gegenüber zu und leugnete doch vehement jegliche Eifersucht.

In psychiatrischen Fallstudien finden sich andere ähnliche Beispiele. In einem Fall wurde ein Mann eifersüchtig, da er vermutete, sein Penis sei zu kurz, um seine Frau zu befriedigen, weil sie, so seine Interpretation, von ihren vorherigen Partnern größere Maße gewöhnt sei. Ein anderer Mann meinte, seine Frau habe mit mindestens drei verschiedenen Männern Ehebruch begangen. Er könne sie nun sexuell nicht mehr befriedigen, weil einer dieser Männer mit seinem großen Glied die Vagina seiner Frau ausgeweitet habe. Seine Eifersucht nahm schließlich dermaßen überhand, dass er meinte, keines seiner Kinder sei in Wirklichkeit von ihm. Die Eifersucht zerstörte die Ehe. Sein Therapeut war außerstande, ihm zu helfen, seine Eifersucht in den Griff zu bekommen, und so trennte sich das Paar schließlich.

In einem anderen Fall begann ein 45-Jähriger, den seine Frau als fleißig, sensibel und zurückhaltend beschrieb, seine Frau, mit der er fünf Kinder hatte, als »Hure« zu beschimpfen. Er glaubte, seine Frau betrüge ihn mit einem Busfahrer, der bei seiner Frau »Sex-Tricks« anwende, die er selbst nicht kenne. Er meinte zu beobachten, wie der Busfahrer seiner Frau »Blicke zuwarf« und wie sie beim Einsteigen in den Bus mit ihrem Hintern wackle. Er begann an der Vaterschaft seiner Kinder zu zweifeln. Nur eines der Kinder sehe ihm ähnlich. Als sich seine Frau gegen den von ihm gewünschten Vaterschaftstest aussprach, heizte dies seine Eifersucht noch weiter an. Sie beharrte auf ihrer Treue und Ehrlichkeit und stritt ab, Sex mit anderen Männern gehabt zu haben. Zugleich erklärte sie jedoch, während der ganzen Ehe keinen Orgasmus gehabt zu haben. Als sie sagte, er verstehe sie nicht, interpretierte er das als »Er weiß nicht, wie man mich sexuell befriedigt«. Eine therapeutische Behandlung blieb ohne Erfolg, und der Mann verließ schließlich seine Frau und seine Kinder.

Die Unfähigkeit des Mannes, seine Partnerin sexuell zu befriedigen, sei sie real oder eingebildet, erweist sich als wichtiger Grund für sexuelle Eifersucht. Der Therapeut eines Paares, das wegen der krankhaften Eifersucht des Mannes Rat suchte, beobachtete, dass die Frau »die ganze Zeit über ihre ehemaligen Freunde sprach und sich geringschätzig über die sexuellen Leistungen ihres Mannes äußerte«.

Sexuelle Unzufriedenheit ist eng mit einem Mangel an ehelichem Glück verbunden, was natürlich eine Scheidung wahrscheinlicher macht. In einer Studie mit 107 Ehepaaren fanden wir heraus, dass manche Frauen und Männer eine Vielzahl an Klagen über das sexuelle Verhalten ihres Partners hatten. Manche erklärten, der Partner lehne es ab, Sex zu haben, weise sogar offen auf sein mangelndes Interesse an Sex hin und erteile ihnen bei sexuellen Annäherungsversuchen eine schroffe Abfuhr. All diese Klagen standen in enger Verbindung mit einer unglücklichen Ehe.

Die Unfähigkeit, den Partner sexuell zu befriedigen, fördert ehelichen Kummer und verursacht Trennungen. Sexuelle Eifersucht aufgrund der angenommenen Unfähigkeit eines Partners, den anderen zu befriedigen, könnte ein Mittel zur Problembewältigung sein, das sich evolutionär zur Abwehr von Bedrohungen herausgebildet hat – ein Ergebnis des Irrtum-Managements, mit dessen Hilfe eine endgültige Trennung verhindert werden kann. Durch seine Eifersucht aufgrund einer (subjektiv wahrgenommenen) sexuellen Unzufriedenheit der Partnerin kann ein Mann seine »Bewacher-Taktiken« aktivieren und damit der Gefahr, sie zu verlieren, vorbeugen.

Verminderte sexuelle Lust bei Frauen

Nimmt die sexuelle Lust der Frau mit ihrem regelmäßigen Partner ab, kann dies ein Zeichen für Eheprobleme sein. Frauen, die von ihren Ehemännern gelangweilt sind, suchen eventuell Stimulierung bei anderen Männern. Ein typischer und immer wiederkehrender Gedanke von Männern, die an »ehelicher Paranoia« leiden, ist: »Erhält sie keine sexuelle Befriedigung mit mir, dann wird sie sie wohl mit jemand anderem bekommen.« Eine Frau kann auch die Beziehung als solche als langweilig empfinden – ein ominöser Hinweis auf eine drohende Scheidung. Ob sich die Langeweile nur auf den Sex bezieht oder auf die gesamte Beziehung – ein Nachlassen des sexuellen Interesses kann eine Vorahnung auf Schwierigkeiten in einer vormalig harmonischen Ehe vermitteln. Wie Mae West einmal sagte: »Nicht die Männer in meinem Leben zählen – sondern das Leben in meinen Männern.«

Fallstudien über krankhafte Eifersucht enthalten viele Beispiele von Eifersuchtssymptomen, die durch eine verringerte sexuelle Begierde der Frau hervorgerufen wurden. In einem Fall wurde ein 43-jähriger Ehemann in eine psychiatrische Klinik aufgenommen, der seine Frau des Ehebruches verdächtigte und sich deshalb unter Spannung fühlte. Er hatte keine Belege für seine Vermutung. Sein Misstrauen sei durch einen Kollegen geweckt worden, der ihn eines Tages beiläufig fragte, ob er seine Frau schon jemals des Fremdgehens verdächtigt habe. Seine Eifersuchtsgefühle eskalierten, als seine Frau einmal keine befriedigende Erklärung dafür liefern konnte, warum sie so schöne Stiefel trage. Seine Eifersucht nahm dermaßen extreme Ausmaße an, dass er seine Frau zu erwürgen versuchte – was dank des Eingreifens von Nachbarn misslang. Ein anderes Mal lief er nur mit Unterwäsche bekleidet auf die Straße, um seine Frau mit ihrem vermuteten Liebhaber zu überraschen. Auf weitere Nachforschungen hin erfuhr der Psychiater, dass die Eifersuchtssymptome eingesetzt hatten, kurz nachdem der Frau die Gebärmutter entfernt worden war, was eine verringerte sexuelle Begierde zur Folge hatte. Über diese Verringerung der sexuellen Lust wurde dem steinzeitlichen Teil seines Gehirnes eingeflüstert, dass sie ihn verlassen wolle – was eine massive Eifersuchtsreaktion hervorrief.

Unterschiedliche Begehrlichkeit

Manchmal wird das Maß an Attraktivität auf dem »Partnerschaftsmarkt« grob auf nüchterne Zahlen reduziert, etwa als Bo Derek in dem Film 10 als »10« bezeichnet wurde. Eine »8« mag einer »6« den Korb geben, dafür aber ihrerseits von einer »10« schroff abgewiesen werden. Dennoch bilden Personen, die sich in ihrer Attraktivität unterscheiden, manchmal Pärchen. Und das kann Probleme mit sich bringen. Da sich darüber hinaus über einen gewissen Zeitraum hinweg nichts statisch verhält, kann eine anfänglich ausgewogene

Beziehung zunehmend von einer Differenz in der Begehrlichkeit gekennzeichnet sein.

Einige Faktoren können dazu beitragen, dass sich Unterschiede in der »Einschätzung« der Partner mit der Zeit vergrößern. Man stelle sich etwa ein Paar im Alter von Mitte 20 vor, das gut zusammenpasst. Die Frau ist intelligent, jung und hübsch; der Mann intelligent, jung und am Beginn einer erfolgreichen Karriere. Seine Karriere gedeiht. Zwar altern beide im gleichen Tempo, das Alter fordert jedoch, in den Augen von Männern, von der Frau einen höheren Tribut. Zugleich eröffnen sich dem Mann durch seinen beruflichen Aufstieg sexuelle Möglichkeiten. Die Schmeicheleien, die er von jungen attraktiven Frauen zu hören bekommt, kontrastieren stark mit denen, die seine alternde Frau erhält. Natürlich kann es auch zum umgekehrten Fall kommen. Macht die Frau Karriere, ist sie möglicherweise zunehmend verärgert über ihren weniger erfolgreichen Mann, zumal sie auf dem »Partnerschaftsmarkt« einen Mann mit höherem Sozialstatus »angeln« könnte. Donald Symons merkt dazu an: »Eine Frau wird mit größter Wahrscheinlichkeit dann ein Bedürfnis nach außerehelichem Sex verspüren, wenn sie einen anderen Mann als ihrem Mann irgendwie überlegen wahrnimmt... Ihr sexuelles Begehren ist möglicherweise Teil eines Prozesses, in dem Frauen auf dem ›Markt der Ehegatten‹ spekulieren.«

Die Wechseljahre wurden zwar noch nicht systematisch als ein eventueller Auslöser für weibliche Eifersucht untersucht. Die Fachliteratur enthält jedoch eine Vielzahl von Fällen, die auf einen entsprechenden Zusammenhang hindeuten. In einem Fall war eine Frau aufgrund ihrer »Wahnvorstellungen«, ihr Mann habe zahlreiche Affären, an einen Psychiater überwiesen worden: »Einige Jahre vor ihren wahnhaften Vorstellungen hatte es sie gekränkt, von ihrem Mann (der in ihrem Alter war) zu hören, dass es sich für Männer empfehle, sehr viel jüngere Frauen zu heiraten. Mit dem Herannahen der Menopause wurde sie zunehmend von der Vorstellung gequält, ihr Mann wolle jede junge Frau, die ihm über den Weg läuft, verführen.«

Eine andere Frau, 44, fing nach vielen Jahren glücklicher Ehe an, ihren Mann der Untreue zu bezichtigen. Sie wurde zur Kettenraucherin, launisch und reizbar. Der Sex mit ihrem Mann sei zu selten, klagte sie, was auf seine Affären mit anderen Frauen zurückzuführen sei. Sie war davon überzeugt, dass ihr Mann Frauen auf der Straße »Zeichen macht«, indem er ihnen von ihrem Schlafzimmerfenster aus mit einem Taschentuch winke.

Der Ehemann gab dem Psychiater gegenüber zu, Sex mit seiner Frau sei tatsächlich selten geworden, zum Teil lägen einige Wochen zwischen den Sexualkontakten. Die Frau fand diese Abnahme der Leidenschaft merkwürdig und verdächtig. Vor dem Herannahen ihrer Menopause war die Frau niemals eifersüchtig gewesen! Als die Häufigkeit des Geschlechtsverkehrs abnahm, entwickelte sie jedoch »Minderwertigkeitsgefühle«, fühlte sich gealtert und hässlich. Sie war überzeugt davon, ihr Mann würde mit einer »jungen hübschen Frau« durchbrennen. Der Höhepunkt der Eifersuchtsgefühle war erreicht, als das Paar ein Zimmer an eine junge Frau untervermietete. Die Ehefrau musste in die Klinik eingeliefert werden. Während ihres Aufenthalts in der Klinik verbesserte sich ihr Zustand maßgeblich. Ihre eifersüchtigen Gedanken wurde sie jedoch nie los – insbesondere im Hinblick auf die Untermieterin nicht.

Bei diesen Fällen wissen wir nicht sicher, ob der Verdacht der Frau in ihren Wechseljahren unbegründet war oder begründet. Wie Claire Warga, Autorin des Buches »Menopause and the Mind« (etwa: Menopause und Bewusstsein), anmerkt, geht die Menopause manchmal mit einer Veränderung der Aufmerksamkeit, des Gedächtnisses und einer schwankenden Fähigkeit, Prioritäten zu setzen, einher. Nichtsdestotrotz darf man vermuten, dass Frauen auf heutige Erscheinungsformen uralter Zeichen reagieren, die ein »Umherschweifen« des Mannes ankündigten.

Der Verlust körperlicher Attraktivität aufgrund von Alterung kann als Katalysator für extreme Eifersucht gesehen werden. Im folgenden Fall wurde einer Frau »exzessive und irrationale Eifersucht« diagnostiziert, die allen »therapeutischen Bemühungen... standhielt«. Bei Betty setzten die Eifersuchtsschübe im Alter von 50 ein. 30 Jahre lang war sie mit George verheiratet gewesen. Viele Jahre führten sie ein harmonisches Eheleben. Sie teilten sich ihr Heim mit seiner Schwester, mit der sie auch ihre meiste Freizeit verbrachten. Als sie auf die 50 zu ging, entwickelte sie zunehmend Magenprobleme und war geradezu besessen vom Thema Gesundheit und Alter. Sie begann sich »über ihre grauen Haare, ihre Sehschwäche, ihre Falten und Altersflecken zu ärgern«. Scheinbar »aus heiterem Himmel« entwickelte sie eine »maßlose Eifersucht« ihrer Schwägerin gegenüber und beschuldigte ihren Mann, eine Affäre mit seiner

Schwester zu haben. Sie begann, ihre Telefonate zu belauschen, in ihren Briefen herumzuschnüffeln, die Taschen ihres Mannes zu durchwühlen, studierte die Quittungen seiner Kreditkarten, betrachtete kritisch jede Minute, die die beiden zusammen verbrachten, und überwachte streng all ihre Aktivitäten.

Oscar Wilde machte auf den Umstand aufmerksam, dass weniger reizvolle Frauen immer eifersüchtig auf ihre Ehemänner seien, schöne jedoch nie. Er irrte vermutlich. Es ist nicht das Maß an körperlicher Attraktivität an sich, sondern die Diskrepanz zwischen Eheleuten im Bezug auf ihre Begehrlichkeit, die Eifersucht auslöst. Legen wir eine Zehnpunkteskala zugrunde, so wird eine Frau, die als »6« mit einem Mann, der mit »6« bewertet wird, verheiratet ist, nicht mehr Eifersucht verspüren als eine »8«, die mit einer »8« verheiratet ist. Tatsächlich verhält es sich unserer Theorie zufolge anders, als Oscar Wilde behauptet: Eine weibliche »8«, verheiratet mit einer »10«, wird eifersüchtiger sein als ihr weniger attraktives Gegenstück, eine »6«, die mit einer männlichen »6« verheiratet ist.

Im metrischen System der Attraktivitäts-Wahrnehmung fordert das Alter von Frauen oft einen höheren Tribut als von Männern. Dies trifft besonders dann zu, wenn der Ehemann berufliche Erfolge feiert, die seine Attraktivität erhöhen. In ihrem Bericht über fünf Frauen, denen krankhafte Eifersucht diagnostiziert wurde, schrieb die Therapeutin Mary Seeman: »Aufgrund des allgemeinen Respekts, den die Ehemänner hervorriefen, waren sie in Wahrheit ständig Zielobjekt vieler junger Frauen, die noch frei waren. Den Ehefrauen boten sich sehr viel weniger Gelegenheiten, das Interesse anderer Männer zu erregen.«

Auf die sexuellen Phantasien in ihrer Jugend hin befragt, berichteten alle fünf Frauen, was die Autorin folgendermaßen beschreibt: »Eine Variante der Phantasie über die vergewaltigte Jungfrau war eine der häufigsten Masturbationsvorstellungen. Hatten sie während ihrer Jugend die ›Heldin‹ gespielt, übernahm nun die vermutete Rivalin diese Rolle. Sie [die Rivalin] wurde als die junge, sich wehrende Jungfrau gesehen, die der Ehemann willfährig macht.«

Obwohl allen fünf Frauen in der Studie »krankhafte Eifersucht« diagnostiziert wurde, hatte jeder der Ehemänner dem Therapeuten von »sexuellen Schuldgefühlen« berichtet, auch ohne untreu gewesen zu sein. Im vertraulichen Gespräch schilderten die Ehemänner, sie hätten oft genau die sexuellen Phantasien, die ihnen ihre Ehefrauen unterstellten. Häufig errieten die Ehefrauen ziemlich genau, von welchen Frauen ihre Männer sich angezogen fühlten. Frauen, wie auch Männer, scheinen sensibel für Signale wirklicher Bedrohung durch Treubruch, sogar in Fällen, in denen es nicht zu Sex gekommen war – eine Überempfindlichkeit, die sich mit Hilfe der Irrtum-Management-Theorie erklären lässt. Dem Wissen der weiblichen Vorfahren zufolge, das hier aufblitzt, ist es kostspieliger, eine drohende Treulosigkeit nicht wahrzunehmen, als fälschlicherweise eine zu vermuten, die gar nicht stattfindet. Vor dem Hintergrund dieser Fälle muss auch das Etikett »Othello-Syndrom« in Frage gestellt werden, das manche Psychiater eifersüchtigen Personen anheften. Viele Frauen, denen »wahnhafte Eifersucht« diagnostiziert wird, nehmen authentische Fingerzeige wahr, sei es nur das reale Interesse ihres Mannes an anderen Frauen. Wie jemand einmal in einem anderen Zusammenhang sagte: »Man kann nicht von Paranoia sprechen, wenn sie wirklich hinter einem her sind.«

Die Vorstellung einer veränderten Attraktivität zuungunsten der Frau ist sozusagen Allgemeinwissen – doch es gibt auch den umgekehrten Fall. Man stelle sich ein berufstätiges Paar vor, beide ehrgeizig und ganz auf Karriere eingeschworen. Die Karriere der Frau lässt sich besser an, und ihr Einkommen übersteigt bald das ihres Ehemannes. Sie steigt im Betrieb auf, erhält Prämien und Bestätigung. Seine Karriere liegt hingegen danieder. Er wird depressiv; sie wird unzufrieden. Nach einer Weile nimmt seine Attraktivität für Frauen in dem Maße ab, wie seine Karriere dahinsiecht. Gleichzeitig entwickelt sie Selbstbewusstsein, strahlt Dynamik aus und wird sich ihrer Attraktivität bewusst. Männer werden auf sie aufmerksam, und obwohl manche durch ihren Erfolg eingeschüchtert sind, finden Männer mit hohem Status und Selbstbewusstsein sie reizvoll und strahlend.

Wenn sie nach einem anregenden Arbeitstag nach Hause kommt, findet sie einen mürrischen Mann vor, der dem Alkohol zuspricht, um seinen Kummer zu ertränken. So klafft ihre Begehrlichkeit immer weiter auseinander, ohne Anzeichen dafür, dass sich die Kluft wieder schließt, und sie bemerkt nun zunehmend auch andere Männer.

Gesundheit ist ein anderer Aspekt veränderter Begehrlichkeit, bei dem Frauen gut abschneiden. Frauen leben länger als Männer. Männer sind statistisch früher von Krankheiten wie Krebs und Herzinfarkt betroffen als Frauen. Ein Ehepaar, das ursprünglich bestens zusammenpasst, kann eine plötzliche Kluft erleben, wenn der Mann krank wird, zumal Gesundheit eine wichtige Komponente des »Partner-Wertes« ist. Bleibt der kranke Mann ans Bett gebunden, während seine Frau in die Welt hinausgeht, können Eifersucht und Verlustängste die Folge sein.

Obgleich es an breiter angelegten Studien zu Krankheit und Eifersucht fehlt, lässt sich eine Untersuchung über sieben Fälle »wahnhafter Eifersucht« anführen, die mit Gesundheitsproblemen zu tun hatten. In einem Fall konnte der 77-jährige Mann aufgrund einer schweren Arthritis kaum noch aus dem Haus. Seine acht Jahre jüngere Frau, mit der er seit 51 Jahren verheiratet war, erfreute sich bester Gesundheit. Ihre Ehe war insgesamt harmonisch verlaufen, doch mit seiner Krankheit änderte sich alles. Da er zunehmend älter und gebrechlicher aussah als seine Frau, kam es zu einer unterschiedlichen Attraktivität, was zuvor nicht der Fall gewesen war. Jedes Mal, wenn sie aus dem Haus ging, verhörte er sie regelrecht. Er bezichtigte sie einer Affäre mit einem Taxifahrer und drohte ihr zunehmend mit Gewalt. Der Psychiater befand, der Mann sei »kognitiv« in jeder Hinsicht »in Ordnung« – außer was seine Phantasien über ihre Untreue betraf.

In einem anderen Fall schoss sich ein 73-Jähriger immer mehr auf eine eingebildete Treulosigkeit seiner Frau ein, nachdem er an Parkinson erkrankt und dadurch ans Haus gefesselt war. Sein Wahn gipfelte in Halluzinationen, in denen er seiner Frau beim Sex mit anderen Männern zusah. Er fragte sie jedes Mal, wenn sie das Haus verließ, aus und schimpfte sie eine Prostituierte. Vor dem Auftreten der Parkinsonkrankheit ging er erfolgreich seiner Arbeit nach und wurde von Bekannten als »gut erzogener, höflicher, charmanter Mann« charakterisiert. Mit der Krankheit alterte er sichtlich und sah bald eine ganze Generation älter aus als seine Frau. Obgleich seine grundlegenden kognitiven Funktionen – abgesehen von geringfügigen Problemen mit dem Kurzzeitgedächtnis – intakt waren, verschlimmerten sich seine Halluzinationen und Wahnvorstellungen zunehmend. Bei diesem anfänglich und über Jahre harmonischen Paar hatte das Gesundheitsproblem des Mannes ein Gefälle in Bezug auf die Begehrlichkeit erzeugt.

Abschließend noch ein Fall, der auf eine heutige Erscheinungsform dieses uralten Auslösers für Eifersucht verweist. Ein 83-Jähriger war 43 Jahre lang mit einer acht Jahre jüngeren Frau verheiratet gewesen. Die Ehe war harmonisch verlaufen, bis er einen Herzschrittmacher bekam, der seinen Aktionsradius erheblich einschränkte. Er begann viel älter auszusehen als seine Frau, die vor Gesundheit strotzte. Er schikanierte seine Frau, bezichtigte sie des Fremdgehens und behauptete, ihre »Einkaufstouren« dienten in Wirklichkeit einer Liaison. Er halluzinierte und sah sie im Bett mit anderen Männern und glaubte, sie streite ihre Fehltritte ab, um ihn als geistig unzurechnungsfähig erscheinen zu lassen. Außer seiner »krankhaften Eifersucht« und den assoziierten Symptomen – und kleineren Problemen mit dem Kurzzeitgedächtnis – vermochte der Psychiater jedoch keine Anzeichen für geistigen Verfall zu entdecken.

Die Tatsache, dass die Gesundheit von Männern durchschnittlich erheblich früher leidet als die von Frauen, ruft Unterschiede in der Begehrlichkeit hervor, die vorher nicht existierten. Zu Urzeiten verringerte sich der »Wert« des Mannes für die Frau tatsächlich aufgrund von Alterung und schlechter Gesundheit, zumal Gesundheit eine Schlüsselkomponente bei der Partner-Einschätzung darstellt – meinen kulturübergreifenden Untersuchungen zufolge steht sie an Platz fünf. Wenn sein Tod sich abzuzeichnen begann, machte es »adaptiv« Sinn für die Frau, sich nach einem anderen Partner umzutun oder zumindest Voraussetzungen dafür zu schaffen.

Ritualisierte Eheversprechen diktieren oft, mit dem Partner bei »Krankheit und Gesundheit« zusammenzubleiben, in »guten wie in schlechten Zeiten«. Krankheit und Armut kommt in Eheschwüren gewissermaßen eine besondere Bedeutung zu, weil es sich um Faktoren handelt, die die Begehrlichkeit einer Person als Partner plötzlich absinken lassen und damit Untreue oder Scheidung mit sich bringen können. Eifersucht bildete sich als Abwehrfunktion gegen solche Lossagungen heraus, und wie alle derartigen Mechanismen funktioniert sie nur in manchen Fällen.

Die weniger Attraktiven sind stärker gefährdet, unversehens abserviert zu werden. Der höher bewertete Partner fühlt sich in der Partnerschaft »minder begünstigt« und merkt, dass anderswo vielleicht bessere Möglichkeiten auf ihn warten. Menschen verhalten sich tatsächlich diesen Gefühlen entsprechend. In einer Studie mit 2000 Personen hatten diejenigen, welche ihre Partnerschaft hinsichtlich Investitionen und Gewinn als »ausgewogen« beurteilten, weniger außereheliche Affären als diejenigen, die ihre Partnerschaft als »unausgewogen« betrachteten. Personen, die sich ihren Partnern gegenüber aus irgendeinem Grund überlegen und in diesem Sinne »unglücklich verheiratet« fühlten, meinten folglich eher und in einem größeren Ausmaß, es sei gerechtfertigt, wenn sie Affären hätten, als dies bei Personen der Fall war, die sich als »glücklich verheiratet« bezeichneten.

Diese Umstände begünstigen Eifersuchtsgefühle bei dem weniger begehrenswerten Partner. Gleichzeitig verspürt der attraktivere Partner weniger Eifersucht, da sich bessere Gelegenheiten ja an der nächsten Ecke bieten. Der weniger attraktive Partner schätzt sich dagegen glücklich mit dem momentanen Partner.

Wie würden Sie die folgende Frage beantworten: »Wer investiert mehr Zeit und Mühe, um Ihre Beziehung zu erhalten?« Dies ist ein Punkt auf einer Skala (Relative Effort Scale), mit deren Hilfe derjenige Partner ermittelt wird, der sich stärker an die Beziehung gebunden fühlt. Der ernsthafter engagierte Partner ist im Allgemeinen der weniger begehrenswerte. Untersuchungen zeigen, dass der weniger attraktive Partner schneller eifersüchtig wird.

In einer Studie mit 220 Ehepaaren versuchte Gary Hansen von der University of Southern Mississippi, die subjektive Wahrnehmung von Ehe-Alternativen zu messen. Die Teilnehmer sollten sich vorstellen, ihr Partner würde sie im Laufe des nächsten Jahres verlassen. Dann sollten sie versuchen einzuschätzen, ob sie ihren Partner durch jemand ersetzen könnten, der genauso begehrenswert wäre. Die Antwort Unmöglich (am wenigsten andere Ehepartner vorstellbar) entsprach einer 1, die Antwort Sicher möglich (am meisten andere Ehepartner vorstellbar) einer 4.

Mit Hilfe einiger Szenarios möglicher Treulosigkeit der Partner maß Hansen dann potentielle Eifersuchtsgefühle der Teilnehmer. Im Folgenden zwei Beispiele: das erste rein sexueller Natur, das zweite sowohl sexueller als auch emotionaler Art.

Szenario 1: »Ihr Partner kehrt von einer Geschäftsreise zurück und sagt Ihnen, dass sie/er jemand anderen getroffen hat, die/den sie/er körperlich sehr attraktiv fand. Schließlich hätten sie miteinander geschlafen. Ihr Partner sagt Ihnen, die Beziehung sei rein körperlich (nicht emotional) gewesen und sie würden sich nie wieder sehen.«

Szenario 2: »Ihr Partner hat eine länger andauernde emotionale und sexuelle Beziehung zu jemand anderem entwickelt. Er bezieht aus der Beziehung ein hohes Maß an Befriedigung und gedenkt, sie fortzusetzen. Sowohl Sie als auch Ihr Partner waren glücklich und zufrieden mit Ihrer Beziehung. Ihr Partner sieht ihre/seine neue Beziehung als Zusatz, nicht Ersatz der Beziehung, die Sie beide führen.«

Mit Hilfe einer Skala, die von Ausgesprochen zufrieden bis Ausgesprochen verstört oder verärgert reichte, gaben die Befragten über ihre Gefühle Aufschluss. Hansen analysierte daraufhin, welche Faktoren eifersüchtige Reaktionen vorhersagbar machten, indem er Aspekte prüfte wie Selbstwertgefühl, Vertrauen, eheliche Ausgeglichenheit und die subjektive Einschätzung der Möglichkeiten, neue Partner zu finden. Diejenigen, die weniger mögliche Alternativen und mehr Schwierigkeiten darin sahen, ihren aktuellen Partner durch einen »gleichwertigen« zu ersetzen, waren auch stärker durch die beiden Szenarios der Treulosigkeit irritiert. Die jeweils weniger begehrenswerten Partner fühlen sich, kurz gesagt, leichter bedroht und sind eifersüchtiger.

Schockerfahrungen

Es wird oft übersehen, dass die Jugend eine entscheidende Zeit für die seelische Entwicklung eines Menschen ist. In dieser Zeit geraten die Hormone durcheinander, der Wettbewerb um Partner beginnt, und erste Schritte in Richtung Liebesbeziehungen werden unternommen. So überrascht es nicht, dass Menschen ihren Jugenderinnerungen unverhältnismäßig große Bedeutung zukommen lassen. Avril Thorne von der University of California in Santa Cruz bat eine Auswahl von Erwachsenen, die lebhaftesten Erinnerungen aus ihrer Vergangenheit zu beschreiben und die Erinnerungen einem Alter zuzuordnen. Die überwältigende Mehrheit der Erinnerungen fand zwischen 10 und 20 Jahren statt. Scheinbar vergisst niemand seine sportlichen Erfolge während der Schulzeit, als die Menge jubelte, seine Teenagererfahrungen auf dem Rücksitz eines Autos oder die erste Liebe. In der Jugend kristallisiert sich unser Selbstbild heraus, und auch das Bild vom anderen Geschlecht erhält eine Form.

Einige Fallstudien legen nahe, dass schockierende Entdeckungen elterlicher Untreue, die man in seiner Jugend macht, die Wahrscheinlichkeit von Eifersucht im Erwachsenenalter erhöhen. In der detailliertesten Studie zu diesem Thema beschreiben die Psychiater John Docherty und Jean Ellis drei Paare, die wegen der »krankhaften Eifersucht« des Ehemannes zur Therapie kamen. In jedem dieser Fälle hatte der Ehemann in seiner Jugend gesehen, wie seine Mutter Sex mit einem anderen Mann gehabt hatte.

Im ersten Fall war der Ehemann 47 und die Frau 41, als sie zur Therapie kamen. Die beiden waren seit mehr als 20 Jahren verheiratet und hatten drei Kinder. Außerhalb der Ehe führte die Frau ein aktives und erfüllendes gesellschaftliches Leben, das Leben mit ihrem Mann kam ihr jedoch mehr und mehr wie ein Albtraum vor. Seine Eifersucht entwickelte sich kurz nach der Hochzeit und steigerte sich während ihrer ersten Schwangerschaft. Bei dieser wie auch den folgenden beiden Schwangerschaften war der Mann davon überzeugt, die Kinder seien nicht von ihm. Er begann, ihre Telefonate zu belauschen, ihre Brieftasche zu durchsuchen, und beschuldigte sie, bis sie ihn auf Knien anflehte, ihr ihre Unschuld zu glauben. Im Nachhinein entschuldigte er sich jedes Mal und bat sie, ihm nicht böse zu sein. Doch umso machtvoller kehrte die Eifersucht plötzlich wegen irgendeinem vermeintlichen Flirt der Frau zurück – manchmal genügte schon ein freundliches Lächeln zum Nachbarn. Den Hintergrund zu diesem Fall bildete ein Kindheitserlebnis des Mannes: Als 12-Jähriger war er einmal früher als vorgesehen von der Schule heimgekommen und hatte seine Mutter im Bett mit einem Fremden entdeckt. Obwohl er dieses Erlebnis seinem Vater nie verraten hatte, kochte er innerlich vor Wut wegen der Treulosigkeit seiner Mutter – besonders, wenn seine Eltern stritten, weil sein Vater der Mutter Untreue unterstellte. Bis er erwachsen war, hatte sich bei ihm das Bild gefestigt, man könne Frauen generell nicht trauen – eine Einstellung, die seine Ehe zerstörte.

Im zweiten Fall ging es um eine 31-jährige Frau und einen 36-jährigen Mann, die seit zwei Jahren verheiratet waren, als sie sich in Therapie begaben. Fehlte während des Kennenlernens jede Spur von Eifersucht, so kam der Dämon gleich nach der Hochzeit zum Vorschein. Die Frau lernte, sich von anderen Männern fernzuhalten, um der Eifersucht ihres Mannes vorzubeugen. Auf Partys durfte sie nicht von seiner Seite weichen. Er verbot ihr jeglichen Kontakt zu anderen Männern, wollte stets genauestens über ihre Tagespläne informiert sein und fragte sie immer wieder aus. Jede unerwartete Veränderung des gewohnten Verhaltens rief bei ihm einen Eifersuchtsanfall hervor und ließ ihn zur Flasche greifen. Sein Geheimnis bestand darin, dass seine Mutter während seiner Jugend häufig eine örtliche Kneipe besucht hatte und er, als er eines Tages unerwartet nach Hause gekommen war, seine Mutter mit einem der Männer aus der Kneipe im Bett vorfand. Seinen Vater hatte er darüber nie informiert, aber das Bild verfolgte ihn seither.

Wie aus vielen anderen in diesem Kapitel geschilderten Fällen hervorgeht, leiden nicht alle Menschen, die als »krankhaft eifersüchtig« eingestuft werden, wirklich unter Wahnvorstellungen. In einem weiteren Fall berichtete ein Mann, dass seine Mutter zahlreiche Affären gehabt hatte und er eine davon sogar selbst entdeckte. Als er, nachdem er einige Einkäufe für seine Mutter erledigt hatte, nach Hause kam, ertappte er sie beim Sex mit dem besten Freund seines Vaters. Bevor er dieses Erlebnis seinem Therapeuten schilderte, hatte er es noch niemandem gegenüber auch nur erwähnt. Wie auch die anderen Paare war er mit seiner Partnerin aufgrund seiner krankhaften Eifersucht zur Therapie gekommen. Seine Eifersucht nahm konkrete Formen an, als seine Frau mit einem Fitnessprogramm begann, Gewicht reduzierte, sich modischer kleidete und insgesamt attraktiver aussah. Merkwürdigerweise ließ er sie mit seinem besten Freund zusammen in Urlaub nach Florida fahren. Nach ihrer Rückkehr gestand ihm sein Freund, dass sie miteinander geschlafen hatten. Seinem »besten Freund« gegenüber sagte er nichts, dafür begann er, seine Frau zu beschimpfen, steckte ihr Telefon aus und bezichtigte sie gleich mehrerer Affären. Seine Eifersucht zerstörte die Ehe.

Obgleich die Zahl der Befragten hier klein ist und man mit allgemeinen Schlussfolgerungen vorsichtig sein muss, scheint es nahe liegend, dass bei diesen Männern ein Trauma – als Jugendlicher Zeuge einer elterlichen Treulosigkeit geworden zu sein – eine übermäßige sexuelle Eifersucht bewirkt haben könnte. Jeder der erwähnten Männer hatte eine erhöhte Empfindlichkeit hinsichtlich Treulosigkeit entwickelt, so wie bei Menschen mit Traumata in Bezug auf Schlangen oder offene Plätze spezifische Phobien entstehen können.

Manchmal macht man diese schockierenden Erfahrungen auch im Erwachsenenalter. In einem Fall wies ein Mann während seiner ersten Ehe keinerlei Anzeichen von Eifersucht auf. Seine erste Frau verließ ihn allerdings wegen eines anderen Mannes, was ihn absolut überraschend traf. Sechs Monate lang war er mürrisch und sogar depressiv. Langsam kehrte er zur Normalität zurück. Sechs Jahre später heiratete er erneut. Seine zweite Frau war die jüngere Schwester seiner Ex-Frau. Während dieser zweiten Ehe wurde er immer misstrauischer. Seine zweite Ehe endete tragisch. Auf einer Party tanzte seine Frau mit einem anderen Mann. Als er sie aufforderte, damit aufzuhören, und sie ablehnte, erstach er sie.

Auch bei Frauen sind Überempfindlichkeiten, die sich im Erwachsenenalter entwickeln, zu beobachten. Eine 49-Jährige klagte ihrem Therapeuten gegenüber über die Seitensprünge ihres Mannes, den sie zwei Jahre zuvor verlassen hatte, zu dem sie aber »wegen des Kindes« zurückgekehrt war. Bald nach ihrer Rückkehr zu ihm plagten sie Gedanken, dass er mit mehreren Frauen Sex habe. Sie suchte den offenen Kamin nach Überresten verbrannter Briefe ab, folgte ihm heimlich außer Haus und spionierte ihm nach. Sogar seine Unterwäsche untersuchte sie, fand jedoch keine verdächtigen »Spuren«. Dem Therapeuten gegenüber gab der Mann zu, eine Affäre gehabt zu haben, die eben zur ersten Trennung geführt hatte. Doch seitdem, beteuerte er, war er treu geblieben. Während ihre Eifersucht die Beziehung bereits zu zerstören drohte, musste sie zugleich gestehen, bislang nicht den kleinsten Hinweis auf eine Untreue seinerseits gefunden zu haben, der ihre Eifersucht rechtfertigen würde.

Vor dem Hintergrund dieser Fälle könnte man vermuten, die schockierende Entdeckung einer Treulosigkeit sensibilisiere eine Person für leiseste Zeichen von Untreue. Es ist kein zu gewagter Schluss, dass vormalige Erfahrungen mit Treulosigkeit – sei es mit Eltern oder Ehepartnern – zu einer Überaktivierung uralter Mechanismen der Problembewältigung führen können.

Symbiotisch krankhafte Konstellationen

Um die Diskussion der scheinbar krankhaften Aspekte von Eifersucht abzuschließen, müssen wir noch einen letzten Punkt näher beleuchten, dessen Komplexität nur dann verständlich wird, wenn man Eifersucht als einen grundlegenden Adaptionsmechanismus begreift. Manche Paare entwickeln gewissermaßen krankhaft symbiotische Verhaltensweisen, die innerhalb der Partnerschaft in einem empfindlichen Gleichgewicht gehalten werden. Das Ausmaß der männlichen Eifersucht gibt unter anderem über die Intensität seines Engagements und seiner Liebe zur Frau Aufschluss (worauf noch im letzten Kapitel eingegangen wird). Zugleich versucht der eifersüchtige Mann seine Partnerin mit Beschlag zu belegen und ihre Möglichkeiten, andere Männer zu treffen, einzugrenzen. Eine intensiv »behütete« Frau mag sich geliebt fühlen und dennoch auch klaustrophobische Gefühle angesichts des Besitzdenkens ihres Mannes entwickeln. Zeigt der Mann keinerlei Eifersucht, mag die Frau sich frei fühlen zu tun, was sie will, und zugleich kann sie sich ungeliebt fühlen. Dieses empfindliche Wechselverhältnis führt manchmal zu einer Situation, die Fachleute als symbiotisch krankhaft beschreiben.

Agoraphobie ist die Angst vor Orten, wo Flucht schwierig sein könnte und Hilfe nicht möglich. Unter Frauen ist diese Angst weiter verbreitet als unter Männern. Eine typische Erscheinungsform ist die Angst vor offenen Flächen und öffentlichen Plätzen. Menschen mit Agoraphobie vermeiden oft, allein unterwegs zu sein, geraten in Menschenmengen oder beim Schlangestehen in Panik, halten sich von Brücken und offenen Feldern fern und fürchten sich davor, mit dem Bus oder mit dem Zug zu fahren. In extremen Fällen der Agoraphobie weigert sich die betroffene Person, das Haus zu verlassen.

Ein interessanter Gedanke besteht in der Annahme, die Agoraphobie von Frauen könnte manchmal in einem empfindlichen Gleichgewicht mit der Eifersucht von Männern koexistieren. Hat eine Frau Angst vor dem Ausgehen und bleibt deshalb zu Hause, trägt sie damit indirekt zur Abschwächung seiner Eifersucht bei. Wenn ihre Agoraphobie geheilt wird und sie folglich alleine auszugehen beginnt, könnte die Eifersucht des Mannes wieder zunehmen, als Antwort auf die reale »Bedrohung« dadurch, dass die Frau mehr Gelegenheiten hat, anderen Männern zu begegnen. In einer Studie mit 36 agoraphobischen Frauen wurde diese potenzielle Symbiose untersucht. Sieben der Frauen hatten Ehemänner, die eine »abnormale Eifersucht« aufwiesen. In jedem der Fälle nahm die Eifersucht der Männer zu, als die Frauen mit Hilfe einer Behandlung Heilungserfolge hatten. Wie anzunehmen flaute das Eifersuchtsgefühl des Mannes ab, wenn die Frau einen Rückfall erlitt und in ihren früheren agoraphobischen Zustand geriet.

Bei der 38-jährigen Jane zeigten sich Symptome von Agoraphobie erstmals, kurz nachdem sie ihren Ehemann kennen gelernt hatte. Ihre Panik und Furcht, das Haus zu verlassen, wurden so stark, dass sie ihren Job kündigen musste. Nach der Behandlung ihrer Agoraphobie war sie beinahe geheilt und fühlte sich frei, wieder auszugehen. Vier Monate, nachdem sie beschwerdefrei war, kam Jane völlig außer sich zu ihrem Therapeuten und erklärte, ihr Mann habe versucht sich umzubringen. Seine Eifersucht hatte sich in ein Ungeheuer verwandelt. Er verhörte sie wie eine Kriegsgefangene und bezichtigte sie der Untreue, wann immer sie allein ausging. Die Streitereien und Anschuldigungen hielten an, bis sie wieder agoraphobisch wurde. Von ihrem »geheilten« Zustand – seit Jahren das erste Mal wieder allein reisen zu können – fiel sie zurück in ihren Zustand der selbst verordneten Zurückgezogenheit. Erst als ihre Agoraphobie zurückkehrte und die Vorstellung, das Haus zu verlassen, ihr erneut ein Gräuel geworden war, nahm auch die Eifersucht ihres Mannes wieder ab.

Der Ehemann bestritt, abnormal eifersüchtig zu sein. Stattdessen erklärte er seine »Besorgnis« damit, dass seine Frau ihn nach ihrer Heilung nicht mehr brauchte. Sie war nicht mehr von ihm abhängig – und er fühlte sich deshalb unnütz, unterlegen und unzulänglich. Als der Therapeut das Paar ein Jahr später wieder kontaktierte, war die Ehe wie zuvor, und Jane litt wieder erheblich unter Agoraphobie. Den Teufelskreis ihres symbiotisch krankhaften Verhaltens vermochten sie nicht zu durchbrechen.

In einem anderen Fall deutete die Frau die Eifersucht ihres Mannes als Zeichen seiner Liebe, Männlichkeit und sexuellen Hingezogenheit zu ihr. Die Schwierigkeiten begannen, als er sich in eine Therapie begab, um seiner Eifersucht Herr zu werden. Wie er seinem Therapeuten berichtete, wurde er bei Auftreten seiner Eifersucht sexuell hyperaktiv – um sicherzugehen, dass seine Frau sexuell zufrieden gestellt wäre. Nur indem er sie sexuell »übersättigte«, meinte er sie von der Suche nach anderweitiger Befriedigung abhalten zu können. Die Frau leugnete jegliche Treulosigkeit, sosehr der Mann sie auch verdächtigte. Der Therapeut verordnete Medikamente, die die Eifersuchtsgefühle des Mannes dämpften. In dem Maße, in dem seine Eifersucht abnahm, entwickelte sie nun aber eine nervöse Unruhe, hatte wirre Assoziationen und klagte, ihr Mann sei »kein richtiger Mann« und »wie ein kleiner Junge«. Je mehr Fortschritte er machte, desto mehr verschlimmerte sich ihr Zustand, und sie erklärte, ihr Mann finde sie sexuell nicht mehr anziehend.

An diesem Punkt der Therapie begann die Frau, ihn einer Affäre mit der Frau seines Bruders zu beschuldigen. Sie schwor, sie könne erotische Botschaften erkennen, die sie mittels Augenkontakt und

Körpersignalen austauschten. Eines Morgens machte sie »Feuchtigkeit auf seinem Penis« aus und beschuldigte ihn eines heimlichen Treffens mit seiner Geliebten mitten in der Nacht, während sie geschlafen hatte. Schließlich überzeugte sie ihn davon, sein Medikament abzusetzen. Bald darauf blühte seine Eifersucht wieder auf, und er fing an, sie erneut mit wüsten Beschuldigungen zu belegen. Außer seiner Eifersucht konnte der Therapeut jedoch keine Symptome oder psychischen Probleme feststellen. Wie sich später zeigte, hatte sich die Ehe wieder in den vormaligen symbiotischen Zustand zurückentwickelt mit einem extrem eifersüchtigen Mann und einer glücklichen Frau.

Zwar hatte die Eifersucht den Mann genug geplagt, um ihn in einer Therapie Hilfe suchen zu lassen. Zugleich trug sie jedoch dazu bei, die Ehe zu erhalten, da sich die Frau geliebt und sexuell begehrt fühlte. Sobald die Eifersuchtsgefühle abnahmen, kamen ihre Probleme wieder auf – und verschwanden, sobald er sich wieder eifersüchtig verhielt. Wie die agoraphobischen Frauen und ihre eifersüchtigen Ehemänner lebte auch dieses Paar in einem empfindlichen symbiotischen Gleichgewicht, das mehr oder weniger gut funktionierte.

Die Pathologie der Eifersucht

Paare suchen therapeutische Hilfe, wenn ihre Ehen konfliktreich oder unerträglich schwierig werden. Nach Meinung von Shirley Glass, einer der weltweit führenden Expertinnen zum Thema Untreue, gehören Eifersucht und Untreue zu den Hauptproblemen von Paaren, die sich in eine Behandlung begeben. Therapeuten, denen es an Verständnis für die adaptiven Funktionen von Eifersucht mangelt, laufen Gefahr, den Abwehrmechanismus zu behandeln und dabei die Probleme zu übersehen, auf die dieser Mechanismus zielte. Wie bereits erwähnt, erweist sich bei vielen Frauen und Männern, denen »krankhafte Eifersucht« diagnostiziert wird, dass ihre Partner tatsächlich eine Affäre haben, hatten oder mit dem Gedanken spielen fremdzugehen.

In diesem Kapitel habe ich die Interpretation vorgeschlagen, dass es im Laufe der Evolution »kostspieliger« war, eine tatsächliche Treulosigkeit nicht aufzudecken, als ins andere Extrem zu verfallen und übermäßig misstrauisch zu sein – eine Anwendung der Irrtum-

Management-Theorie. Mit dieser Interpretation wird nicht die Existenz krankhafter Eifersucht überhaupt geleugnet. Manchmal ist dies der Fall, etwa wenn in den Halluzinationen des Ehemannes seine Frau direkt vor seinen Augen mit einem anderen Mann schläft. Doch sogar in diesen »krankhaften« Fällen erweist sich die Eifersucht häufig als Reaktion auf relevante Zeichen für mögliche Treulosigkeit – Zeichen wie Erektionsprobleme, Unfähigkeit zur sexuellen Befriedigung oder eine zunehmende Differenz hinsichtlich der Begehrlichkeit von Partnern.

In dieser Untersuchung wird natürlich keineswegs die potenziell destruktive Kraft der Eifersucht geleugnet. Im Gegenteil, unter den menschlichen Leidenschaften gibt es vielleicht keine, die mit der Eifersucht konkurrieren kann, was mögliche Gewaltausbrüche betrifft. Dieses Thema wird im folgenden Kapitel behandelt.

5. Keiner soll sie haben außer mir

> Hat man jemals die Opfer der Eifersucht gezählt? Jeden Tag ertönt irgendwo ein Revolverschuss aus Eifersucht; jeden Tag dringt ein Messer in einen warmen Körper ein; jeden Tag versinkt eine unglückliche Person, von Eifersucht und Lebensüberdruss zerrüttet, in unergründliche Tiefen. Was sind all die grässlichen Schlachten, von denen die Geschichtsbücher erzählen, im Vergleich zu dieser beängstigenden Leidenschaft Eifersucht?
>
> WILHELM STEKEL: »THE DEPTHS OF THE SOUL«, 1921

In »La bête humaine« (»Die Bestie im Menschen«) von Emile Zola fragt der Protagonist Rouband seine Frau misstrauisch aus: »›Gib es zu‹, wiederholte er, ›du hast mit ihm geschlafen‹... er stieß sie um, ergriff ihr Haar und zog sie daran zu Boden.

›Gib es zu. Du hast mit ihm geschlafen. Gib zu, du hast mit ihm geschlafen, Gott verdammt nochmal‹, schrie er, ›oder ich ersteche dich.‹ Der Mörder war ihm ins Gesicht geschrieben... Angst überkam sie; sie ergab sich, nur um das zu beenden. ›Also gut, ja, es ist wahr. Jetzt lass mich los.‹ Was dann geschah, war entsetzlich. Das Geständnis, das er so wild aus ihr herausgepresst hatte, war ein harter Schlag... Er ergriff ihren Kopf und knallte ihn gegen den Tisch.«

Diese Episode ist reine Fiktion. Doch ereignet sich Derartiges weltweit jeden Tag tausendfach. Im Folgenden einige authentische Beispiele für Gewalt aus Eifersucht.

Den ersten Fall berichtete eine 19-Jährige, deren Ehemann sie kurz nach der Hochzeit zu misshandeln begann: »Tim [ihr Mann] ist sehr eifersüchtig. Ich erinnere mich an einen Vorfall, als wir bei meiner Freundin zu Hause waren. Ich musste auf die Toilette. Das Bad lag im oberen Stockwerk. Neben dem Bad ist das Zimmer des Bruders meiner Freundin. Auf meinem Weg zurück nach unten hielt ich kurz inne und unterhielt mich eine Minute lang vor seiner Tür mit ihm. Schon an der Treppe erwartete mich Tim. Er nannte mich eine Hure und ein Flittchen und schlug mich ins Gesicht. Ich fiel die Treppe runter. Ich kann Tim gar keinen Vorwurf machen. Ich schätze, ich hätte nicht mit dem Bruder meiner Freundin reden sollen. Ich meine, ich weiß ja, dass Tim wirklich sehr eifersüchtig ist.«

In einem anderen Fall »antwortete die Ehefrau, als sie sich wieder einmal mit Verhören und Anklagen über einen Freund konfrontiert sah, mit dem sie vor der Ehe zusammen gewesen war und ein Kind hatte, ihr vormaliger Geliebter sei wenigstens Manns genug gewesen, ihr ein Kind zu machen. Damit traf sie ihren Mann in seinen Ängsten über Potenz und Fruchtbarkeit und löste einen furchtbaren Gewaltausbruch aus.«

Normalerweise denken wir bei Gewalt im Zusammenhang mit Eifersucht an Gewalt von Männern. Wie das folgende Beispiel zeigt, führt Eifersucht jedoch auch bei Frauen zu Gewalttaten: »Als eine Frau auf der Straße eine andere Frau erblickte, von der sie (wahrscheinlich zutreffend) vermutete, sie habe eine Affäre mit ihrem Mann, wollte sie zunächst einfach an ihr vorbeilaufen, ohne ihr Beachtung zu schenken; als sie jedoch an ihr vorbeiging, meinte sie, in ihrem Gesicht einen Ausdruck von Selbstzufriedenheit ablesen zu können. Unvermittelt stieg die Wut in ihr hoch, sie drehte sich um und packte den Mantel der Frau. Sie am Kragen haltend, warnte sie die Frau, sie solle sich bloß von ihrem Mann fern halten. Mit ihrem Griff am Kragen übte sie Druck auf den Hals der Frau aus, sodass diese im Versuch, trotz des Würgegriffs Luft zu bekommen, anfing, stöhnende Geräusche zu machen. Bei der eifersüchtigen Angreiferin rief dieses schwere Atmen Assoziationen an Sex und die Schreie beim Orgasmus hervor. In ihrer Phantasie hörte sich das Luftschnappen der anderen Frau wie ihr Stöhnen beim Orgasmus mit ihrem Mann an. In diesem Moment verlor sie die Kontrolle und erdrosselte ihre unglückliche Rivalin.«

Welche Verbindungen bestehen zwischen sexueller Eifersucht und Gewalt? Warum kommt Eifersucht mit solch ungezügelter Wut zum Ausdruck? Und hat dieses scheinbar zerstörerische Verhalten eine versteckte Funktion, einen Zweck für den Täter?

Eifersucht und Misshandlung

Über die letzten Jahrzehnte hinweg hat sich die Erkenntnis gefestigt, dass Eifersucht als Ursache von Misshandlung in der Ehe möglicherweise alle anderen Ursachen zusammen genommen an Bedeutung übersteigt. In einer Studie mit 44 Frauen, die von ihren Partnern misshandelt worden waren und in einem Frauenhaus Zuflucht gesucht hatten, gaben 55 Prozent an, Eifersucht sei einer der Hauptgründe für die Gewalt ihres Ehemannes gewesen. In einer anderen Untersuchung mit 150 Fällen von Frauen, die von ihren Ehemännern geschlagen worden waren, führte ebenfalls die Mehrheit der Befragten Eifersucht als Hauptproblem an. In einer dritten Studie mit 31 Frauen, die aufgrund von Misshandlung durch ihre Männer in Frauenhäuser oder Kliniken geflohen waren, bezeichneten 52 Prozent die Eifersucht ihrer Männer als Hauptgrund für deren Gewaltanwendung, und überwältigende 94 Prozent nannten Eifersucht als häufige Ursache. In einer vierten Studie mit 60 Frauen, die von ihren Partnern verprügelt worden waren und Hilfe in einem ländlichen Krankenhaus in North Carolina gesucht hatten, berichteten die Befragten in 57 von 60 Fällen über die extreme Eifersucht der Ehemänner: »Schon das Verlassen des Hauses, aus welchem Grund auch immer, provozierte Anschuldigungen, die in tätlichen Angriffen gipfelten.« Als Ergebnis einer fünften Studie bezeichneten 87 von 101 misshandelten Frauen ihre Ehemänner als außerordentlich eifersüchtig. Obschon die Gültigkeit der jeweiligen Untersuchungen angezweifelt werden kann, verweisen sie zusammen genommen doch auf sexuelle Eifersucht als wichtiges und wahrscheinlich sogar wichtigstes Motiv für Gewalt in der Ehe.

Natürlich beschränkt sich Gewalt nicht nur auf eheliche Partnerschaften. Schon in lockeren noch »jungen« Beziehungen kommt es zu Gewaltanwendung. In mehr als einem Dutzend Untersuchungen wurde Gewalt in diesem Kontext, analysiert, und die Ergebnisse fielen erschreckend aus. In all diesen Studien belaufen sich die Prozentzahlen derer, die Gewalt jeglicher Art – einschließlich Drohungen – ihrem Partner gegenüber angeben, auf 19 bis 64 Prozent bei Männern und 22 bis 69 Prozent bei Frauen. Für beide Geschlechter liegt der Durchschnitt bei etwa 40 Prozent. Schließt man verbale Attacken aus, geben 14 bis 45 Prozent der Männer und 10 bis 59 Prozent der Frauen zu, tatsächlich körperliche Gewalt angewendet zu haben. Höhere Prozentsätze erzielt man, wenn man nach erlittener Gewalt fragt.

Bei einer Befragung nach den Gründen für Gewalt sind die Antworten bemerkenswert einheitlich. Sugarman und Hotaling fassten zusammen: »In jeder Studie, in der der Befragte Eifersucht als

Grund ankreuzen oder angeben konnte, wurde sie als häufigste Ursache angeführt.«

Das Phänomen der Gewalt gegen Partner aus sexueller Eifersucht beschränkt sich nicht auf die USA oder westliche Kulturen oder gar auf bestimmte politische Systeme. Bei kulturübergreifenden Untersuchungen – obgleich außerhalb der USA weniger systematisch erhobene Daten vorliegen – kommen faszinierend ähnliche Muster zum Vorschein. Mehr als 25 Jahre lang beobachtete der Anthropologe Napoleon Chagnon von der University of California in Santa Barbara die Yanomamö in Venezuela. Sein Bericht:

»Ein besonders niederträchtiger Ehemann schlägt seine Frau beispielsweise mit einer Machete oder einem Beil oder zielt mit einem Pfeil mit Widerhaken auf eine Körperstelle wie das Gesäß oder die Beine. Eine weitere brutale Strafmaßnahme besteht darin, der Frau ein glühendes Stück Holz auf den Körper zu drücken, was schmerzhafte und gefährliche Verbrennungen zur Folge hat. Normalerweise entsprechen die Maßregelungen des Mannes jedoch der Schwere des weiblichen Vergehens, sodass etwa seine drastischeren Maßnahmen auf Treulosigkeit oder den Verdacht von Treulosigkeit erfolgen. Es ist nicht ungewöhnlich, dass ein Mann seine sexuell abtrünnige Frau ernsthaft verletzt, und manche Ehemänner haben untreue Frauen auch schon getötet... Während einer meiner Aufenthalte wurde ich Zeuge davon, wie ein Mann seiner Frau einen Pfeil mit Widerhaken in den Bauch schoss... Ein anderer Mann hieb seiner Frau mit einer Machete so fest in den Arm, dass einige Sehnen verletzt wurden. Kurz vor Ende meines ersten Aufenthaltes kam es zu einem Kampf zwischen einem eifersüchtigen Ehemann und dem Nebenbuhler. Letzterer wurde getötet, und der wütende Ehemann schnitt seiner Frau beide Ohren ab.«

Auf der anderen Seite des Globus zeigt sich bei den Kung San in Botswana, von Anthropologen oft als friedfertiges Volk bezeichnet, ein ähnliches Muster hinsichtlich Gewalt aufgrund von männlicher Eifersucht:

»N/ahka, eine Frau mittleren Alters, wurde von ihrem Ehemann angegriffen. Seine Attacke hatte Verletzungen an ihrem Kopf und im Gesicht zur Folge. Der Ehemann beschuldigte sie, mit einem anderen Mann geschlafen zu haben... N/ahka und ihr Mann waren schon seit mehreren Jahren verheiratet, aber kinderlos geblieben. Sie hatte eine 14-jährige Tochter, deren Vater allerdings ein Herero [Mitglied eines benachbarten Stammes] war; mit ihm war N/ahka nicht verheiratet gewesen. Der Vater hatte nie zur Unterstützung seiner Tochter beigetragen, und über viele Jahre hinweg hatten die Großeltern von N/ahka, die in einem anderen Dorf wohnten, das Kind großgezogen. Als die Eltern von N/ahka von der Misshandlung ihrer Tochter erfuhren, wollten sie eine formelle Klage gegen ihren Schwiegersohn einreichen ... Einige Leute – keine engen Verwandten von N/ahka oder ihrem Mann – sagten aus, es gäbe eine lange Geschichte des Zwistes zwischen den beiden, angeblich weil die Frau gerne mit Bantu-Männern schlafe.«

In Kulturen in aller Welt empfinden es Männer als unerträglich, wenn ihre Partnerin Sex mit anderen Männern hat. Verdachtsmomente oder Entdeckungen treiben Männer zu Wutausbrüchen, wie man sie in anderen Zusammenhängen nur selten sieht.

Die körperlichen Folgen von Misshandlung

Paul Mullen von der University of Otago hat bei 138 Patienten, die wegen Eifersucht in Therapie waren, eine ganze Bandbreite von gewalttätigem Verhalten dokumentiert. Weit verbreitet sind Gewaltakte wie Schubsen, Stoßen, Treten, das Werfen von Gegenständen und das Zerstören von Eigentum. Darüber hinaus hantierten sechs Männer und zwei Frauen während eines Streits mit einem Messer, und neun hatten stumpfe Gegenstände wie Baseballschläger oder Schürhaken in der Hand. Ein Mann zielte mit einem Gewehr auf seine Frau und drohte sie zu töten. 57 Prozent der Eifersuchts-Patienten hatten schon eheliche Gewalttaten unterschiedlichster Art begangen. Zehn würgten ihre Frauen mit Tötungsabsicht, einer hatte versucht, sie mit Gas zu vergiften, elf hatten ihre Frauen mit stumpfen Gegenständen geschlagen, wobei es in vier Fällen zu Knochenbrüchen kam. Die meisten Täter hatten die Absicht, körperlichen Schaden anzurichten.

Die Psychologen John Gottman und Neil Jacobson von der University of Washington entwarfen eine Untersuchungsmethode, um das Phänomen gewalttätiger Ehemänner genauer analysieren zu können. In Lokalzeitungen suchten sie über Anzeigen nach Paaren. Von den 140 befragten Paaren fielen 63 unter die Kategorie »Erfahrung mit körperlichen Misshandlungen«. Die Paare wurden nur dann so eingestuft, wenn die Frau über sechs oder mehr Fälle von Herumstoßen (niedriges Maß an Gewalttätigkeit) innerhalb des letzten Jahres berichten konnte, über mindestens zwei Fälle von Treten oder Schlagen (hohes Maß an Gewalttätigkeit) oder mindestens einen Fall von potenziell lebensbedrohlicher Gewaltanwendung wie brutales Verprügeln, Bedrohung mit einer Waffe wie Gewehr oder Messer oder Verletzungen durch eine Waffe. Die einzige Bedingung für die Teilnahme an der Studie war ein »Konflikt« in der Ehe. In den Zeitungsanzeigen, mit denen die Leute angeworben wurden, war weder von Gewaltanwendung noch von Missbrauch die Rede.

Als ich vor einigen Jahren nach Europa reiste, um dort, im Rahmen eines kulturübergreifenden Forschungsprojektes über Eifersucht, Mitarbeiter zu instruieren, begegnete ich einem ungewöhnlichen und tragischen Fall von Verletzung. An einer Universität lernte ich eine 24-jährige Studentin kennen – intelligent, aufgeweckt, aufmerksam und mit einer sehr netten Ausstrahlung. Sie war eine außerordentlich attraktive Frau, doch hatte sie etwas Merkwürdiges im Gesicht. Auf beiden Backen waren zwei weiße Narben, dünn, aber deutlich zu erkennen, jede etwa sieben Zentimeter lang vertikal verlaufend. Beim Kaffeetrinken erzählte sie mir, die Narben habe ihr Freund ihr zugefügt, als sie ihm mitteilte, dass sie sich endgültig von ihm trennen wolle. Er griff sie mit einem Nassrasierer an, schlitzte ihre Wangen auf beiden Seiten auf und schrie dabei, er werde sie für alle anderen Männer »ruinieren«. Glücklicherweise hat die Geschichte ein gutes Ende. Sie erholte sich und das Letzte, was ich von ihr hörte, war, sie habe ihr Studium erfolgreich abgeschlossen und sich mit einem anderen Mann verlobt. Ihr Gesicht war jedoch für immer durch die Narben eines eifersüchtigen Wutanfalls gezeichnet.

Wie erkennt man Risikogruppen und potenzielle Gewalttäter?

In einer Studie mit mehr als 8000 Teilnehmern konnten Margo Wilson und Martin Daly von der McMaster University eindeutig eine Verbindung herstellen zwischen der Art und Weise, in der Frauen auf bestimmte Fragen antworteten, und ihrer Anfälligkeit für unterschiedliche Formen der Gewalt ihrer Ehemänner. Sie sollten angeben, ob eine der folgenden Eigenschaften auf ihren Mann zutraf und mit Ja oder Nein antworten.

1. Er ist eifersüchtig und möchte nicht, dass Sie mit anderen Männern reden.
2. Er versucht Ihren Kontakt zu Freunden und Familie einzuschränken.
3. Er besteht darauf, stets zu wissen, wo Sie sind und mit wem.
4. Er beschimpft Sie, damit Sie sich schlecht fühlen und um Ihr Selbstbewusstsein zu zerstören.
5. Er verweigert Ihnen den direkten Zugang zu seinem Einkommen, selbst wenn Sie ihn darum bitten.

Je mehr Eigenschaften auf den Partner zutreffen, desto größer die Wahrscheinlichkeit, Opfer von Gewalt zu werden. Hier eine Auswahl der statistischen Ergebnisse dieser Studie: 39 Prozent der Frauen, die der Aussage 1 zugestimmt hatten, waren Opfer »schwerer Gewalt«; dagegen hatten nur 4 Prozent derer, die mit Nein antworteten, unter Gewalt zu leiden gehabt. 40 Prozent der Frauen, die angaben, ihr Mann wolle stets genau über ihren Verbleib Bescheid wissen, waren Gewaltopfer; im Vergleich dazu war dies nur bei 7 Prozent der Befragten der Fall, die vom Mann nicht so streng überwacht wurden. 48 Prozent der Frauen, die von ihrem Mann mit Beleidigungen erniedrigt wurden, waren auch schon einmal geschlagen worden – was nur auf drei Prozent der Teilnehmerinnen zutraf, auf deren Männer diese Beschreibung nicht passte. Betont werden muss, dass 72 Prozent der Fälle, die dem Kriterium »schwere Gewalt« entsprachen, medizinischer Behandlung bedurften.

Natürlich kann ein Partner die genannten Eigenschaften bzw. Verhaltensweisen an den Tag legen, ohne notwendigerweise gewalttätig zu sein. Ein besitzergreifender, herablassender und autoritärer Partner bedeutet nicht unbedingt Gewalttaten. Diese Eigenschaften weisen jedoch darauf hin, dass sich zwischen einem Drittel und der Hälfte der betreffenden Frauen in Gefahr befinden.

Sind Frauen so gewalttätig wie Männer?

Silvester 1989 war die Football-Legende O.J. Simpson des Mordes an seiner Frau Nicole Brown Simpson angeklagt. Er reagierte mit Erstaunen, denn, seinen Aussagen zufolge, war er angegriffen worden und hatte sich lediglich gegen seine Frau Nicole verteidigt. Tatsächlich stellte er sich als misshandelten Ehemann dar! Ist dies eine reine Rechtfertigungsstrategie? Oder liegt ein wenig Wahrheit in dem Gedanken, Frauen würden Männer in engen Beziehungen ebenso oft schlagen, wie dies umgekehrt der Fall ist? Seit mehr als 20 Jahren gibt es diese Kontroverse nun schon zwischen Forschern, die sich mit ehelicher Gewalt befassen.

Die Debatte wurde 1978 durch einen Aufsatz ausgelöst, den Suzanne Steinmetz unter dem Titel »The battered Husband Syndrom« (Das Syndrom des misshandelten Ehemannes) veröffentlichte. In dem Aufsatz stützte sich die Autorin auf einen Großteil der damals vorliegenden Fakten zum Thema und schloss, es gäbe einen großen – und versteckten – Anteil von Gewaltausübung in Partnerschaften, bei der Frauen die Täter und Männer die Opfer sind. Der Aufsatz rief heftige Reaktionen bei Soziologen, Psychologen, Feministinnen und Journalisten hervor. Zum Teil speiste sich die Kontroverse aus Befürchtungen, derartige Thesen könnten als Rechtfertigung benützt werden, Zuwendung und Mittel für missbrauchte Frauen bzw. Frauenhäuser zu reduzieren. Die Debatte wurde noch weiter angeheizt, als in der Presse Überschriften auftauchten wie »Studie zeigt: Männer häufiger Opfer ehelicher Gewalt als Frauen« und die Statistiken in der Berichterstattung verzerrt wurden. Belief sich die geschätzte Anzahl der misshandelten Ehemänner auf 4,6 Prozent (46 von Tausend) bzw. rund zwei Millionen Männer in den USA, zitierte die New York Daily News fälschlicherweise die Zahl zwölf Millionen.

Die zahlreichen Statistiken müssen mit Vorsicht analysiert werden. In der umfassendsten amerikanischen Erhebung zum Thema häusliche Gewalt kamen die Soziologen Murray Strauss und Richard Gelles auf ein erstaunliches Ergebnis: Die Häufigkeit von Gewalttaten in intimen Partnerschaften hält sich für Fauen und Männer die Waage, d.h., jeweils die Hälfte der Gewalttaten geht auf das Konto der Frauen, die andere Hälfte auf das der Männer. Einige Studien deuten sogar darauf hin, dass Frauen bei manchen Formen von Gewalt die Männer übertreffen. Mehr Frauen als Männer gaben an, ihren Partner gestoßen (38 Prozent Frauen, 15 Prozent Männer), geschlagen (22 Prozent Frauen im Vergleich zu sechs Prozent Männern), getreten oder gebissen (20 Prozent im Vergleich zu einem Prozent), mit einem Gegenstand geschlagen (16 Prozent im Vergleich zu einem Prozent) zu haben. Aus dieser und anderen Studien geht hervor, dass Frauen ebenso zu Gewalttaten fähig sind wie Männer und einige Formen von Gewalt mindestens so häufig ausüben wie Männer.

Einige dieser Handlungen dienten jedoch eindeutig der Selbstverteidigung, entweder angesichts eines konkreten Angriffs oder als Antwort auf eine ganze Reihe von Missbrauchshandlungen durch Männer, wie folgende Fälle illustrieren. Im ersten Fall berichtet die 44-jährige Sally, seit 25 Jahren verheiratet: »Wenn er mich schlägt, schlage ich zurück. Ich habe nicht so viel Kraft wie er, aber ich weiß meine Kraft einzusetzen. Er könnte mich verletzen, aber ich darf nicht klein beigeben. Wissen Sie, da ist nun mal niemand, der mir hilft. Also... schlage ich zurück... nehme etwas in die Hand und schlage ihn.«

In einem anderen Fall gebrauchte eine Frau Gewalt als präventive Verteidigungsstrategie, nachdem sie lange Zeit immer wieder unter dem Zorn ihres Mannes gelitten hatte: »Ich kenne den Blick, den er hat, wenn er mich schlagen will. Wir sind nun seit zehn Jahren verheiratet, und ich kenne diesen Blick. Wenn er diesen Blick bekommt, greife ich nach einem Gegenstand, mit dem ich ihn schlagen kann. Einmal habe ich ihn mit einer Lampe geschlagen. Ein anderes Mal habe ich auf ihn eingestochen. Normalerweise gehe ich nicht so weit, aber dieses eine Mal war es wirklich beängstigend.«

Im dritten Fall geht es um Francine Hughes aus Dansville, Michigan, die jahrelang unter der Misshandlung durch ihren alkoholsüchtigen und eifersüchtigen Mann, James Hughes, gelitten hatte. Eines Abends, als er nach einer durchzechten Nacht schlief, begoss sie ihn mit Benzin. Sie verließ das Zimmer, schmiss ein brennendes Zündholz hinein und floh mit ihren Kindern, während ihr Mann in Flammen aufging. Sie fuhr direkt zur nächstgelegenen Polizeistation, um sich zu stellen. Die Geschworenen sprachen sie letztlich aufgrund von vorübergehender Unzurechnungsfähigkeit während der Tatzeit frei.

Wenngleich aus Studien eine gleichmäßige Verteilung weiblicher und männlicher Gewalt in Partnerschaften hervorgehen mag, so gibt es doch bedeutende Unterschiede. So wenden Frauen Gewalt meistens im Rahmen der Selbstverteidigung gegen einen Ehemann an, der sie zu schlagen droht, sie tatsächlich angreift oder immer wieder geschlagen hat. Außer zur Selbstverteidigung ergreifen Frauen nur selten die Initiative. Die meisten Frauen sind keine passiven Gewaltopfer, sondern kämpfen wenn möglich. Durchschnittlich richten Frauen – von Ausnahmen wie den bereits erwähnten abgesehen – sehr viel weniger Schaden an als Männer, wenn es zu Gewalt kommt. Es gibt keine öffentlichen Zufluchtsstätten für Männer, und in Krankenhäusern finden sich kaum Männer, deren Knochen eine aggressive Frau gebrochen hätte. Natürlich mag es Männern peinlich sein, von Frauen Prügel eingesteckt zu haben, und ihnen also widerstreben, derartige Fälle ans Licht zu bringen. Vor diesem Hintergrund könnte der Schaden, den Frauen eventuell anrichten, unterschätzt werden. Doch selbst unter Berücksichtigung einer möglichen Verzerrung des Bildes durch fehlende Berichte ist völlig klar, dass Männer größeren körperlichen Schaden anrichten als Frauen.

Für beide Geschlechter lässt sich ein Großteil häuslicher Gewalt letztlich auf Eifersucht zurückführen. Männer greifen ihre Frauen aus Eifersucht an, und obgleich auch Frauen manchmal aus Eifersucht angreifen, wenden sie Gewalt öfter im Rahmen der Selbstverteidigung gegen einen eifersüchtigen gewalttätigen Mann an. In beiden Fällen liegt dem Konflikt im Kern jedoch Eifersucht zugrunde.

Gründe für Gewalt aus Eifersucht

Wie lässt sich die Brutalität verstehen, die durch Eifersucht entfesselt wird? Welche Erklärung lässt sich für das Paradox finden, dass wir denjenigen am meisten wehtun, die wir lieben? R.N. Whitehurst, der 100 Gerichtsfälle von Gewalt in der Ehe studierte, meint dazu: »Bei nahezu allen Fällen körperlicher Gewalt handelte der Ehemann letztlich aus Frustration darüber, seine Frau nicht kontrollieren zu können, wobei er sie dabei oft als Hure beschimpfte und eines Verhältnisses mit einem anderen bezichtigte.« Whitehurst führt die Gewalt auf zwei Gründe zurück. Erstens »Sozialisation«: Männer schlagen ihre Frauen, weil Eltern, Lehrer und Fernsehen ihnen dies beibringen. Die zweite Erklärung beinhaltet den Begriff »Normen männlicher Aggressivität«: Männer greifen ihre Frauen an, weil die amerikanische Gesellschaft dies als männlich und normal sanktioniert.

Eine dritte populäre Erklärung für Gewalt in Partnerschaften schreibt die Verantwortung den patriarchalischen Strukturen in der westlichen Kultur zu. So argumentieren etwa Neil Jacobson und

John Gottman: »Soweit man unsere Kultur zurückverfolgen kann, ist sie patriarchalisch gewesen... Historisch betrachtet, hat das Patriarchat Gewaltanwendung immer gut geheißen und tut dies auch heute noch; im Kontext fortgesetzter Unterdrückung von Frauen werden Anstrengungen, Gewalt gegen Frauen zu beenden, erschwert, wenn nicht unmöglich... Kurz gesagt, tritt das Phänomen in einer patriarchalischen Kultur auf und wird dadurch ermöglicht, dass diese Kultur die amerikanische Gesellschaft prägt.« Weiter meinen die beiden Autoren: »Viele Männer sehen es immer noch als ihr Recht an, Frauen, die sich ihrer Autorität widersetzen, zu schlagen... Als Institution ist die Ehe immer noch so strukturiert, dass männliche Vorherrschaft als selbstverständlich erscheint, und eine solche Vorherrschaft führt unvermeidlicherweise zu hohen Raten an männlicher Gewalt... Misshandlungen sind schlicht eine übertriebene Erscheinungsform von Macht und Kontrolle, die in amerikanischen Ehen die Norm bleiben.«

Diese Erklärungsansätze sind zweifellos zum Teil korrekt. Wirft man jedoch einen genaueren Blick auf mehrere Fakten zum Thema Gewalt in der Ehe, erweisen sie sich als problematisch, sofern sie als einzige und umfassende Erklärung herangezogen werden. Erstens ist Gewalt aus Eifersucht weder ein rein amerikanisches Phänomen, noch kann man es der westlichen Kultur, der Macht der Medien oder dem Kapitalismus anlasten. Gewalt in der Ehe gibt es in jeder Kultur, für die wir über relevante Daten verfügen. Unter den Ache, einem Stamm aus Paraguay, ist Gewalt gegen den Partner relativ verbreitet. Im Folgenden der Bericht eines Ache-Kindes:

»Vater konnte wirklich sehr wütend werden. Er schlug Mutter im Wald, nachdem sie Sex mit jemand anderem gehabt hatte. Mutter hatte des öfteren Sex mit einem anderen (oder mehreren anderen). Vater schlug Mutter. Sie kämpften miteinander. Sie zerkratzten sich gegenseitig die Gesichter. Er richtete ihres schlimm zu. Vater war sehr stark. Mutter war schwach. Mutter schlug Vater meistens ins Gesicht. Dann zerkratzte er aus Rache ihr Gesicht (um sich zu wehren). Dann weinte Mutter.«

Napoleon Chagnon berichtet über ähnliche Gewalttaten unter den Yanomamö. Ihm zufolge schlagen dort die Männer ihre Frauen aus vielerlei Gründen mit Stöcken – sei es, weil sie mit anderen Männern verkehren, oder auch nur, weil sie den Tee zu langsam servieren! Wie in den USA richtet sich Gewalt aus Eifersucht auch bei den Yanomamö gegen die Rivalen: »Zu den meisten Duellen zwischen zwei Männern kommt es, weil einer der beiden in flagranti mit der Frau des anderen erwischt worden ist. Der zornige Ehemann fordert den Gegner dazu heraus, ihn mit seinem Knüppel auf den Kopf zu schlagen. Seinen eigenen Knüppel hält er vertikal, lehnt sich dagegen und exponiert seinen Kopf den Schlägen seines Gegners. Hat er einen Hieb auf den Kopf erhalten, kann er einen gegen den Missetäter führen. Sobald Blut fließt, reißen fast alle Zuschauer eine Latte aus einem Zaun und kämpfen mit, auf welcher Seite auch immer.«

Mit zunehmendem Alter sind die Köpfe der Männer mit Narben übersät, die sie auch stolz zur Schau tragen. Manche rasieren sich sogar die Oberseite ihres Kopfes und reiben sie mit rotem Pigment ein, um Aufmerksamkeit auf sich zu ziehen und auf ihre Tapferkeit hinzuweisen. All diese rohe Gewalt – gegen einen Partner, einen Rivalen, wobei manchmal sogar eine ganze Gruppe involviert ist – resultiert aus Eifersucht über eine reale oder eingebildete sexuelle Treulosigkeit.

Tausende von Kilometern von den Yanomamö entfernt lebt der Stamm der Tiwi, auf den Melville- und Bathhurst-Inseln vor der Nordküste Australiens. Aufgrund ihrer weitgehenden Isolation waren bei den Tiwi viele alte Gebräuche noch erhalten, als Anthropologen sie zu erforschen begannen. Die Tiwi werden als »Gerontokratie«, eine Art Greisenherrschaft, beschrieben, was heißt, dass die Alten am meisten Macht haben, während die Jungen geduldig auf Mitspracherecht warten müssen, manchmal über Jahrzehnte hinweg. Bei den Tiwi herrscht Polygynie, wobei die mächtigen Männer bis zu 29 Frauen haben können, manche um Jahrzehnte jünger als die Männer. Junge Männer bleiben ohne Partnerinnen. Den Gesetzen und Gebräuchen der Tiwi zufolge müssen alle Frauen verheiratet sein – was offensichtlich nicht für Männer gilt.

Vor diesem Hintergrund überrascht es nicht, dass junge Ehefrauen manchmal Affären mit jungen Männern haben. Bei einer Entdeckung schlägt der Ehemann normalerweise seine Frau und beschuldigt dann öffentlich den jungen Mann des Vergehens. Das Ritual verlangt, dass der beschuldigte junge Mann sich im Zentrum des Dorfes hinstellt und der beleidigte Ehemann in Anwesenheit aller anderen Männer des Dorfes Speere nach ihm wirft. Da der junge Mann athletischer und agiler als der alte ist, kann er den Speeren manchmal ausweichen und somit Verletzungen vermeiden. Wenn er dies tut, heben die anderen alten Männer, als Verbündete des beleidigten Ehemannes, die Speere wieder auf und schleudern sie dem Nebenbuhler entgegen. Die wirksamste Strategie besteht darin, sich von einem Speer treffen zu lassen, der keine tödliche oder gefährliche Verletzung hervorruft – etwa in den Oberschenkel, wo es zu starken Blutungen kommt –, damit zugleich die Ehre des alten Mannes und das Leben des jungen gerettet werden.

Wie wir gesehen haben, gibt es Gewalt aus Eifersucht nicht nur in den USA bzw. im westlichen Kulturkreis oder in Kulturen, in denen man durch die Medien bombardiert wird. Weder die Tiwi noch die Yanomamö besitzen Elektrizität, geschweige denn Fernsehen. Erklärungsansätze, die sich auf die amerikanische Kultur beschränken, auf lokale Sozialisation und Gebräuche oder auf das Patriarchat, zielen an der Universalität des Phänomens Gewalt aus Eifersucht vorbei. Es bedarf einer tiefergreifenden Erklärung, einer, die die Spur der Gewalt über die menschliche Evolution zurückverfolgt.

Ist häusliche Gewalt eine Adaption?

Vernachlässigen wir ein paar Momente lang unsere Abscheu gegen die Misshandlung von Partnern, um die verstörende Möglichkeit in Betracht zu ziehen, dass Gewalt den Tätern gute Dienste geleistet haben könnte. Zahlt sich Aggression manchmal aus?

Margo Wilson und Martin Daly vermuten, die plausibelsten adaptiven Funktionen von Gewalt gegen Partner könnten Abschreckung und Kontrolle sein. Gewalt durch Männer, oder deren Androhung, enthält ein wichtiges Signal an die Gemahlin: Akte der Untreue haben einen hohen Preis. Männer hoffen, ihre Gattinnen vom Sex mit anderen Männern abhalten zu können, wenn sie den »Preis« für Treulosigkeit nur hoch genug ansetzen. Ein Hinweis auf eine mögliche adaptive Funktion von Gewalt liegt darin zu sehen, welcher Typ Mann dazu neigt. Wilson und Daly argumentieren, die Männer, die mit der größten Wahrscheinlichkeit Gewalt anwenden, seien auch diejenigen, welcher anderer, zuträglicherer Mittel – etwa ausreichender Ressourcen – ermangeln, um freiwillig das von der Frau erwünschte Verhalten zu bewirken. So gesehen, könnte Gewalt eine Art letzte Zuflucht des Mannes in seinen Anstrengungen darstellen, eine Partnerin zu halten, die sich an der Schwelle zum Absprung befindet. In diesem Sinne müsste Gewalt also dort vorherrschen, wo Männern die wirtschaftlichen Mittel fehlen, die möglicherweise einer der Hauptaspekte bei der ursprünglichen Partnerwahl der Frau waren.

Gibt es irgendwelche Hinweise darauf, dass Gewaltanwendung Frauen tatsächlich von Treulosigkeit oder Beendigung einer Partnerschaft abhalten würde? Manche Frauen, die misshandelt werden, bleiben mit den gewalttätigen Partnern zusammen und kehren sogar zu ihnen zurück, nachdem sie Schutz in einem Frauenhaus oder einem Hotel gesucht haben. Von den 100 misshandelten Frauen in einer entsprechenden Studie kam ein Großteil zu ihren Ehemännern zurück. 27 kehrten auf das Versprechen ihres Mannes hin zurück, sich zu bessern und keine Gewalt mehr anzuwenden, 17 entschlossen sich dagegen zu diesem Schritt, weil der Mann ihnen noch schlimmere Gewalt in Aussicht stellte, falls sie nicht heimkehren würden. Weitere 14 kehrten heim, weil sie schlicht keine Alternative hatten, und 13 wegen ihrer Kinder. Acht Frauen kamen aus Liebe zu ihrem Mann oder aus Mitleid zurück. Die Mehrheit der Frauen, die misshandelt worden waren, einige sehr schlimm, kehrte nach einem Aufenthalt in einem Frauenhaus oder an einem anderen Zufluchtsort zu ihren Partnern zurück.

Manche Frauen reagieren auf die Gewalt ihres Mannes, indem sie Kontakte zu männlichen Freunden abbrechen, weniger auffällige Kleidung tragen, die Bedürfnisse und Wünsche des Partners eifriger erfüllen und insgesamt Zeichen möglicher Abtrünnigkeit reduzieren. Unglücklicherweise »funktioniert« Aggression manchmal – wenn die Frau so eingeschüchtert ist, dass sie willfähriges Verhalten der direkten Todesangst vorzieht. Kürzlich erhielt ich einen Brief von einem Kollegen, der an einem College ein Seminar über mögliche Funktionen von Gewalt anbot. Er berichtete folgende Begebenheit: »Wir hatten über die Wurzeln männlicher Gewalt gegen Partnerinnen diskutiert (sexuelle Eifersucht, Besitzansprüche usw.), als sich eine Studentin zu Wort meldete, die offensichtlich unbedingt etwas loswerden wollte. Sie meinte, das alles könnte nicht stimmen: Sie habe für einige Zeit in einem Frauenhaus in Northampton gearbeitet, wo sie einige Frauen kennen gelernt hatte, die missbraucht und geschlagen worden waren. Als das Gespräch einmal auf die Gründe für die Misshandlung durch die Ehemänner gekommen sei, hätten die meisten Frauen gemeint, etwas mit einem anderen Mann anzufangen, daran hätten sie ›nicht einmal im Traum gedacht‹. Daraufhin meldete sich ein Student zu Wort und sagte: ›Na ja, ich nehme an, dann erfüllt die Gewaltanwendung ja ihren Zweck.‹«

Mit größter Wahrscheinlichkeit werden Männer dann gewalttätig, wenn sie eine Treulosigkeit aufdecken – oder vermuten. In einer anderen Studie wurde eine Auswahl von Frauen, die misshandelt worden waren, interviewt und in zwei Gruppen eingeteilt: Die einen Frauen waren sowohl vergewaltigt als auch verprügelt worden, die anderen waren geschlagen worden, aber nicht vergewaltigt. Diese beiden Gruppen wurden dann mit einer dritten Gruppe von Frauen verglichen, die keinerlei Gewalt erlitten hatten. Die Frauen wurden gefragt, ob sie jemals mit einem anderen Mann als ihrem Ehemann »Sex gehabt hatten«, während sie mit dem Ehemann zusammenwohnten. Zehn Prozent der Frauen, die keine Opfer von Gewalt geworden waren, gaben an, eine Affäre gehabt zu haben; von den Befragten, die geschlagen worden waren, hatten 23 Prozent schon eine Affäre gehabt; von den Frauen, die vergewaltigt und geschlagen worden waren, hatten 47 Prozent schon einmal Ehebruch begangen. Diese Statistiken zeigen, dass Treulosigkeit von Frauen gewissermaßen als Vorhersage für gewalttätiges Verhalten des Mannes gesehen werden kann.

Kurz gesagt, können wir mit Hilfe der vorliegenden Informationen bei aller Vorsicht zwei Schlussfolgerungen ins Auge fassen. Erstens scheint Gewalt gegen den Partner der Abschreckung und Kontrolle zu dienen. Durch den Einsatz von Gewalt erhalten Männer »glaubwürdig« eine Bedrohung aufrecht, die die Wahrscheinlichkeit der Treulosigkeit oder der Beendung der Beziehung durch die Partnerin verringern. Gewalt von Männern scheint ihr monströses Haupt dann zu erheben, wenn tatsächlich erhöhte Wahrscheinlichkeit einer Verbindung zwischen der Frau und einem anderen Mann besteht. Zweitens verhindert Gewalt möglicherweise ein Abtrünnigwerden der Frau, wenngleich es sich um eine Art letztes Mittel handelt und manchmal auch den unerwünschten Effekt haben kann, die Frau in die Flucht zu treiben. Doch sogar Frauen, die so schlimm misshandelt wurden, dass sie in einem Frauenhaus Zuflucht suchten, kehren manchmal zu ihren Partnern zurück, weil sie noch schlimmere Gewalttätigkeiten befürchten.

Der Gedanke, Gewalt in der Ehe erfülle eine Abschreckungsfunktion, ist zweifellos kein schöner Gedanke. Er soll hier natürlich nicht angeführt werden, um die verachtenswerten und abstoßenden

Gewaltakte zu entschuldigen oder zu rechtfertigen. Auch soll er nicht als Entschuldigung oder Entlastung der feigen Männer missbraucht werden, die diese Gewalttaten begehen. Den meisten moralischen und juristischen Systemen zufolge ist Gewalt in der Ehe falsch. Doch nur, indem wir die Ursachen für die Gewalt besser verstehen lernen, können wir hoffen, ihr Auftreten zu reduzieren.

Ich weiß, du liebst mich

In dem Film »Fatal Attraction« (»Eine verhängnisvolle Affäre«) hat ein verheirateter Mann, von Michael Douglas gespielt, eine kurze sexuelle Affäre mit einer Arbeitskollegin, dargestellt von Glenn Glose. Obwohl der Mann die sexuelle Begegnung aufregend und hoch erotisch findet, bricht er den Kontakt ab, um seine Ehe nicht zu gefährden. Die Arbeitskollegin (Glose) weigert sich, das zu akzeptieren. Sie beginnt, ihm nachzustellen, taucht nach der Arbeit überraschend bei seinem Parkplatz auf, deponiert Tonbandaufnahmen in seinem Auto und spioniert ihm nach, während er einen ruhigen Abend mit seiner Familie verbringen will. Sie besteht darauf, dass er sie liebe, und lässt sich nicht abweisen. All seine Versuche, sie vom Gegenteil zu überzeugen, schlagen fehl. Vollständig außer Kontrolle gerät die Situation, als sie das Haustier der Familie, einen Hasen, in einem Suppentopf kocht, die Tochter entführt und schließlich eines Abends in das Haus eindringt und mit einem großen Küchenmesser hantiert. Es wurde behauptet, nach dem Kinoerfolg von »Fatal Attraction« seien die Raten männlicher Untreue eine Zeit lang stark gesunken.

In den USA hat das obsessive Verfolgen einer Person – Stalking – als beängstigendes Verhalten nationale Aufmerksamkeit erzielt, und mittlerweile wurden in allen 50 US-Bundesstaaten entsprechende Gesetze zur Bekämpfung dieses Problems verabschiedet. Die Opfer dieser Art von Verfolgung leiden erheblich. Ein Drittel sucht psychologische Hilfe, und ein Fünftel ist zeitweise arbeitsunfähig. Das Nachspionieren gleicht für die Opfer einer körperlichen und psychischen Gefangenschaft. Sie berichten, dass sie ihre Aktivitäten einschränken, ihr gewohntes Umfeld nur noch sehr ungern verlassen und sogar in hoch frequentierten Umgebungen Angst haben. Schon beim Öffnen der Tür, beim Holen der Post und beim Abheben des Telefonhörers sind sie nervös. Diese Furcht resultiert aus der Belästigung, die von den Verfolgern (Stalker) ausgeht: Sie rufen ihr Opfer ständig zu Hause und in der Arbeit an, klingeln an der Tür, überschwemmen die Opfer mit Briefen und Blumen, springen unerwartet hinter Hecken hervor, bombardieren ihre Opfer mit überzogenen Bitten ebenso wie mit Beleidigungen und lassen sie nirgends in Ruhe. Viele dieser Stalker spionieren ihren Opfern nach (75 Prozent), drohen explizit (45 Prozent), zerstören Eigentum (30 Prozent) und drohen manchmal sogar, sie oder ihre Haustiere zu töten (10 Prozent). In manchen Fällen greifen die Verfolger ihr Opfer tätlich an; besonders gewalttätig werden sie, wenn ihr Opfer eine neue Liebesbeziehung eingeht.

Ich habe einige Frauen befragt, die unter dieser Art von Verfolgung und Belästigung litten, und die Muster ähneln sich auf beängstigende Weise. In einem Fall hatte eine attraktive, gebildete, berufstätige Frau namens Deirdre, 28, eine dreimonatige Liebesbeziehung mit einem Mann. Sie beendete die Verbindung, als er ungewöhnlich besitzergreifend und eifersüchtig wurde. Sechs Monate lang belegte er Deirdre mit einem Sperrfeuer aus Hunderten von Briefen und Anrufen. Wiederholt brach er in ihr Apartment ein, um Nachrichten auf ihren Schreibtisch zu kritzeln oder an den Badezimmerspiegel zu schmieren, in denen er sie bat, sich wieder mit ihm zu treffen. Auch ein Unterlassungsurteil, sich von dem Opfer fern zu halten, konnte diesen Stalker nicht zur Räson bringen (80 Prozent derartiger Auflagen werden ignoriert). Schließlich wurde er wegen eines Überfalls auf sie zu drei Jahren Gefängnis verurteilt. Nach seiner Freilassung musste sie, um sich vor ihm zu schützen, ihren Job aufgeben, ihren Namen ändern und in eine andere Stadt ziehen. Glücklicherweise hat die Geschichte ein Happy End – Deirdre ist mittlerweile glücklich mit einem ihr sowohl beruflich als auch intellektuell ebenbürtigen Mann verheiratet, und obwohl die Erfahrung mit dem Verfolger seelische Narben hinterlassen hat und einige Jahre Kummer mit sich brachte, gelang es Deirdre im Großen und Ganzen, diesen Schrecken zu verarbeiten.

Am besten lässt sich solch obsessives Nachspionieren als eine Art unkontrollierte Kettenreaktion fassen. Weitet man die Definition aus und schließt »einen fortwährenden seelischen und körperlichen Missbrauch zwecks Beginn oder Aufrechterhaltung einer Partnerschaft, nachdem diese vom anderen bereits klar als unerwünscht bezeichnet wurde« ein, dann geben ganze 56 Prozent der amerikanischen College-Studentinnen an, diese Form von Belästigung bereits selbst erlebt zu haben.

Wie lassen sich diese bizarren, abstoßenden, kriminellen und gewalttätigen Handlungen erklären? Obschon manche Fälle eindeutig als krankhaft zu bezeichnen sind, erweisen sie sich hinsichtlich ihrer Häufigkeit und Struktur als, oftmals extreme, Manifestationen einer männlichen Psychologie der Eifersucht und des Besitzdenkens – verzweifelte Versuche, jemanden für eine Partnerschaft zurückzugewinnen oder eine verlorene Liebe wiederzufinden.

Der erste Hinweis in diesem Zusammenhang liegt in der Art der Beziehung zwischen den Verfolgern und ihren Opfern. Es gibt natürlich unterschiedliche Varianten von Verfolgern. Manche belästigen Berühmtheiten, wie etwa im Fall von John Hinckley, der Jodie Foster nachstellte, oder in dem merkwürdigen Fall mit der Frau, die immer wieder in das Haus des Talkmasters David Letterman einbrach und behauptete, sie sei in Wahrheit seine Gattin. Manche verfolgen ihnen gänzlich unbekannte Personen oder entfernte Bekannte. Doch die überwiegende Mehrheit hatte üblicherweise eine Liebesbeziehung oder zumindest eine intimere Beziehung mit dem Verfolgungsopfer – als Ehepartner, als Geliebter usw. In ungefähr 60 Prozent der Fälle nimmt das Nachstellen und Belästigen seinen Anfang, bevor die Beziehung offiziell beendet ist. Daraus könnte man schließen, dass dieses obsessive Verhalten eine gewalttätige Manifestation allgemeiner Partnerschaftspsychologie ist und einen verzweifelten Versuch darstellt, einen Partner zu halten oder in eine Partnerschaft zurückzubringen.

Ein zweiter Hinweis auf die psychologischen Mechanismen, die bei diesem Nachstellen zum Tragen kommen, ist darin zu sehen, dass es sich bei den Opfern meist um Frauen handelt. Obwohl sowohl Frauen als auch Männer betroffen sein können, sind Frauen mit viermal höherer Wahrscheinlichkeit Opfer dieser Art von Verfolgung als Männer. Einem Untersuchungsbericht des National Institute of Justice zufolge geben acht Prozent Frauen und zwei Prozent Männer an, bereits auf diese Weise belästigt worden zu sein. Auf die amerikanische Bevölkerung umgerechnet bedeutet dies, dass 8,2 Millionen Frauen irgendwann in ihrem Leben einmal Stalking-Opfer werden. Einer anderen Studie zufolge hat 1999 mehr als eine Million Amerikanerinnen unter dieser Form von Verfolgung zu leiden gehabt.

Ein dritter Hinweis ist das Alter der Opfer. In einer Untersuchung mit 628 betroffenen Frauen waren 87 Prozent jünger als 40. Die überwältigende Mehrheit davon war zwischen 18 und 29, wobei der Durchschnitt bei 28 lag. Daraus kann man schließen, dass Frauen im Alter ihrer größten Fruchtbarkeit am meisten gefährdet sind – eine Eigenschaft, die sie mit weiblichen Opfern von ehelicher Gewalt teilen.

Viele der männlichen Verfolger blicken auf eine lange Geschichte körperlichen Missbrauchs ihrer Partnerinnen zurück, und ihre Vorgehensweise stellt, ähnlich wie bei häuslicher Gewalt, den verzweifelten Versuch dar, die Kontrolle über ihre Partnerinnen zurückzugewinnen und sie in die Beziehung zurückzuzwingen. Die meisten weiblichen Opfer berichten, die Täter hätten sie in der Beziehung halten wollen, zur »Versöhnung« bewegen oder Rache für eine Trennung üben wollen.

Wie auch häusliche Gewalt ist das Nachspionieren feige, moralisch verwerflich und illegal. Die Vermutung, es spiegle die männliche Psychologie der Eifersucht und des Besitzdenkens und den Wunsch, die Frau zu halten oder zu kontrollieren, wider, kann natürlich keinerlei Entschuldigung sein oder strafmindernden Umstand haben. Im Gegenteil – vielleicht brauchen wir strengere Gesetze und ein höheres Strafmaß, um diesen Erscheinungsformen der »Natur des Mannes« entgegenzuwirken.

Wenn Gewalt und Verfolgung – verabscheuenswürdig, wie sie sind – durch den Wunsch, den Partner zu halten, motiviert sein mögen, so kann dies offensichtlich nicht für Mord und Totschlag gelten. Das Töten eines Partners gibt ein Rätsel auf, denn anders als bei anderen Formen der Gewaltanwendung verlieren die Mörder ihre Partner für immer. Lässt sich für das scheinbar bizarre und offenbar nicht-adaptive Phänomen des Mordes an Gattinnen ein Erklärungsansatz finden?

Tödliche Gewalt

Bevor wir uns dem eigentlichen Thema, der Tötung des Partners, zuwenden, lohnt es, ein paar aktuelle Informationen genauer zu betrachten. Im Rahmen der umfassendsten Studie über die Tötung von Partnern wurden die Fälle von 1333 Frauen und 416 Männern untersucht, die in Kanada zwischen 1974 und 1990 von ihren Intimpartnern umgebracht wurden. Inbegriffen waren sowohl offiziell verheiratete Paare als auch eheähnliche Partnerschaften. Das Risiko für Frauen, von ihrem Partner getötet zu werden, war statistisch dreimal so hoch wie das, von einem Unbekannten umgebracht zu werden. Schließt man in diesen Vergleich nur jene Frauen ein, die offiziell verheiratet waren, dann wurden diese sogar mit neunmal höherer Wahrscheinlichkeit von ihrem Ehemann getötet als von einem Fremden.

In einer Studie über 25 Fälle von Tötung in der Ehe ermittelte der Soziologe Peter Chimbos sexuelle Eifersucht als ein Hauptmotiv. Betrachten wir folgende fünf Aussagen von Ehemännern, die zu erklären versuchten, warum sie ihre Frauen umgebracht hatten:

»Sie nannte mich oft einen ›verdammten Schweiger‹, um mich zu beleidigen. Häufig rief sie sogar meine Mutter an und erzählte ihr, ich sei ›stumm‹ und zu nichts zu gebrauchen. Sie wollte nicht mit mir schlafen und ging mit anderen Männern aus.«

»Ihre Untreue machte mir wirklich zu schaffen. Sie war mit anderen Männern ausgegangen. Ungefähr zwei Wochen, bevor es passierte [die Tötung], sagte sie zu mir: ›Ich will, dass du gehst.‹ Ich sagte: ›Was meinst du damit?‹ Sie antwortete: ›Merkst du nicht, dass du unerwünscht bist?‹ Daraufhin kaufte ich mir ein Gewehr, um mich umzubringen, aber ich tat es nicht.«

»Sie beleidigte mich absichtlich vor anderen Leuten. Sie wusste, ich streite nicht vor anderen, und dennoch sagte sie widerliche Sachen zu mir. Zuweilen setzte sie mich auch wegen meiner sexuellen Leistungen herab. Beim Sex hatte sie keinen Spaß mit mir, aber andere Frauen haben sich nie beklagt. Ich begann zu glauben, ich sei impotent. Ich versuchte mit ihr über unsere Probleme zu reden, aber sie ignorierte mich.«

»Ständig stritten wir über ihre Affären. An jenem Tag war es etwas mehr als das. Ich kam von der Arbeit nach Hause und nahm meine kleine Tochter in die Arme. Da drehte sich meine Frau zu mir um und sagte: ›Du bist so verdammt blöd – du merkst nicht einmal, dass sie das Kind von jemand anderem ist und nicht deins.‹ Ich war schockiert! Ich drehte durch, nahm das Gewehr und erschoss sie.«

»Wir heirateten an einem Samstag. Sie nahm die ganze Zeremonie wie einen Scherz. Den ganzen Tag lang benahm sie sich vulgär und abstoßend und wollte sich sogar vor allen ausziehen. Ich glaube, sie war beleidigt, weil ihre Eltern nicht zur Hochzeit gekommen waren.

Später beobachtete ich, wie sie mit einem Ex-Freund flirtete, den sie zur Hochzeit eingeladen hatte. Ich weiß, dass sie früher eine Prostituierte war. Jedenfalls fragte ich sie, als wir ins Bett gingen, warum sie sich während des ganzen Hochzeitstages so aufgeführt habe. Da antwortete sie: ›Du bist auch nur eine 20-Dollar-Nummer wie die anderen.‹ In dem Moment schämte ich mich so für sie und fühlte mich so erniedrigt, dass ich es nicht mehr aushielt. Ich packte sie und würgte sie zu Tode.«

In der Studie sprachen 76 Prozent der Täter an dem Tag, an dem sie ihre Opfer umbrachten, ihnen gegenüber Drohungen aus. 47 Prozent der Täter gaben an, in den Auseinandersetzungen vor der Tat sei es meist um sexuelle Ablehnung oder um außereheliche Affären gegangen. Untreue und sexuelle Ablehnung sind in vielen Fällen von Partnertötung das zentrale Thema. Nicht jede Gewalttat mit tödlichem Ausgang richtet sich jedoch gegen einen Partner, und nicht jeder Täter ist männlich. Betrachten wir den folgenden Fall.

In der texanischen Kleinstadt Mansfield in der Nähe von Fort Worth lockten Diane Zamora und David Graham Adrianne Jones auf eine abgelegene Straße, schlugen mit einer Hantel auf sie ein und töteten sie dann durch einen Kopfschuss. Anscheinend hatte Diane Zamora ihren Freund David dazu überredet, sich an diesem Mord zu beteiligen. Der Katalysator war sexuelle Eifersucht. Adrianne Jones hatte mit David Sex gehabt. Diane war außer sich vor Wut gewesen. Um die Beziehung weiterführen zu können, musste David, so Diane, ihr helfen, die sexuelle Rivalin umzubringen. Beide wurden des Mordes angeklagt und zu lebenslänglicher Haft verurteilt.

Dies sind natürlich Einzelfälle. Zahlreiche Studien verweisen jedoch auf Eifersucht als Hauptmotiv für das Töten von Partnern und Rivalen. Die Aufdeckung einer Treulosigkeit und ein einseitiger Entschluss, eine Partnerschaft zu beenden, sind die häufigsten Auslöser.

Martin Daly und Margo Wilson haben eine Menge Material zusammengetragen, um diese Deutung zu stützen. In einer Studie in Detroit über 58 eheliche Konflikte, die in einem Mord gipfelten, ermittelten sie, dass zwei Drittel der Täter Männer waren. Davon brachten 16 Männer ihre Frau wegen Untreue oder vermuteter Untreue um. 17 Männer töteten ihre wirklichen oder eingebildeten Rivalen. Zwei Männer töteten ihre Frauen aus Notwehr – wie sie behaupteten. Und zwei homosexuelle Männer brachten ihren Partner aufgrund dessen Untreue um.

Auch Frauen töten aus Eifersucht, aber weit weniger häufig als Männer. Nur sechs der Ehefrauen in der Studie töteten ihren Mann aus Eifersucht. Drei brachten eine Rivalin um. Neun töteten ihren Mann aus Notwehr, nachdem der Mann sie der Untreue bezichtigt hatte und gewalttätig geworden war. Und Familienangehörige zweier Frauen töteten deren Männer, als sie sie gegen die Gewalt des Mannes verteidigten.

Andere Untersuchungen liefern ähnliche Ergebnisse. Peter Chimbos interviewte 34 Täter bei ehelichen Tötungsdelikten in Kanada. Die Hauptursache für die Konflikte stellten, seiner Zusammenfassung zufolge, »sexuelle Angelegenheiten (Affären und Zurückweisungen)« dar – und zwar in 29 Fällen bzw. 85 Prozent. Die Mehrheit dieser Paare (22) hatte sich aufgrund von Untreue getrennt und sich entweder wieder vertragen oder versucht, wieder zusammenzukommen. Zusammen genommen deuten diese zwei Studien auf sexuelle Eifersucht als Hauptgrund für das Töten eines Partners in den USA hin.

Lassen sich diese Erkenntnisse auf andere Länder und Kulturen übertragen? In einer Studie über Gerichtsfälle im Sudan waren 74 von 300 Fällen, bei denen der Mann seine Ehefrau umbrachte, eindeutig auf Eifersucht zurückzuführen. In einer Untersuchung über Tötungen in Uganda – die Tötungen in der Ehe einschloss, allerdings nicht darauf beschränkt war – nahmen sexuelle Eifersucht und Ehebruch als Motiv den dritten Platz ein, nach Raub und »Eigentumsstreitigkeiten«.

In der umfassendsten kulturübergreifenden Studie wurden 533 Gerichtsprotokolle aus mehreren afrikanischen Kulturen, unter anderem den Tiv, Soga, Gisu, Nyoro, Luyia und Luo, ausgewertet. In 91 dieser Fälle wurden eindeutig sexuelle Eifersucht, Fremdgehen des Ehepartners oder das Beenden einer Ehe durch die Frau als Hauptmotiv für die Tötung ermittelt. Hier wird die Bedeutung der Eifersucht sogar noch unterschätzt, da in vielen Fällen als Motiv einfach »Streit unter Alkoholeinfluss« angeführt wurde, so dass der eigentliche Inhalt der Auseinandersetzung im Dunklen bleibt.

Eine weitere umfassende Studie wurde mit Hilfe von 275 Gerichtsprotokollen über Tötungen im Kongo gemacht. In vielen Fällen war kein Motiv festgehalten worden, doch wo dies geschehen war, stand sexuelle Eifersucht eindeutig an erster Stelle. Von den Verbrechen mit ermitteltem Motiv resultierten 59 aus der Eifersucht eines Mannes und nur eines aus der Eifersucht einer Frau. Die 60 Fälle wurden in »Unterklassen« unterteilt: 16 Ehemänner brachten ihre Frauen, den Nebenbuhler oder beide aufgrund von sexueller Untreue um; zehn töteten Partnerinnen, die den Täter entweder verlassen hatten oder ihm damit drohten; drei töteten ihre ehemaligen Ehefrauen, nachdem diese eine Scheidung durchgesetzt hatten; und drei töteten den neuen Ehemann ihrer wieder verheirateten Ex-Frau.

Weder Geliebte noch feste Partnerinnen entkommen dem eifersüchtigen Zorn des Mannes, wie der Tod von 13 dieser Frauen zeigt. Die eine Frau, die aus Eifersucht tötete, verübte die Tat an der Geliebten ihres Mannes. Männliche Eifersucht war in nur 20 Fällen der gesamten Studie nicht das Motiv. Bei diesen Fällen wurde das Motiv allerdings nicht beschrieben, was die Vermutung nahe legt, auch hier könnte bei einigen sexuelle Eifersucht eine Rolle gespielt haben.

Eifersucht, die gefährliche Leidenschaft, die durch Untreue oder Beendigung einer Beziehung angestachelt wird, entlädt sich in einer Wut auf den Partner oder Nebenbuhler, wie sie sonst kaum anzutreffen ist – und manchmal gibt es sogar Tote.

Evolutionsgeschichtliche Ursachen für Partnermord

Wie lässt sich die abstoßende Tat, einen Partner zu töten, erklären? Martin Daly und Margo Wilson bieten einen Erklärungsansatz, den man die »Fehler-Hypothese« nennen könnte. Diesem Ansatz zufolge ist und war das Töten von Partnern auch aus der Sicht der Täter niemals ein »adaptives« Verhalten. Vielmehr resultierten Leichen aus »Fehlern« im Rahmen einer Art Politik äußersten Risikos. Dieser Argumentation zufolge versuchen Männer Frauen mit Hilfe von Gewalt zu kontrollieren und an sich zu binden. Um ihren Drohungen Glaubwürdigkeit zu verleihen, wenden sie Gewalt an. Manchmal gerät diese Gewalt außer Kontrolle und fordert Todesopfer. Um Daly und Wilson zu zitieren: »Männer... wollen Frauen kontrollieren... Frauen kämpfen gegen diese Zwangsherrschaft an und versuchen, sich die Wahl offen zu halten. Jeder dieser Kämpfe beinhaltet eine Art Risikopolitik und die Gefahr einer Katastrophe, und Tötungen durch Ehepartner beiden Geschlechts lassen sich als Fehlschläge in diesem gefährlichen Spiel charakterisieren.« In einer neueren Publikation bauen sie ihren Ansatz aus: »Das verhängnisvolle Ergebnis dieser Tötungen [von Ehepartnern] ist vermutlich ein Nebenprodukt der psychologischen Mechanismen, die evolutionsgeschichtlich für nicht-tödliche Ergebnisse selektiert wurden.« Männer gebrauchen Gewalt, um Frauen zu kontrollieren, und der psychologische Mechanismus, der hinter diesem Verhalten liegt, diente den Zwecken unserer männlichen Vorfahren. Doch manchmal gerät die Gewalt außer Kontrolle und gipfelt in »dysfunktionalen extremen Erscheinungsformen«, die »eindeutig kontraproduktiv« sind. Lässt sich diese Erklärung mit den Fakten in Einklang bringen, oder ist eine (noch) beunruhigendere Schlussfolgerung gerechtfertigt?

Joshua Duntley und ich haben eine Alternative zu der »Fehler-Hypothese« von Wilson und Daly vorgeschlagen. Wir studierten zunächst die bekannten Fakten über Partnermord und prüften genauer, ob die Fehler-Hypothese als Erklärung ausreicht. Viele Tötungen sind zum Beispiel von langer Hand geplant und können also nicht als »Unfälle« oder »Fehlschläge« gelten.

Eine häufige Äußerung von Mördern ihren Opfern gegenüber ist: »Wenn ich dich nicht haben kann, dann keiner.« Ein Australier, der seine Frau einen Monat, nachdem sie ihn verlassen hatte, umbrachte, sagte: »Ich liebte Margaret, aber sie wollte nicht mehr mit mir zusammen sein. Ich wusste, alles ist aus, und kaufte mir ein Gewehr, um erst sie und dann mich zu erschießen. Wenn ich sie nicht haben kann, soll sie kein anderer haben.« In einem anderen Fall äußerte ein Mann aus Illinois folgende Drohung, nachdem seine Frau die Scheidung eingereicht hatte, diese aber noch nicht vollzogen war: »Ich schwöre, wenn du mich jemals verlässt, werde ich dich bis ans Ende der Welt verfolgen und umbringen.« Tragischerweise hielt der Mann sein Versprechen und tötete seine Frau.

Sollten Tötungen von Partnern wirklich »nur« Fehlschläge in einem gefährlichen Spiel von Kontrolle und Drohung sein – warum sind dann so viele dieser Verbrechen geplant und durchdacht? Duntley und ich argumentieren, dass sich bei Männern eine Art Partner-Tötungs-Modul entwickelt hat, dessen Funktion nicht in Drohung oder Abschreckung besteht, sondern schlicht im Tod der Partnerin. Inwiefern könnte das Töten der Partnerin in Urzeiten für unsere Urväter »vorteilhaft« gewesen sein? Wir können eine Reihe von »Vorteilen« aufzählen, die den Mördern unter Umständen zugekommen sein könnten. Erstens könnte das Töten einer Frau aufgrund einer Treulosigkeit oder einer Lossagung vor dem Hintergrund der

Polygynie, wo ein Mann mehrere Frauen haben kann, die anderen Frauen von einem ähnlichen Verhalten abschrecken.

Zweitens könnte das Ansehen des Mannes in manchen Kulturen so sehr unter der Untreue der Frau gelitten haben, dass ihr Tod die einzige Möglichkeit zur Ehrenrettung gewesen wäre. Eine untreue Frau umzubringen stellt manchmal die Ehre des Mannes wieder her. Daly und Wilson schreiben: »Nicht selten retten Männer einen Teil ihrer Ehre, indem sie die unkeusche Frau töten... und den männlichen Rivalen. Vor einem derartigen Racheakt zurückzuschrecken könnte ihrer Ehre sogar noch weiteren Schaden zufügen.«

Drittens könnte eine sexuelle Untreue einem Mann so große »Kosten« im Bezug auf die Ungewissheit seiner Vaterschaft und folglich möglicherweise fehlgeleiteter Investitionen verursacht haben, dass mit der Tötung der Frau die Kosten zumindest nicht weiter steigen würden. Ist sie mit dem Kind eines anderen schwanger, beeinträchtigt er mit seiner Tat zugleich dessen Reproduktionserfolg.

Ein viertes Argument hebt darauf ab, dass einer der wichtigsten Gründe für die Tötung des Partner das unwiderrufliche Ende einer Beziehung ist. Setzt eine Frau ihren Mann über ihr Vorhaben, ihn endgültig zu verlassen, in Kenntnis, könnte dieser Verlust dem Mann als so grundlegend erscheinen, dass er aus Ratlosigkeit auf Mordgedanken verfällt.

Zusammengefasst und historisch betrachtet, könnte das unwiderrufliche Ende einer Partnerschaft für den Mann ein dreifaches Risiko hinsichtlich seiner Fortpflanzungsmöglichkeiten dargestellt haben. Durch die Trennung hätte sein Ansehen möglicherweise ernsthaften und irreparablen Schaden erlitten. War die Frau begehrenswert und ihre Neuvermählung also wahrscheinlich, hätte der Verlust des Mannes den Gewinn eines anderen bedeutet. Sein Rivale würde im umgekehrten Verhältnis zu seinem Verlust profitieren.

Unserer Theorie zufolge war es für Männer im Verlauf der Evolutionsgeschichte in manchen Situationen im Bezug auf die Reproduktion »vorteilhaft«, die abtrünnige Partnerin zu töten, vor allem wenn sie sich der Endgültigkeit des Verlustes sicher sein mussten. Daraus folgt: Frauen müssten am meisten in Gefahr sein, wenn sie den Partner tatsächlich verlassen oder ihr Vorhaben unzweideutig angekündigt haben.

Ironischerweise liefern Wilson und Daly, die Vertreter der Fehler-Theorie, die zwingendsten Argumente zur Unterstützung unserer evolutionär begründeten Theorie eines »Tötungs-Moduls«. Ihrer Auswertung der Studie mit 1333 Partnermorden in Kanada zufolge wurden Frauen, die sich von ihrem Mann getrennt oder geschieden hatten, mit fünf- bis siebenmal höherer Wahrscheinlichkeit von ihrem Partner getötet als diejenigen, die noch mit ihm zusammenlebten. Die Zeit, die seit der Trennung vergangen ist, scheint ein sehr wichtiger Faktor zu sein. Am meisten gefährdet sind Frauen während der ersten zwei Monate nach der Trennung – 47 Prozent der Tötungen ereignen sich in dieser Phase. 91 Prozent dieser Verbrechen werden im Zeitraum eines Jahres nach der Trennung verübt.

In Untersuchungen aus drei verschiedenen Ländern – in Neusüdwales, Australien (1968–1986), in Chicago (1965–1990) und in Kanada (1974–1990) – bestätigt sich dieses Muster als zutreffend.

In Chicago etwa waren 44 Prozent der weiblichen Opfer zwei Monate oder weniger von ihrem Mann getrennt, 78 Prozent wurden während des ersten Jahres nach der Trennung umgebracht. Die Prozentsätze für Kanada und Australien fallen ähnlich aus. Diese Ergebnisse enthalten gewissermaßen eine Warnung für Frauen, die sich gerade trennen wollen: Die ersten paar Monate nach der Trennung sind besonders gefährlich, und Vorsicht sollte man mindestens ein Jahr lang walten lassen. Natürlich verhalten sich Männer nicht immer ihren eigenen Drohungen entsprechend, dennoch sollten diese stets ernst genommen werden.

Wilson und Daly interpretieren diese Ergebnisse dahingehend, Männer würden ihren Frauen drohen, um sie zu kontrollieren und ihr Weggehen zu verhindern. Um eine derartige Drohung glaubwürdiger erscheinen zu lassen, müsse tatsächliche Gewalt angewendet werden. Sie haben zweifellos Recht mit der Vermutung, dass Männer Drohungen und Gewalt benützen, um Kontrolle auszuüben und Lossagung zu vermeiden. Auf die Frage eines Freundes, warum sie ihren Mann nach so vielen erlittenen Misshandlungen nicht verlassen habe, antwortete eine der Frauen aus Chicago: »Ich kann nicht, er würde uns alle töten, er würde mich töten.« Ohne Zweifel versuchen Männer mit Hilfe von Gewaltandrohung Frauen am Beenden einer Partnerschaft zu hindern.

Dennoch muss sich mehr hinter tödlicher Gewalt verbergen als allein der Wunsch nach Kontrolle. Unserer Theorie zufolge könnte eine Trennung, vor allem wenn der Verlust, den der Ehemann zu verbuchen hat, mit dem Gewinn eines Rivalen einhergeht, einer der schwerwiegendsten möglichen Nachteile für den Mann gewesen sein. Mord könnte also eine adaptive Methode zur »Schadensbegrenzung« darstellen. So verstörend dieser Gedanke sein mag – wir müssen uns mit den Dämonen der menschlichen Natur auseinander setzen, wenn wir jemals das schreckliche Verbrechen des Mordes an Partnerinnen zu verstehen und verhindern lernen wollen.

Gesetze zur Tötung in Ehen

Beim Versuch, ein konzeptuelles Verständnis der Problematik bei Partnermord zu entwickeln, scheint es nützlich, die Gesetze zu Gewaltverbrechen in Partnerschaften mit tödlichem Ausgang näher zu betrachten. Auf der ganzen Welt wird in den entsprechenden Gesetzestexten implizit, aber eindeutig der Tatsache Rechnung getragen, dass die Untreue eines Partners als »gerechtfertigter Grund« für ein Verbrechen erscheinen kann und der Täter folglich eine weniger harte Strafe verdient als andere Mörder. Daly und Wilson meinen dazu: »In weiten Kreisen wird Ehebruch als Rechtfertigung für Gewaltanwendung aufgefasst, die in anderen Zusammenhängen als kriminell erachtet würde.« Bei den Yapese etwa hatte ein Ehemann, der seine Frau beim Sex mit einem anderen Mann ertappte, »das Recht, sie und den Ehebrecher zu töten oder die beiden im Haus zu verbrennen«. Ähnliche Vorschriften gab es zu früheren Zeiten in China, Japan und anderen Ländern Asiens.

Im US-Bundesstaat Texas war die Gesetzgebung bis 1974 bei Tötung einer Frau, die fremdgegangen war, nachsichtig. Gemäß des texanischen Strafgesetzbuches wurde dieses Gewaltverbrechen nicht bestraft, »wenn der Ehemann am Ehebruch mit seiner Frau beteiligte Personen tötet, vorausgesetzt, dies geschieht, bevor die Parteien, die den Ehebruch begehen, sich getrennt haben«. Einfacher ausgedrückt, war es kein Verbrechen, die Geliebten zu töten, solange sie noch zusammen im Bett waren. Bis 1970 wurden in den Bundesstaaten New Mexico und Utah Männer, die ihre Frau nackt im Bett mit einem anderen Mann vorfanden und die beiden töteten, vor Gericht freigesprochen.

Im alten englischen Recht finden sich ähnliche Regelungen. Die Tötung einer Ehebrecherin durch ihren Mann war von der gewohnten Strafregelung für Mord ausgenommen und stattdessen der Form des

Totschlags gleichgesetzt, die mit dem geringsten Strafmaß belegt war, denn »es könnte keine größere Provokation geben«. Dieses Prinzip findet anscheinend noch in weiten Teilen der englischsprachigen Welt Anwendung, die sich am Standard des »vernünftig handelnden Mannes« orientiert. Ein Rechtsgelehrter beschrieb diesen Begriff folgendermaßen: »Die Richter haben – was das Gesetz über die Provokation betrifft – einen beachtlichen Weg bis zur Etablierung einer standardisierten Beschreibung der Eigenschaften und des Verhaltens des ›vernünftigen Mannes‹ zurückgelegt. Sie beschreiben ihn als nicht impotent und normalerweise nicht betrunken. Bei der Schilderung eines Ehebruchs verliert er seine Selbstbeherrschung nicht, beim Anblick eines Ehebruchs büßt er sein inneres Gleichgewicht jedoch ein – vorausgesetzt, dass er mit der Ehebrecherin verheiratet ist.«

In den USA ist die Tötung einer Ehefrau und ihres Liebhabers eine kriminelle Handlung, doch die auferlegten Strafen fallen tendenziell milder aus als bei anderen Morden. Die Geschworenen zeigen Ehemännern, die töteten, als sie ihre Frau in den Armen eines anderen vorfanden, meist ihre Sympathie. Manche Anklagevertreter verfolgen solche Fälle angesichts der wahrscheinlichen Reaktion der Geschworenen erst gar nicht.

Gesetzgeber und Geschworene meinen anscheinend, über Beweise aus Fleisch und Blut für einen Ehebruch zu stolpern komme einer derart schweren Provokation gleich, dass »vernünftige« Männer sich nicht anders als mit extremer Gewalt zu helfen wüssten. Das Rechtssystem scheint die Wurzeln der gewalttätigen Natur des Mannes implizit anzuerkennen.

Besonders gefährdete Frauen

Nicht alle Frauen sind im gleichen Maß gefährdet, von ihrem Partner getötet zu werden. Junge Frauen mit deutlich älteren Ehemännern oder mit Kindern aus früheren Beziehungen sind besonders in Gefahr.

Jugend und Fruchtbarkeit der Frau

Aus den besonderen Umständen der Tötung eines Partners lassen sich Hinweise auf das Denken des Täters beziehen. Ein besonderer Umstand ist zum Beispiel das Alter des Opfers. Junge Frauen sind im Durchschnitt fruchtbarer als ältere Frauen und wie wir wissen ist

Jugend bei der Partnersuche von Männern ein wichtiges Kriterium. Da junge Frauen für die männlichen Rivalen des Mannes attraktiver sind, flirten diese mit größerer Wahrscheinlichkeit mit ihnen und machen ihnen, unabhängig von eventuell bestehenden festen Beziehungen, den Hof. Männer jüngerer Frauen haben es öfter mit Konkurrenten zu tun, die sich Übergriffe leisten – wodurch natürlich Eifersucht ausgelöst wird.

Allseits umworben, finden sich junge Frauen in der besten Situation ihres Lebens, was die Sicherung eines begehrenswerten Partners betrifft. Zu keiner anderen Zeit in ihrem Leben haben Frauen mehr Optionen. Auch Ambitionen, den Partner zu wechseln – einen besseren Partner als Ersatz für den momentanen zu finden –, lassen sich in dieser Zeit am besten umsetzen. In dieser Situation scheinen ihre Ehemänner sich ihrer Ersetzbarkeit bewusst zu sein.

In der Studie von Daly und Wilson über Tötungen von Partnern in Kanada zwischen 1974 und 1983 waren Frauen im Alter unter 20 mit zweieinhalbmal größerer Wahrscheinlichkeit gefährdet als Frauen im Alter zwischen 20 und 49. Ab 50, wenn die meisten Frauen ihre Wechseljahre hinter sich haben, sinkt die Rate von Tötungen in der Partnerschaft noch einmal um die Hälfte. Diese Erkenntnisse verweisen nicht etwa darauf, dass Männer jüngere Frauen als weniger »wertvoll« erachten – im Gegenteil. Gerade weil der Mann seine junge Braut so hoch schätzt, ist er besessen von dem Gedanken, Kontrolle über sie auszuüben und sie an sich zu binden.

Ehen zwischen unterschiedlichen Altersgruppen

Ist ein Mann deutlich älter als seine Partnerin, scheint er aus zwei Gründen besonders gefährdet, betrogen oder verlassen zu werden. Erstens bevorzugen Frauen normalerweise Männer, die ein paar Jahre, nicht aber deutlich älter sind als sie. Frauen von sehr viel älteren Männern könnten also einige unerfüllte Wünsche haben. Zweitens weckt eine junge Frau wahrscheinlich bei anderen Männern mehr Interesse, wodurch sich wiederum mehr Möglichkeiten zum Wechsel des Partners eröffnen. Wenn die Ehemänner deutlich jüngerer Frauen also einen unsichereren Stand haben und ihre Partnerinnen zugleich anfälliger dafür sind, abtrünnig zu werden, dann müssten Morde innerhalb solcher Ehen eigentlich Spitzenwerte erzielen.

In Miami war 1980 bei allen Tötungen in der Ehe in 29 Prozent der Fälle der Altersunterschied zwischen Täter und Opfer größer als zehn Jahre. Ähnliche Statistiken gibt es für Houston (25 Prozent), Chicago (23 Prozent), Detroit (23 Prozent), ferner für Großbritannien (18 Prozent), Schottland (15 Prozent) und Neusüdwales in Australien (19 Prozent). Die größte Studie über Tötung in der Ehe, mit insgesamt 1749 Fällen, brachte einen Wert von 20 Prozent für Ehen mit einem Altersunterschied von zehn Jahren oder mehr.

Nicht alle Ehen mit sehr unterschiedlich alten Partnern lassen sich mit Hilfe der Theorie des evolutionär ausgebildeten »Partner-Tötungs-Moduls« erklären. Manche Morde an Ehepartnern sind auf Gier zurückzuführen, manche auf psychische Störungen. Bei manchen mag es sich auch um Unfälle handeln, wie Daly und Wilson betonen. Tatsache bleibt jedoch, dass den meisten jungen Frauen mit deutlich älteren Ehemännern zahlreiche andere Optionen in der Partnerwahl offen stehen, dass sie sich sexuell eher zu anderen Männern hingezogen fühlen und möglicherweise die Partnerschaft beenden wollen – alles Umstände, die Frauen unserer Theorie des evolutionsbedingten Tötungs-Moduls zufolge mit höherer Wahrscheinlichkeit zu Opfern tödlicher Gewalt machen.

Frauen mit Kindern von ehemaligen Partnern

Aus Sicht des Mannes sind bei Frauen mit Kindern von einem Ex-Partner Teile ihrer Ressourcen schon anderweitig gebunden. Im Hinblick auf Reproduktion können daraus Konflikte zwischen der Frau und ihrem neuen Partner entstehen. Die Energien, die sie in ihn und seine Kinder investieren kann, sind reduziert. In einer alarmierenden Statistik wird die Bedeutung dieses Konfliktes noch untermauert: Junge Stiefkinder werden mit 40- bis 100-mal größerer Wahrscheinlichkeit getötet als Kinder, die mit ihren beiden leiblichen Eltern aufwachsen. Gilt dieses gesteigerte Gewaltpotenzial auch für die Partnerschaft selbst, und sind also Frauen mit Kindern ehemaliger Partner stärker gefährdet?

Daly und seine Kollegen sind dieser Frage in einer Studie in Hamilton, Ontario, nachgegangen. Mütter mit Kindern von früheren Partnern wurden mit einer 12,7-mal größeren Wahrscheinlichkeit von ihrem neuen Partner umgebracht als Frauen mit ausschließlich leiblichen Kindern ihres momentanen Partners. Zu vielen dieser Tötungen kam es, nachdem die Frau die Beziehung beendet hatte oder als sie im Begriff war, dies zu tun. Im Folgenden ein paar dieser Fälle: »Eine Frau wurde vier Tage nach ihrem Auszug aus der gemeinsamen Wohnung umgebracht, eine andere auf ihrem Weg von dem Frauenhaus, in das sie fünf Tage zuvor eingezogen war, zur Arbeit. Ein anderes Paar lebte während der Scheidungsprozedur noch im gemeinsamen Haus; elf Tage nachdem die Scheidung vollzogen war, wurde die Frau umgebracht – während sie ihre Koffer packte. Drei andere Frauen wurden getötet, als sie ihr Eigentum aus der gemeinsamen Wohnung abholten, nachdem sie innerhalb des letzten Monats ausgezogen waren... Zwei waren im Besitz von Unterlassungsurteilen gegen ihre Ehemänner aufgrund früherer Drohungen und Tätlichkeiten, und eine andere wurde von einem Ehemann umgebracht, der aufgrund früherer Gewalttaten schon ein Gerichtsverfahren laufen hatte... Eine Frau wurde, eine Woche, nachdem sie die Scheidung eingereicht hatte, im Schlaf erschossen. Eine andere Frau trug sich mit dem Gedanken, den Partner zu verlassen – das meinte der Ehemann zumindest –, da ertränkte er den Stiefsohn in der Badewanne, während sie in der Arbeit war, und erstach sie, als sie nach Hause kam... Eine andere Frau wurde umgebracht, nachdem sie gerade einen Termin beim Anwalt vereinbart hatte, um die für eine Trennung erforderlichen Schritte zu diskutieren.« Gerade während einer Trennungsphase bedeutet die Anwesenheit von Kindern früherer Partner eine besondere Gefährdung.

Tötungsphantasien

Schließlich möchte ich noch einige Beweise für die Stichhaltigkeit unserer beunruhigenden Theorie anführen, die aus einer Untersuchung von Joshua Duntley und mir über Tötungsphantasien stammen. Wir fanden heraus, dass die meisten Menschen in dem einen oder anderen Moment ihres Lebens mit dem Gedanken spielten, jemanden zu töten. Glücklicherweise setzen die meisten Menschen diese Phantasien nicht in die Tat um. Tötungsphantasien sind tausendmal häufiger als tatsächlich begangene Morde. Nichtsdestotrotz gehen fast allen wirklichen Tötungen entsprechende Gedanken voraus. Potenzielle Täter arbeiten die Phantasien aus, denken über die geeigneten Waffen nach, vergegenwärtigen sich Schritt für Schritt die Umsetzung des Plans und denken sich sogar ein Alibi aus. Wie aus den Umständen hervorgeht, könnte O.J. Simpson, falls er seine Frau Nicole Brown Simpson getötet hat, die Tat vorher Dutzende

Male in Gedanken durchgespielt haben. Er hatte vor dem Mord einen Flug nach Chicago gebucht, den er kurz nach der Tatzeit auch antrat. Als die Leiche gefunden wurde, war er, wie er später erklären konnte, Hunderte von Meilen entfernt gewesen und habe sie also nicht umbringen können. Falls der Mensch eine Psychologie des Tötens entwickelt haben sollte, sind Vorsätze sicherlich ein Teil dieser Psychologie.

Wenn Duntley und ich richtig liegen, dann werden Gedanken an den Mord an einem Partner meistens durch zwei wichtige Vorkommnisse gespeist: die Entdeckung einer sexuellen Treulosigkeit und die endgültige Lossagung seitens eines Partners. Unsere Untersuchungen zeigen, dass Tötungsphantasien durch ebendiese Ereignisse angestachelt werden, die im Übrigen alle anderen möglichen Auslöser bei Weitem an Bedeutung übertreffen. Im Folgenden einige Beispiele für Tötungsphantasien aus unseren Untersuchungen:

Täter: Mann, 24 Jahre alt. Opfer: Freundin. Grund: »Wir gerieten in einen Kampf, weil sie mich betrogen hatte. Da dachte ich, wenn ich sie nicht ganz für mich haben kann, dann keiner. Ich dachte, ich nehme ein Gewehr und schieße ihr ins Gesicht. Ich wollte sie nicht einfach umbringen; ich wollte ihre Schönheit zerstören.«

Täter: Mann, 33 Jahre alt. Opfer: Freundin. Grund: »Sie gab zu, mich betrogen zu haben. Eine Woche lang redeten wir kein Wort miteinander. Dann gingen wir aus, hatten ein paar Drinks und versuchten zu reden. Schließlich kamen wir wieder zusammen und schliefen auch wieder miteinander. Einen Monat später kam sie nachts um drei nach Hause und roch nach Sex. Ich dachte, eine gute Art für sie zu sterben, wäre ein heftiger Autounfall – also wollte ich die Bremskabel durchschneiden. Ich dachte auch darüber nach, wie schön es wäre, eine Spritze mit dem HI-Virus zu haben und es ihr zu injizieren.«

Keiner der Männer hat – soweit wir wissen – seine Phantasien in die Tat umgesetzt. Aus unseren Studien mit Tausenden von Männern geht indes hervor, dass viele Männer an Mord dachten, nachdem sie ihre Partnerin entweder beim Fremdgehen ertappt haben oder verlassen wurden.

Was kann man aus diesen Fakten schließen? Gewiss wäre es voreilig, nun mit Sicherheit auf einen psychologischen Mechanismus der Partner-Tötung zu schließen, der bei Männern situationsbedingt ausgelöst wird. Vielleicht haben auch Daly und Wilson mit ihrer Fehler-Theorie Recht. Wir wissen jedoch, dass Tötungsphantasien bei Männern unter ganz bestimmten Umständen aufkommen. Wir wissen, dass diese Phantasien auch wirklich den Tod der Partnerin einschließen, nicht nur das Zufügen von Schmerzen oder das Einjagen eines Schrecks. Wir wissen weiter, dass diese Gedanken relativ häufig sind und einen beachtlichen Teil der männlichen Aufmerksamkeit beanspruchen, die auch anderen Problemen gewidmet werden könnte. Wenn Männer ein evolutionsgeschichtlich ausgebildetes Denken in dieser Richtung haben, dann müssen wir dieses Übel der menschlichen Natur unnachgiebig ins Auge fassen. Nur wenn wir die Gedankenwelt der Killer unter uns besser verstehen lernen, können wir sie daran hindern, ihren Phantasien entsprechend zu handeln. Nur wenn wir die versteckten Wurzeln der Morde an Partnern zu fassen bekommen, können wir diese verhindern.

Im folgenden Kapitel wenden wir uns einer weiteren Spirale der Ko-Evolution von Frau und Mann zu und analysieren die Ereignisse, die Eifersucht erzeugen, die Leidenschaften, die einen Partner fremdgehen lassen.

6. Lügen und Geheimnisse

> Ich glaube, ein Mann kann zwei, vielleicht drei Affären während seiner Ehe haben. Drei sind aber das absolute Maximum. Darüber hinaus ist es Betrug.
>
> YVES MONTAND

In den vorangegangenen Kapiteln haben wir die Psychologie der Eifersucht und ihre destruktiven Erscheinungsformen erforscht, die sogar Misshandlung und Mord mit einschließen. Unsere eifersüchtige Natur nehmen wir jedoch nur dann in ihrer Gesamtheit zur Kenntnis, wenn wir die Gründe für die evolutionäre Ausbildung der Eifersucht verstehen – sowie die Art der Bedrohungen, gegen die sie als Verteidigungsfunktion entwickelt wurde. In diesem Kapitel wird das Wesen der Untreue näher beleuchtet.

Am 28. Februar 1997 hatte Monica Lewinsky im Oval Office des Weißen Hauses ihre letzte sexuelle Begegnung mit Präsident Bill Clinton. Der Präsident machte ihr ein paar Geschenke und dann... nach Aussage von Lewinsky:

»Wir gingen nach hinten in den Gang bei den Toiletten und küssten uns. Während wir uns küssten, knöpfte er mein Kleid auf und streichelte meine Brüste zunächst bei angezogenem Büstenhalter. Dann nahm er sie aus dem Büstenhalter heraus und küsste sie, berührte sie mit seinen Händen und mit seinem Mund. Und dann berührte ich, glaube ich, seinen Genitalbereich durch seine Hose hindurch und ich glaube, ich knöpfte sein Hemd auf und küsste seine Brust. Und dann... wollte ich ihn oral befriedigen... was ich auch tat... Und... dann schob er mich weg, wie er es immer tat, bevor er kam; ich stand auf und sagte... ich mag dich wirklich sehr; ... Ich verstehe nicht, warum du nicht willst, dass... ich dich befriedige; es ist wichtig für mich; ich meine, andernfalls fühlt es sich nicht ganz an, es scheint nicht richtig.«

Sie umarmten sich und sahen sich an, und der Präsident sagte: »Ich will dich nicht enttäuschen.« Daraufhin fuhr Monica Lewinsky fort, den Präsidenten oral zu befriedigen und brachte ihn zum Höhepunkt. Spätere Laboruntersuchungen des Spermaflecks auf Lewinskys Kleid, das sie an dem Tag trug, enthielt die DNS, die beim Präsidenten getestet wurde. Das war ein unstrittiger Beweis für die geheime Affäre, die die beiden vom 15. November 1995 bis zum 28. Februar 1997 hatten.

Beeindruckend an der Lewinsky-Clinton-Affäre war weder die Obszönität der Sexualakte noch die Tatsache, dass Clinton verheiratet war. Affären sind recht verbreitet, und die meisten Sexualpartner haben Oralsex. Beeindruckend war schlicht das Ausmaß der öffentlichen Aufmerksamkeit – eine hoch gepeitschte Aufregung um eine unziemliche Obsession – für etwas, das unter normalen Umständen einem eher gewöhnlichen Lauf der Dinge entsprochen hätte. Aus evolutionsgeschichtlicher Sicht haben jedoch nur wenige Bereiche mehr Einfluss auf Fragen der Reproduktion als das Sexleben anderer. Folglich beachten wir und erinnern wir Ereignisse mit möglichen Konsequenzen für die Fortpflanzung mit größter Intensität. Die offensichtliche Obsession der Amerikaner hinsichtlich jedes Details der Sexualkontakte zwischen Präsident Clinton und Monica Lewinsky und nicht hinsichtlich, sagen wir, Einzelheiten seines Golfspiels, verweist auf dieses uralte menschliche Interesse.

Warum riskieren eine Frau und ein Mann so viel – Status, Ruf, Ehre, Ehe, Kinder und sogar persönliche Sicherheit – für ein paar Minuten sexuellen Vergnügens? Wie lässt sich die rätselhafte Allgegenwärtigkeit von Untreue verstehen, mit der sich die Menschen über ihre Eheschwüre hinwegsetzen?

Die Vorherrschaft der Untreue

Die weite Verbreitung von Untreue ist gut belegt, die unterschiedlichen Studien bringen jedoch sehr unterschiedliche Schätzungen zutage. Shere Hite setzt die Rate bei 70 Prozent an, während andere wie Andrew Greeley meinen, nur fünf bis zehn Prozent verheirateter Personen würden fremdgehen. Einige Probleme erschweren die Bestimmung genauer Prozentzahlen. Untreue wird normalerweise natürlich verborgen gehalten, und es widerstrebt den Menschen, überhaupt darüber zu reden. Während der Interviews für die klassische Kinsey-Studie zur Sexualität zogen einige der Befragten ihre Teilnahme aufgrund der Fragen zur Untreue zurück, und von denen, die dabei blieben, beantworteten viele die Fragen zur Untreue einfach nicht.

Zudem variieren die Methoden in den unterschiedlichen Studien zur Untreue erheblich. Manche Untersuchungen zielen auf die Rate der Untreue während der ganzen Ehe ab, in anderen geht es nur um das jeweils vergangene Jahr. In manchen werden Interviews geführt, in anderen anonym Fragebögen ausgefüllt. Eine Studie war besonders aufschlussreich im Hinblick auf das Widerstreben der Menschen, Affären zuzugeben. Dabei gaben von 750 Personen, die eine Therapie machten, 30 Prozent sexuelle Treulosigkeiten zu. Im Verlauf der Therapie gestanden weitere 30 Prozent nach und nach heimliche Affären, wodurch sich der Prozentsatz insgesamt auf 60 Prozent erhöhte. Natürlich haben die benützten Methoden, der gewählte Zeitraum und das Maß an Vertrauen in die Fragensteller Einfluss auf das Ergebnis.

Meiner Schätzung zufolge, die sich aus einem Durchschnitt der mir bekannten Studien ergibt, haben 20 bis 40 Prozent aller amerikanischen Frauen und 30 bis 50 Prozent aller amerikanischen Männer mindestens eine Affäre während ihrer Ehe. In diesen Zahlen kommt jedoch nicht zum Ausdruck, mit welch hoher Wahrscheinlichkeit zumindest einer der Ehepartner fremdgehen wird. Nach Auffassung von Anthony Thompson vom Western Australian Institute of Technology beläuft sich die Wahrscheinlichkeit dafür, dass entweder der Ehemann oder die Ehefrau eine Affäre haben, auf 76 Prozent.

Zwar sind die Zahlen für eine einmalige Treulosigkeit während der Ehe für Frauen und Männer ähnlich, Letztere brechen das Eheversprechen jedoch häufiger. Graham Spanier von der State University of New York in Stony Brook und Randie Margolis von der Harvard Medical School ermittelten, dass 26 Prozent der Männer, aber nur fünf Prozent der Frauen Affären mit drei oder mehreren Partnern hatten. Von den Frauen, die Affären hatten, beschränkten sich 64 Prozent dabei auf nur einen Partner, was bei nur 43 Prozent der Männer zutraf.

Natürlich haben sowohl Frauen als auch Männer Affären, der geschlechtsspezifische Unterschied sollte jedoch nicht vernachlässigt werden. Ich habe einen ganzen Ordner voll Zeitungsartikel über Sexskandale. Bei den meisten sind verheiratete Männer beteiligt, die mit Hilfe ihres Sozialstatus das Interesse anderer Sexualpartnerinnen als ihrer Frau wecken. Ein aktuelles Beispiel: »Vierte

Frau bezichtigt ›Guru‹ des sexuellen Missbrauchs‹.« Ein hinduistischer Guru in Houston wird angeklagt, vier Frauen davon überzeugt zu haben, sie müssten »Sex mit ihm haben, um ihre Gebärmutter von bösen Geistern zu reinigen«. Anscheinend bat er jede der Frauen, seiner Ehefrau gegenüber nichts zu erwähnen, weil sie sich offensichtlich über diese Reinigungsrituale aufregte. Vier Frauen haben sich bis jetzt zu Wort gemeldet und ihn beschuldigt, dass er seine Position als religiöser Lehrer missbrauche, um mit ihnen zu schlafen.

In meiner über Jahre hinweg angelegten Sammlung von Artikeln findet sich kein einziges Beispiel für eine verheiratete Frau, die ihre Machtposition ausgenützt hätte, um sich Sex mit mehreren anderen Partnern zu sichern. Vielleicht hören wir nur nicht von diesen Fällen. Vielleicht werden sie auftreten, sobald mehr Frauen Machtpositionen inne haben. Vor dem Hintergrund unseres Wissens über die geschlechtsspezifische Kluft beim Wunsch nach Seitensprüngen würde ich darauf jedoch nicht wetten.

Nach Herzenslust

Bei den Zahlen über Affären fallen die »betrogenen Herzen« natürlich unter den Tisch. Stellen Sie sich vor, eine attraktive Person des anderen Geschlechts tritt an Sie heran und sagt: »Hallo, ich habe Sie in letzter Zeit auf der Straße beobachtet und finde Sie sehr attraktiv.« Dann stellt Ihnen diese Person eine der drei Fragen: »Würden Sie heute Abend mit mir ausgehen?«; »Würden Sie mit mir in mein Apartment kommen?«; »Würden Sie mit mir schlafen?« Von den Frauen, denen in einer Studie tatsächlich diese Fragen gestellt wurden, waren 50 Prozent mit dem abendlichen Rendezvous einverstanden. Sechs Prozent wären mit in das Apartment gekommen; und null Prozent wollten Sex haben. Die meisten Frauen fänden es seltsam, wenn ein Mann einfach so auf sie zukäme und sie nach Sex fragen würde. Anders bei den Männern. Von den Männern, denen die Fragen gestellt wurden, waren 50 Prozent bereit, abends mit der attraktiven Frau auszugehen; 69 Prozent wollten mit in ihr Apartment kommen; und 75 Prozent waren spontan bereit, Sex mit ihr zu haben. Die Männer, die ablehnten, rechtfertigten sich obendrein oft, indem sie eine Verabredung mit Eltern oder der Verlobten anführten.

Manche fragten, ob sie später auf das Angebot zurückkommen könnten. Dies ist nur eines von vielen Beispielen für grundlegende Unterschiede zwischen Frauen und Männern, was den Wunsch nach unterschiedlichen Sexualpartnern betrifft.

Die Journalistin Natalie Angier zweifelt diese Ergebnisse an; ihrer Meinung nach würden Frauen in dieser Situation genauso locker mit dem attraktiven Unbekannten ins Bett springen, sind aber um ihre persönliche Sicherheit besorgt. Diesen Aspekt hat Russell Clark von der University of North Texas untersucht. Zunächst führte er die gleiche Untersuchung mit anderen Probanden in einem anderen Teil des Landes durch, und die Resultate waren beinahe identisch: Mehr Männer als Frauen waren bereit, mit einer unbekannten Person ins Bett zu gehen. Clark merkt an, es sei doch im Hinblick auf die Sorge um persönliche Sicherheit erstaunlich, wenn trotzdem ungefähr die Hälfte aller Frauen gerne mit einem Unbekannten ausgehen wollten. Daraufhin befragt, beschrieben Frauen und Männer außerdem die Gründe für ihre Ablehnung des Angebots (wenn sie denn ablehnten) auf nahezu identische Weise. Sowohl Frauen als auch Männer erwähnten einen festen Partner oder verwiesen darauf, die Person nicht gut genug zu kennen.

Ein Rendezvous wird, verglichen mit Sex, als sicherer angesehen, und vielleicht hätten Frauen wirklich gerne Sex mit Unbekannten, wenn ihre persönliche Sicherheit garantiert wäre.

Um diese Möglichkeit zu erforschen, führte Clark ein weiteres Experiment durch. Frauen und Männer wurden jeweils von einer eng befreundeten Person kontaktiert, die sie der Integrität und des guten Charakters der unbekannten Person versicherte. Den Studienteilnehmern wurde dann eine der beiden Fragen gestellt: »Würden Sie sich mit der Person verabreden?«; oder: »Würden Sie mit dieser Person ins Bett gehen?« Später wurden die Teilnehmer noch nach den Gründen für ihre Antwort gefragt.

Die überwältigende Mehrheit stimmte dem Rendezvous zu: 91 Prozent der Frauen und 96 Prozent der Männer. Im Hinblick auf Sex gab es jedoch eine große Differenz: 50 Prozent der Männer, aber nur fünf Prozent der Frauen wollten Sex. Nicht eine einzige Frau gab als Ablehnungsgrund mangelnde Sicherheit an. Irrelevant sind Sicherheitsbelange insofern nicht, als die Bereitschaft zum Sex bei Frauen durch höhere Sicherheit steigt – von null auf fünf Prozent. Der geschlechtsspezifische Unterschied bleibt jedoch beträchtlich. Die meisten Frauen wollen mit einem attraktiven Unbekannten ausgehen, sofern sich eine eng befreundete Person für dessen Gutmütigkeit und Integrität verbürgt, Sex lehnen indes 95 Prozent ab.

Der Unterschied lässt sich nicht mit der Behauptung »Frauen sind scheu« erklären, was eine falsche Schüchternheit implizieren würde, ein vorgegebenes fehlendes Interesse oder eine kindische Koketterie. Frauen interessieren sich durchaus für Sex. Hat sich eine Frau einmal zum Sex mit einem Mann entschlossen, besteht kein Grund für die Annahme, ihr Sexualtrieb sei nicht so groß wie seiner. Die Fakten deuten jedoch zwingend darauf hin, dass die meisten Frauen sich sorgfältig überlegen, mit wem sie schlafen wollen, und in den meisten Fällen Sex mit absolut Unbekannten meiden. Männer sind da williger. Auf das Angebot antworteten die meisten Männer in der Studie mit einem »Wann?« oder »Warum nicht?«, um dann noch nach Telefonnummer und Adresse der attraktiven Unbekannten zu fragen.

Diese Unterschiede gelten auch für die Lust auf Affären. In einer Studie von Ralph Johnson vom Sacramento State College brachten 48 Prozent amerikanischer Männer, aber nur fünf Prozent amerikanischer Frauen einen Wunsch nach außerehelichem Sex zum Ausdruck. In einer älteren Studie von Lewis Terman mit 769 amerikanischen Männern und 770 Frauen gaben 72 Prozent der Männer, aber nur 27 Prozent der Frauen an, manchmal das Bedürfnis nach außerehelichem Sex zu verspüren. Deutsche weisen ähnliche Tendenzen auf: 46 Prozent verheirateter Männer und nur sechs Prozent verheirateter Frauen meinten, sie würden die Gelegenheit für lockeren Sex mit jemand anderem nutzen, wenn sie sich böte. Die Ergebnisse aktuellerer Untersuchungen von David Wyatt Seal und seinen Kollegen von der University of New Mexico laufen auf ähnliche geschlechtsspezifische Unterschiede hinaus.

Bei diesen Zahlen könnten die ehebrecherischen Impulse von Frauen natürlich insofern unterschätzt sein, als es Frauen vielleicht stärker widerstrebt, ihre sexuellen Wünsche einem Beobachter anzuvertrauen. Nichtsdestotrotz bleiben die ermittelten geschlechtsspezifischen Unterschiede über unterschiedliche Studien und Methoden hinweg so stabil, dass es kaum Grund zum Zweifel an ihrer Existenz geben kann.

Für die männlichen Begierden lässt sich eine einfache Erklärung anführen, die auf überkommenen Sexualstrategien basiert. Historisch betrachtet war der reproduktive Erfolg von Männern durch die Anzahl der fruchtbaren Frauen begrenzt, die sie erfolgreich schwängern konnten. Je mehr Sex mit unterschiedlichen Frauen, umso größer der Fortpflanzungserfolg. Die unersättliche Begierde nach unterschiedlichen Sexualpartnerinnen bildete sich als mächtige Leidenschaft aus, die sich in einer ganzen Bandbreite von Verhaltensweisen manifestiert – von prinzipieller Untreue bis zum regelmäßigen Besuch von Prostituierten.

Sexualphantasien

Über Studien zu Sexualphantasien gewinnt man interessante Einblicke in die Psychologie geheimer Wünsche. Natürlich sind Phantasien nicht mit wirklichem Verhalten gleichzusetzen, aber sie geben Aufschluss über Wünsche, die als Motivation für bestimmte Verhaltensweisen dienen können. In diesem Zusammenhang merkt der Evolutionspsychologe Donald Symons von der University of California in Santa Barbara an:»Selbst wenn nur ein Impuls von tausend in die Tat umgesetzt wird, dient sexuelle Begierde der Motivation zum Beischlaf.« Aus Untersuchungen in Japan, Großbritannien und den USA geht hervor, dass Männer ungefähr doppelt so viele Sexualphantasien haben wie Frauen. Träume sexuellen Inhalts sind bei Männern wahrscheinlicher als bei Frauen. Frauen mag das Berichten derartiger Phantasien, sogar in anonymen Fragebögen, stärker widerstreben, der Inhalt dieser Phantasien dürfte jedoch weniger durch derartige Faktoren beeinflusst sein.

Sexphantasien von Männern beinhalten öfter Fremde, mehrere Partner und anonyme Partner. Männer berichten, dass sie innerhalb einer Phantasie-Episode manchmal die Sexualpartnerin wechseln, wohingegen Frauen den Sexualpartner nur selten austauschen. 43 Prozent der Frauen, aber nur zwölf Prozent der Männer geben an, während einer Phantasie-Episode nie von einem zum anderen Partner zu wechseln oder diesen auszutauschen. Auf die Frage »Hatten Sie bis jetzt in Ihrem ganzen Leben über 1000 Sexualphantasien?« antworten 32 Prozent der Männer, aber nur acht Prozent der Frauen mit Ja.

Hier die Phantasie eines 20-Jährigen aus Connecticut:»Ich phantasiere darüber, die größtmögliche Anzahl von Frauen gleichzeitig zu haben. Ich weiß, ich kann sie nicht alle gleichzeitig befriedigen, da es sich jedoch um meine Phantasie handelt, ist das nicht wichtig... Ich liege also auf dem Rücken auf meinem Bett. Ich bin ganz nackt. Meine Beine und Arme sind ausgestreckt. Ein Gruppe von sechs sehr gut aussehenden Frauen betritt das Zimmer. Sie sind alle schlank – und nackt. Mein Schwanz, der bereits halb hart war, wird nun völlig erigiert, wie sie so um mein Bett herum stehen... Die erste Frau steigt auf das Bett und setzt sich rittlings auf meinen Bauch... sie hält meinen Schwanz und führt ihn in ihre Muschi ein, dann bewegt sie sich langsam auf und ab, so dass mein Schwanz tief in sie eindringt... Kurz darauf rutscht sie runter von mir und setzt sich an den Bettrand. Dann macht die nächste Frau genau das Gleiche, mit einem Unterschied. Als sie meinen Schwanz lutscht, ist dieser mit den Säften der anderen Frauen bedeckt, was mich sehr erregt. Nachdem alle Frauen an der Reihe waren, bin ich bereits in jede von ihnen eingedrungen.« In diesem Stil geht es weiter, mit plastischen Beschreibungen des Körpers jeder einzelnen Frau und unterschiedlichen Kombinationen und Stellungen, die er mit den Frauen erprobt.

Anzahl, »Vielfalt« und »Neuigkeit« dominieren die männlichen Phantasien. Männer fokussieren Körperteile und Stellungen, Emotionen spielen dabei eine geringe Rolle. Männliche Sexualphantasien sind sehr stark visuell ausgerichtet, auf zarte Haut, auf Brüste, Genitalien, Hüften und Hintern. In ihren Phantasien konzentrieren sich 81 Prozent der Männer, aber nur 43 Prozent der Frauen auf visuelle Eindrücke statt auf Emotionen. Männer phantasieren über attraktive Frauen mit viel nackter Haut, die leicht zu haben sind und wenig Verbindlichkeit fordern. Bruce Ellis und Donald Symons schreiben dazu: »Als auffälligstes Merkmal [männlicher Phantasien] ist Sex mit purer Begierde und körperlichen Genüssen verbunden, frei von tieferen Beziehungen, emotionaler Differenzierung, komplizierten Handlungsverläufen, einem Flirt oder sanfter Werbung und ausgedehntem Vorspiel.« Männliche Sexualphantasien laufen oft auf Sex mit mehreren Partnerinnen hinaus.

Die Sexualphantasien von Frauen variieren natürlich ebenso stark wie die der Männer, und keine zwei gleichen sich. Dennoch lässt sich allgemein festhalten, dass hier mit größerer Wahrscheinlichkeit vertraute Partner im Spiel sind als bei Männern. Natürlich sehnen sich auch manche Frauen danach, was die Schriftstellerin Erica Jong in »Fear of Flying« (»Angst vorm Fliegen«) als »zipless fuck«

(»schnelle Nummer«) beschrieben hat: anonymer Sex mit einem Fremden im Zug. Häufiger sind Sexualphantasien von Frauen jedoch durch ausführlichere Handlungsabläufe gekennzeichnet.

Folgende Sexualphantasie schildert die 29-jährige Jayne: »Meinen Phantasiepartner kenne ich schon seit Längerem, aber bislang sind wir noch nicht intim geworden. Den ganzen Tag über hat er mich schon mit ungeteilter Aufmerksamkeit erfreut, mir beim Mittagessen zugehört, mich mit brennendem Verlangen angeblickt, während wir Hand in Hand durch die Stadt spaziert sind. Nun, zurück in meinem Apartment, hält er mich eng umschlungen und flüstert mir schöne Dinge ins Ohr. Er sagt mir, dass ich das Wichtigste in seinem Leben bin, die Einzige, bei der er so fühlt... Zunächst sind unsere Küsse zärtlich, dann werden wir beide leidenschaftlicher. Gemeinsam sinken wir auf den Boden, ziehen uns die Kleider vom Leib, halten dann aber in unserer Leidenschaft inne und schauen uns an. Als unsere Körper sich vereinigen, ist das nicht einfach nur Sex, sondern die Verschmelzung zweier Menschen, zweier Herzen und Seelen.«

Auffällig sind die emotionale Vertrautheit, zärtliches Geflüster, menschliches Interesse und seelische Nähe mit jemandem, den Jayne bereits kannte. Keine dieser Zutaten findet sich typischerweise in männlichen Sexphantasien, die oft stärker auf rohen Sex mit Unbekannten ausgerichtet sind. 59 Prozent amerikanischer Frauen, aber nur 28 Prozent amerikanischer Männer geben an, dass ihre Sexualphantasien sich üblicherweise auf jemanden konzentrieren, mit dem sie vorher schon emotional oder sexuell verbunden sind. Natürlich beschränken sich nicht alle weiblichen Sexualphantasien auf bereits bekannte Männer.

Bobbi, eine verheiratete Frau in ihren Dreißigern, berichtet von einem Mann, den sie noch nie zuvor getroffen hat: »Ich bin mit einem Mann zusammen, den ich im wirklichen Leben noch nie gesehen habe. Er ist ein Naturbursche, und er mag Tiere. Er ist selbstbewusst und stark, zugleich aber sanft. Wir verbringen den ganzen Tag miteinander und merken, wie viele gemeinsame Interessen wir haben. Er... saugt jedes meiner Wörter förmlich auf und schaut mich mit großer Begierde an. Bei ihm zu Hause essen wir, trinken, hören Musik und tanzen eng... Er sagt, ich sei die Einzige, bei der er je so gefühlt habe. Das erregt mich und steigert auch mein Begehren nach ihm. Zunächst küsst er mich zärtlich, und ich antworte mit gleicher Zärtlichkeit. Als er mich dann etwas ungestümer küsst, reagiere ich auch auf diese Energie. Als wir uns gegenseitig ausziehen, bemerke ich seinen trainierten Bauch, seine starken Beine und seine dunkle Brustbehaarung. Bei seinen Zärtlichkeiten fühle ich mich angebetet, bewundert, sicher und sehr sexy. Mit dem Streicheln meiner Brust und Oralsex erregt er mich aufs Äußerste und dringt dann in mich ein. Wir kommen gemeinsam zum Höhepunkt, kuscheln dann den Rest des Tages zusammen im Bett, reden und berühren uns zärtlich.«

Emotionen und Persönlichkeit sind für Frauen ausschlaggebend. Obgleich Bobbis Phantasie nicht ihren Ehemann, sondern einen Unbekannten zum Inhalt hatte, springen sie nicht einfach nur zusammen ins Bett. Bevor es zum Sex kommt, lernen sie einander kennen, tauschen sich über gemeinsame Interessen aus, essen und tanzen zusammen. Bobbi wird zum Zentrum seines Begehrens, sie entfacht seine Leidenschaft wie keine Frau je zuvor. Er umschwärmt sie, vermittelt ihr ein Gefühl von Sicherheit und Schutz – alles Zeichen für längerfristige emotionale Verbindlichkeit und Engagement.

Breit angelegte Studien bestätigen diesen Tenor: 57 Prozent der Frauen, aber nur 19 Prozent der Männer berichten von einer Konzentration auf Emotionen statt auf visuelle Eindrücke. Eine Frau erklärt: »Normalerweise denke ich an den Mann, mit dem ich zusammen bin. Manchmal bemerke ich, wie mich die Gefühle überkommen, einhüllen und davontragen.« Frauen legen in ihren Sexualphantasien Nachdruck auf Zärtlichkeit, Romantik und persönliches Engagement, auf die Art und Weise, in der der Partner auf sie eingeht.

Die Sexualphantasien von Männern zeichnen sich dagegen stärker durch sexuelle »Vielfalt« aus, zumal sich in der Vergangenheit Männer mit diesem Verhalten tendenziell erfolgreicher fortzupflanzen vermochten als andere Männer. Das bedeutet indes kein fehlendes männliches Interesse an der Ehe – wie Natalie Angier und andere Kritiker diese Theorie missinterpretiert haben. Männer halten schlicht mit größerer Wahrscheinlichkeit Ausschau nach unverbindlichem und einmaligem Sex als Ergänzung zu den langfristigen ernsthaften Beziehungen, die sie eingehen.

Es überrascht mich, wenn manche Ideologen darauf beharren, die Geschlechter seien identisch und Frauen seien mehr oder weniger genauso »wahllos« bei unverbindlichen Sexabenteuern, wie dies bei Männern der Fall ist. Die Fakten sprechen eine andere Sprache. Die reproduktiven Ressourcen der Frau sind wertvoll und begrenzt, und unsere Urmütter verschwendeten sie nicht an irgendeinen dahergelaufenen Mann. Natürlich denken Frauen nicht bewusst, dass Spermien billig sind und weibliche Eizellen teuer. Frauen, die in vergangenen Zeiten keinen Scharfblick bewiesen, bevor sie in Sex einwilligten, blieben evolutionsgeschichtlich auf der Strecke; unsere urzeitlichen weiblichen Vorfahren setzten ihr emotionales Wissen ein, um »Verlierer« zu entdecken. Lust ist eine Sache, Handeln eine andere. Nicht alle Menschen, die Lust auf außerehelichen Sex verspüren, geben diesem Impuls auch nach.

Anfälligkeit für Untreue bei unterschiedlicher Attraktivität

Welche Kennzeichen verweisen auf einen untreuen Partner? Manche Zeichen sind offensichtlich: eine unbegründete Abwesenheit, ein plötzliches Nachlassen sexuellen Interesses, ungewohnte Gerüche am Partner, offenes Flirten mit anderen – oder den Partner nackt in den Armen einer anderen Person zu entdecken. Viele Signale sind jedoch subtiler, etwa Persönlichkeitsmerkmale des Partners. In diesem Abschnitt wird untersucht, wer besonders anfällig für Untreue ist und welche Zeichen es dafür gibt.

Eine bemerkenswerte Entdeckung machte die Evolutionsbiologin Nancy Burley beim Studium der Zebrafinken (Poephia guttata). Bislang war man davon ausgegangen, diese Vögel seien monogam und blieben einem Partner über mehrere Paarungszeiten treu. Bei einer Beobachtung über einige Monate hinweg zeigte sich, dass manche Männchen mit mehreren Weibchen kopulierten, manche nur mit einem Weibchen und manche zölibatär blieben. Die Forscherin bemerkte auch Unterschiede in der Färbung der Vögel, wobei einige Färbungen attraktiver waren als andere.

Das Experiment, das Burley mit den Zebrafinken durchführte, würde bei Menschen wahrscheinlich als inhuman angesehen. Sie brachte Bänder mit unterschiedlichen Farben an den Beinen der Vögel an. Manche Männchen trugen also Rot, was Burleys Beobachtungen zufolge anziehend auf die Weibchen wirkte. Andere Männchen wurden mit grünen Bändern bestückt, was weniger anziehend auf die Weibchen wirkte. Umgekehrt schien Schwarz bei Weibchen am meisten Anziehungskraft auf die Männchen auszuüben – also bandagierte Burley einige Weibchen in Schwarz. Andere Weibchen blieben ohne Band. Auf diese Weise variierte Burley die relative Attraktivität der Vögel und beobachtete dann 22 Monate lang deren Paarungsverhalten. Da ausreichend Futter in den Laborgehegen vorhanden war, konnte dieser Aspekt beim Paarungsverhalten nun keine Rolle spielen.

Die Biologin kam auf zwei bemerkenswerte Ergebnisse hinsichtlich des Paarungsverhaltens von attraktiveren Vögeln mit weniger attraktiven und umgekehrt. Erstens widmeten die weniger attraktiven Vögel der Pflege und dem Schutz ihrer Küken mehr Energie als die attraktiveren. Es war, als hätten die weniger attraktiven Vögel die Notwendigkeit »erkannt«, ihre mangelnde Attraktivität durch größere elterliche Sorge zu kompensieren; die attraktiveren Vögel mit höherem »Paarungswert« konnten ihre Anziehungskraft sozusagen gegen einen geringeren Arbeitsaufwand eintauschen. Zweitens erfreuten sich die Männchen, die attraktiver als ihre Partnerinnen waren, öfter an zusätzlichem »außerpartnerschaftlichen« Sex mit anderen Weibchen. Im Wesentlichen erkauften sich die Vögel mit höherem »Paarungswert« mit ihrer vergleichsweise größeren Attraktivität mehr Gelegenheiten zur Untreue.

Weisen Menschen ein ähnliches Verhalten auf? Das erste Indiz für die Bedeutung unterschiedlicher Attraktivität hinsichtlich ehelicher Untreue stammt aus einer Umfrage von Psychology Today. Jeder Teilnehmer wurde gebeten: »Beschreiben Sie bitte die Begehrlichkeit Ihres Partners: sehr viel begehrenswerter als ich; etwas begehrenswerter als ich; etwas weniger begehrenswert als ich; sehr viel weniger begehrenswert als ich.« Diejenigen, die ihre Partner als »etwas weniger« oder »sehr viel weniger« begehrenswert beschrieben, wurden als die mit höherem »Partnerschaftswert« definiert. Diejenigen, welche ihre Partner als »etwas« oder »sehr viel« begehrenswerter einschätzten, wurden als niedriger im »Partnerschaftswert« definiert.

Die Studienteilnehmer wurden auch gefragt, wie stark sie zu außerehelichen Sexualkontakten neigen. Es gab zwei Fragen: »Wie bald, nachdem Sie mit ihrem Partner zusammengezogen sind, hatten Sie Sex mit jemand anderem (sofern Sie Sex mit jemand anderem hatten)? Mit wie vielen Personen hatten Sie im Verlauf ihrer Partnerschaft außereheliche Affären?« 58 Prozent der Partner erwiesen sich insofern als »zueinander passend«, als sie ähnliche Werte hinsichtlich Begehrlichkeit erzielten wie ihr Partner. Wie verhielt es sich mit den Paaren, die nicht so gut zueinander »passten«, wo also ein Partner begehrenswerter war als der andere? Der attraktivere Partner stellte sich als derjenige heraus, der mit größerer Wahrscheinlichkeit mehr Affären mit mehreren Partnern hatte als der weniger attraktive. Ferner tendierte der attraktivere Partner dazu, zu einem früheren Zeitpunkt der Ehe Affären zu haben als der andere. Sie fingen sechs bis acht Jahre nach der Hochzeit an, Affären zu haben. Im Gegensatz dazu warteten die weniger oder gleich begehrenswerten Partner zwölf bis fünfzehn Jahre, bevor sie eine Affäre eingingen, sofern es überhaupt dazu kam. Wie die Zebrafinken scheinen sich also auch die Menschen vom relativen »Wert« des Partners beeinflussen zu lassen.

In einer Studie mit frisch vermählten Paaren untersuchten Todd Shackelford und ich die Bedeutung von Attraktivitätsunterschieden in Bezug auf die Neigung zur Untreue noch etwas genauer. Wir analysierten 107 Paare, und zwar mit Hilfe von drei verschiedenen Informationsquellen: Selbstzeugnisse, Auskünfte des Partners und Interviews mit den Paaren. Getrennt voneinander und vertraulich wurde jeder gebeten, die Wahrscheinlichkeit einzuschätzen, mit der sein Partner im kommenden Jahr unterschiedliche Akte der Untreue begehen würde. Darin eingeschlossen waren Flirten, leidenschaftliches Küssen, ein romantisches Rendezvous, einmaliger Sex, eine kurze Affäre und eine ernsthafte Affäre. Danach sollte jeder sich selbst hinsichtlich der Wahrscheinlichkeit, sich eine dieser Formen von Untreue zu Schulden kommen zu lassen, einschätzen. Den Teilnehmern wurden dann zwei Fragen gestellt: Falls es zu Untreue kommt, wie hoch ist dann die Wahrscheinlichkeit, dass Sie die Beziehung beenden? Und wie hoch ist im gleichen Fall die Wahrscheinlichkeit, dass Ihr Partner die Beziehung beendet?

Danach wurde jedes Paar von zwei Interviewern, jeweils einer Frau und einem Mann, die aus einem Team von acht Interviewern nach dem Rotationsprinzip zum Einsatz kamen, befragt. Gleich nach dem Interview bewerteten die Interviewer getrennt voneinander die Interviewten hinsichtlich ihrer »allgemeinen Attraktivität als potenzieller Partner«, was wir als »Marktwert für das andere Geschlecht« definierten. Die einzelnen Bewertungen der Interviewer wurden zu einem Gesamtbild des »Partnerwertes« jedes Befragten zusammengefügt. Daraufhin wurde die Ungleichheit der Attraktivität innerhalb einer Partnerschaft eingeschätzt.

Wir stellten fest, dass der »höher bewertete« Partner mit eindeutig größerer Wahrscheinlichkeit untreu wurde – womit die Ergebnisse der Studie aus Psychology Today bestätigt waren. Frauen, die mit einem attraktiveren Mann verheiratet waren, hielten es zum Beispiel für wahrscheinlicher als andere Frauen, dass ihr Mann eine andere Frau küssen würde, ein Rendezvous haben, einmal Sex oder eine kurze Affäre. Ferner beobachteten wir eine Verbindung zwischen ungleicher Begehrlichkeit und der Wahrscheinlichkeit, die Ehe aufgrund einer Affäre des Partners zu beenden. Dies galt allgemein allerdings nur für die »gewichtigeren« Formen von Untreue. Ein Flirten oder Küssen des Partners war zu entschuldigen oder führte zumindest nicht zur Scheidung. Hatte der weniger begehrenswerte Partner einmal Sex mit jemand anderem, eine kurze Affäre oder eine ernsthafte Affäre, reichte der attraktivere Partner mit hoher Wahrscheinlichkeit die Scheidung ein. Die weniger attraktiven Partner dagegen tolerierten die Untreue ihrer attraktiveren Partner und meinten, sie würden sich nicht scheiden lassen.

Eine Studie von Bram Buunk und seinen Kollegen mit 82 holländischen Ehemännern und 132 Ehefrauen mit einem Durchschnittsalter von 41 Jahren zeigte, dass unsere Erkenntnisse ein gewisses Maß an kulturübergreifender Gültigkeit haben. Sie untersuchten die Auswirkungen des relativen »Wertes« eines Partners auf dessen Wunsch nach außerehelichem Sex und auf die tatsächliche Häufigkeit von außerehelichem Sex. Die Intensität des Begehrens wurde mit Hilfe folgender Frage eingestuft: »Wie oft wollten Sie während Ihrer Ehe oder festen Beziehung Sex mit einer anderen Person haben?« Die Studienteilnehmer wurden auch nach der Anzahl der Affären gefragt, die sie tatsächlich gehabt hatten.

Starke Auswirkungen hatte die relative Partnereinschätzung auch für Niederländerinnen. Frauen, die sich selbst als begehrenswerter als ihre Partner empfanden, hatten mit größerer Wahrscheinlichkeit den Wunsch nach außerehelichem Sex und setzten diesen Wunsch auch mit größerer Wahrscheinlichkeit in die Tat um. Frauen, die meinten, sie passten hinsichtlich Begehrlichkeit gut zu ihrem Partner, hatten mit geringster Wahrscheinlichkeit das Bedürfnis nach einer Affäre und setzten dieses Bedürfnis auch mit der geringsten Wahrscheinlichkeit in die Tat um. All diese Einzelergebnisse führen zu der Schlussfolgerung: Innerhalb einer Partnerschaft sind die höher eingeschätzten Partner besonders anfällig für Untreue.

Das Prinzip der abnehmenden Gewinne

Innerhalb eines Menschenlebens steht eine begrenzte Menge an Zeit und Energie zur Verfügung. Man könnte das Leben als eine Reihe von Entscheidungen darüber betrachten, wie man seine Zeit verbringen will. Die Zeit, die auf eine Sache verwendet wird, fehlt notwendigerweise für andere Dinge. Zu den wichtigsten Entscheidungen im Leben eines Menschen zählen die darüber, wie viel Aufwand und Energie man für unterschiedliche Lebensaufgaben wie etwa das Finden eines Partners, das berufliche Fortkommen und Familiengründung verwenden will. Mit dem Aufwand, den man für eine Karriere betreibt, verringert sich die Zeit, die man für die Familie hat. Bei jeder Aktivität erreichen wir jedoch irgendwann einen Zustand abnehmender Gewinne, in dem zusätzliche Anstrengungen immer weniger Profit bedeuten.

Betrachten wir ein einfaches Beispiel – etwa die Zeit, die zur Beschaffung von Nahrungsmitteln aufgewendet wird, sei es beim Jagen oder beim Sammeln. Die ersten paar Brocken, die sich finden, sind natürlich außerordentlich wertvoll. Sie können unter Umständen zwischen Hungertod und Überleben entscheiden. Zusätzliche Mengen an Nahrung, die über den Tag hinweg dazukommen, haben zunehmend weniger Wert. Im Extremfall hat der hundertste Brocken Fleisch beinahe keinen Wert mehr; er wird ungegessen verderben. In dieser Logik zeigt sich, wie zur Nahrungsmittelsuche aufgewendeter Aufwand immer weniger Gewinn zeitigt. Über die natürliche Selektion müssten sich Regeln der Entscheidungsfindung hinsichtlich des Aufwandes ausgebildet haben, Nahrungsmittel zu suchen – damit aber aufzuhören, sobald der Gewinn im Verhältnis zum Aufwand zu gering ausfällt.

Die gleiche Logik lässt sich auf Zeit und Energie anwenden, die wir zur Partnersuche aufbringen – was man allgemein auch »Paarungsanstrengung« nennt. Zeit und Energie, die man zur Verbesserung des eigenen Erscheinungsbildes aufwendet, um potenzielle Partner anzuziehen und außereheliche Affären eingehen zu können, mögen hinsichtlich der Reproduktionsmöglichkeiten bis zu einem gewissen Punkt profitabel sein. Doch im Allgemeinen wird jeder irgendwann den »Zustand abnehmender Gewinne« erreichen. Zusätzliche Anstrengungen, sein Erscheinungsbild zu verbessern, könnten dann zum Beispiel nur noch einen geringfügigen Unterschied bewirken und deshalb den Aufwand und zusätzliche Ausgaben nicht lohnen. Dieselbe Logik lässt sich auf die Anstrengungen bei der Partnersuche und bei der Sicherung von Geliebten anwenden.

Doch hier gibt es einen Haken: Die Rate der abnehmenden Gewinne hängt sehr stark vom Erfolgspotenzial jedes Einzelnen ab. Der Theorie abnehmender Gewinne zufolge müsste die Rendite in Beziehungsangelegenheiten für sehr attraktive Männer höher liegen als bei weniger attraktiven Männern. Attraktive Schauspieler wie Matt Damon oder Ben Affleck würden mehr sexuellen Erfolg pro Einheit an Paarungsanstrengung haben als weniger attraktive Schauspieler wie Steve Buscemi oder William Macy. Folglich müsste die Anziehungskraft, die ein Mann auf Frauen ausübt, seine Entscheidung darüber beeinflussen, wie viel Aufwand er für die Partnerfindung veranschlagt.

Um dies herauszufinden, machte David Waynforth von der University of New Mexico eine Studie mit 56 Männern im Westen von Belize, wo vorwiegend Mayas relativ isoliert leben. Bis vor kurzem waren die beiden Dörfer San Antonio und Cristo Rey, in denen Waynforth die Männer befragte, nur mit einem Kanu erreichbar. Ihren Lebensunterhalt bestreiten die Bewohner dieser Dörfer vor allem durch Ackerbau mit Brandrodung, eine Technik, die die Einheimischen milpa nennen. Als Waynforth die Belizer studierte, galten die Ehen als monogam. Ein paar Männer waren geschieden und wieder verheiratet. Trotz prinzipieller Monogamie hatten manche Männer außereheliche Affären.

Ausführlich befragte Waynforth die Männer darüber, wie sie ihre Freizeit verbringen. Die zwei Hauptkategorien waren »mit Familie und Verwandtschaft verbrachte Zeit« und »mit Partnersuche verbrachte Zeit«, was in diesem Fall auf sporadische »Bekanntschaften« bezogen war. Die mit Familie und Verwandten verbrachte Zeit beinhaltete Hausarbeiten, Zusammensein mit der Ehefrau, den Geschwistern, Eltern, Großeltern und Kindern. Die andere Kategorie bezog sich auf Situationen, in denen eine gewisse Wahrscheinlichkeit bestand, andere Frauen zu treffen. Hielten sich zwei Männer etwa einfach so vor dem Lebensmittelladen des Dorfes auf, zählte dies zur Kategorie »Bekanntschaften machen«, zumal aus ihrem Verhalten das Ziel, die Aufmerksamkeit anderer Frauen zu erregen, klar ersichtlich war. Waynforth fotografierte jeden der Männer und ließ dann eine Jury die Attraktivität jedes Porträts einschätzen.

Die Ergebnisse untermauerten die Theorie der abnehmenden Gewinne. Attraktivere Männer verbrachten wenig Zeit zu Hause mit ihren Frauen und Verwandten, aber viel Zeit mit Aktivitäten, bei denen sie anderen Frauen begegneten. Umgekehrt widmeten weniger attraktive Männer – normalerweise weniger erfolgreich bei Frauen – dem »Hüten des familiären Nestes«, Haushaltsarbeiten, der Kindererziehung und der Pflege familiärer Gemeinschaft sehr viel mehr Zeit. Kurz gesagt hat die Attraktivität eines Mannes Einfluss darauf, wie viel seiner begrenzten Zeit er in die Suche nach außerehelichem Sex investiert – oder in das Bewahren des häuslichen Friedens.

Einem Naturgesetz entsprechend erreicht jeder den Punkt verminderter Gewinne, wenn es um verbrauchte Zeit und Energie für bestimmte adaptive Probleme geht. Manche brauchen dank ihrer größeren Attraktivität länger, bis sie den Punkt der Energieverschwendung erreichen, an dem der Ertrag die Mühe nicht lohnt. Früher oder später stoßen wir jedoch alle an diese Grenze.

Emotionale und sexuelle Befriedigung

Der gesunde Menschenverstand und Ihre Großmutter könnten Ihnen sagen, dass Menschen, die in ihrer Ehe sexuell oder emotional unzufrieden sind, eine gewisse Tendenz zu Affären aufweisen. Manchmal sind die Dinge indes nicht so, wie sie zu sein scheinen. Die Welt scheint flach, ist jedoch rund. Wir meinen, das Universum habe drei Raumdimensionen und eine Zeitdimension, die Astrophysiker lehren uns jedoch, es habe nicht weniger als elf Dimensionen. Ebenso verhält es sich mit der psychologischen Dynamik der Ehe. Unser Alltagswissen führt uns gelegentlich auf Irrwege – im Hinblick auf Unzufriedenheit und Untreue führt es uns partiell auf Irrwege.

Shirley Glass und Thomas Wright haben den Zusammenhang von ehelichem Glück und außerehelichen Affären einer genaueren Betrachtung unterzogen. Zu ihrer Verwunderung schien der Grad der Zufriedenheit bei Männern keinerlei Effekt auf die Wahrscheinlichkeit fremdzugehen zu haben. Tatsächlich bezeichneten 56 Prozent der Männer, die Affären hatten, ihre Ehe als »sehr glücklich«.

Zur Illustration, wie überraschend ihre ursprünglichen Annahmen über eheliche Harmonie und Affären hinfällig wurden, erzählte Shirley Glass folgende Anekdote: »Als Frau dachte ich, wenn ein Mann eine Affäre habe, bedeute dies, seine Ehe sei furchtbar und er bekomme zu Hause wahrscheinlich nicht, was er wolle – die alte Leier, man müsse den Mann zu Hause glücklich machen, um ihn vom Fremdgehen abzuhalten... Nun merkte ich, dass eine Frau so wundervoll sein konnte, wie sie wollte – er könnte dennoch untreu werden... Als ein Bekannter von mir nach 40 Jahren Ehe starb, war seine Frau geradezu hilflos, weil sie eine sehr glückliche Ehe geführt hatten: Er war zugleich ihr Geliebter, ihr Freund und ihr Helfer in jeder Lebenslage gewesen. Sie vermisste ihn über alle Maßen. Ich dachte, dies sei der Traum einer Partnerschaft, der völligen Übereinstimmung gewesen. Als ich die Geschichte meinem Mann erzählte, machte er ein komisches Gesicht. Also fragte ich ihn: ›Stimmt da etwas nicht?‹ Er meinte, als er eines Abends mal mit den Kindern in ein etwas abgelegeneres Restaurant gegangen war, habe ebendieser Mann das Restaurant mit einer jungen blonden Frau zusammen betreten. Und als er meinen Mann sah, habe er das Restaurant sofort wieder verlassen.

Ich überlegte, was das zu bedeuten habe. Hatte er seine Frau all die Jahre hintergangen und gar nicht geliebt? Wie kann man 40 Jahre lang verheiratet sein und meinen, man führe eine gute Ehe? Da dämmerte mir, dass eine Affäre etwas anderes sein könnte, als ich bislang gedacht hatte.«

Die Verknüpfung von Unzufriedenheit mit der Ehe und Affären fällt bei Männern anders aus als bei Frauen und hängt auch vom Zeitpunkt ab, zu dem die Affäre während der Ehe stattfindet. Im Allgemeinen lässt sich bei allen Ehen im Laufe der Zeit eine graduelle Zunahme von Unzufriedenheit beobachten. Die einzige Ausnahme stellen hier Männer dar, die Affären haben. Anders als alle anderen »Gruppen« bleiben diese Männer in ihrer Ehe ungewöhnlich glücklich. Dieser Zusammenhang hat jedoch keine Gültigkeit, wenn es schon sehr früh in einer Ehe zu einer Affäre kommt. Affären zu einem frühen Zeitpunkt der Ehe sind ein Zeichen für mögliches Unheil, und hier waren die Männer, die die Affären hatten, auch tatsächlich sehr unglücklich mit ihrer Ehe. Doch viele Männer können scheinbar selbst dann Affären haben, wenn sie sehr glücklich mit ihren Ehefrauen sind – was Großmutters Wissen widerspricht.

Bei den Frauen hingegen scheint das Alltagswissen zuzutreffen. Die meisten Frauen, die Affären haben, gaben an, mit ihren Ehen sehr unglücklich zu sein. Dieser geschlechtsspezifische Unterschied enthält einen Hinweis auf die unterschiedlichen adaptiven Funktionen, die Affären für Frauen und für Männer erfüllen. Bei Männern sind Affären im Allgemeinen rein sexuell motiviert; bei Frauen sind mehr Emotionen im Spiel. In der Studie von Shirley Glass erklärten 44 Prozent der Männer, die eine Affäre hatten, sie hätten wenig bis gar keine emotionale Verbindung zur Partnerin in ihrer Affäre. In den Worten eines Befragten: »Warum können Frauen nicht verstehen, dass es nicht anders ist, als mit einem anderen Partner Tennis zu spielen; immer mit demselben Partner zu spielen wäre langweilig.« In derselben Studie berichteten nur elf Prozent der Frauen von geringer oder gar keiner emotionalen Beteiligung – ein weiterer großer geschlechtsspezifischer Unterschied.

In einer anderen Studie befragten Glass und Wright 148 Männer und 155 Frauen, womit sich eine Affäre rechtfertigen ließe: »Hier eine Liste von Gründen, die manchmal als Erklärung für eine außereheliche Affäre angegeben werden. Bis zu welchem Maß wäre jeder der folgenden Gründe als Rechtfertigung für eine solche – emotionale oder sexuelle – Affäre akzeptabel?« Frauen meinten mit größerer Wahrscheinlichkeit als Männer, dass emotionale Faktoren wie Liebe, geteilte Intimität und Kameradschaft eine Affäre begründen könnten. Männer dagegen tendierten mehr zu Rechtfertigungen sexueller Natur – sexuell neuartige Erfahrungen, Abwechslung, Experimentierfreudigkeit oder reine Neugier.

Zwar variieren die Motive auch bei Männern, und natürlich verweisen Affären bei manchen Männern auch auf Probleme in ihren Ehen, aber für die Mehrheit scheint die Befriedigung des Bedürfnisses nach sexueller »Vielfalt« ausschlaggebend – ein Bedürfnis, das eindeutig einem adaptiven Antrieb entspricht. Bei Frauen nehmen sich die Funktionen von Affären geheimnisvoller und komplizierter aus und machen deshalb eine eigene ausführlichere Betrachtung erforderlich (siehe Kapitel 7).

Ein grundlegender geschlechtsspezifischer Unterschied muss festgehalten werden. Dabei geht es um die Frage, was überhaupt als

Untreue wahrgenommen wird. Frauen sehen den Tatbestand der Untreue schon gegeben, wenn man einige Zeit gemeinsam mit einem Mitglied des anderen Geschlechts verbringt und gemeinsam (nichtsexuelle) Geheimnisse vor dem Partner hat; Männer empfinden das nicht so. Männer bezeichnen dafür mit größerer Wahrscheinlichkeit jegliche Art sexuellen Kontaktes mit jemand anderem als Untreue. Die Geschlechter unterscheiden sich also bereits in der Definition von Untreue. Dieser Unterschied im intuitiven Verständnis von Untreue rührt von den unterschiedlichen adaptiven Bedrohungen her, mit denen sich Frauen und Männer im Laufe der Evolution konfrontiert fanden. Wie wir gesehen haben, sahen sich Männer von der Unsicherheit hinsichtlich ihrer Vaterschaft bedroht, Frauen vom Verlust des Engagements ihres Partners. Diese Unterschiede beeinflussen die Art und Weise, in der Treubruch definiert wird.

Die Persönlichkeit der Treulosen: Liegt das Schicksal im Charakter?

Die meisten Untersuchungen haben sich auf Aspekte wie relative Begehrlichkeit und emotionale Unzufriedenheit als mögliche Ursachen für Affären konzentriert. Ein oftmals übersehener Indikator für Untreue ist auch die jeweilige Persönlichkeitsstruktur. Haben Menschen mit bestimmten Charaktereigenschaften mit größerer Wahrscheinlichkeit Affären als andere? Um diese Frage beantworten zu können, machten Todd Shackelford und ich eine Reihe von Tests mit einer Auswahl von 107 Paaren, die sich im ersten Jahr ihrer Ehe befanden. Da wir uns nicht nur auf Selbstauskünfte stützen wollten, bedienten wir uns dreier relativ unabhängiger Auswertungsmethoden: Selbstauskunft, Auskunft des Partners und Berichte von zwei Interviewern – einer Frau und einem Mann. Mehr als 100 mögliche Charaktereigenschaften – von Abenteuerfreudigkeit bis zu Arglosigkeit – untersuchten wir, doch nur drei erwiesen sich als wirklich relevant im Hinblick auf Anfälligkeit für Untreue.

Die erste war Narzissmus. Ausgesprochen narzisstische Menschen neigen natürlich zur Überschätzung ihrer Leistungen oder Talente. Sie erwarten, auch von anderen als überlegen anerkannt zu werden, und werden oft wütend, wenn derartige Bewunderung nicht gezollt wird. Da sie normalerweise in Phantasien über unbegrenzten

Erfolg, Macht, Status, Brillanz schwelgen, halten sie sich für etwas Besonderes, Einzigartiges und meinen, die allgemeinen Regeln und Maßstäbe menschlichen Zusammenlebens hätten für sie keine Gültigkeit. Narzissten erwarten maßlose Bewunderung und betreiben großen Aufwand, diese von anderen zu bekommen – oft auf charmante Weise. Ein sicheres Zeichen für Narzissmuss ist Anmaßung. Narzisstische Personen hegen unbegründete Erwartungen hinsichtlich bevorzugter Behandlung, andere sollen sich automatisch nach ihren Erwartungen richten, und sie werden wütend, wenn dem nicht so ist. Jeder versucht manchmal, von anderen Menschen für seine eigenen Ziele zu »profitieren«, aber Narzissten machen aus dieser gelegentlichen Situation eine Kunstform. Sie freunden sich unter den Gesichtspunkten Reichtum, Großzügigkeit und Beziehungen mit Personen an, die sich besonders gut ausbeuten lassen. Narzissten wählen gezielt diejenigen aus, die sie ausnützen können, und meiden Menschen, die ihrem Anspruch auf Grandiosität, Überlegenheit und Besonderheit skeptischer gegenüberstehen.

Noch wichtiger im Hinblick auf Untreue mag die Eigenschaft sein, dass es Narzissten typischerweise an Gespür für den Schmerz und das Leid mangelt, das sie anderen zufügen. Ständig mit ihren eigenen Bedürfnissen und Wünschen beschäftigt, vernachlässigen sie die schmerzhafte Wirkung, die ihr Verhalten auf ihnen nahe stehende Menschen haben könnte. Schließlich beneiden Narzissten auch häufig andere und hegen Groll gegen Menschen, die mehr Erfolg, Macht und Ansehen genießen. Ihre Neidgefühle können mit einem unbeständigen Gefühl der Selbstachtung zusammenhängen, zumal das Selbstwertgefühl von Narzissten oft zwischen Großartigkeit und Wertlosigkeit schwankt. Brauchbare Indikatoren für Narzissmus sind: das Angeben mit dem eigenen Körper (Exhibitionismus), sich selbst eine Machtstellung zuzuteilen (Grandiosität), immer das »beste Stück« für sich zu beanspruchen (Egozentrik), um einen großen Gefallen zu bitten, ohne eine Gegenleistung anzubieten (Anmaßung), über die Probleme eines Freundes zu lachen (mangelndes Mitgefühl) und Freunde für das eigene Fortkommen auszunutzen (auf Berechnung basierende menschliche Kontakte). All diese Eigenschaften scheinen dazu beizutragen, dass jemand zusätzliche Befriedigung außerhalb der Ehe sucht.

Narzissmus erwies sich als wichtiger Faktor bei Anfälligkeit für Untreue, und zwar schon im ersten Ehejahr. Narzissten gaben zu, mit größerer Wahrscheinlichkeit als ihr Partner mit anderen zu flirten, sie leidenschaftlich zu küssen und sich zu »romantischen« Rendezvous einzufinden. Die Ehepartner stimmten hier zu. Narzisstische Persönlichkeiten zeigten auch eine Tendenz zu einmaligem unverbindlichen Sex, kurzen oder auch ausgiebigeren Affären – und wieder pflichteten die Ehepartner dieser Einschätzung bei. Die Anfälligkeit für Untreue hielt sich über die nächsten vier Jahre der Partnerschaft. Bei einer Nachfolgebefragung bemerkten wir, dass diejenigen, die in ihrem ersten Ehejahr narzisstisches Verhalten an den Tag gelegt hatten, auch weiterhin zur Untreue neigten. Interessanterweise erwies sich Narzissmus für Frauen und für Männer als gleichermaßen starker »Risikofaktor« hinsichtlich Treulosigkeit.

Natürlich können Narzissten, gerade in gesellschaftlichen Zusammenhängen, sehr charmant, unterhaltsam und fesselnd sein. Doch ihre Partner müssen sich auf manches Leid gefasst machen. Aufgrund ihrer außerordentlichen Egozentrik, ihrer höchst anmaßenden Art und ihrem Mangel an Gefühl für den Kummer, den sie anderen bereiten, suchen Narzissten sexuelle Befriedigung und Selbstbestätigung gerne in Affären. Natürlich wissen sie ihr Verhalten zu entschuldigen – sie sind schließlich etwas Besonderes, verdienen besondere Formen der Zuwendung und sind den kleinlichen Regeln, die andere sklavisch befolgen müssen, nicht unterworfen.

Zwei weitere Persönlichkeitsmerkmale von Ehepartnern verweisen auf eine höhere Wahrscheinlichkeit von Untreue: geringe Gewissenhaftigkeit und ein hoher Wert auf der Skala, die alltagssprachlich manchmal mit dem Etikett »Psychotiker« versehen wird. Zu den typischen Charakteristika geringer Gewissenhaftigkeit zählen Unzuverlässigkeit, Nachlässigkeit, Sorglosigkeit, schlechte Organisation, Faulheit, Impulsivität und mangelnde Selbstbeherrschung. Indikatoren für geringe Gewissenhaftigkeit sind: Nachlässigkeit beim Begleichen von Rechnungen, Vergessen einer Verabredung, Mangel an Dankbarkeit, Verspätungen, das Ausschalten des Lichtes zu vergessen und spontan Dinge zu kaufen, ohne zu erwägen, ob man sie sich leisten kann.

Die Charakterisierung »Psychotiker« basiert natürlich auf einer begrifflichen Ungenauigkeit, da es hier nicht um Psychose geht. Eher kann man von Personen mit einer Tendenz zu Impulsivität und mangelnder Selbstkontrolle sprechen – vergleichbar also dem Mangel an Gewissenhaftigkeit. In Extremfällen ähneln diese Personen

Menschen mit gestörtem Sozialverhalten, was sich in flüchtigen Sexualkontakten und kurzfristigen zwischenmenschlichen Beziehungen äußert, in manipulativem Verhalten und dem Ausnützen von Mitmenschen. Ähnlich wie Narzissten mangelt es diesen Menschen an Einfühlungsvermögen. Zu ihren typischen Verhaltensweisen gehört zu lachen, wenn ein Hund von einem Auto angefahren wird, Gleichgültigkeit angesichts eines verletzten Kindes, das Beenden von Freundschaften ohne Vorwarnung oder Erklärung, das Verschwinden für mehrere Tage ohne Erklärung und impulsives unflätiges Beschimpfen anderer Autofahrer, von denen man sich geschnitten fühlt. Wie nicht anders zu erwarten, finden sich diese Verhaltensweisen bei Männern häufiger als bei Frauen.

Sowohl geringe Gewissenhaftigkeit als auch ein höheres Maß an »psychotischem« Verhalten erwiesen sich als verlässliche Indikatoren für eheliche Untreue. Wie die narzisstischen Persönlichkeiten flirteten, küssten und verabredeten sich auch diese Menschen häufiger anderweitig als die gewissenhafteren und weniger impulsiven Teilnehmer an unserer Studie. Sie gingen auch öfter mit anderen ins Bett, ohne über die Folgen nachzudenken, sowohl bei einmaligen Gelegenheiten als auch im Rahmen kurzer oder längerer Affären. Diese Verhaltensweise war bei Frauen und Männern bemerkenswert ähnlich. Keines der Geschlechter scheint vom Einfluss der Persönlichkeitsstruktur ausgenommen, die verheiratete Partner mit größerer Wahrscheinlichkeit fremdgehen lässt. Eine egoistische, manipulative und impulsive Persönlichkeit ist nicht notwendigerweise untreu. Eine höhere Wahrscheinlichkeit ist jedoch durchaus gegeben.

Treiben manche Menschen ihre Partner in die Arme eines anderen?

Im Hinblick auf die Partner der Treulosen fallen die Indikatoren weniger deutlich aus. Machen Menschen mit bestimmten Charaktereigenschaften das Eheleben so unerträglich, dass ihre Partner bei anderen Liebe suchen? Um diese Frage beantworten zu können, untersuchten Shackelford und ich Charaktereigenschaften von Ehefrauen und -männern und setzten sie nicht mit ihrer eigenen Neigung zu Untreue in Beziehung, sondern mit der ihrer Partner. Zwei Eigenschaften traten als signifikante Indikatoren hervor: Mangel an emotionaler Stabilität und Streitsucht. Emotionale Labilität ist ein wichtiges Persönlichkeitsmerkmal. Bei den Betroffenen macht es sich durch erhebliche Stimmungsschwankungen bemerkbar. Emotional labile Menschen werden durch Alltagsstress und -probleme stärker in ihrem inneren Gleichgewicht gestört als andere Menschen. Außerdem brauchen sie länger, um nach einer Irritation zu einem Normalzustand zurückzufinden. Gute Indikatoren für emotionale Labilität sind: von etwas besessen zu sein, was man nicht beeinflussen kann; sich wiederholt und ohne Grund selbst herabzusetzen; einer Sache zuzustimmen, ohne zu wissen warum und ohne selbst einen Standpunkt einzunehmen. Eine gute Seite an emotional labilen Menschen ist ihre erhöhte Sensibilität, eine Qualität, die manchmal mit Kreativität einhergeht. Zugleich können emotional labile Menschen aber eine Ehe zur Hölle machen und den Partner dazu treiben, bei jemand anderem Trost zu suchen.

Ist emotionale Labilität noch mit der Charaktereigenschaft Streitsucht verbunden, verwandeln sich Ehen gewissermaßen in Konfliktherde. Wie dies genau vonstatten geht, zeigt unsere Langzeitstudie mit Ehepaaren. Streitsüchtige Menschen verhalten sich ihren Ehepartnern gegenüber herablassend, rechthaberisch und nennen sie dumm. Sie vernachlässigen ihren Partner oder weisen ihn sogar zurück und legen damit den Grundstock für seine Treulosigkeit. Sie missbrauchen ihren Partner oft emotional, beschimpfen ihn und erniedrigen ihn vor anderen Leuten. Die Kombination von emotionaler Labilität und Streitsucht erweist sich als unheilvoll für jede Ehe, erhöht die Wahrscheinlichkeit einer Scheidung und treibt den Partner in die Arme eines anderen Menschen.

Ehepartner von emotional labilen und streitsüchtigen Menschen werden mit größerer Wahrscheinlichkeit flirten, küssen und zu »romantischen« Verabredungen gehen. Diese Partner überschreiten auch mit größerer Wahrscheinlichkeit die Grenze zu Sex, sei es bei einer einmaligen Gelegenheit oder im Rahmen einer längeren Affäre. Es ist, als böte eine Affäre einen Zufluchtsort vor dem Albtraum der Ehe, einen Ort, an dem man akzeptiert wird und nicht missbraucht. Natürlich treiben streitsüchtige und emotional labile Menschen ihre Partner nicht zwangsläufig dazu, woanders nach Zuwendung zu suchen, aber die Wahrscheinlichkeit ist größer.

Hinweise auf Untreue: Sensibilität für leise Signale

Partner, die fremdgehen, hängen dies selten an die große Glocke. Im Gegenteil, sie unternehmen alles, um Hinweise zu verbergen, treffen sich an abgelegenen Orten, versuchen verräterische Düfte zu überdecken, erfinden Alibis für ihre Abwesenheit, überreden gute Freunde, sie zu decken, und versuchen, sich insgesamt möglichst unauffällig zu verhalten. Aus der Verheimlichung entsteht ein ko-evolutionäres »Wettrüsten« zwischen Täuschung und der Fähigkeit, diese zu erkennen. Da eine Entdeckung katastrophale Folgen haben kann, haben die Untreuen immer größere Fähigkeiten entwickelt, unentdeckt zu bleiben. Da die Nachteile für den hintergangenen Partner erheblich sein können, begünstigt die Selektion diejenigen, die durch die Maske der Täuschung hindurch zu sehen vermögen. Kurz gesagt, hat sich aus dem ko-evolutionären Wettrüsten eine Sensibilität für Zeichen der Untreue entwickelt, zugleich sind aber auch die Täuschungsmanöver wirkungsvoller geworden.

1997 haben Todd Shackelford und ich eine ganze Reihe an Hinweisen auf Untreue analysiert. In einem ersten Schritt baten wir 204 Frauen und Männer getrennt, Zeichen aufzulisten, von denen sie meinten, sie würden auf eine sexuelle oder emotionale Treulosigkeit hinweisen. Auf einem Fragebogen mit der Überschrift »Hinweise auf sexuelle Untreue des Partners« baten wir die Leute, sich eine frühere, eine aktuelle oder zukünftig erwünschte Liebesbeziehung zu vergegenwärtigen und dann folgende Frage zu beantworten: »Aufgrund welcher Hinweise würden Sie vermuten, dass Ihr Partner Ihnen untreu ist?« Auf einem anderen Fragebogen lautete die Frage: »Aufgrund welcher Hinweise würden Sie vermuten, dass sich Ihr Partner gerade in jemand anderen verliebt?« Wir ermittelten 170 unterschiedliche Hinweise, die als Grundlage für die nachfolgende Untersuchung dienten.

In unserer nächsten Studie versuchten wir herauszufinden, aufgrund welcher Zeichen sich mit der größten Trefferquote sexuelle und emotionale Untreue diagnostizieren lässt, ferner welche Hinweise für welche Form der Untreue relevant sind – welche Fingerzeige also mit größerer Wahrscheinlichkeit sexuelle denn emotionale Abtrünnigkeit signalisieren und umgekehrt.

Das eindeutigste Anzeichen für sexuelle Untreue war recht offensichtlich: den Partner tatsächlich mit jemand anderem im Bett zu erwischen. Andere Zeichen waren etwas subtiler. Körperliche Zeichen bestehen unter anderem aus einem ungewöhnlichen Körpergeruch am Partner oder andere neuartige Düfte wie Parfum. Ein weiteres wichtiges Merkmal ist eine abrupte und unerwartete Veränderung im sexuellen Interesse des Partners. Zum Beispiel könnte ein Partner plötzlich Schwierigkeiten haben, in Stimmung zu kommen, oder im Bett mechanischer und gelangweilter wirken. Ein plötzliches gesteigertes Interesse an Sex kann allerdings ebenfalls ein Zeichen für Untreue sein – intensiverer Sex als sonst, mehr Gespräche zum Thema oder eine ungewöhnliche Experimentierfreudigkeit.

Auch Veränderungen im Alltagsverhalten könnten alarmierend sein, etwa der ungewöhnlich häufige Erwerb neuer Kleidung und ein veränderter Stil. Eine Zahnarztfrau, die ihren Mann irgendwann langweilig fand, fing eine Affäre mit einem interessanten und erfolgreichen Professor an. Auf ein Mal trug sie körperbetonte Kleidung, ließ sich am Bauchnabel piercen und bewegte sich mit mehr Eleganz und Selbstvertrauen. Nachdem ihr Mann die Affäre schließlich entdeckte und sie sich von dem Professor trennte, kehrte sie zu ihrer früheren langweiligeren Kleidung zurück, entfernte ihren Ring vom Bauchnabel und legte wieder ein spröderes Benehmen an den Tag.

Eine Vielzahl weiterer Veränderungen kann als Alarmzeichen dienen – verändertes Essverhalten, Musikgeschmack oder sogar die Auswahl der Lektüre. Die Fachliteratur quillt von Fällen über, in denen sich das Othello-Syndrom entwickelte, nachdem der Partner mit einem modischen neuen Hemd nach Hause kam, plötzlich eine Schwäche für Hip Hop oder Jazz entdeckte oder gierig die Werke von Updike oder Nabokov verschlang.

Wir fanden heraus, dass wieder andere Zeichen stärker auf emotionale Untreue verwiesen. Am offensichtlichsten waren Diskussionen über eine mögliche Trennung. Der Partner könnte etwa über das Ende der Ehe zu sprechen beginnen, erklären, dass die Liebe verschwunden sei, oder sogar vorschlagen, dass man sich ganz bewusst mit anderen Personen treffen könnte. Ein etwas subtileres Zeichen ist emotionale Distanzierung, etwa eine fehlende Reaktion auf des Partners Liebeserklärung. Nicht mehr »Ich liebe dich« zu sagen erwies sich als einer der sichersten Hinweise auf emotionale Untreue. Das Vergessen des Hochzeitstages, des Geburtstags seines Partners oder anderer besonderer Tage ebenso wie der Verzicht auf das Mitteilen persönlicher Gefühle sind Zeichen für eine emotionale Distanzierung. Das Zeigen von Schuldgefühlen erwies sich als stärkerer Hinweis auf emotionale denn sexuelle Untreue: dem Partner nicht in die Augen schauen, sich ungewöhnlich oft entschuldigen oder sich nach dem Sex verhalten, als habe man etwas Falsches getan.

Ein Widerstreben, über eine bestimmte Person zu sprechen, – oder ein besonders häufiges Erwähnen – kann ein Zeichen für emotionale Untreue sein. Nicht über jemand sprechen zu wollen oder nervös zu werden, wenn der Name dieser Person in einem Gespräch fällt, deutet auf ein »schwieriges Thema« hin; die auffällig häufige Erwähnung deutet auf einen vermehrten Bezug zu der betreffenden Person hin. Einer der verheerendsten Hinweise mag darin bestehen, den Partner mit einem anderen Namen anzusprechen; dies ist auf keinen Fall zu empfehlen, vor allem nicht im Bett mit dem Partner. Eine Frau erzählte, sie habe sich angewöhnt, sowohl ihren Mann als auch ihren Liebhaber »Schatz« zu nennen – um ein verräterisches Missgeschick zu vermeiden.

Ein anderer machtvoller Fingerzeig auf emotionale Untreue kann darin bestehen, dass ein Partner dem anderen gegenüber leichter wütend, kritisch oder verständnislos ist. Emotionale Distanzierung zeigt sich auch in Streitsucht, dem Ignorieren der Wünsche des Partners, einem unhöflichen und groben Benehmen, dem Kritisieren unwichtiger Dinge und einer nachlassenden Zärtlichkeit beim Sex. Dies kann letztendlich bis zur Gleichgültigkeit dem Partner gegenüber führen. Ein Ehepartner mag weniger herzlich als sonst sein, den anderen weniger oft auffordern, etwas gemeinsam zu unternehmen, oder insgesamt Langeweile zum Ausdruck bringen.

Ein interessanter geschlechtsspezifischer Unterschied trat auch bei der Bewertung zu Tage, wie relevant die einzelnen Hinweise seien. Frauen tendieren stärker als Männer dazu, eine ganze Bandbreite an Hinweisen als symptomatisch für emotionale Untreue zu sehen: sexuelles Desinteresse, ein offensichtlich schlechtes Gewissen oder Gleichgültigkeit des Partners, Gereiztheit, eine überkritische Einstellung und emotionale Distanz. Betont werden muss, dass Männer für diese Signale nicht völlig unempfänglich sind. Frauen scheinen einfach nur stärker auf kleinste Veränderungen im Verhalten ihrer Ehemänner anzusprechen, die unter Umständen ein verändertes emotionales Engagement verraten.

Ein zweiter geschlechtsspezifischer Unterschied betrifft die Empfänglichkeit für Signale, die das andere Geschlecht aussendet. In unserer Studie schätzten sowohl Frauen als auch Männer jeden Hinweis daraufhin ein, ob er bei einer Frau oder bei einem Mann entdeckt wurde. Frauen waren sich darin einig, dass gewisse Zeichen – etwa emotionale Distanzierung – charakteristischer für die Untreue von Männern denn von Frauen seien. Auf ähnliche Weise waren in den Augen der Männer Zeichen wie emotionale Distanzierung charakteristischer für weibliche Untreue als für männliche. Frauen scheinen also sensibler auf männliche Abtrünnigkeit zu reagieren, Männer sensibler auf weibliche – was im Hinblick auf die Adaption durchaus Sinn macht. Schließlich erwächst einem im Allgemeinen die größte adaptive Gefahr aus der Untreue des eigenen Partners, nicht aus der Untreue einer gleichgeschlechtlichen Person, außer wenn Freunde gleichen Geschlechts den Partner in eine Affäre hineinziehen – eine Art doppelter Treubruch.

Außer dem Tod ist nichts sicher, weder Gesundheit noch lebenslange Liebe und ganz bestimmt nicht die Treue des Partners. Mögliche Hinweise auf Treulosigkeiten werden absichtlich eliminiert oder zumindest abgedämpft. Der menschliche Geist hat jedoch eine außergewöhnliche Sensibilität für diese Hinweise, teils kaum hörbare Einflüsterungen, entwickelt. Eine Art Psychologie der Erkennung von Untreue trägt zur Verstärkung dieser Signale bei, weil sie eine adaptive Bedrohung andeuten. Manchmal irren wir uns. Emotionale Distanzierung kann schlicht ein Zeichen für einen anstrengenden Arbeitstag sein, und nicht für eine leidenschaftliche Affäre. Aber in unserer evolutionären Vergangenheit erlitten diejenigen, welche die sanften Hinweise auf Treulosigkeit nicht bemerkten, größeren Schaden hinsichtlich Reproduktion als diejenigen, welche sie wahrnahmen.

Trennung

Weltweit ist Untreue der Hauptgrund für Scheidungen. In westlichen Kulturen gibt die Hälfte aller Geschiedenen sexuelle Untreue des Partners als einen der wichtigsten Gründe für die Trennung an. Eine Frau in einer unserer Untersuchungen drückte es folgendermaßen aus: »Ich versuchte ihm zu vergeben, aber jedes Mal, wenn wir miteinander schliefen, musste ich an das Bild seiner Geliebten denken. Ich sah sie in den Armen meines Mannes, wie er sie umarmte, ihr zärtlich ins Ohr flüsternd. Ich konnte diese Bilder nicht loswerden. Deshalb musste ich unsere Beziehung beenden.« Nicht alle Paare trennen sich, nachdem einer der beiden fremdgegangen ist. Manche schaffen es zusammenzubleiben, sie flicken die Dinge wieder zusammen, durchstehen die schwierige Zeit und sammeln sich zu einem Neuanfang. Wodurch unterscheiden sich Paare, die nach einer Treulosigkeit zusammenbleiben, von denen, die sich trennen?

Im Rahmen unserer Studie mit 107 Ehepaaren fragten Shackelford und ich jede Frau und jeden Mann einzeln und in Abwesenheit des Partners, ob sie eine Scheidung einreichen würden, falls ihr Partner mit jemand anderem intim würde. Im Durchschnitt ähnelten sich die Aussagen der Frauen und Männer in einem erstaunlichen Maß. Eine Scheidung als Reaktion auf ein Flirten des Partners mit jemand anderem wollten nur vier Prozent der Männer und drei Prozent der Frauen anstreben. Bei leidenschaftlichen Küssen schnellten die Werte auf 20 bzw. 21 Prozent hoch, und bei einem »romantischen Rendezvous« des Partners waren es schon 36 bzw. 37 Prozent. Die Reaktionen auf »ernstere« Formen sexueller Untreue schlugen sich in höheren Prozentzahlen nieder. 49 Prozent der Frauen und Männer erklärten, ein einmaliges Fremdgehen würde eine Scheidung mit sich bringen. Bei einer kurzen Affäre waren es bei beiden Geschlechtern 56 Prozent. Die höchsten Prozentzahlen kamen bei einer ernsthaften Affäre heraus. 67 Prozent der Männer und 69 Prozent der Frauen gaben an, diese schwerwiegendste aller Übertretungen würde einen irreparablen Bruch bewirken. Am bemerkenswertesten hierbei ist nicht, dass die schwerwiegenderen Akte der Untreue die Scheidungswahrscheinlichkeit steigern, sondern dass beinahe ein Drittel der Befragten auch nach einer ernsthaften Affäre des Partners nicht die Scheidung einreichen würden. Wer sind diese großherzigen Menschen?

Die relative Einschätzung im Bezug auf die Begehrlichkeit des Partners erwies sich hier als ausschlaggebend, wenngleich vor allem aus Sicht der Frauen. Wie bereits erwähnt, wurden die Frauen und Männer von den Interviewern sowohl auf ihre äußere Attraktivität hin eingeschätzt als auch auf ihre »allgemeine Attraktivität als potentieller Partner (›Marktwert‹ für das andere Geschlecht)«. Die Ehefrauen, die als körperlich attraktiver als ihre Männer eingestuft wurden, gaben mit einer höheren Wahrscheinlichkeit an, sie würden sich von einem untreuen Ehemann trennen. Ähnlich verhielt es sich mit Frauen, die allgemein als begehrenswerter als ihre Männer eingeschätzt wurden. Frauen, die im Hinblick auf körperliche und allgemeine Attraktivität niedriger eingestuft wurden, waren auch eher bereit, ihren Partnern zu verzeihen. Diese Frauen meinten, sie würden sowohl bei einem einmaligen Fremdgehen als auch bei einer kurzen Affäre ihres Mannes wahrscheinlich mit ihm zusammenbleiben. Es ist, als ob diese Frauen dächten: »Ich kann mich glücklich schätzen, mit ihm zusammen zu sein, und hätte wohl große Schwierigkeiten, ihn durch jemand ebenso Begehrenswerten zu ersetzen – also stehe ich das jetzt einfach durch.«

Diese Deutung wird durch die Ergebnisse einer langfristig angelegten Studie mit 2033 Ehepaaren untermauert. Zunächst wurde jeder Teilnehmer nach seiner Vorstellung über mögliche alternative Ehepartner befragt: »In unseren heutigen Zeiten gibt es viele Unsicherheiten, und Ehen gehen unerwartet in die Brüche. Auch wenn dies unwahrscheinlich sein mag, würde ich Ihnen gerne ein paar Fragen dazu stellen, wie Sie damit fertig würden, wenn Ihre Ehe in einer Scheidung oder Trennung enden würde. Wie schwierig, glauben Sie, würde es Ihnen fallen, einen neuen Partner (Frau/Mann) zu finden? Wäre es sehr schwierig, ziemlich schwierig, nicht besonders schwierig oder überhaupt nicht schwierig?« Auch Informationen über das Einkommen der Befragten wurden gesammelt. Die Ergebnisse passten genau zu denen aus unserer Studie. Frauen, die es als schwierig einschätzten, einen anderen Partner zu finden, neigten eher dazu, mit ihrem untreuen Partner zusammenzubleiben. Frauen, die es als einfach ansahen, alternative Partner zu finden, tendierten stärker zur Scheidung. Zudem stellten Frauen mit höherem eigenen Einkommen die Scheidungsaussichten lockerer in den Raum als Frauen mit geringem persönlichen Einkommen.

Scheidung ist nicht die unvermeidliche Konsequenz aus einer sexuellen Treulosigkeit. Die Wahrscheinlichkeit dafür hängt stark von der relativen Begehrlichkeit der jeweiligen Partner ab. Die im Verhältnis zum Partner attraktiveren Personen haben anderswo bessere Chancen und werden ihrem Partner im Falle seiner Untreue mit größerer Wahrscheinlichkeit den Laufpass geben. Vor dem Hintergrund der Lügen und Geheimnisse des Ehelebens wenden wir uns nun einer gezielteren Frage zu: Warum gehen Frauen fremd?

7. Warum Frauen Affären haben

> Du scheinst überhaupt keine Lust mehr zu haben,
> irgendwas mit mir zu unternehmen...
> Wenn ich mit dir reden will, hörst du nicht zu, du schiebst es
> auf meine Hormone oder sagst, es sei ein Frauenproblem.
> In letzter Zeit fühlte ich mich stets einsam, unsicher,
> unattraktiv und dumm, diese Gefühle vermittelst du mir.
> Mit Robert fühle ich mich lebendig, sexy und interessant.
>
> Kitzinger und Powell: »Engendering Infidelity«, 1995

Frauen haben die Freuden und tragen die Lasten der Schwangerschaft. Neun Monate Schwangerschaft sind vom Stoffwechsel her aufwändig, schränken die Beweglichkeit der Frau ein und machen sie verletzlicher. Frauen haben keine Wahl, denn sie können ihre Investitionen nicht auf, sagen wir, vier, sechs oder acht Monate Schwangerschaft herunterschrauben. Auch kann kein Mann die Last direkt teilen. Eine Frau, die ich interviewte, meinte, sie wünsche sich, Männer könnten die Hälfte der Schwangerschaft übernehmen, »vorzugsweise die zweite Hälfte«! Im Vergleich zu den neun Monaten obligatorischer Investitionen seitens der Frauen müssen Männer lediglich so viel »Mühe« aufbringen, wie ein Beischlaf erfordert – ein Abend, eine Stunde, ein paar Minuten oder auch nur ein paar Sekunden. Natürlich gibt es individuelle Unterschiede beim Engagement von Männern, aber die unausweichliche Tatsache bleibt bestehen, dass der biologische Aufwand einer Schwangerschaft für eine Frau erheblich größer ausfällt.

Diese grundlegenden physiologischen Unterschiede führten zur evolutionären Entwicklung einiger psychologischer geschlechtsspezifischer Abweichungen. Männer sehen Sex auf eine andere Art und Weise als Frauen. Männer entwickelten eine stärkere Begierde nach sexueller »Vielfalt« – was ihre Chancen, eine Frau zu schwängern, erhöhte. Männer wünschen sich mehr als viermal so viele Sexualpartner in ihrem Leben als Frauen, haben mehr als doppelt so viele Sexualphantasien, wechseln die Partnerin öfter während einer Phantasie-Episode, verringern ihre »Mindestanforderungen« bei flüchtigen Sexabenteuern deutlich, lassen weniger Zeit bis zum (versuchten) Beischlaf mit einer neuen Partnerin verstreichen, verbringen mehr Zeit damit, Sex zu initiieren, und sind williger, mit einer völlig unbekannten Person Sex zu haben.

Die Vorteile bei der Fortpflanzung, die Männer mit Erfolg hinsichtlich sexueller »Vielfalt« verbuchen können, scheinen so groß, nahe liegend und offenkundig, dass die Forschung einen einfachen Fakt bei kurzfristigen Sexualkontakten übersehen hat: Die durchschnittliche Anzahl von Sexualpartnern, die an kurzen Affären beteiligt sind, muss für Frauen und Männer dieselbe sein. Jedes Mal, wenn ein Mann zum ersten Mal mit einer bestimmten Frau Sex hat, hat auch diese Frau zum ersten Mal Sex mit diesem Mann. Männer hätten den Wunsch nach sexueller »Vielfalt« ohne willige Frauen nicht ausbilden können. Die Feministin Sarah Hrdy, Spezialistin auf dem Gebiet der weiblichen Evolutionsforschung an der University of California in Davis, schreibt: »Frauen... bestimmen potenziell die Richtung, in der sich die Spezies entwickelt. Denn schließlich entscheidet die Frau, wann die Paarung stattfindet, mit wem und wie oft.«

Wenn die männlichen Begierden willige Frauen erforderlich machen, müssen willige Frauen irgendwelche Vorteile aus ihrem Verhalten beziehen. Treulosigkeit muss unseren Urmüttern ausreichend gewichtige Vorteile gebracht haben, um damit die potenziell großen Nachteile aufzuwiegen. Aus der natürlichen Selektion wäre keine Psychologie weiblicher Untreue hervorgegangen, wenn diese nicht irgendeinen substanziellen Vorteil mit sich brächte.

Der Gedanke, dass Frauen nicht von Natur aus monogam sind, macht viele Männer nervös. Die sexuellen Verhaltensweisen der Frauen haben sich nicht zum Nutzen der Männer ausgebildet, nicht einmal zum Nutzen der Gruppe oder gar der Spezies. Die weibliche Sexualpsychologie, einschließlich des Wunsches fremdzugehen, existiert heute ausschließlich deshalb, weil sie unseren Urmüttern Vorteile brachte.

Im Rahmen der Ko-Evolution wird die Lust der Frauen auf fremde Männer manchmal unter »Kontrolle« gehalten. Eifersucht treibt Männer dazu, ihre Frauen zu kontrollieren, einzusperren, zu nötigen, einzuschränken, zu unterdrücken, zu isolieren, zu binden, zu versklaven, einzukreisen, zu fesseln und zu hemmen. Eifersüchtige Männer schränken Frauen in ihren Sexualstrategien ein und hindern sie daran zu tun, was – aus evolutionärer Sicht – das Beste für sie ist.

Das Prinzip der Ko-Evolution diktiert den Frauen aber auch, die eifersüchtige Kontrolle seitens der Männer nicht passiv hinzunehmen. Über die Menschheitsgeschichte hinweg haben Frauen sich gewehrt und eine ganze Reihe an Strategien entwickelt, um sich der Kontrolle durch Männer zu entziehen. So hat sich ein Zyklus mit einer verborgenen und »geheimen« Ovulation herausgebildet, und da der Zeitpunkt des Eisprunges unklar bleibt, ist den Männern ein gezieltes auf eine Phase des Monats konzentriertes Überwachen der Frau erschwert. Doch auch wenn die verborgene Ovulation als weibliche »Fluchtmöglichkeit« vor männlicher Kontrolle entwickelt worden sein sollte, erklärt dies noch nicht, warum Frauen abtrünnig werden. Es gibt jedoch einige Antworten zu diesem Rätsel.

Der Duft der Symmetrie

Der Logik des »Partnerschaftsmarktes« entsprechend können Frauen im Allgemeinen einen attraktiveren Partner für unverbindlichen Sex finden als für die Ehe. Attraktive Männer sind oft zum Sex mit weniger attraktiven Frauen bereit, solange sie nicht in feste Beziehungen eingebunden werden. Anhand von berühmten Rockmusikern und Sportlern lässt sich diese Logik bestens illustrieren. Sie haben oft völlig unverbindlichen Sex mit so genannten Groupies. Die »Logik des Marktes« hat eine irritierende Konsequenz: Frauen, die mit Männern gleicher »Begehrlichkeit« verheiratet sind, wollen manchmal Affären mit Männern haben, die sie sexuell anziehender finden als ihre Ehemänner.

Warum riskieren sie ihren guten Ruf und den Verlust des Ehemannes, indem sie eine Affäre mit einem Mann haben, der auf der Skala der »Partnereinschätzung« höher steht? Steve Gangestad und Randy Thornhill haben eine Antwort vorgeschlagen: Frauen können von diesen Männern bessere Gene erhalten als von ihren regulären Partnern. Gute Gene könnten größere Widerstandsfähigkeit gegen Krankheiten bedeuten und also die Gesundheit und Überlebensfähigkeit ihrer Kinder verbessern. Natürlich denken Frauen nicht bewusst über diese Dinge nach. Die Leidenschaften für andere Partner sind blind für die evolutionären Funktionen, aufgrund derer sie sich ausbildeten. Frauen müssen andere Männer lediglich sexy finden; zu wissen warum, ist unnötig.

Ein Indikator für gute Gene hat sich im Laufe der letzten zehn Jahre immer mehr herauskristallisiert: die Symmetrie. Wie auch viele andere Organismen weist der Mensch eine symmetrische körperliche Struktur auf. Zieht man eine Linie in der Mitte des Körpers vom Gesicht aus nach unten, ergeben sich aus den beiden entstehenden Hälften mehr oder weniger zwei Spiegelbilder. Das »mehr oder weniger« ist der Schlüssel zum entscheidenden Unterschied, denn niemand ist völlig symmetrisch. Jeder von uns besitzt eine gewisse Anzahl kleiner Abweichungen von der perfekten Symmetrie, von Cindy Crawfords Muttermal bis zu Lyle Lovetts schiefem Grinsen.

Für diese Abweichungen gibt es viele Gründe, letztlich hängen sie jedoch stark mit zwei bestimmenden Faktoren zusammen. Symmetrie signalisiert zum einen »Stabilität«, eine genetische Widerstandsfähigkeit gegen Krankheiten und Mutationen. Personen, die genetisch anfällig für Krankheiten und Mutationen sind, entwickeln ein schieferes Gesicht und einen »ungleichmäßigeren« Körper als diejenigen, welche genetisch widerstandsfähig gegen Krankheiten und Mutationen sind. Symmetrie ist auch ein Zeichen genetischer Widerstandskraft gegen Umweltfaktoren wie extreme Temperaturen, schlechte Ernährung in der Kindheit und toxische Substanzen. Sie ist, kurz gesagt, ein Kennzeichen für Gesundheit.

Symmetrie lässt sich in fast jedem Organismus messen. Beim Menschen fassen Wissenschaftler üblicherweise eine Reihe von Aspekten ins Auge: Füße, Knöchel, Hände, Handgelenke, Ellbogen und Ohren. Unter Einbeziehung mehrerer Faktoren erzielen die Forscher eine höhere Verlässlichkeit ihres Index messbarer Symmetrie. Um den Einfluss von Symmetrie auf das menschliche Verhalten bei der Partnerwahl untersuchen zu können, befragten Gangestad und Thornhill 203 heterosexuelle Paare, die seit mindestens einem Monat eine feste Beziehung hatten. Nachdem sie die Teilnehmer der Vertraulichkeit und Anonymität der Erhebung versichert hatten, fragten sie alle einzeln, ob sie während ihrer momentanen Beziehung schon einmal Sex mit jemand anderem gehabt hatten. Ferner wollten Gangestad und Thornhill wissen, ob die Befragten Sex mit einer Person gehabt hatten, von der sie wussten, dass sie bereits verheiratet oder liiert war. Als Nächstes wurde der Symmetriegrad der Studienteilnehmer ermittelt, jede Seite des Körpers an sieben Stellen gründlich vermessen.

Gangestad und Thornhill kamen auf ein spektakuläres Ergebnis. Als Partner für eine Affäre wählten Frauen vor allem »symmetrische«

Männer aus. Geht man davon aus, dass Symmetrie ein Kennzeichen für Gesundheit ist, scheinen Frauen bei ihren Affären Männer zu bevorzugen, die, aus genetischen Gründen, ungewöhnlich gesund sind und deren Gene auf gesunde und widerstandsfähige Kinder schließen lassen. Eher asymmetrische Männer sind besonders gefährdet, von ihren symmetrischeren Rivalen Hörner aufgesetzt zu bekommen.

Wie »ermitteln« Frauen symmetrische Männer? Die nächstliegende Antwort lautet: Sie schauen einfach genau hin. In extremen Fällen von Asymmetrie wie bei Lyle Lovett oder von Symmetrie wie bei Denzel Washington mag der Augenschein genügen. Es gibt jedoch noch eine subtilere Art und Weise, Symmetrie zu erkennen – mit Hilfe des Geruchssinnes. In einer bahnbrechenden Studie baten Gangestad und Thornhill Männer, die sich hinsichtlich Symmetrie unterschieden, zwei Tage lang dasselbe T-Shirt zu tragen, nicht zu duschen und kein Deodorant zu benützen. Die Männer sollten keine würzigen Speisen zu sich nehmen – keine Peperoni, Knoblauch, Zwiebeln usw. Nach zwei Tagen sammelten Gangestad und Thornhill die T-Shirts ein und ließen im Labor Frauen daran riechen. Die Frauen sollten einschätzen, wie gut oder schlecht jedes T-Shirt roch. Sie wussten natürlich weder, wozu dieser Versuch diente, noch kannten sie die betreffenden Männer. Die faszinierende Entdeckung war nun, dass die Frauen die T-Shirts von symmetrischen Männern als angenehmer im Geruch empfanden – aber nur wenn sie sich in ihrem Zyklus gerade in der Phase der Ovulation befanden. Ein Hinweis darauf, wie Frauen Männer mit guten Genen ausfindig machen, liegt also im »Duft der Symmetrie«.

Manche Frauen verfolgen eine »gemischte« Partnerschaftsstrategie, indem sie sich die Hingabe und Verbindlichkeit eines Mannes sichern und die guten Gene eines anderen. Frauen erkennen den »Duft der Symmetrie«, bevorzugen diesen obendrein während ihrer Ovulationsphase und wählen die symmetrischeren Männer als Partner für eine Affäre aus. Dies mag keine gute Nachricht für weniger symmetrische Männer sein. Auf die Gene, mit denen ein Mann geboren wird, hat er keinen Einfluss, und es mag ungerecht erscheinen, dass Frauen diese Männer mit größerer Wahrscheinlichkeit betrügen. Die Sexualpsychologie von Frauen hat sich indes weder zum Zwecke der Fairness noch der Gerechtigkeit entwickelt. Sie dient Frauen zur effektiveren Reproduktion, unabhängig davon, ob dies ihren Partnern Kummer bereitet.

Zwei mögliche Einwände lassen sich im Hinblick auf das Dargelegte erheben – die aber einer näheren Betrachtung nicht standhalten. Dem ersten Einwand zufolge wollen Frauen heute häufig keine Kinder von ihren Geliebten, und folglich könnte man argumentieren, die Gene des Liebhabers seien irrelevant. Die Psychologie weiblichen Sexualverhaltens bildete sich jedoch in Zeiten heraus, in denen es keine Geburtenkontrolle gab. Sex hatte Babys zur Folge, und zwar unabhängig vom Wunsch der Frau, sich zu reproduzieren oder nicht. Unsere weiblichen Vorfahren, die Affären mit gesünderen, symmetrischeren Männern hatten, brachten tendenziell gesündere, symmetrischere Babys zur Welt. Heutige Frauen haben von ihren Urmüttern eine Neigung für diese Männer geerbt. Die Tatsache, dass heute ungefähr zehn Prozent der Kinder genetische Väter haben, die sich von ihren mutmaßlichen Vätern unterscheiden, verweist darauf, dass diese inneren Einflüsterungen noch heute in der modernen Welt ihre Wirkung haben.

Ein zweiter möglicher Einwand: Warum sollten Frauen die symmetrischen Partner nicht auch als Ehemänner haben wollen statt nur als Partner für Affären? Die Antwort lautet natürlich, sie sollten, und dem ist auch so. Aber aufgrund der speziellen Ökonomie des Partnerschaftsmarktes vermögen die meisten Frauen einen symmetrischeren Mann eher für eine Affäre zu gewinnen als für die Ehe. Kurz gesagt, besorgen sich manche Frauen sozusagen das Bestmögliche aus unterschiedlichen Quellen – sie sichern sich das langfristige Engagement des einen Mannes, während sie sich von einem anderen die besseren Gene holen.

Söhne mit Sexappeal

Die Obsession der Männer hinsichtlich körperlichen Erscheinungsbildes und sexueller Verfügbarkeit von Frauen bringt etwas mit sich, was viele Frauen als Vergegenständlichung empfinden – sie fühlen sich als »Sexobjekt« behandelt. Männer halten jedoch nicht das Monopol auf sexuelle »Objektivierung«. Das eher moderne Phänomen weiblicher Groupies liefert ein perfektes Beispiel. Normalerweise bekommen Groupies weder viel Aufmerksamkeit noch emotionale Zuwendung, insgesamt auch nicht viel von der Zeit der Stars, mit denen sie Sex haben. In ihrem Buch »I'm with the Band: Confessions of a Groupie« (»Ich gehöre zur Band: Geständnisse eines Groupies«) beschreibt Pamela des Barres, dass ein halbstündiger »Quickie« den Tag eines Groupies ausmachen kann. Die meisten dieser Frauen machen sich keinerlei Illusionen darüber, dass der Star sich etwa in sie verlieben würde, eine Beziehung mit ihnen haben wollte – oder sich am nächsten Morgen auch nur an ihren Namen erinnert. Und mit derartigem Sex riskieren sie einiges – den Verlust ihres festen Freundes oder eine Geschlechtskrankheit. Warum tun sie es also?

Die Ergebnisse meiner gemeinsam mit Heidi Greiling durchgeführten Studie stützen einen faszinierenden Erklärungsansatz, auch bekannt als Theorie der »sexy Söhne«: Frauen, die mit sexuell anziehenden Männern schlafen, gebären in der Regel ebenso attraktive Söhne. Sind diese »Söhne mit Sexappeal« erst einmal erwachsen, ziehen sie überdurchschnittlich viele Frauen an, wodurch sie im Wettbewerb um »erfolgreiche Reproduktion« wiederum einen genetischen Vorsprung vor anderen Männern erzielen. Für ihre Mütter bedeutet dies letztlich insofern auch einen Erfolg, als sich ihre Söhne in größerem Ausmaß fortpflanzen.

Auf die Frage nach Eigenschaften, die sich Frauen bei einmaligem Sex außerhalb ihrer regulären Beziehung wünschen, wurden folgende Attribute (auf einer Skala von 1–9) aufgezählt: sexy (8,7), hoch begehrt bei Frauen (8,2), begehrt dich sexuell (8,2), sinnlich (8,2), körperlich attraktiv (8,6), gut aussehend (8,3), von anderen umworben (8,3), findet dich sexy (8,3), begehrt dich sehr (8,3). Im Gegensatz zu dem, was sich Frauen von ihrem festen Partner wünschen, wollen sie bei kurzen Affären »Frauenhelden«, Charmeure, die haben, was man braucht, um viele Frauen herumzukriegen. Genau diese Qualitäten sichern den Söhnen der betreffenden Frauen in der nächsten Generation einen Vorteil auf dem »Partnermarkt«.

Die gleichen Qualitäten schimmern durch, wenn Frauen die Mindestprozentsätze für bestimmte Eigenschaften nennen, die sie sich bei unterschiedlichen Beziehungsformen erwarten. Der Kontrast zwischen den Minimalforderungen von Frauen an ihre festen Partner und denen an einmalige Sexualkontakte beeindruckt insofern, als Frauen bei Letzteren ihre Forderungen hinsichtlich mehrerer Eigenschaften stark herunterschrauben. Was Bildung betrifft, wollten Frauen ihre Ehemänner zum Beispiel bei 61 Prozent sehen, bei ihren einmaligen Sexpartnern tolerieren sie 47 Prozent. Ganz im

Gegensatz dazu hatten Frauen bei jenen Eigenschaften ihrer potenziellen Sexualkontakte höhere Ansprüche, bei denen es der Theorie der »sexy Söhne« entsprechend nicht anders zu erwarten war: Lagen ihre Ehemänner bei 58 Prozent Sexappeal, wollten sie bei ihren kurzfristigen Sexualpartnern 76 Prozent. Die körperliche Attraktivität der Ehemänner durfte bloße 54 Prozent ausmachen, bei den Partnern für einmaligen Sex mussten es schon 77 Prozent sein. Bei kurzen Begegnungen wünschen sich Frauen scheinbar Partner, die auch auf andere Frauen sexuell sehr anziehend wirken – vielleicht weil ihre Söhne dann mit größerer Wahrscheinlichkeit selbst umschwärmt werden. Natürlich verfolgen Frauen derartige Gedankengänge nicht bewusst; es gibt keine bewusste Kalkulation genetischer Effekte. Sie finden manche Männer einfach sexy, und das ist alles, was sie brauchen, um sexuell erfolgreiche Söhne auf die Welt zu bringen.

Die Partner-Versicherung

Stellen Sie sich vor, Sie befinden sich in einem Camping-Urlaub. Frühmorgens wachen Sie mit dem Bedürfnis auf zu urinieren. Während Sie diesem Bedürfnis nachkommen, brennt Ihnen die Sonne auf den Kopf, Durst schnürt Ihre trockene Kehle zu, und Sie freuen sich über den nahe gelegenen Bach mit frischem sauberen Wasser. Es ist jedoch schon höchste Zeit, sich auf den Weg zu machen, um das Tagespensum zu schaffen. Sie packen Ihre Sachen zusammen und schauen sich um. Nun signalisiert der knurrende Magen das Bedürfnis nach Nahrung. Ihr schreiendes Baby hat ebenfalls Hunger. Sie wollen sich auf die Suche machen, es gibt jedoch alle möglichen Gefahren – wilde Tiere, Schlangen, vielleicht sogar feindlich gesinnte Menschen. Stellen Sie sich nun vor, dieser Camping-Ausflug dauere nicht ein paar Tage oder Wochen, sondern ein ganzes Leben lang. In dieser Situation fanden sich unsere urzeitlichen Vorfahren.

In ihrem täglichen Überlebenskampf besorgten sich unsere Urahnen die nötige Nahrung mit ihrer eigenen Hände Arbeit – beim Sammeln oder Jagen –, oder sie stützten sich auf die Arbeit anderer in ihrer unmittelbaren Umgebung. In kalten Wintern wurden ohnehin spärliche und unsichere Schutzvorrichtungen durch die harte Witterung beschädigt. Frost machte Früchte und Wild rar. Nachts schrien hungrige Kinder und erinnerten ständig an die zusätzlich zu stopfenden Mäuler. Konnte sich eine Frau da stets auf einen einzigen Mann verlassen? Was wenn er sie für eine andere Frau verließ? Was wenn er sich verletzte oder krank wurde und somit unfähig zu jagen? Und was machte die Frau, wenn ihr Mann sie während einer drei- bis fünftägigen Jagd zurücklassen musste, dem möglichen Missbrauch durch andere Männer schutzlos ausgeliefert? Eine mögliche Lösung dieses Problems bestand darin, eine »Partner-Versicherung« abzuschließen, d.h. sich über eine Affäre einen Ersatz-Partner zuzulegen.

Normalerweise kauft man sich eine Versicherung als Schutz gegen unvorhersehbare Katastrophen: eine Autoversicherung für den Fall eines Unfalls, eine Hausratversicherung für den Fall einer Überschwemmung oder eines Feuers, eine Pflegeversicherung für den Fall unvorhergesehener Verletzungen und deren Folgen. Die Partner-Versicherung funktioniert auf analoge Weise. Ein Ersatz-Partner sichert ab für den Fall, dass der reguläre Partner verletzt oder getötet wird, mit einer Krankheit angesteckt, seinen Status innerhalb der Gruppe einbüßt, bei der Nahrungsbeschaffung versagt, gewalttätig wird, die Kinder misshandelt oder die Beziehung beendet. Die monatlichen Beiträge, die Frauen für diese Versicherung entrichteten, waren nicht finanzieller, sondern sexueller Natur.

In Abwesenheit des Mannes kann der Ersatz-Partner mehrere Funktionen erfüllen. Er kann die Frau gegen Raubtiere verteidigen, gegen andere Männer, die ansonsten die Situation ausnützen würden, oder er kann bei Knappheit Nahrung besorgen. Der Biologe Robert Smith schreibt dazu: »Frauen konnten Sex mit guten Aussichten auf zukünftige materielle Gegenleistungen als Einsatz riskieren... als Schutz gegen die Möglichkeit, dass ihr Hauptpartner unfähig oder nicht willens wäre, ihr die nötigen Ressourcen zu bieten.«

Der Hypothese der Partner-Versicherung zufolge müssten Frauen die Partner für Affären also zum Teil auf deren Fähigkeit und Bereitschaft hin auswählen, ihnen Ressourcen und Schutz zu bieten. Um herauszufinden, was Frauen hier genau wollen, baten Heidi Greiling und ich eine große Gruppe von Leuten, 139 Eigenschaften eines potenziellen Affären-Partners jeweils daraufhin zu kommentieren, wie wünschenswert jede der aufgezählten Eigenschaften ist. Die vorgegebene Skala reichte von 1 (Sehr unerwünscht bei einem Liebhaber) über 5 (Neutral) bis 9 (Sehr erwünscht bei einem Liebhaber).

Der Aspekt des Schutzes spielte bei sämtlichen genannten Vorlieben der Frauen eine Rolle. So wünschten sich Frauen einen athletischen Partner (7,7), einen, der sie beschützt (9,0), einen starken (7,8), muskulösen (7,8), körperlich fitten Partner (8,2). All diese Eigenschaften sind Zeichen für die Fähigkeit und die Bereitschaft eines Mannes, eine Frau und eventuelle Kinder zu beschützen. In den Einzelgesprächen verneinten die Frauen meistens vehement die Frage, ob sie sich einen Arnold Schwarzenegger oder Sylvester Stallone wünschen. Sie empfanden diese Körper als »überzüchtet« und befürchteten, derart muskelbeladene Männer könnten zu sehr mit ihrer eigenen Physiognomie beschäftigt sein. Aber einen Mann, der gut neben anderen Männern bestehen konnte, wollten sie schon – einen Mann in guter Form, fit, stark, athletisch, mit gutem Teint und bereit, einzuspringen, falls die Situation dies erfordern sollte.

Obgleich die meisten Kulturen und Systeme Frauen, die Affären haben, moralisch verurteilen, erfüllten diese Beziehungen für unsere Urmütter anscheinend einige außerordentlich wichtige Funktionen. Sie erhielten eine Partner-Versicherung, falls sie Schutz vor Missbrauch benötigen sollten oder ihrem regulären Partner ein Unglück zustoßen würde.

Das Beziehungsgeschäft

Die berühmte Anthropologin Margaret Mead wurde einmal gefragt, warum sie auf eine so beeindruckende Geschichte missglückter Ehen zurückblicken könne. Sie antwortete: »Ich war dreimal verheiratet, und nicht eine Ehe war ein Fehlschlag.« Eine Frau, die ich interviewte, meinte, Beziehungen mit Männern seien wie Autoreifen; manche hielten länger als andere, aber letztlich nutzen sie sich alle ab. Diese zwei Anekdoten ergeben natürlich noch keine wissenschaftlich fundierte Theorie. Doch eine Reihe von Umständen könnte eine Frau dazu veranlassen, auf dem Partnerschaftsmarkt handeln und spekulieren zu wollen. Und Affären können zur Einschätzung potenzieller Ehemänner dienen.

Nach Auffassung von Helen Fisher trugen einige urzeitliche Umstände zur Evolution einer weiblichen Psychologie der »Partner-Spekulation« bei. Erstens konnte ein Partner aufgrund von Verletzungen oder Krankheit an »Wert« verlieren. Zweitens mochte der »Wert« der Frau mit der Zeit steigen, weil sie sich als geschickt im Knüpfen strategischer Verbindungen – oder als besonders fruchtbar erwies. Drittens konnte zu Urzeiten der Kontakt mit einem neuen Stamm die Anzahl möglicher begehrenswerter Partner erhöhen.

Es gibt noch mehrere andere Gründe für eine Frau, sich ins Beziehungsgeschäft zu stürzen. Ihr regulärer Partner mochte emotionalen oder körperlichen Missbrauch verübt und dadurch Schaden verursacht haben, der zum Zeitpunkt ihrer Partnerwahl noch nicht abzusehen gewesen war. Eine moderne Frau beschrieb ihre Affäre in Worten, die eine Misshandlung durch den Ehemann als Grund für ihre Untreue zumindest implizierten: »Ja, ich habe jetzt nicht mehr so viel Angst zu sagen, was ich sagen will. Ich glaube, ich bin jetzt nicht mehr so stark von meinem Mann abhängig, wie ich es war, und er kann meine Gefühle nicht mehr so leicht verletzen, weil ich im Stillen denke, dass mich jemand anders ja liebt. Und wenn dieser Mann, mein Ehemann, wütend wird, mich beschimpft, mich lächerlich macht, dann kusche ich nicht mehr so sehr wie früher.«

Manche Ehemänner entwickeln sich mit der Zeit zu Faulenzern und vernachlässigen ihre Versorgungspflichten. Ein Mann könnte eine Affäre mit einer anderen Frau beginnen und Teile seiner Ressourcen an die andere Frau und ihre Kinder abzweigen. Er könnte sich als unfruchtbar erweisen und die Beziehung dadurch hinsichtlich Fortpflanzung unproduktiv machen. Aus all diesen Gründen mag sich im Rahmen der Selektion eine weibliche Psychologie des Partnerwechsels herausgebildet haben.

Um die Spekulations-Hypothese zu prüfen, analysierten Heidi Greiling und ich die Wünsche, die Frauen hinsichtlich Partnern in Affären haben, und verglichen sie mit den Wünschen, die Frauen im Bezug auf einmalige Sexualkontakte und langfristige Partner haben. Falls eine wichtige Funktion von Affären im Einschätzen des Partners als potentieller langfristiger Partner besteht, dann müssten die Wünsche der Frauen sich bei Affären-Partnern und Ehemännern ähneln, sich von denen bei einem einmaligen Sexualpartner aber abheben. Die Aussagen der Frauen in unserer Studie stützten diese Vermutung. Sowohl in einer Affäre als auch in der Ehe wollten Frauen Männer, die in folgenden Eigenschaften einen Wert von über 70 Prozent erzielten: verlässlich, herzlich, erfolgreich, emotional ausgeglichen, gelassen, intelligent, reif, treu, ehrlich, aufgeschlossen und nicht egoistisch. Im Gegensatz dazu setzten die Frauen ihre Minimalforderung für all diese Eigenschaften bei einmaligen Sexualkontakten bei unter 50 Prozent an.

Auch unsere Untersuchungen darüber, wie Frauen die Vorteile von Affären sehen, und die Umstände, unter denen sie zustande kommen, deuteten auf das Vorhandensein einer Art Spekulations-Funktion hin. Eine Frau erzählte uns, ihre Affäre erleichtere es ihr, sich von ihrem Ehemann zu trennen. Eine andere bemerkte dank einer Affäre, dass sie jemanden finden konnte, der besser zu ihr passte als ihr Ehemann. Eine Dritte gab an, sie habe sehr jung geheiratet und die Affäre habe ihr gezeigt, dass sie sich nicht mit einem Mann abfinden müsse, der ihren Ansprüchen nicht wirklich genügt.

Als Grund für das »Eintauschen« eines Partners führen Frauen das Zusammentreffen zweier Umstände an: einerseits das Gefühl, mit dem Partner, der ihre Versorgungsbedürfnisse nicht mehr zu erfüllen vermag, in eine Sackgasse geraten zu sein; andererseits die Begegnung mit jemandem, der diese Bedürfnisse besser befriedigen kann. Jede Frau in unserer Studie stellte drei entscheidende Umstände heraus, die sie für eine Affäre prädisponieren würden: Ihr aktueller Partner verliert seine Arbeit; sie trifft jemanden mit besseren finanziellen Aussichten, der an ihr interessiert scheint; sie begegnet jemandem, der allgemein mehr Erfolg hat als ihr Partner.

Dies bedeutet natürlich nicht, dass eine Frau immer ihren Geliebten heiratet. Manchmal tut sie das, manchmal nicht. Doch selbst wenn sie es nicht tut, kann sie aus einer Affäre genug Selbstvertrauen beziehen, um eine Veränderung zu wagen. Über ein gefestigtes Selbstwertgefühl trägt eine Affäre zur Stärkung des Vertrauens bei, auf jemand Besseren spekulieren zu können. Hier die repräsentative Aussage einer Frau:

»Mein Selbstvertrauen und mein Ego wurden aufgebaut, als ich bemerkte, dass mich andere Männer attraktiv fanden – Erfahrungen, die ich vorher nicht gemacht hatte. Ich sah mich in einem neuen Licht. Es veränderte meine ganze Einstellung, meine ganze Erscheinung. Ich fühlte mich wieder attraktiv. So hatte ich mich seit Jahren nicht mehr gefühlt. Es gab mir sehr, sehr viel Selbstvertrauen.«

Der Bereich, in dem es am häufigsten zu einer Steigerung des Selbstwertgefühls kommt, sind der Körper und die Sexualität der Frau – Bereiche, die auch bei der Positionierung auf dem »Partnermarkt« eine wichtige Rolle spielen. Über die Wirkung ihrer Affäre berichtete eine Frau: »Ich glaube, ich fühle mich sicher und muss meine Attraktivität nicht mehr so sehr unter Beweis stellen wie früher.« Nach einer Befragung von 50 Frauen zu deren Affären kam

Lynn Atwater zu dem Schluss, dass »die größten Veränderungen im Selbstvertrauen in einem gesteigerten Bewusstsein der eigenen körperlichen Attraktivität wurzelten, da sich andere Männer für sie interessieren«. Vor dem Hintergrund, dass körperliche Attraktivität sehr wichtig für den »Marktwert« der Frau als potenzielle Partnerin ist, vermag eine Affäre das Selbstbewusstein im Hinblick auf ihr Aussehen erhöhen und ihr somit Mut machen, ihren aktuellen Partner zu verlassen, um jemand Besseren zu finden.

Natürlich hing ein gesteigertes Selbstvertrauen als Nebeneffekt einer Affäre nicht immer mit Sex und äußerer Erscheinung zusammen. Eine Frau berichtete: »Ich habe mehr Selbstvertrauen, ein Gefühl der Unabhängigkeit, das ich vorher so nicht kannte... mir wurde klar, dass ich über genügend Fähigkeiten und Mittel verfüge, meinen Bedürfnissen entsprechend zu leben, und dass ich gegebenenfalls auch immer wieder darauf zurückgreifen kann.«

Die Ergebnisse unserer systematischen Untersuchungen darüber, wie Frauen die Vorteile von Affären wahrnehmen, deckten sich insgesamt mit dem Eindruck, den die zitierten Äußerungen vermitteln. Ein gesteigertes Selbstwertgefühl wurde immer wieder als einer der wichtigsten positiven Effekte einer Affäre genannt. Auf einer 5-Punkte-Skala wurden die folgenden Konsequenzen am vorteilhaftesten bewertet: »Mein Geliebter trug mehr zu meinem Wohlbefinden bei als jeder andere Mann zuvor« (3,87); »Ich fühlte mich wohl in meiner Haut, weil mein Geliebter mich respektierte« (3,68); »Da mein Geliebter sich für Einzelheiten aus meinem Leben interessierte, war ich während der Zeit, die wir zusammen verbrachten, mit mir selbst zufrieden« (3,55); und »Durch sein einfühlsames Verhalten trug mein Geliebter zur Steigerung meines Selbstwertgefühls bei« (3,43). Die Vorzüge von Affären im Hinblick auf einen möglichen Partnerwechsel schlugen sich noch deutlicher in folgender Aussage nieder, die ebenfalls ganz oben auf der Liste positiver Effekte stand: »Da ich mit mir selbst zufriedener war, verbesserte sich insgesamt meine Entscheidungsfähigkeit im Hinblick auf langfristige Partner« (3,23).

Als außerordentlich wichtigen Aspekt einer Affäre sehen Frauen, dass ihr Geliebter ihnen »das Gefühl vermittelt, schön zu sein« – besonders wenn in der Ehe die »klassische« Situation mit einem ständig gelangweilten Ehemann eingetreten war. Einem frischen Partner zu begegnen, der die eigenen Vorzüge zu schätzen weiß, kann dem Leben einen neuen Sinn verleihen. Und wenn der Ehemann zum hundertsten Mal – und meist aus reiner Gewohnheit – sagt, man sehe gut aus, hat dies nicht den prickelnden Effekt, der zu verbuchen ist, wenn ein Liebhaber die ersten Male die gleiche Aussage macht. Gesteigert wird das Selbstwertgefühl zweifellos noch, wenn der Liebhaber die Frau auch auf nicht sexuelle Weise wertschätzt. Die Äußerungen »Mein Sexualpartner gab mir das Gefühl, wichtig für ihn zu sein« und »Mein Sexualpartner gab mir das Gefühl, intelligent zu sein« werden von Frauen zum Beispiel unter die wichtigsten positiven Erfahrungen im Rahmen einer Affäre eingereiht.

Frauen wollen alle nur das Eine

»Oh Gott, ich könnte einen Roman schreiben! Er ist wirklich ein ziemlich guter Liebhaber... Das Körperliche zwischen Jim und mir ist echt unglaublich. Es ist wahrscheinlich... wissen Sie, das Wichtigste, trotz all der intellektuellen Nähe, ist letztlich guter Sex... Mehr noch als bei meinem ersten Liebhaber habe ich mich bei ihm dafür geöffnet. Mit ihm tue ich Dinge, die ich zu Hause nicht tun kann.«

»Sex mit ihm war großartig. Er befriedigte mich, war viel körperlicher. Er zog mich vor allem körperlich an, ich war total in seinen Körper verliebt.«

»Unsere sexuelle Beziehung ist ganz anders. Das ist wahrscheinlich der Punkt. Das war ursprünglich sicherlich der entscheidende Punkt und, obwohl alles andere mit Peter auch wunderbar läuft, ist das immer noch der Hauptgrund, die Beziehung beizubehalten. Ich habe mit beiden meinen Orgasmus. Sex mit meinem Ehemann ist geradliniger Sex, oral und genital – was alles ganz o.k. ist, aber nicht wirklich leidenschaftlich. Das ist so ungefähr alles, was wir machen. Mein Mann und ich, wir küssen uns fast nie. Wir verbringen wenig Zeit mit dem Vorspiel. Wir treiben es auch nicht sehr oft... Ich komme nicht wirklich in Fahrt wie mit Peter. Ich glaube, Peter ist der beste Liebhaber, den es gibt. Das ist offensichtlich sehr subjektiv, aber ich wette, andere Frauen, die es mit ihm gemacht haben, werden das Gleiche sagen.«

In den Interviews, die Heidi Greiling und ich mit Frauen über ihre Affären führten, tauchte ein Thema immer wieder auf: sexuelle

Befriedigung. In unserer allerersten Studie über die wichtigsten Vorzüge, die Frauen in Affären sehen, stand sexuelles Vergnügen ganz oben auf der Liste. Unsere anfänglich befragte Gruppe von 90 Frauen bezeichnete es insgesamt als »sehr wahrscheinlich«, dass eine Frau in ihrer Affäre sexuelle Befriedigung finden würde, wahrscheinlicher als alle anderen 28 potenziellen Vorzüge, die in der ersten Studie zu Tage kamen. Unter allen möglichen Gründen für eine Affäre nahm sexuelle Unzufriedenheit mit dem festen Partner einen hohen Rang ein: »Mein momentaner Partner will keinen Sex mit mir haben«; »Der Sex mit meinem Partner ist schon lange unbefriedigend«; und »Der Sex mit meinem momentanen Partner ist mir zu selten.«

Sexuelles Vergnügen mit einem Geliebten war für Frauen einer der wichtigsten Vorzüge einer außerehelichen Affäre. Der Orgasmus schien dabei besonders wichtig, wichtiger als die bloße sexuelle Bestätigung.

Unsere Untersuchung war zum Teil durch eine Theorie über den weiblichen Orgasmus motiviert, zumal diese einen evolutionären Erklärungsansatz für die große Bedeutung liefert, die Frauen dem sexuellen Vergnügen speziell mit Geliebten zukommen lassen: die Theorie des »zurückgehaltenen Spermas«, die von den beiden britischen Biologen Robin Baker und Mark Bellis von der University of Manchester vorgestellt worden ist. Die Theorie des zurückgehaltenen Spermas lässt sich besser vor dem Hintergrund der weiter gefassten Theorie der Spermienkonkurrenz verstehen.

Zur Spermienkonkurrenz kommt es, wenn sich das Sperma zweier Männer gleichzeitig im Vaginaltrakt der Frau befindet. Nach dem Eisprung ist die weibliche Eizelle nur zwölf bis 24 Stunden lang überlebensfähig. Die männlichen Spermien überleben länger, und zwar bis zu sieben Tage, solange sie sich in der feuchten Vagina befinden. Fazit: Hat eine Frau innerhalb einer Woche Sex mit zwei unterschiedlichen Männern, schafft sie damit die Grundlage für ein »Wettrennen« der Spermien zu ihrer Eizelle.

Gibt es Hinweise auf eine lange Evolutionsgeschichte der Spermienkonkurrenz? Die Antwort lautet Ja, denn sowohl die Physiologie als auch die Leidenschaften bei Frauen und Männern wurden den Erfordernissen der Spermienkonkurrenz angepasst. Eine Beweisquelle sind Studien, die ursprünglich durchgeführt wurden, um die Raten von fälschlich vermuteter Vaterschaft zu ermitteln. Als Durchschnittswert aus einer ganzen Reihe von Untersuchungen aus Europa, Afrika, Nordamerika und Ozeanien schätzen Baker und Bellis, dass ungefähr neun Prozent aller Kinder einen anderen leiblichen Vater haben als vermutet. Eine Kollegin, die in der medizinischen Forschung tätig ist, bestätigte diese Schätzungen. Im großen Rahmen führte sie eine Studie über die genetischen Voraussetzungen von Brustkrebs durch, für die sie einen »genetischen Fingerabdruck« von Eltern und ihren Kindern benötigte. Obgleich dies nicht das Ziel ihrer Untersuchung war, errechnete sie die Häufigkeit fälschlich angenommener Vaterschaft und kam auf eine Rate von zehn Prozent – Werte, die sie aus Furcht vor dem Verlust ihrer Forschungszuschüsse nicht veröffentlichte. Aus dieser überraschenden Statistik geht hervor, dass Frauen manchmal Kinder von Männern zur Welt bringen, die nicht ihre Ehemänner sind, und dies wahrscheinlich im Verlauf der gesamten Evolutionsgeschichte getan haben.

Für eine lange Geschichte der Spermienkonkurrenz finden sich noch weitere physiologische Hinweise. Zunächst einmal sind die menschlichen Hoden und das Spermavolumen deutlich größer als bei stärker monogam ausgerichteten Primaten wie Gorillas und Gibbons. Möglicherweise haben Männer mehr Ejakulat entwickelt, um die Chance eines erfolgreichen Wettbewerbs mit den Spermien eines anderen Mannes zu erhöhen. Außerdem gibt es unterschiedliche Spermien-Formen, und zwar nicht nur die konisch geformte Standardausgabe, die gewissermaßen die besten Voraussetzungen zum schnellen Schwimmen mitbringt. Wie in Kapitel 1 dargelegt, besitzen Männer auch »Kamikaze-Spermien« mit spiralförmigem Schwanz, die sich – wie Laborversuche zeigten – um konkurrierende Spermien herumwickeln und sie zerstören, wobei sie selbst auch vernichtet werden. Darüber hinaus scheinen diese Spermien so konstruiert, dass sie sich im Vaginaltrakt der Frau optimal positionieren, um ein Fortkommen der konkurrierenden Spermien im »Wettlauf« um die Befruchtung zu verhindern.

In den ersten Studien zur Spermienkonkurrenz konzentrierte man sich auf das männliche Arsenal, wobei die Frauen mehr oder weniger zur passiven »Bühne« für den Wettkampf wurden. In neueren Untersuchungen wurde die aktive Rolle der Frau bei der Beeinflussung des Ausgangs dieses »Wettrennens« herausgestellt, das wahlweise auch als »Lotterie« oder, ominöser, als »Krieg« beschrieben wurde.

Man stelle sich eine Exkursion im Studienfach Biologie ins exotische Calahonda in Spanien vor. Mit von der Partie sind 50 Studenten, acht Graduierte und drei Dozenten. Das Mengenverhältnis zwischen den Geschlechtern ist ein klein wenig unausgewogen – mehr Männer als Frauen. Man hat seinen festen Partner zu Hause gelassen, Hunderte oder Tausende von Kilometern weit weg. Man übernachtet mit den anderen zusammen auf dem Flachdach einer Villa im Freien. Die wunderbaren Strände, strahlende Sonnentage und der nächtliche Sternenhimmel bieten einen romantischen Rahmen für die Forschungsarbeit in der Gruppe über die Geheimnisse des Lebens. Dies war genau die Situation bei einer Studie von Robin Baker, und da die menschliche Natur ist, wie sie ist, entwickelten sich die Romanzen in dem Maße, in dem die Erinnerung an den Partner zu Hause zusammen mit der Abendsonne schwächer wurde. Die Biologen teilten ihre exotischen Erfahrungen mit neuen Partnern.

Nach Bakers Auffassung ist der verborgene Eisprung eine der wichtigsten »Waffen« der Frauen, mit deren Hilfe sie nach besseren Genen für ihre Kinder jagen. Aufgrund der versteckten Ovulation fällt den regulären Partnern eine etwaige aufmerksamere Überwachung ihrer Frauen während ihrer fruchtbaren Phase schwer. Diese Unwägbarkeit ist Teil der Voraussetzungen für eine Spermienkonkurrenz, da Frauen somit mehr Spielraum erhalten, um sich von anderen Männern befruchten zu lassen.

Was die Calahonda-Studie betrifft, reisten von 57 Frauen 37 Prozent ohne ihren festen Partner an. Von diesen Frauen hatten schließlich 21 Prozent eine Affäre. In Anbetracht der kurzen Aufenthaltsdauer von nur zwei Wochen ist die Rate der Untreue ungewöhnlich hoch. Vielleicht unterscheiden sich Frauen, die an einer biologischen Feldstudie in einer solch exotischen Umgebung teilnehmen, grundsätzlich von Frauen, die eher zu Hause bleiben. Vielleicht führte auch die romantische Umgebung zusammen mit der Entfernung vom festen Partner und einem folglich kleinen Risiko der Entdeckung zu dieser hohen Quote an Untreue.

Zwei Faktoren waren ausschlaggebend dafür, ob Frauen in festen Partnerschaften Sex mit einem anderen Mann haben: Symmetrie und Dauer der festen Beziehung. Symmetrische Frauen tendierten stärker zum Fremdgehen als weniger symmetrische – vielleicht, weil sie als attraktiver empfunden wurden und sich ihnen folglich mehr Gelegenheiten boten. Ferner waren Frauen, deren Beziehungen schon länger bestanden, tendenziell treuer als Frauen, die erst seit kurzem mit ihrem festen Partner liiert waren.

Eine der verblüffendsten Entdeckungen, die in den Studien zur Spermienkonkurrenz – sowie in den Umfragen und der Calahonda-Studie – gemacht wurden, betreffen den weiblichen Orgasmus als einen der Faktoren, die offensichtlich am engsten mit dem sexuellen Vergnügen der Frau zusammenhängen. Im Rahmen ihrer Affären haben Frauen mehr Orgasmen, bei denen »viel Sperma zurückgehalten« wird, als mit ihren regulären Partnern – wie sich an der Menge des Spermas messen lässt, das nach dem Beischlaf »zurückfließt«. Ferner scheinen Frauen den Orgasmus mit ihrem Geliebten auf die Zeit ihres Eisprungs zu legen. Diese Erkenntnisse könnten, zusammen mit der Theorie der Spermienkonkurrenz, eine Antwort auf die Frage darstellen, warum Frauen dem sexuellen Vergnügen als Vorzug einer außerehelichen Liaison eine derartig hohe Bedeutung beimessen.

In heutigen Zeiten, da viele Frauen Verhütungsmittel benützen, mag die Verbindung zwischen Orgasmus und Fortpflanzung sozusagen aufgehoben worden sein. Die weibliche Sexualpsychologie, die ihre Ausprägungen über Millionen von Jahren und zu Zeiten ohne Pille erfuhr, hat jedoch noch heute ihre Auswirkungen. Die Bedeutung, die sexuelles Vergnügen im Allgemeinen und Orgasmus im Besonderen bei Affären noch heute für Frauen haben, könnte eines der wichtigsten Motive dafür sein, sich ihren »untreuen« Leidenschaften gemäß zu verhalten.

Diese Theorie könnte natürlich auch falsch sein. Don Symons etwa argumentiert, der weibliche Orgasmus habe keine adaptive Funktion. Er baut eine Analogie zu männlichen Brustwarzen auf: Sie haben keine Funktion, sind vielmehr einfach nur »Nebenprodukte« eines gemeinsamen Entwurfs von Frau und Mann, die aus einem frühen Stadium der Entwicklung stammen. Die Brustwarzen der Frau und der männliche Orgasmus haben klar umrissene Funktionen: das Säugen eines Babys und die Ejakulation von Sperma zum Zweck der Fortpflanzung. Der weibliche Orgasmus, wie auch die Brustwarzen des Mannes, erfüllen, so Symons, jedoch keinen evolutionären Zweck. Vielleicht hat Symons Recht. Erkenntnisse aus mehreren Labors aus aller Welt schwächen jedoch die Argumentation ab, beim weiblichen Orgasmus handle es sich lediglich um ein »Nebenprodukt«.

Die Frauen, mit denen ich darüber diskutierte, hatten jedenfalls eindeutige Meinungen zu diesem Thema. Nachdem ich einen entsprechenden Vortrag an der London School of Economics gehalten hatte, schenkte mir eine Frau eine Karikatur, die diesen Punkt wunderbar illustrierte: Zwei Pfauhennen starren einen männlichen Pfau an, der sich tapfer bemüht, sein Gefieder in all seiner Pracht vorzuführen. Eine der Hennen kommentiert seine Bemühungen mit der Bemerkung: »Schneid den Mist ab und zeig uns dein Ding!«

Ob der weibliche Orgasmus nun eine Funktion der Adaption erfüllt, was wahrscheinlich ist, oder ob Symons Recht hat – in jedem Fall hatten die konkurrierenden Theorien den positiven Effekt, interessante Forschungsprojekte zu dieser bislang vernachlässigten Seite weiblicher Sexualität anzuregen.

Die eine so, die andere so

Verallgemeinerungen sind natürlich immer problematisch. Allgemeine Tendenzen zu ermitteln kann nützlich sein, wir dürfen jedoch nie die Unterschiede aus den Augen verlieren: Manche Frauen blühen in Affären auf, ziehen ein verbessertes Selbstwertgefühl daraus sowie eine ganze Reihe anderer Vorteile; andere Frauen packt schon beim Gedanken, das Eheversprechen zu brechen, das pure Grauen. Frauen können aus einem ganzen Menü an unterschiedlichen Sexualstrategien wählen. Die Zusammenstellung hängt von den jeweiligen Umständen ab.

Haben Frauen, die eine Strategie der Seitensprünge und der Affären wählen, etwa ein anderes System der Kosten-Nutzen-Analyse als monogame Frauen? Beruht ihr Verhalten auf der Auffassung, dass das Fremdgehen grundlegende Vorteile mit sich bringt? Wenn dem so ist – welche Vorteile genau erwarten sich diese Frauen?

Im Hinblick auf diese Fragestellungen verglichen Heidi Greiling und ich Frauen, die aktiv eine Strategie der kurzfristigen Sexualkontakte verfolgten, mit denen, die monogam blieben. Sie unterschieden sich grundlegend in ihrer Auffassung über die Vorzüge der unterschiedlichen Verhaltensweisen. Erstere sahen zwei wesentliche Vorteile in ihrem Verhalten: Eine Affäre bedeutete für sie sexuelle Befriedigung und eine Steigerung des Selbstwertgefühls, da mehr als nur ein Mann sie sexuell anziehend findet.

Die größten Unterschiede zwischen den beiden »Gruppen« hatten jedoch nicht mit der Frage zu tun, wie wahrscheinlich diese positiven Effekte sind. Vielmehr ging es um die Frage, wie positiv sich diese Faktoren tatsächlich auswirken. Frauen mit einer kurzfristig angelegten Sexualstrategie messen den Vorteilen eine sehr viel größere Bedeutung bei als monogame Frauen – Vorteile wie: sexuell experimentieren zu können, häufiger einen Orgasmus zu haben, vom Orgasmus abgesehen eine Bandbreite sexueller Stimulierung zu erfahren, Oralsex mit dem Geliebten zu haben, zu dem der reguläre Partner nicht bereit ist usw. Vorteile im Bereich der Sexualität scheinen für Frauen, die mehrere Partner haben, wichtiger als für die anderen Frauen zu sein.

Andere Vorzüge hingen mit dem Zugriff auf zusätzliche Ressourcen zusammen: teure Kleidung geschenkt zu bekommen, neue Leute mit eventuell höherem Sozialstatus kennen zu lernen, über den Geliebten noch andere attraktive potenzielle Partner ausfindig zu machen und die eigene Karriere voranzutreiben. Die promiskuitiven Frauen scheinen ihre Sexualität als Kapital zu sehen, mit dessen Hilfe sie einen höheren Status anstreben, materielle Vorteile genießen und Zugriff auf mehr potenzielle Partner erlangen. Diese Frauen setzen ihr Sexappeal zur Sicherung derartiger Vorteile ein.

Das ganze Bündel an Vorteilen beinhaltet ferner den Erwerb neuer Fähigkeiten und Fertigkeiten: etwa die Verfeinerung von Verführungstechniken dank größerer Erfahrung. Manche Frauen betrachten Affären als Gelegenheit, ihren Erfahrungsschatz in Liebesdingen zu vergrößern, somit erfolgreicher im Umgang mit kurzfristigen Affären zu werden, aber auch attraktiver für einen letztlich erwünschten festen Partner.

Warum legen manche Frauen ein monogames Verhalten an den Tag, während andere sich für ein polygames entscheiden? Vielleicht meinen Frauen mit einem lockeren Sexualverhalten, dank ihrer sexuellen Erfahrung nach und nach auch erfolgreicher die Vorteile aus kurzfristigen Affären ernten zu können. Die Erfolgsaussichten einer Frau mit weniger Sexappeal mögen auf diesem »Feld« geringer sein. Diesem Erklärungsansatz gemäß müssten die polygamen Frauen als sexuell anziehender wahrgenommen werden als monogame Frauen – wenngleich nicht unbedingt als attraktiver. Obschon sexuelle Anziehungskraft und gutes Aussehen natürlich eng zusammenhängen, sind manche Frauen eher »sexy« als hübsch, während andere eher hübsch als »sexy« sind. Die Schauspielerin Ellen Barkin etwa könnte man als sehr sexy bezeichnen, aber nicht unbedingt als Spitzenreiterin, was reine Schönheit betrifft. Meryl Streep mag dagegen als sehr gut aussehend gelten, aber keine Höchstwerte hinsichtlich purem Sexappeal erzielen. Träfe die Erklärung mit der »Fähigkeit, die kurzfristige Partnerstrategie optimal Gewinn bringend einzusetzen« zu, müsste Ellen Barkin in kurzfristigen Beziehungen größere Erfolge feiern, Meryl Streep dagegen eher monogame Partnerschaften haben.

Eine andere mögliche Erklärung besteht darin, dass manche Frauen schlicht unfähig sind, mit langfristig engagierten Männern zusammenzubleiben, und deshalb die Option mit mehreren Partnern als Alternative wählen.

Welche Verhaltensweise eine Frau wählt, hängt natürlich von mehreren Umständen ab: dem Lebensabschnitt; dem Kapital, das sie einzusetzen vermag; und den gesellschaftlichen Rahmenbedingungen.

Gründe, nicht fremdzugehen

Bei all den Vorteilen, die Affären mit sich bringen können, bleibt das Rätsel bestehen, warum nicht mehr Frauen öfter fremdgehen. Um verstehen zu können, warum Frauen auf die Jagd nach besseren Genen, nach zusätzlichen Ressourcen, auf »Partner-Versicherung« und »Partnerschafts-Spekulation« verzichten, müssen wir uns noch einmal dem Prinzip der Ko-Evolution zuwenden und die »Kosten« und Nachteile von Untreue veranschlagen.

Die Vorteile einer Affäre für die Frau gehen meist zu Lasten des festen Partners. Männer mögen es nicht, wenn ihnen Hörner aufgesetzt werden. Der ko-evolutionären Logik gemäß haben Männer Strategien zur Vorbeugung gegen Reproduktionsverluste entwickelt: Sie bewachen ihre Frauen aufmerksam und bestrafen sie für Zeichen der Untreue mit Beschimpfungen, emotionaler Manipulation, eifersüchtiger Wut, Misshandlungen und manchmal sogar mit Morddrohungen. So wird das Fremdgehen kostspielig – wodurch viele Frauen zumindest zeitweise davon abgehalten werden. Im Gegenzug haben Frauen ihre Akte der Treulosigkeit über die Evolution hinweg betrachtet zunehmend geheimnisvoller, undurchschaubarer und verwirrender gestaltet, um die Kosten möglichst gering zu halten. Aus jeder Verbesserung weiblicher Verheimlichungstaktik ist den Männern wiederum ein Selektionsdruck erwachsen, noch bessere Überwachungsmaßnahmen und Abwehrmechanismen zu entwickeln. In der ewigen ko-evolutionären Spirale sind beide Geschlechter mit Angriffs- und Verteidigungswaffen zugange, mit Gegenangriffsstrategien und immer neuen Abwehrmechanismen.

Die Entscheidung jeder Frau, ob sie treu bleiben oder fremdgehen soll, hängt auch vom Ergebnis der Kosten-Nutzen-Analyse ab, bei der die Qualität des regulären Partners, die Vorteile der Treulosigkeit, das Risiko aufzufliegen und die möglichen Kosten und Nachteile mit einbezogen werden. Heidi Greiling und ich haben 50 dieser Kostenfaktoren genauer untersucht. Nur einer war unabhängig von einer Entdeckung gegeben, und zwar ein erhöhtes Risiko hinsichtlich Geschlechtskrankheiten. Bei den restlichen 49 möglichen Kosten ging es immer auch um die Frage, ob die Affäre ans Licht kommt oder nicht.

Der nächstliegende Verlust, den es möglicherweise zu verbuchen gibt, ist der Verlust des festen Partners. Eine Freundin erzählte mir, sie habe beim Einsetzen der Langeweile nach zehn Ehejahren ernsthaft erwogen, eine Affäre anzufangen, und sich nur deshalb zurückgehalten, weil sie ihren Mann, einen Arzt mit gutem Einkommen, nicht verlieren wollte. Wie Lara Betzig in ihrer großen kulturübergreifenden Studie dokumentiert hat, ist Untreue für Männer der wichtigste Scheidungsgrund.

Ein weiterer offenkundiger Nachteil ist eine mögliche Gewaltanwendung durch den Ehemann. Untreue Frauen laufen Gefahr, misshandelt oder sogar getötet zu werden. Die tatsächlichen Fälle sind so aufschlussreich wie verabscheuungswürdig. Im Rahmen einer Studie mit 100 Frauen, die misshandelt worden waren, wurde eine Liste der Verletzungen erstellt: Frauen waren mit Fäusten und Tritten traktiert, mit Gürteln gepeitscht worden und hatten Erstickungen, Verbrennungen und Verbrühungen erlitten. Manche Frauen hatten gebrochene Nasen, Zähne und Rippen, anderen waren die Schultern oder der Kiefer ausgerenkt worden. Neun der 100 Frauen benötigten stationäre Behandlungen, zwei davon wurden bewusstlos in das Krankenhaus eingeliefert. Zwei Frauen hatten Schädigungen an der Netzhaut; eine Frau trug eine schwere Verletzung am Kopf davon; zwei andere entwickelten Epilepsie als Folge ihrer Kopfverletzungen. Unsere Studien zeigen, dass sich Frauen dieser Gefahren sehr wohl bewusst sind, ihnen ist klar, wie groß die Wahrscheinlichkeit eines körperlichen Missbrauchs durch den Partner im Falle der Entdeckung einer Affäre sein würde; auf einer 5-Punkte-Skala ordneten sie diesen »Kostenfaktor« bei 4,9 ein.

Auch den Kindern der Frauen wird durch Missbrauch Schaden zugefügt. Wird die Frau verletzt oder getötet, kann sie sich nicht mehr um sie kümmern und sie beschützen. Verlässt der Ehemann sie aufgrund ihrer Treulosigkeit, droht den Kindern möglicherweise weitere Gefahr: Stiefkinder sind 40-mal öfter Opfer körperlichen Missbrauchs als Kinder, die mit ihren beiden leiblichen Eltern zusammenleben. Meist ist es der Stiefvater, dem die tiefe Liebe fehlt, wie sie leibliche Eltern natürlicherweise ihren Kindern gegenüber haben. Kinder ohne einen treu sorgenden Vater können eine zehn Prozent niedrigere Überlebenschance haben.

Auch wenn der Mann bei der Frau bleibt, wird er sie möglicherweise weiterhin für ihr Fremdgehen bestrafen. Zusätzlich zum psychischen und physischen Missbrauch rächen sich manche Männer, indem sie selbst eine Affäre anfangen. Da Männer typischerweise Ressourcen für ihre Sexualpartnerinnen bereitstellen, riskiert die Frau in diesem Fall auch noch den Verlust dieser Mittel für sich und ihre Kinder.

Manchmal droht Frauen, deren Affären entdeckt werden, sogar Gewalt durch ihren Vater oder einen Bruder. In manchen mediterranen Kulturen töten Brüder ihre Schwestern und Väter ihre Töchter wegen eines Seitensprunges, um die »Familienehre« wieder herzustellen. In weniger extremen Fällen wird die Frau möglicherweise von ihrer Familie geächtet und erhält auch keine Unterstützung mehr für ihre Kinder. Mit einem Wert von 4,8 schätzten Frauen in unserer Studie den Punkt »Nach Aufdeckung der Affäre entzog mir die Familie die emotionale Unterstützung« als eine der schlimmsten Folgen ein. Beinahe so schwerwiegend war für Frauen der Fall »Nach Aufdeckung der Affäre entzog mir die Familie die finanzielle Unterstützung«, der mit 3,9 auf der 5-Punkte-Skala bewertet wurde. Für unsere weiblichen Vorfahren und ihre Kinder konnte der Verlust fürsorglicher Verwandter eine Katastrophe bedeuten.

Zusätzlich zu diesen Nachteilen gefährden Frauen mit Affären ihr gesellschaftliches Ansehen. Ich erinnere mich an den Fall einer Frau, die beim Putzen die Ohrringe einer anderen Frau in einer

Sofaritze fand. Als sie ihren Mann zur Rede stellte, gestand er alles und verriet den Namen der Eigentümerin der Ohrringe – es war die Frau seines »besten Freundes«, ein Mitglied eines Clubs, dem beide Paare angehörten. Beim nächsten Club-Treffen erhob sich die wütende Frau und beschimpfte ihre Freundin vor allen Leuten als »Schlampe« und »Hure«, weil sie mit ihrem Mann geschlafen hatte. Danach gingen die anderen Clubmitglieder der Ehebrecherin aus dem Weg, und sie musste schließlich aus dem Club austreten.

In unserer Studie zeigten sich mehrere Facetten von Rufschädigung, die auf der »Kosten-Skala« um den Wert 4,0 angesiedelt waren. Frauen riskieren gesellschaftliche Sanktionen durch Freunde, Familie, Arbeitskollegen, Kirchengemeinde, Vereinsmitglieder usw. Sie laufen auch Gefahr, den Respekt ihrer Kinder zu verlieren – ein Aspekt, den die Frauen in unserer Untersuchung mit einer 4,9 auf der Kostenskala versahen.

Ein weiterer Kostenfaktor war der Verlust des Selbstwertgefühls, was paradox erscheinen könnte, da das Selbstwertgefühl durch eine Affäre oftmals auch erhöht wird. Dieser anscheinende Widerspruch löst sich von selbst auf, wenn man sich die unterschiedlichen Quellen der Wertschätzung vergegenwärtigt. Oft stützen wir uns bei unserer Selbsteinschätzung auf die Bewertung von anderen. Frauen, die gesellschaftliche »Ächtung« erleiden, verlieren daher an Selbstachtung. Eine Aufwertung ihres Selbstwertgefühls erfährt die Frau meist nicht in ihrer gewohnten Umgebung, sondern durch ihren Geliebten, der sie intelligent, charmant und attraktiv findet. Letztlich kann Treulosigkeit zwei unterschiedliche und gegensätzliche Wirkungen auf das Selbstwertgefühl der Frau haben: Die Verbesserung des Selbstwertgefühls steht am Anfang der Affäre, vor ihrer Aufdeckung; zum Verlust kommt es später – und nur, falls die Affäre aufgedeckt wird und in einer Katastrophe endet. Robert Frank von der Cornell University bemerkt dazu: »Das Problem bei heimlichen Affären besteht darin, dass die Vorteile gleich zu haben sind, die Nachteile dagegen sowohl unwägbar als auch zukünftig sind.«

Oft werden die teils beträchtlichen Vorzüge des Fremdgehens durch den potenziellen Schaden noch überboten. Im Hinblick auf den Schaden herrscht eine Doppelmoral. Frauen, deren Affären auffliegen, riskieren – im Unterschied zu Männern, die erwischt werden – schlimmeren körperlichen Missbrauch, schwerere Rufschädigung, strengere Verurteilung durch Familie und Freunde, deutlichere Verringerung des Selbstwertgefühls und größere Wahrscheinlichkeit, verlassen zu werden. Meine Untersuchungen zur Frage der Rufschädigung, die ich in Simbabwe, Eritrea, China, Guam, Russland, Brasilien, Polen, Korea und Transsilvanien durchgeführt habe, unterstreichen alle die weite Verbreitung der Doppelmoral.

Fremdgehen oder nicht fremdgehen?

Unsere heutige Gesellschaft unterscheidet sich grundlegend und endgültig von der des Steinzeitalters, in dem unsere Sexualpsychologie gewissermaßen aus der Taufe gehoben wurde. Im Vergleich zum Leben in Kleingruppen, wie es unsere prähistorischen Vorfahren führten, in denen kaum ein Niesen und schon gar keine heiße Affäre zu verbergen war, bietet die Anonymität des heutigen Großstadtlebens mehr Möglichkeiten. Durch die Verringerung des Risikos einer Aufdeckung mindern die heutigen Lebensumstände die Wahrscheinlichkeit, dass eine Frau die Nachteile ihrer Untreue zu spüren bekommt.

Im Unterschied zur urzeitlichen Form des Zusammenlebens in Kleingruppen mit nur einer Hand voll potenzieller Partner ergeben sich im heutigen urbanen Leben Tausende von Wahlmöglichkeiten. Täglich bieten sich Gelegenheiten an der »Partnerbörse«. Ständiger Kontakt zu möglichen neuen Partnern, deren Mängel zunächst verborgen bleiben, rufen Unzufriedenheit mit dem aktuellen Partner hervor, dessen Reize sich mit der Zeit abgenutzt haben.

Auch die heutigen Arbeitsbedingungen weichen grundlegend von denen unserer Urahnen ab. In Jäger- und Sammlergesellschaften blieben die Geschlechter aufgrund der Arbeitsteilung oft voneinander getrennt. Frauen lieferten ihren Beitrag in Form von gesammelten Pflanzen und Früchten, bei der Kinderpflege, der Zubereitung von Mahlzeiten und dem Hüten des Feuers. Männer jagten Großwild, meist in Gesellschaft anderer Männer. An heutigen Arbeitsplätzen arbeiten Frauen und Männer mit ähnlichen Interessen täglich acht Stunden oder länger Seite an Seite zusammen. Wiederholte Flirts am Arbeitsplatz wachsen sich zu gefährlichen Leidenschaften aus.

Im Rahmen der Partnerwahl steht heutigen Frauen wie ihren Urmüttern die Strategie des Fremdgehens zur Verfügung. Unsere sexuellen Verhaltensweisen haben sich nur wenig verändert, das soziale Leben unterscheidet sich jedoch grundlegend. Aufgrund dieser Veränderungen mehren sich die Vorteile der Untreue, und die Nachteile werden weniger, wodurch sich – auf der Grundlage einer Kosten-Nutzen-Analyse – ein sprunghafter Anstieg der Versuchung fremdzugehen ergibt. In einer Welt aus Fastfood und ebensolchen Partnerschaften müssen wir lernen zurechtzukommen.

8. Strategien zur Problembewältigung

> Hat die Gewohnheit die Klinge der Eifersucht erst einmal
> abgeschliffen, trinkt eine Reihe von Männern aus demselben
> Liebeskelch, ohne Widerstreben und ohne Groll, während
> die Frau im Wissen um ihre Begehrlichkeit und geübt in der
> Kunst, jene zu erfreuen, die zu ihr kommen, ihre Zärtlichkeiten
> und Leidenschaft auf angemessene und weise Art verteilt.
>
> Paolo Mantegazza: »The Sexual Relations of Mankind«, 1935

> Big boys don't cry.
>
> Guerrero and Reiter: »Sex Differences and Similarities in Communication«, 1998

Mit einem Fernglas spionierte Jonathan seiner Frau nach. Meist tat er so, als gehe er in die Arbeit, und pirschte dann heimlich ins Haus zurück, um seine Frau in flagranti mit ihrem Liebhaber zu erwischen. Immer wieder suchte er das Haus nach Spuren ihrer Untreue ab. Seine Kinder beschuldigte er, mit ihrer Mutter zu konspirieren, um ihre »Lüsternheit« zu verbergen. Wiederholt drohte er Nachbarn mit Gewalt. Er entwickelte die merkwürdige Angewohnheit, mit einem Rasiermesser in der Tasche herumzulaufen. Oft äußerte er den Wunsch, seine Frau ständig schwanger zu halten, damit sie »voll beschäftigt« wäre. Mehrere Nächte hindurch hielt er sie spät wach und versuchte zu befriedigen, was er ihre »unersättliche Lust« nannte – um sie davon abzuhalten, dies woanders zu tun. Dank seiner Methoden der Problembewältigung blieb seine Frau zwar treu. Die Nachteile für ihn und seine Familie waren jedoch beträchtlich.

Die 43-jährige Krankenschwester Verity aus Barbados lebte von einem kleinen, aber sicheren Einkommen und wohnte Jahre lang mit ihrem Mann zusammen, bevor sie heirateten. Obwohl die ersten Jahre größtenteils von Armut gekennzeichnet waren, war sie glücklich, solange ihr Mann sie liebte. Doch die Liebe verblasste zunehmend, und Verity wurde schließlich immer unglücklicher, zumal ihr Mann sie weder emotional noch finanziell zu unterstützen vermochte. Oft bat er sie sogar um Geld, ließ sie die Rechnungen bezahlen und Vorräte auffüllen. Bald fand Verity heraus, dass ihr Mann eine Affäre mit einer sehr jungen Frau hatte. Wie sie weiterhin bemerkte, hatte ihr Mann nicht nur ihr Geld für seine Geliebte ausgegeben, sondern auch Sex mit seiner Geliebten in ihrem Ehebett gehabt. Zu guter Letzt entdeckte sie zwei Flugtickets, für ihren Ehemann und seine Geliebte, die er von Veritys schwer verdientem Geld gekauft hatte.

Um mit all diesen Betrügereien fertig zu werden, suchte Verity Rat bei einer Frau, die für ihre Weisheit bekannt war, und ging dann folgendermaßen vor. Zunächst hob sie ihr gesamtes Vermögen von ihrem gemeinsamen Konto ab und eröffnete damit ein neues, das nur auf ihren Namen lautete. Anschließend fuhr sie in die Stadt, in der ihre Rivalin lebte. Stundenlang saß sie auf den Stufen zu deren Wohnung und wartete geduldig. Als die Rivalin auftauchte, »packte ich sie einfach und schleifte sie in ihre Wohnung zum Herd, auf dem der Wasserkessel stand«. Sie drohte ihr, sie mit dem Gesicht ins kochende Wasser einzutauchen, falls sie ihre Finger nicht von ihrem Mann lassen würde.

Da Verity befürchten musste, ihr Mann würde das Haus und all ihr Eigentum einbehalten, ließ sie sich nicht scheiden. Dafür legte sie sich einen Geliebten zu. Ihre eigene Untreue verbarg sie vor ihrem Mann und traf sich mit ihrem Liebhaber stets in seinem Auto, weit ab von Gegenden, in denen man sie kennen und entdecken könnte. Zwar konnte sie den Kummer über den Treubruch ihres Mannes nie ganz überwinden, aber zumindest bekam sie ihr Leben unter Kontrolle, sowohl finanziell als auch emotional.

Die Strategien, mit Eifersucht und Treulosigkeit umzugehen, unterscheiden sich natürlich in dem Maß, in dem sich die betroffenen Menschen und die jeweiligen Umstände unterscheiden. In Anbetracht der ebenso omnipräsenten wie ominösen Bedrohung durch Untreue würde es verwundern, wenn der Mensch nicht ein wahres Waffenarsenal zu ihrer Bekämpfung aufgebaut hätte. In diesem Kapitel werden wir Zeugen der Funktionsweise ko-evolutionärer Prinzipien. Strategien der Problembewältigung entstanden im Rahmen des Kampfes mit immer wiederkehrenden adaptiven Problemen. Angesichts der Flut an unangenehmen Folgen, die Affären für alle Beteiligten nach sich ziehen können, reicht eine einzige Problembewältigungsstrategie nicht aus.

Am Anfang steht natürlich häufig die Eifersucht, die zunächst Wut bewirkt, dann tiefe seelische Konflikte und schließlich oftmals drastische Maßnahmen. Die Handlungen, zu denen es kommen kann, sind außerordentlich mannigfaltig. Gewalt und Mord etwa, die in Kapitel 5 behandelt wurden, stellen die verzweifeltsten »Strategien der Problembewältigung« dar. In diesem Kapitel geht es um eine ganze Bandbreite derartiger Strategien, die von Verdrängung bis zu Rache reicht.

Klinische Behandlung von Eifersucht

In der Fach- und Ratgeberliteratur zum Thema Eifersucht und Treulosigkeit zeigt sich eine Tendenz, die Nützlichkeit der Eifersucht zu ignorieren. Meist geht es dort darum zu lernen, »wie man Eifersucht überwinden kann«, als ob das Problem lediglich oder vor allem bei der eifersüchtigen Person läge. Therapeuten halten die eifersüchtige Person dazu an, »die Verantwortung« für ihre Eifersucht zu übernehmen. In einer weit verbreiteten Therapieform, »systematische Desensibilisierung« genannt, zählt der Patient zunächst die Situationen auf, die seine Eifersucht hervorrufen, und erstellt dann eine Art Rangordnung: Leichte Eifersuchtsgefühle mag bereits der Augenkontakt von Partner und Rivale hervorrufen, dicht gefolgt vom Flirten oder Küsschen auf die Wange. Intensive Zungenküsse können schon stärkere Eifersuchtsgefühle erzeugen, zumal wenn sie mit Streicheln und Petting einhergehen. Zu sehen, wie die geliebte Person etwa Oralsex mit jemand anderem hat, könnte unkontrollierbare Wut auslösen.

Nach Erstellung dieser »Rangordnung« wird den Patienten eine Entspannungstechnik beigebracht, bei der man nach und nach die unterschiedlichen Körperbereiche zu lockern lernt. Schließlich bittet der Therapeut den Patienten, sich die Ereignisse vor Augen zu führen, die Eifersucht auslösen, beginnend bei den harmloseren Situationen, wobei der körperliche Entspannungszustand aufrechterhalten werden soll. Sobald der Patient beim Durchmessen der Eifersuchts-Hierarchie deutliche Anzeichen von Anspannung aufweist, führt ihn der Therapeut zu einer weniger problematischen »Stufe« zurück, bis der Entspannungszustand wieder eintritt. Ziel ist, selbst bei der Vorstellung, der Partner probiere unterschiedlichste Stellungen mit einem Rivalen aus, völlig entspannt zu bleiben – so entspannt wie bei der Beobachtung eines unschuldigen Händedrucks.

In Anbetracht der tiefen Wurzeln dieser gefährlichen Leidenschaft ist die Eliminierung der Eifersucht unwahrscheinlich. Dazu müsste ein Zustand der Nullwahrscheinlichkeit von Untreue oder Lossagung erreicht werden: niemals auch nur ein Flirt mit jemand anderem als dem festen Partner, niemals ein Lächeln; kein Rivale dürfte jemals auch nur das geringste Interesse am Partner einer anderen Person zeigen; niemand dürfte jemals unzufrieden mit seiner Partnerschaft sein; alle Paare müssten perfekt zusammenpassen; Veränderungen der Begehrlichkeit müssten sich bei beiden Partnern immer in genau der gleichen Art und Weise und im gleichen Tempo vollziehen. Sofern man nicht alle Paare in Einzelhaft sperren will, werden diese Zustände nie erreicht werden.

Nicht nur Therapeuten vertreten die Meinung, Eifersuchtsgefühle müssten aus unserem psychischen Repertoire getilgt werden. Manche Forscher behaupten, Eifersucht sei schlicht eine Krankheit, die als solche behandelt werden muss. Viele empfehlen eine »grundlegende Änderung der Einstellung«, wobei das Aufrechterhalten einer Beziehung trotz Affären als positiv betrachtet wird, als Stärke. Hier wird eine Einstellung beworben, die einer Lösung nach dem Motto »glückliche Idioten« entspricht. Manche raten, die positive Seite an sich selbst zu entdecken und dadurch weniger eifersüchtig zu sein. Diese Methode zur »Linderung von Eifersucht« erinnert an das beschönigende »Sag einfach nein« als Zauberformel, mit der etwa die Drogensucht einfach so zum Verschwinden gebracht werden soll. Und manche sehen Gewalt aus Eifersucht als Zeichen dafür an, dass jemand lediglich »nach Hilfe sucht, um mit diesen machtvollen und komplexen Gefühlen fertig zu werden« – als ob ein Mann, der seine Frau gerade in einem Eifersuchtsanfall getötet hat, nur ein wenig Wärme und Liebe bräuchte. Bei all diesen Ansätzen wird vernachlässigt, dass – in den meisten Fällen – nicht die Existenz von Eifersucht an sich das Problem darstellt, sondern vielmehr die reale Gefahr, von einem Partner zugunsten eines Rivalen hintergangen oder verlassen zu werden.

Wie wir im Kapitel über das Othello-Syndrom gesehen haben, kann extreme, irrationale und krankhafte Eifersucht durchaus auch eine ansonsten harmonische Partnerschaft zerstören. Lediglich die Eifersucht eliminieren zu wollen käme jedoch dem Versuch gleich, einen Brand zu löschen, indem man den Feueralarm zerstört und so zum Schweigen bringt. Erfolgreiche Problembewältigung muss beim Feuer selbst ansetzen.

Eine populäre Strategie der Problembewältigung ist der Besuch bei einem Therapeuten. Oft kann eine Therapie eine große Hilfe sein, wenn dadurch das Problem klarer erkannt wird und eine Reihe rationaler Lösungsmöglichkeiten zur Sprache kommen. Wir müssen jedoch erkennen, dass eine Therapie kein Allheilmittel ist. Manchmal spielen bei Therapeuten, die sich eines Problems annehmen, moralische Werturteile und persönliche Ausrichtungen mit hinein, wodurch mehr Schaden als Nutzen entsteht. In einem Kapitel des »Clinical Handbook of Couple Therapy« (Klinisches Handbuch der Paartherapie) behauptet Frank Pittman, einer der führenden Fachleute im Bereich ehelicher Treulosigkeit: »Untreue ist kein normales Verhalten, sondern das Symptom eines Problems.« Geht man davon aus, dass die Hälfte aller Ehepaare Affären haben, dann müssten, Pittmans Theorie zufolge, nicht weniger als 50 Prozent der Bevölkerung »anormal« sein.

Paartherapeuten erkennen häufig selbst, dass das Problem ehelichen Treubruchs nicht immer mit einer Therapie zu lösen ist. In einem Fall konnte sich ein Mann nicht zwischen seiner Frau und seiner Geliebten, einer Kollegin, entscheiden: »Die betrogene Frau drohte ihm mit der Scheidung, falls er sich nicht entscheiden würde. Er versicherte ihr, er habe die Frau nicht mehr getroffen. Doch obwohl das Ehepaar wieder Sex hatte, war die Vertraulichkeit nicht wieder herzustellen, wie man dies nach Beendigung der Affäre vermutet hätte. Immer wieder fand seine Frau Zigaretten mit Spuren von Lippenstift in seinem Aschenbecher und fremde Damenunterwäsche in seinem Handschuhfach. Er meinte, ihre Phantasie gehe mit ihr durch. Sie sah sein Auto in der Einfahrt seiner Geliebten. Sie verwüstete ihren Waschkeller, zerstörte die ganze Installation. Schließlich forderte sie, die Geliebte müsse mit zu einer paartherapeutischen Sitzung kommen. Bei dem Treffen sagte sie der Geliebten, sie schlafe noch mit ihrem Mann und er lüge beide an. Daraufhin fühlte sich die Geliebte hintergangen und verließ den Raum. Beim Hinausgehen sagte sie noch etwas wie: Ihrer Erfahrung nach betrügen alle Männer ihre Frauen, aber nur ein richtiges Arschloch würde auch seine Freundin betrügen.« In diesem Fall hatte die Therapie keinen Erfolg.

Eine Therapeutenpraxis mag im Allgemeinen ein sicherer Ort für die Aufarbeitung ehebrecherischer Dreiecksgeschichten sein. Doch auch hier können Leidenschaften in reiner Zerstörungskraft gipfeln: »Das Treffen der drei Beteiligten war schon lange geplant, doch weder die stets geduldige betrogene Ehefrau noch die langjährige Geliebte tauchten auf. Als wir die Angelegenheit gerade mit dem Ehemann besprachen, hörten wir im Wartezimmer den Lärm eines Handgemenges. Die zwei Frauen waren sich in die Haare geraten. Die Ehefrau hatte sich verspätet, und die Geliebte hatte, im Treppenhaus versteckt, auf sie gewartet. Die Geliebte schlug mit ihrer Handtasche auf die Frau ein, da ging der Mann dazwischen und beendete die Prügelei. Er schob seine Frau beiseite, um seine Geliebte zu trösten – womit endlich eine Entscheidung getroffen worden war und die Sackgasse verlassen.« In diesem Fall wurde durch die Therapie zumindest indirekt eine Entscheidung erzwungen, wenn diese auch nicht den Wünschen der Ehefrau entsprach.

Als weiteres Beispiel für das Versagen einer Therapie lässt sich der Fall des Ehemannes anführen, der sich weigerte, seine Affäre aufzugeben, schließlich aber immerhin der Aufnahme einer Paartherapie mit seiner Frau zustimmte. Er benutzte die Therapie indes, um seiner Frau einen schmerzvollen Schlag zu versetzen: Er »erklärte seiner Frau, sie könne sich glücklich schätzen, mit ihm verheiratet zu sein, da sie hässlich sei. Sie sollte stolz sein, mit einem Mann verheiratet zu sein, der eine derart schöne Geliebte haben könne, und sich über einen Zugewinn an Status freuen, der aus einem Akzeptieren der ménage à trois resultieren würde.« Das Selbstwertgefühl der Ehefrau stürzte zwar auf einen Tiefstwert, immerhin brachte sie jedoch den Mut auf, ihren Mann endgültig zu verlassen.

Trotz ihrer guten Absichten stellen Therapeuten aus Mangel an Wissen über die Wurzeln der Eifersucht manchmal Diagnosen, die mehr Verwüstung als Heilung bewirken. In einem Fall brachte ein als irrational eifersüchtig eingestufter Mann damit »seiner Frau gegenüber seine Hilflosigkeit zum Ausdruck, die nach ihrem Erziehungsurlaub ihre Arbeit wieder aufgenommen hatte, jetzt mehr Geld als er verdiente und von ihm die Übernahme bestimmter Hausarbeiten erwartete. Das widersprach seinen ebenso uneingestandenen wie hartnäckigen Vorstellungen über Männlichkeit. In diesem Fall war Eifersucht ein Element im Machtkampf eines Mannes, der sich in seiner Männlichkeit bedroht glaubte; er meinte, seine Frau habe ihm das Gefühl von Nutzlosigkeit vermittelt und sein Selbstwertgefühl genommen. Er wünschte sie sich daheim und abhängig, aber... es war einfacher, sie des Ehebruchs anzuklagen, als... eine offen sexistische Haltung einzunehmen.«

Indem er die Eifersucht dieses Mannes auf Sexismus und Verunsicherung schob, übersah der Therapeut, welch hohen Wert Frauen tatsächlich auf die Verdienstmöglichkeiten von Männern legen. Er erkannte nicht, dass Frauen, die besser verdienen als ihr Mann, diesen mit größerer Wahrscheinlichkeit aus adaptiven Gründen verlassen. Er bemerkte nicht, dass Frauen, die im Arbeitsleben stehen, stärker zu Affären tendieren als andere. In diesem einen Fall wissen wir weder, ob die Frau wirklich eine Affäre hatte, noch ob seine grundlegenden Befürchtungen begründet waren. Wir wissen nur, dass er auf eine fundamentale Bedrohung reagierte, zumal über die lange menschliche Evolutionsgeschichte hinweg Männer in dieser Situation mit größerer Wahrscheinlichkeit von der Partnerin betrogen oder gar verlassen wurden als sonst. Dies ist natürlich kein Argument dafür, dass Frauen zu Hause bleiben oder auf eine Karriere verzichten sollen. Indem man jedoch, dem Trend folgend, »verunsicherte Männlichkeit« bzw. eine sexistische Haltung für Eifersucht verantwortlich macht, übersieht man die wirklichen Ursachen und verurteilt damit auch entsprechende Therapieansätze möglicherweise zum Scheitern.

Kulturell vorgeschriebene Problembewältigung

Da es sich bei Eifersucht und Untreue um allgemeine menschliche Phänomene handelt, verwundert es kaum, dass jede Kultur Methoden zum Umgang damit entwickelt hat. Bei Gesetzen und Sanktionen kommt eine sehr alte »Goldene Regel« mit aller Macht zur Anwendung: »Wer zahlt, schafft an.« Über die gesamte Menschheitsgeschichte hinweg sind die meisten Gesetze von Männern geschrieben und umgesetzt worden, sie spiegeln also eher eine männliche als eine weibliche Sichtweise wider. In den meisten Kulturen wurde weibliche Treulosigkeit einem »Eigentumsdelikt« gegen den Mann gleichgesetzt. Gesetze und andere kulturell begründete Sanktionen beinhalten Strafen sowohl für den Rivalen als auch für die Ehebrecherin.

In manchen Kulturen waren diese Sanktionen sehr hart. Bei den Bue aus Fernando Po, einer Insel von Äquatorialguinea, wurden untreue Frauen einer Reihe sich verschärfender Strafmaßnahmen unterworfen: »Beim erstmaligen Vergehen wird der Täterin die Hand abgehackt und der Stumpf in siedendes Öl getaucht; beim zweiten

Vergehen wird die Prozedur mit der rechten Hand wiederholt; beim dritten Mal wird der Schuldigen der Kopf abgeschnitten, und dann ist kein Öl mehr nötig.«

Eine Frau der Baiga aus Indien erzählte, was passierte, als ihr Mann sie einmal mit einem Liebhaber ertappte. Er ging mit einem brennenden Holzscheit auf den Rivalen los und führte ihr später als Strafe Peperoni in die Vagina ein.

Schande auf jemanden zu bringen war schon immer eine weit verbreitete Strategie im Umgang mit Untreue. Bei den Bewohnern von Cumae in Kampanien im alten Italien »wurde die Ehebrecherin entkleidet und mehrere Stunden lang den Beleidigungen durch die Menge ausgesetzt, woraufhin sie auf einem Esel durch die Stadt reiten musste. Für immer blieb sie entehrt, und man nannte sie ›diejenige, die den Esel bestieg‹.« Bei nordamerikanischen Indianerstämmen wurde Ehebruch mit unterschiedlichen Formen von Körperverstümmelung bestraft: nicht nur mit dem Abschneiden der Haare, sondern auch der Ohren, Lippen oder Nase.

In Kulturen mit schriftlich fixierten Gesetzen ist sexuelle Untreue fast immer Thema spezieller Rechtsprechung und Bestrafung. Dieser Punkt verdient besondere Beachtung. Überall auf der Welt, wo Menschen Gesetze niederschrieben, war stets die Frage Thema, wer mit wem schläft bzw. schlafen darf. Dies ist bezeichnend für die menschliche Natur.

Bei den Yap in Mikronesien wird der Ehebruch durch die Frau als Diebstahl betrachtet, ähnlich wie »der Diebstahl persönlicher Güter, Kokosnüssen usw.« In mehreren Stammeskulturen Afrikas, zum Beispiel bei den Kipsigis in Kenia, werden Frauen gekauft, wobei Rinder und anderes Vieh als Währung dienen. Wird ein Mann beim Sex mit der Frau eines anderen erwischt, muss der Schuldige den Ehemann mit einer angemessenen Menge von Rindern entschädigen.

Sanktionierte Methoden der Problembewältigung, als Gesetze niedergelegt, werden manchmal mit Hilfe der Bibel oder anderer religiöser Dokumente begründet. In einer Bibelstelle heißt es etwa, der Herr habe Moses befohlen, er möge dem Volke Israel einschärfen, dass sie des Ehebruchs verdächtigte Frauen vor einen Priester bringen sollen, der sie dann das »Wasser der Bitternis« trinken lässt. Ist die Frau unschuldig, hat dieses bittere Wasser keine schädliche Wirkung. Doch andernfalls lässt das Wasser ihren Körper vor Schmerzen anschwellen.

Eine ebenfalls »kulturell sanktionierte« Methode zur Vermeidung weiblicher Untreue ist die Verstümmelung der Genitalien, was in einigen Kulturen in Nord- und Zentralafrika, in Arabien, Indonesien und Malaysia verbreitet ist. Durch eine Klitoridektomie, die Entfernung der Klitoris, wird das sexuelle Lustempfinden von Frauen auf furchtbare Weise drastisch verringert, wodurch ein Fremdgehen verhindert werden soll. Obwohl es mittlerweile verschiedene internationale Initiativen und Vereinigungen zur Bekämpfung dieser Tradition gibt, werden auch in modernen Zeiten Millionen von Frauen auf diese Weise gequält.

Alice Walker beschreibt eine ganze Reihe furchtbarer Fälle von Klitoridektomie. Hier einer aus Mali, Afrika: »Bei meinem Volk werden Mädchen erst dann beschnitten, wenn sie Brüste entwickeln, wenn sie also geschlechtsreif sind. Im Alter von zwölf Jahren verließ ich mein Dorf, um in die Hauptstadt zu ziehen, und bis dahin hatte mein Vater nicht von mir verlangt, mich beschneiden zu lassen... Als sie mir sagten, ich solle zusammen mit anderen Mädchen das Beschneidungsritual durchführen, entschuldigte ich mich unter dem Vorwand, krank zu sein, weil ich schon wusste, wie die Beschneidung gemacht wird. Ich wusste, dass sie etwas herausschneiden, dass das sehr schmerzhaft ist und dass manche Mädchen traumatisiert sind. Eine Freundin, die ich sehr liebte, starb an den Folgen der Beschneidung... Als ich meinem Vater sagte, ich wolle mich nicht beschneiden lassen... akzeptierte er dies nicht, er schlug mich sogar... Also versuchte ich, es meinem Verlobten zu erklären, wenn er nachts zu mir kam. Ich hoffte, als mein zukünftiger Ehemann würde er mich verstehen. Ich erklärte ihm, ich hätte Angst; ich sagte ihm, wie schmerzhaft es sein würde und auch dass meine Freundin daran gestorben war... Er versuchte erst gar nicht, mich zu verstehen; auch er meinte, er könne das nicht akzeptieren... Er meinte, auf eine Frau, die schmutzig wäre, wie eine Hure, könnte er nicht stolz sein... und er würde sich schämen... Er trennte sich von mir.« Dieser jungen mutigen Frau gelang es, der Beschneidung zu entgehen. Wie so viele Geschichten zeigt auch ihre, dass die Sorge um die Treue der Frauen die Grundlage für diese furchtbare Tradition der Körperverstümmelung ist.

Eine andere in Afrika weit verbreitete Praxis ist das Zunähen der Schamlippen, das nach der Klitorisentfernung erfolgt. Einer Schätzung zufolge haben 65 Millionen Frauen, die heute in 23 afrikanischen Staaten leben, diese Art von Verstümmelung der Genitalien erlitten. Durch das Zunähen der Scham wird der Beischlaf auf brutale Weise verhindert. Es wird manchmal auf Insistieren der Verwandtschaft der Frau hin durchgeführt, damit die Treue der Frau für den zukünftigen Ehemann garantiert ist. Nach einer Heirat müssen diese Frauen wieder aufgeschnitten werden, da andernfalls die Öffnung der Vagina zu klein ist, um Beischlaf zu ermöglichen. Geht der Ehemann eine Zeit lang auf Reisen, wird die Vagina der Frau manchmal erneut zugenäht. Die Entscheidung darüber liegt normalerweise beim Gatten, der die Wahrscheinlichkeit ihrer Treue beurteilen darf.

In westlichen Ländern wurden in der Vergangenheit Gesetze mit ähnlichen Zielsetzungen verabschiedet – wenngleich die Methoden weniger brutal waren. Heute liegen den Gesetzen zum Ehebruch für beide Geschlechter dieselben Standards zugrunde, doch die Entwicklung dahin vollzog sich nur sehr langsam. Ehebruch durch den Mann wurde bis 1810 nirgends als Delikt betrachtet, und sogar danach war man von wirklicher Gleichberechtigung noch weit entfernt. Einem französischen Gesetz zufolge war es zum Beispiel strafbar, wenn der Mann eine Mätresse im selben Haus wohnen hatte, in dem seine Ehefrau lebte – vorausgesetzt, die Ehefrau sprach sich dagegen aus. Erst 1852 wurde in Österreich (dem ersten Land mit einem entsprechenden Gesetz) weibliche und männliche Untreue gleichermaßen als kriminelle Handlung aufgefasst. Historisch herrschten jedoch bei den Germanen und anderen Völkern Westeuropas, bei den Azteken, Inkas, Mayas, in China und Japan, in den alten Kulturen des heutigen Irak und in vielen anderen asiatischen Kulturen ähnliche Formen der Doppelmoral vor: Ehebruch war ein Verbrechen gegen den Ehemann, und die Gesetze sprachen ihm »Wiedergutmachung« oder das Recht auf Rache zu.

Wachsamkeit

In unseren Studien über Ehepaare und feste Beziehungen konzentrierten wir uns eher auf persönliche Strategien der Problembewältigung denn auf gesetzliche oder kulturell definierte. Wachsamkeit ist die erste »Verteidigungsstrategie«. Bei einer vermuteten Bedrohung rufen sowohl Frauen als auch Männer ihre Partner zum Beispiel zu merkwürdigen Zeiten an, um zu sehen, ob sie sind, wo zu sein sie behaupteten. Andere Strategien sind das Herumstöbern in den Sachen des Partners, unangekündigte Besuche und das Lesen persönlicher Korrespondenz. Frauen wie Männer behalten ihren Partner auf Partys im Auge, bleiben in der Nähe, wenn sie potenzielle Rivalen wittern, und bitten manchmal sogar Freunde, ein Auge auf ihre möglicherweise abtrünnigen Partner zu werfen.

Mit Hilfe von Wachsamkeit lassen sich zum Teil Informationen darüber einholen, ob eine vermutete Gefahr real oder eingebildet ist. Ist sie erst einmal als real erkannt, sind andere Problembewältigungsstrategien angesagt.

Die Wünsche des Partners erfüllen

Eine grundlegende Strategie der Problembewältigung beinhaltet, an sich selbst zu arbeiten. Tatsächlich sind die Eigenschaften, die eine Person dabei zu erlangen, auszubauen oder zu verbessern trachtet, durch die evolutionsgeschichtlich entwickelte Psychologie des Begehrens definiert. Da Männer vor allem auf das Aussehen der Frau Wert legen, Frauen dagegen mehr auf die Ressourcen des Mannes achten, müssten Strategien, an den eigenen »Qualitäten« und an der eigenen Begehrlichkeit zu arbeiten, geschlechtsspezifisch an den Wünschen des Partners ausgerichtet sein. Bestätigt sich diese Vermutung bei Prüfung der Fakten?

Stellen Sie sich vor, Sie schauen ein Video an, auf dem ein Paar zusammen auf einem Sofa sitzt und sich unterhält. Kurzzeitig kuscheln sie, küssen sich und berühren sich zärtlich. Dann steht einer der beiden auf, um die Gläser wieder mit Wein zu füllen. Einige Sekunden später betritt eine dritte Person den Raum, die als Ex-Freundin bzw. Ex-Freund des Partners vorgestellt wird, der auf dem Sofa sitzen geblieben ist. Dieser Partner erhebt sich kurz, umarmt den Neuankömmling, und beide setzen sich zusammen auf das Sofa. In der nächsten Minute küssen sie sich, berühren sich zärtlich und rücken nah zusammen. Dann kommt der Partner mit den Weingläsern zurück, hält inne und blickt den Partner auf dem Sofa an, der seine Zuneigung für den Rivalen offen zeigt. Die Videokassette endet hier. Joyce Shettel-Neuber und ihre Kollegen von der San Diego State University ließen Frauen und Männer jeweils »geschlechtsspezifische« Videofilme anschauen: Die Frauen bekamen eine Version mit einer ehemaligen Freundin als Eindringling zu sehen, die Männer eine Version mit einem Ex-Freund. Wie würde man sich an Stelle des Partners, der die Weingläser in der Hand hält, verhalten? Wie würde man auf diesen Rivalen, den Ex-Partner des eigenen Partners, reagieren?

Frauen, denen dieser Videofilm vorgeführt wird, geben mit beinahe doppelt so hoher Wahrscheinlichkeit wie Männer an, sie würden an ihrem äußeren Erscheinungsbild arbeiten. Sie würden ihre Anstrengungen in Körperpflege und Fitness verdoppeln und öfter zum Friseur gehen. Als Strategie der Problembewältigung bei Bedrohung durch eine Rivalin arbeiten Frauen an ihrem Aussehen. Die Männer gaben an, sie würden wütend werden oder sich betrinken.

In unseren Untersuchungen mit 107 Neuvermählten bestätigte sich die weite Verbreitung dieser Strategie von Frauen, bei Bedrohung durch des Partners Untreue ihr Erscheinungsbild zu verbessern. In einer Nachfolgestudie vier Jahre später zeigte sich, dass Frauen, die sich der Treue ihres Partners nicht ganz sicher waren, immer noch die Steigerung ihrer äußeren Attraktivität als Hauptstrategie anwandten.

Sowohl aus klinischen Fallstudien als auch aus unseren Untersuchungen geht als wichtigste Strategie der Problembewältigung eine Verbesserung des äußeren Erscheinungsbildes hervor. In einem Fall entdeckte eine Frau, die 14 Jahre lang verheiratet gewesen war und drei Kinder hatte, eines Tages ihren Mann im Bett mit einer anderen Frau. Als er gestand, die Affäre bestehe schon seit fünf Jahren, wurde sie hysterisch. Sie zog eine ganze Reihe von Optionen in Betracht, unter anderem ihn zu töten und dann Selbstmord zu begehen. Nach mehreren Monaten hatte sie die Untreue ihres Mannes immer noch nicht verwunden. Jede Frau, der sie auf der Straße begegnete, rief Bilder ihres Mannes im Bett mit einer anderen in ihr hervor. Bei jeder Frau fragte sie sich: »Würde er sie attraktiver finden? Sollte ich mehr Sport treiben, mich betont sexy geben, meine Haare färben oder öfters eine neue Frisur machen lassen?« Sie war regelrecht besessen von ihrem Aussehen und arbeitete unablässig an ihrem Erscheinungsbild.

Männer verfügen über eine Parallelstrategie – sie schlagen Profit aus dem Wunsch der Frauen nach Männern, die fähig und willens scheinen, ihnen Aufmerksamkeit, Mühe und Ressourcen zu widmen. In unserer Studie mit 107 Ehepaaren und 102 Partnerschaften neigten Männer sehr viel stärker als Frauen dazu, ihre Ressourcen zur Schau zu stellen, wenn sie eine Treulosigkeit der Partnerin fürchteten. Männer berichten, wie sie ihren Partnerinnen Geschenke machen, Blumen und Schmuck kaufen und sie in teure Restaurants einladen. Diese Strategie wählen Männer, wenn sie den Eindruck haben, sie müssten ihre Bemühungen verstärken, da ihre Partnerin fremdzugehen droht.

Nach Aussage der größten Popgruppe aller Zeiten, den Beatles, »ist Liebe alles, was man braucht« (»love is all you need«). Dieses zweifellos übertriebene Statement enthält doch eine wichtige Botschaft für Menschen, die sich gerade durch eine mögliche Treulosigkeit ihres Partners bedroht fühlen. Zwar schätzen sowohl Frauen als auch Männer langfristige Liebe, Frauen sind jedoch besonders empfänglich für Hinweise darauf. Liebe beinhaltet das Versprechen langfristiger Verbindlichkeit. Angesichts einer möglichen Untreue des Partners verdoppeln Frauen und Männer, so das Ergebnis unserer Studien, ihre Bemühungen, Liebe und Zuneigung zum Ausdruck zu bringen. Man vergegenwärtige sich folgende »Sonderaktionen«: Ich sagte ihr, dass ich sie liebe; ich bemühte mich wirklich sehr, lieb, nett und fürsorglich zu sein; ich machte ihr Komplimente; ich war hilfsbereit, als sie es brauchte; ich war zärtlicher als sonst. All diese »Liebesbeweise« rangierten im oberen Zehntel der Liste mit Strategien zur Erhaltung der Partnerschaft. Die fünf erwähnten Verhaltensweisen wurden sogar als die wirksamsten unter 104 vorgegebenen möglichen Verhaltensweisen zum Halten eines Partners ausgewählt.

Zwei weitere wesentliche Erkenntnisse aus unseren Untersuchungen scheinen erwähnenswert. Erstens erwies sich das explizite Liebesbekenntnis als die »Strategie«, welche im Hinblick auf Erfolgsaussicht geschlechtsspezifisch am unterschiedlichsten eingeschätzt wurde. Männer, die erfolgreich Schritte zum Halten ihrer Partnerin unternehmen, warten oft mit Liebesbeweisen oder -erklärungen auf. Männer, die hier versagen und ihre Liebe nicht ausdrücken können, haben oft kein Glück in der Liebe. Zweitens steht ein deutliches Zeigen seiner Liebe in enger Verbindung zu drei wichtigen Aspekten: wie viele Monate die Beziehung bereits besteht; emotionale Nähe; mit welcher Wahrscheinlichkeit das Paar langfristig zusammenbleibt. Nur Personen, die sich wirklich eine langfristige Beziehung wünschen, versuchen ihre Partner mit Hilfe eines expliziten Liebesbekenntnisses zu halten.

Emotionale Manipulation

Eine Strategie zur Verhinderung einer Untreue des Partners besteht in der Erzeugung von Schuldgefühlen. Warum hat der Mensch überhaupt die Fähigkeit zu Schuldgefühlen entwickelt? Nach Meinung des Evolutionsforschers Paul Gilbert entstanden Schuldgefühle als eine Art innere Kontrollfunktion, mit deren Hilfe die Menschen in ihren Partnerschaften ein Gefühl von Gegenseitigkeit aufrechtzuerhalten vermochten. Vorteile und Nachteile dürfen in engen Partnerschaften nicht zu sehr aus dem Gleichgewicht geraten. Passiert dies, laufen die Partner Gefahr, ausgenützt zu werden (falls sie mehr geben, als sie bekommen) oder als Ausbeuter dazustehen (falls sie mehr nehmen, als sie geben). Je mehr Liebe, desto mehr Ausgewogenheit und – so diese Theorie – desto mehr Schuldgefühle verspürt man, wenn das System der Gegenseitigkeit aus dem Gleichgewicht gerät. Schuldgefühle entstehen in der Regel aus der Erkenntnis, der geliebten Person Schmerzen zugefügt und ihre Erwartungen enttäuscht zu haben.

Haben sich Schuldgefühle erst einmal entwickelt, lassen sie sich sozusagen als ko-evolutionäres Mittel einsetzen, um den Partner zu halten. In unseren Studien berichteten die Teilnehmer, sie würden absichtsvoll Schuldgefühle beim Partner hervorrufen: indem sie weinen, sobald ihre Partner Interesse an jemand anderem bekunden; indem sie drohen, sich etwas anzutun, falls der Partner sie verlassen sollte; und indem sie vorgeben, aufgrund eines Flirts des Partners außer sich vor Wut zu sein. Manche verhielten sich absichtlich wie bei einer Anorexie und warfen ihren Partnern vor, Schuld an ihrer Appetitlosigkeit zu sein. Ein paar drohten sogar mit Selbstmord.

Entgegen weit verbreiteter Vorurteile arbeiten Frauen und Männer gleichermaßen mit Schuldgefühlen. Wir fanden heraus, dass diese Taktik bei Partnern beiderlei Geschlechts gleichermaßen moderat wirkungsvoll war. Das Vorurteil von der Frau als dem stärker auf emotionale Manipulation ausgerichteten Geschlecht ist, zumindest was Strategien zum Halten des Partners betrifft, falsch.

Das Hervorrufen von Schuldgefühlen verdankt seine Wirksamkeit der evolutionär ausgebildeten Psychologie des partnerschaftlichen Gleichgewichts und der Gegenseitigkeit. Hinweise auf seelische Verletzungen sollen den anderen dazu veranlassen, das Gleichgewicht wieder herstellen zu wollen. Er soll seine Liebe verdoppeln, den

Kontakt zu anderen abbrechen und letztlich schlicht beim Partner bleiben. Die Strategie funktioniert insofern teilweise, als über Tränen und offensichtliche Verzweiflung die Tiefe der Wertschätzung kommuniziert wird – und dass diese Verbindlichkeit und Zuneigung kaum zu ersetzen sein wird. Unersetzlichkeit mag der Schlüssel zur Verbindlichkeit sein. Das Ganze kann jedoch nur dann funktionieren, wenn der Partner überhaupt geneigt ist, durch eine Wiederherstellung des Gleichgewichts zu reagieren.

Auf lange Sicht ist die Manipulation mit Hilfe von Schuldgefühlen eine »schwache Taktik«, da sie Abhängigkeit signalisiert und ein Defizit im Hinblick auf den »Partnerwert«. Zudem kann das Hervorrufen von Schuldgefühlen sich mit der Zeit »abnutzen« und an Wirksamkeit verlieren. Der sparsame Einsatz, verbunden mit anderen Strategien zur Problembewältigung, mag einen Partner jedoch vom Fremdgehen abhalten und emotionales Engagement im Gleichgewicht halten.

Psychologische Strategien der Problembewältigung

Es liegt auf der Hand, dass manche Strategien zur Problembewältigung eher auf eine Veränderung der inneren Einstellung abzielen als auf äußerliche Aktionen. Tatsächliche oder vermutete Untreue kann ganze Weltbilder über Monogamie und eheliche Harmonie zum Einsturz bringen; die betroffene Person mag an ihrem Wert als Partner zweifeln und, allgemeiner, ihren ganzen bisherigen Lebensweg in Frage stellen. Psychologisch ausgerichtete Methoden der Problembewältigung können sich hier als unverzichtbares Rüstzeug erweisen, um mit Treulosigkeit fertig zu werden.

Verdrängung

Im Rahmen einiger Interviews, die ich mit Ehepaaren machte, äußerte eine Frau – zur Wahrung der Vertraulichkeit nenne ich sie Tiffany – die Vermutung, ihr Mann betrüge sie. Tiffany führte zwei Hinweise an. Erstens entdeckte sie kurz vor ihrem Geburtstag Schmuck im Schrank des ehelichen Schlafzimmers. In der Annahme, ihr Mann habe ihn als Geburtstagsgeschenk für sie gekauft, packte sie den Schmuck vorsichtig wieder ein und legte ihn dorthin zurück, wo sie ihn gefunden hatte. An ihrem Geburtstag erhielt sie jedoch keinen Schmuck als Geschenk. Als sie ihren Mann daraufhin befragte, meinte er, sie müsse das mit dem Schmuck wohl geträumt haben. Sie ließ das Thema fallen. Zweitens bemerkte sie beim Oralsex mit ihm, dass er nach Latex roch, obwohl sie keine Kondome, sondern die Pille zur Verhütung benützten. Dies war mehrmals der Fall, und zwar stets an den Tagen, an denen er länger im Büro geblieben war. Die Zeichen deuteten stringent auf Untreue hin. Ihr Mann leugnete jedoch alles. Meine Frage, ob sie meine, ihr Mann habe eine Affäre, verneinte sie. »Er ist der ehrlichste Mann, den ich kenne«, erklärte sie, »und wenn er sagt, er hat keine Affäre, dann hat er keine.«

Auf den ersten Blick war dieses Verdrängen nicht nachvollziehbar. Die Hinweise auf Untreue waren erdrückend. Einige Details aus ihrem Leben ließen Tiffanys Verdrängung jedoch verständlich erscheinen, wenn nicht sogar höchst vernünftig. Tiffany hatte vier Kinder und keinen Job, war also finanziell von ihrem Mann abhängig. Hätte sie ihm nicht zu »glauben« vermocht und die Wahrheit ans Licht gebracht, hätte dies unter Umständen eine katastrophale Scheidung zur Folge gehabt. Daher überzeugte sie sich davon, sich die Dinge nur eingebildet zu haben und dass in ihrer Ehe alles in Ordnung sei.

Wie sich herausstellte, funktionierte diese Strategie gut. Nach einer gewissen Zeit hatte Tiffanys Mann genug von seiner Affäre. Er blieb nicht mehr länger im Büro. Er roch nicht mehr nach Kondomen. Heute sind die beiden ein glückliches Ehepaar und erfreuen sich an ihrer gefestigten Beziehung und an ihren vier Kindern.

Zwar wenden sowohl Frauen als auch Männer Verdrängung als Strategie zur Problembewältigung an, Männer bedienen sich ihrer jedoch häufiger als Frauen. In einer Studie mit 351 Personen aus Dunedin, Neuseeland, analysierten Paul Mullen und J. Martin diverse Strategien zum Umgang mit Eifersucht. Ihren Ergebnissen zufolge verdrängten 21 Prozent der Männer, aber nur 13 Prozent der Frauen, indem sie absichtlich über die Bedrohung durch Untreue hinwegsahen in der Hoffnung, die Probleme würden von selbst wieder verschwinden.

Verdrängung mag als merkwürdige und ungeschickte Strategie der Problembewältigung anmuten, in manchen Umständen kann sie sich jedoch als sehr wirksam erweisen. Manche Probleme lösen sich nach einer Zeit wie von selbst, ohne dass irgendjemand auch nur einen Finger rühren müsste.

Selbst-Vertrauen und Selbst-Bestätigung

Stellen Sie sich vor, Sie rufen Ihren Partner zu Hause an und eine fremde Stimme antwortet. Führen Sie sich nun das Bild vor Augen, Ihr Partner treffe sich mit einer attraktiven Person des anderen Geschlechts zum Mittagessen. Stellen Sie sich schließlich vor, Ihr Partner besuche eine(n) ehemalige(n) Geliebte(n). Wie würden Sie mit diesen potenziellen Bedrohungen umgehen? Die Psychologen Peter Salovey und Judith Rodin führten eine systematische Untersuchung über psychologische Strategien der Problembewältigung durch. Sie baten 95 Personen, 15 verschiedene Strategien hinsichtlich der Häufigkeit ihres Gebrauchs als Reaktion auf diverse Bedrohungen ihrer Partnerschaften einzuordnen. Die Bandbreite der Bedrohungen reichte dabei vom Mittagessen mit jemand anderem bis zu einer heißen Affäre des Partners.

In einer statistischen Auswertung ermittelten die Psychologen zwei hauptsächlich angewendete Strategien. Die erste, schlicht Selbst-Vertrauen genannt, war der Versuch, nicht darüber nachzudenken bzw. nicht emotional auf die Gefahr der Untreue zu reagieren, d.h. nicht wütend oder peinlich berührt zu sein und sich keine Gedanken über die Ungerechtigkeit der Situation zu machen. Diese »philosophische Haltung« ist jedoch insofern schwierig, als das Selbstwertgefühl dadurch immensen Schaden nehmen kann.

Die zweite psychologische Methode zur Problembewältigung ist die Selbst-Bestätigung, d.h. der Versuch, Selbstwert aufzubauen. Die in der Studie Befragten berichteten, dass sie ganz bewusst an ihre guten Eigenschaften dachten, sich etwas Gutes taten und ihr Selbstbild positiv stützten. Selbst-Bestätigung wäre offensichtlich nicht nötig, wenn das Selbstwertgefühl in Anbetracht einer möglichen Untreue nicht leiden würde.

Verheimlichen oder Erregen von Eifersucht

Kein Gefühl kann Träume und Knochen so brutal zerbersten lassen wie Eifersucht. Sie signalisiert eine nahende Gefahr für eine wichtige Liebesbeziehung. Dieses Gefühl kann eine Frau zu obsessiver Wachsamkeit antreiben, einen Mann zu rücksichtsloser Gewaltanwendung. Umso rätselhafter scheint es zunächst, dass 50 Prozent aller Personen, die von Eifersuchtserlebnissen berichten, ihre Eifersucht ganz bewusst vor ihrem Partner zu verheimlichen suchten und ihre Gefühle für sich behielten. Warum sollte diese adaptive Emotion unterdrückt werden? Warum sollte die Alarmglocke von der Person ferngehalten werden, die sie erst zum Klingen brachte?

Die Antwort auf diese Fragen liegt in der Logik der »Partnerbewertung«. Während die Eifersuchtserfahrung als Hinweis auf eine Gefahr von außen dient, wird das Zeigen von Eifersucht oft als Zeichen mangelnder Begehrlichkeit der eifersüchtigen Person interpretiert. Diejenigen, die sich den Flirts ihres Partners gegenüber gleichgültig verhalten, volles Vertrauen in seine Treue haben und sich gewissermaßen sicher fühlen, ihr Partner könne auf dem »Partnerschaftsmarkt« nicht besser fahren, zeigen keine Eifersuchtsgefühle. Diejenigen, die ihre Stellung als unsicher ansehen, die fürchten, vom Partner verlassen zu werden, den zu ersetzen sie sich im Übrigen kaum vorstellen können, verspüren notwendigerweise Eifersucht.

Hier kommt die Ko-Evolution zum Tragen. Was sich ursprünglich zum Umgang mit realen adaptiven Problemen entwickelte, hat sich in ein Zeichen verwandelt, das vom Partner und allen anderen als Hinweis auf den eigenen vergleichsweise geringeren »Wert« als Partner gelesen werden kann. Auf dieser Stufe des ko-evolutionären Wettrüstens vermuten die meisten Menschen, der eifersüchtige Partner sei der weniger begehrenswerte. Ebendiese verheerende Sichtweise, die an sich schon die subjektiv wahrgenommene Begehrlichkeit einer Person herabzusetzen vermag, hat dazu geführt, dass die Menschen mit allen Mitteln versuchen, ihre Eifersucht zu verbergen. Durch das Verheimlichen der Eifersucht vermeidet die eifersüchtige Person, auf unvorteilhafte Weise mit dem Rivalen verglichen zu werden, Ansehen zu verlieren, und reduziert vor allem die Wahrscheinlichkeit, vom festen Partner als »Verlierer« betrachtet zu werden. Mit der Verheimlichung der Eifersucht verheimlicht man zugleich das Gefühl, sich bedroht zu fühlen, und vermeidet, dass der Partner einen Unterschied in der Begehrlichkeit vermutet.

Eine andere Strategie besteht darin, beim Partner absichtlich Eifersuchtsgefühle hervorzurufen. In unseren Studien über Strategien zum Halten des Partners fanden wir heraus, dass manche Menschen sich auf Partys absichtlich angeregt unterhalten und flirten, um den Partner eifersüchtig zu machen, und dass sie ihn mit offen zur Schau gestelltem Interesse an anderen ärgern wollen. Frauen wandten diese Strategie doppelt so häufig an wie Männer. Vor dem Hintergrund, dass männliche Eifersucht einer der Hauptgründe für Gewalt gegen Frauen ist, stellt sich die Frage, warum eine Frau absichtlich dieses Gefühl hervorrufen sollte.

Ein möglicher Lösungsansatz zu diesem Rätsel wurde im Labor von Gregory White entwickelt, der die Umstände, in denen Frauen absichtlich die Eifersucht des Partners provozieren, genauer untersuchte. White bat Männer und Frauen um eine Einschätzung, wer in der Partnerschaft stärker engagiert sei – sie selbst oder ihr Partner. Während 50 Prozent der Frauen, die sich selbst als stärker engagiert sehen als ihren Partner, absichtlich Eifersucht hervorrufen, tun dies nur 26 Prozent der Frauen, die gleich oder weniger engagiert sind als ihre Partner. Unterschiedliches Engagement deutet natürlich auf eine Kluft hinsichtlich Begehrlichkeit hin; der stärker Engagierte ist im Allgemeinen der weniger Begehrenswerte – und umgekehrt.

Im Verlauf der Interviews gestanden die Frauen, sie würden Eifersucht provozieren, um ihren Partner zu mehr Engagement und Aufmerksamkeit zu bewegen sowie eine innere Nähe zu erzeugen.

Eifersucht wird auch hervorgerufen, um Stabilität und Stärke der Partnerschaft zu testen – ein Thema, das im letzten Kapitel ausführlicher behandelt wird. Die Gründe für das absichtliche Hervorrufen von Eifersuchtsgefühlen sind mannigfaltig und komplex, eine Funktion scheint jedoch klar: der Versuch, ein subjektiv wahrgenommenes Ungleichgewicht hinsichtlich des »Partnerwertes« auszugleichen. Über das Provozieren von Eifersucht senden Frauen eine außerordentlich wichtige Botschaft an ihren Partner: »Andere sind an mir interessiert; ich bin begehrenswert; sieh mich nicht als selbstverständlich an.«

Herabsetzung von Konkurrenten

Das Unterdrücken der eigenen Eifersucht und das absichtsvolle Hervorrufen von Eifersucht bei Partnern sind Strategien, mit dem Problem des relativen »Partnerwertes« fertig zu werden. Eine dritte Strategie besteht in der Herabsetzung von Konkurrenten. In einer Studie sollten Studenten, die seit mindestens drei Monaten eine feste Beziehung hatten, einschätzen, welche Eigenschaften sich ihre Partner für ihre »Idealpartner« wünschten. Dann ordneten sie sich selbst im Hinblick darauf ein, wie sie diesen Wünschen genügten. Die Qualitäten waren: Ehrlichkeit, Kontaktfreudigkeit, Zärtlichkeit, Ernsthaftigkeit, Aussehen, Esprit, Beliebtheit, Verlässlichkeit, Charme, Spontaneität, Größe, Aktivität, Intelligenz, das Zeigen von Gefühlen, Humor, Großzügigkeit usw.

Nach Auflistung der Vorlieben ihrer Partner und ihrer Selbsteinschätzung im Hinblick darauf erhielten die Teilnehmer der Studie folgende Anleitung zu lesen: »Bei einer Eifersuchtssituation sind normalerweise drei Personen beteiligt: Sie selbst, Ihr Partner und eine dritte Person, zu der sich Ihr Partner hingezogen fühlt. Erinnern Sie sich bitte an das letzte Mal, als Sie in Ihrer jetzigen Beziehung eifersüchtig waren, weil Ihr Partner sich zu einer anderen Person hingezogen fühlte; falls Sie im Moment mit Eifersucht zu tun haben, weil Sie meinen, Ihr Partner habe entsprechende Ambitionen, dann wählen Sie bitte diese Situation. Beantworten Sie bitte folgende Fragen zu ihrer Wahrnehmung der anderen Person.«

Die Leute lieferten daraufhin Hintergrundinformationen über ihre Rivalen und deren Beziehung zu ihrem Partner und ordneten die Rivalen dann im Hinblick auf 18 Attribute ein. Eifersucht erwies sich als ein außerordentlich wichtiger Faktor im Leben der meisten Befragten. Ganze 59 Prozent glaubten, ihr Partner habe in irgendeiner Form sexuellen Kontakt mit ihrem Rivalen gehabt. 45 Prozent berichteten, ihr Rivale sei an derselben Universität, und 59 Prozent standen irgendwie in direktem Kontakt zu ihrem Rivalen. Die Bedrohung durch eine mögliche Untreue des Partners war also nicht nur hypothetischer Natur; für die Mehrheit der Befragten war sie real oder wurde zumindest als real wahrgenommen.

Das wichtigste Ergebnis war, dass die Leute ihre Rivalen genau in den Punkten schlecht machten, die sie zuvor als ihrem Partner wichtige Qualitäten angeführt hatten. Wünschte sich der Partner vor allem Intelligenz bei einem potenziellen Partner, setzten die Befragten den Rivalen herab, indem sie ihn als dumm bezeichneten. War es ihrem Partner um Ehrlichkeit zu tun, charakterisierten die Befragten den Rivalen als Betrüger. Schätzten ihre Partner Größe, dann wurde der Rivale in den Augen der Befragten zum Liliputaner. Was für eine Eigenschaft ihr Partner auch bewunderte – die Befragten fanden stets, dass beim Rivalen gerade hinsichtlich dieser Eigenschaft ein beklagenswerter Mangel herrsche.

Der Autor dieser Studie deutet die Ergebnisse mit Hilfe einer einfachen Theorie über das Selbstwertgefühl: Das Selbstwertgefühl von Menschen wird dadurch bedroht, dass ihre Partner sich zu Rivalen hingezogen fühlen, und das Herabsetzen eines Rivalen ist daher eine Methode zur Wiederherstellung des eigenen Selbstwertgefühls. Dieser Deutung schließen sich auch zwei führende Eifersuchtsforscher, Gregory White und Paul Mullen, an: »Der Zweck einer Herabsetzung des Rivalen ist, die Gefahr für das eigene Selbstwertgefühl zu reduzieren.«

Die Bedeutung dieser Strategie zur Problembewältigung hat ihre Wurzeln in der Menschheitsgeschichte und lässt sich wahrscheinlich sogar bis zu den Ursprüngen der Sprache selbst zurückverfolgen. Die erste schriftliche Version dürfte sich im Ekklesiastikus finden: »Der Peitschenhieb erzeugt Striemen, der Hieb einer Zunge aber bricht Knochen.« Die Psychologen Gordon Allport und Leo Postman drücken es anders aus: »Gerüchte werden in Bewegung gesetzt und entfalten dank ihrer starken Wirkung auf die Leute, die an der Übermittlung beteiligt sind, immer mehr Macht.« Einen Rivalen in seinen Qualitäten herabzumindern bläht nicht einfach nur das Selbstwertgefühl auf; es dient einem wichtigen Zweck. Herabsetzung ist als adaptive Strategie erfolgreich, wenn sich dadurch der »Wert« des Rivalen als Partner verringern lässt. Es ist dies eine hervorragende Methode, mit der Gefahr einer Treulosigkeit umzugehen, wenn der Rivale dadurch tatsächlich weniger begehrenswert wird. Lisa Dedden, David Schmitt und ich haben dieses Konzept in einer Reihe von Studien getestet. Zunächst wollten wir herausfinden, welche Wege Frauen und Männer im Kampf mit einem Rivalen einschlagen, wenn sie ihm in seinem sozialen Ansehen zu schaden versuchen.

Wir baten Frauen und Männer, uns zu sagen, welche verbalen Attacken sie selbst angewandt oder bei anderen gehört haben, wenn es darum ging, Rivalen weniger begehrenswert erscheinen zu lassen. Bei dem Thema wurden die Befragten redselig und erwähnten eine ganze Bandbreite von Makeln, die sie Rivalen angehängt hatten: Männer erzählten ihren Partnerinnen, der Rivale »benütze« Frauen gerne; Frauen erwähnten ihrem Partner gegenüber, die Rivalin habe eine Geschlechtskrankheit. Mit Hilfe der Aussagen erstellten wir eine Liste mit 83 möglichen Verhaltensweisen, um den Rivalen weniger begehrenswert erscheinen zu lassen. Wir wollten wissen, welcher Methoden sich Frauen und Männer jeweils bedienten und mit welcher Wahrscheinlichkeit sie Erfolg hatten. In der Häufigkeit des Gebrauchs gab es beträchtliche geschlechtsspezifische Unterschiede – Unterschiede, die unserer Theorie genau entsprachen. Männer tendierten dazu, ihren Rivalen in Bezug auf seine Ressourcen schlecht darzustellen, indem sie behaupteten, er habe kein Geld, fahre ein altes Auto, gelte als Versager und habe beruflich keinen Erfolg. Frauen tendierten dagegen dazu, das Erscheinungsbild der Rivalin zu verhöhnen, machten sich also über deren Figur lustig, lachten über ihre Frisur und Kleidung, machten auf Schönheitsfehler und falsche Proportionen aufmerksam. Auch in ihrer Wirksamkeit unterschieden sich die Methoden. Für Männer erwies es sich als sehr viel wirksamer als für Frauen, die Ressourcen des Rivalen – ob gegenwärtige oder zukünftige – herunterzuspielen. Frauen feierten größere Erfolge, wenn sie das Erscheinungsbild der Rivalin lächerlich machten.

Diese Erkenntnisse waren aus einem offensichtlichen Grund irritierend: Männer sind durchaus in der Lage, ihre eigenen Beobachtungen zum Erscheinungsbild einer Frau anzustellen – warum sollte sich ihr Bild also durch ein paar abfällige Bemerkungen verändern lassen? Wäre ein Mann wirklich von irgendwelchen Plänen abzubringen, nur weil seine Partnerin ihm erklärt: »Du solltest dich von Claudia Schiffer nicht beeindrucken lassen... Sie ist eine Schreckschraube!« Würde die eigene Betrachtung diese Versuche psychologischer Manipulation nicht Lügen strafen?

Weitere Nachforschungen ergaben, dass solche verbalen Strategien auf zwei Arten funktionieren können. Erstens kann die Wirksamkeit einer verächtlichen Meinung durch ihre öffentliche Äußerung erhöht werden. Die Tatsache, dass andere im Bekanntenkreis eine Frau nicht attraktiv finden, kann seinem Ruf »assoziativ« schaden. Da der Sozialstatus eines Mannes durch die äußere Erscheinung seiner Partnerin beeinflusst wird, achten Männer sehr wohl darauf, wie andere ihre Partnerinnen sehen.

Zweitens kann der Blick des Mannes mit Hilfe dieser Taktik auf Mängel gelenkt werden, die er durch bloße Beobachtung nicht erkennen kann oder selbst einfach nicht bemerkt hat. In einem Fall erzählte ein Freund, wie er mit seiner Freundin auf einer Party war, dann aber mit einer anderen Frau zu flirten begann. Seine Freundin hatte die Szene beobachtet. Auf dem Heimweg erwähnte sie ganz nebenbei, die andere Frau (ihre Rivalin auf der Party) habe dicke

Oberschenkel. Weiter sagte sie nichts. Bei der nächsten Begegnung mit seinem Flirt konnte er nicht umhin, ihre Oberschenkel anzustarren, und fand tatsächlich, sie seien etwas dick. Was er anfangs nicht einmal bemerkt hatte, drängte sich nun verstärkt in sein Bewusstsein. Die Taktik seiner Freundin hatte funktioniert. Unsere Wahrnehmung von Schönheit unterliegt dem subtilen Einfluss durch andere.

Die Angelegenheit erweist sich natürlich als etwas komplizierter. Viele Strategien der Herabsetzung sind deshalb so wirksam, weil sich die entsprechenden Behauptungen nur schwer direkt falsifizieren lassen, etwa im Fall einer Verunglimpfung der Absichten eines Rivalen (er will nur schnellen Sex) oder einer Geschlechtskrankheit (wer will dies schon überprüfen). Andere wiederum arbeiten mit ambivalenten Informationen, etwa mit einer Andeutung, der Rivale »könnte bisexuell sein«. Manche nützen die Tatsache aus, dass die Zukunft eines Menschen eher ungewiss ist, und so lässt sich kaum nachprüfen, ob jemand in den nächsten Jahren beruflichen Misserfolg haben wird. Strategien der Herabsetzung leben oft auch von der Schwierigkeit, das frühere Verhalten einer Person festzumachen (etwa bei dem Hinweis, die Rivalin bzw. der Rivale habe in der Vergangenheit ungeheuer viele Sexualpartner gehabt).

Viele dieser Herabsetzungstaktiken schließen Pauschalurteile über die Persönlichkeit mit ein. So wird behauptet, die Rivalen seien schwach, feige und antriebslos; unsensibel, egoistisch, rücksichtslos und gedankenlos; betrügerisch, unloyal, selbstsüchtig, unverbindlich und undiszipliniert; emotional labil, leichtsinnig und weinerlich; dumm, langweilig, blöd und »verrückt«. Diese Strategien verdanken ihre Wirksamkeit indirekt den Charakterzügen, die sich Menschen aus allen Kulturen weltweit für ihren Partner wünschen: aktiv, dynamisch, verständig, verlässlich, emotional stabil, kreativ und intelligent. Sie machen sich überkommene Wünsche zunutze, die man generell im Hinblick auf Partner hegt. Ein Mann, der seine Partnerin auf den mangelnden Ehrgeiz seines Rivalen hinweist, kann nur Erfolg haben, wenn sie Faulenzer eher unattraktiv findet. Auch kann eine Frau, die ihren Mann auf die Schwachstellen im Erscheinungsbild ihrer Rivalin aufmerksam macht, damit nur erfolgreich sein, falls ihm diese Mängel auch relevant erscheinen.

In unserer ersten Studie fanden wir heraus, dass es für Frauen – entgegen unseren Erwartungen – nicht sehr effektiv ist, ihre Rivalin etwa als Schlampe zu bezeichnen. In den nachfolgenden Untersuchungen erkannten wir, warum. Wir werteten die Wirksamkeit dieser Taktik einmal im Zusammenhang mit lockeren, unverbindlichen Beziehungen und einmal für langfristige, feste Beziehungen aus. Nachdem wir diese Unterscheidung getroffen hatten, war das Geheimnis gelöst: Das promiskuitive Verhalten ihrer Rivalinnen herauszustellen war nur dann wirkungsvoll, wenn der Mann auf der Suche nach einer langfristigen Beziehung, etwa einer Ehefrau, war. Männer auf der Suche nach einer zeitweiligen Sexualpartnerin ließen sich nicht im Geringsten durch die lockere Einstellung einer Frau zum Sex abschrecken.

Loyalität und der Concorde-Trugschluss

Als Hillary Clinton zu einem Gerücht über einen Seitensprung ihres Mannes mit Jennifer Flowers interviewt wurde, erklärte sie, sie sei keine Frau, die in jedem Fall zu ihrem Mann hält. Als jedoch Bill Clintons Affäre mit Monica Lewinsky bekannt wurde, verschaffte sich Hillary nahezu universelle Hochachtung, indem sie genau das tat. Hinter derartiger Loyalität stehen zwei verwandte Strategien zur Problembewältigung: Die eine hat mit der Frage zu tun, wie eine Frau persönlich am besten mit der Untreue ihres Mannes fertig wird; bei der anderen geht es darum, wie eine Frau in dieser Hinsicht von anderen wahrgenommen werden will.

Wie fühlen sich Menschen wirklich, die eine Beziehung aufrechterhalten, nachdem eine Untreue ans Licht gekommen ist? Jeff Bryson von der San Diego State University bat Frauen und Männer, sich vorzustellen, wie sie auf die Untreue ihres Partners reagieren würden. Eine der Befragten sagte: »Ich hätte das Gefühl, dass ich zu viel in die Beziehung investiert habe, um sie zu beenden, und würde hoffen, dass er zurückkommt.« Eine andere Frau meinte: »Aus Liebe zu meinem Freund würde ich versuchen, darüber hinwegzusehen, was er getan hat. Wichtig ist, was ich fühle, nicht was andere über meinen Freund denken oder sagen. Also würde ich mit ihm zusammenbleiben. Ich würde versuchen zu ignorieren, was er macht, und hoffen, dass er einsieht, wie albern sein Verhalten ist, und zurückkommt.«

Eine weit verbreitete Ansicht, die ich immer wieder von betrogenen Frauen höre, scheint in folgender Aussage über den Zusammenhang von Loyalität und Problembewältigung gut zusammengefasst:

»Ich habe schon so viel in diese Ehe investiert, ich kann jetzt nicht einfach aussteigen.« Dieses Gefühl mag einen psychologischen Mechanismus widerspiegeln, der auch als »Concorde-Trugschluss« bzw. »Trugschluss des verlorenen Aufwands« bekannt ist. Der Ausdruck »Concorde-Trugschluss« wurde geprägt, als klar wurde, dass der Bau des Flugzeugtyps Concorde unrentabel sein würde, und eine rationale ökonomische Analyse nahe legte, das Projekt fallen zu lassen. Da nun aber schon so viel in die Entwicklung der Concorde investiert worden war, entschied man, das Projekt durchzuziehen. Es wurde mit dem Argument weitergeführt: »Da wir schon so viel dafür ausgegeben haben, können wir jetzt keinen Rückzieher machen.« Etwas abstrakter betrachtet, steht der Begriff Concorde-Trugschluss für die Entscheidung, weiter in ein Projekt zu investieren, in das man bereits einiges investiert hat, statt die Entscheidung im Hinblick auf zukünftige reale Erträge zu fällen. Nach Auffassung der Ökonomen sollte sich eine derartige Entscheidung an zukünftigen Erträgen orientieren und nicht an vorangegangen Investitionen. Dennoch beobachten Psychologen immer wieder die menschliche Neigung, vorangegangene Investitionen bei wichtigen Entscheidungen überzubewerten. Wie sich gezeigt hat, begehen sogar Grabwespen diesen Fehler: Den Aufwand im Kampf um einen Bau mit anderen Wespen richten sie nicht etwa an dem wirklichen Wert des Baus aus, sondern an der Menge der Zeit, die sie bereits in den Bau investiert haben.

Trotz technisch korrekter Analyse übersehen Ökonomen häufig einen wichtigen Faktor, der bei diesem (angenommenen) Irrtum in Betracht gezogen werden muss, wenn es um menschliche Beziehungen geht. Die Menge getätigter Investitionen ist oft der einzige verlässliche Anhaltspunkt dafür, wie viel an zukünftigen Investitionen benötigt wird, um die bestehende Partnerschaft abzubrechen und eine neue ausreichend tiefe und emotional verbindliche Beziehung aufzubauen. Ganz von vorne anzufangen kann ein enorm kostspieliges Unterfangen sein – die Suche nach einem neuen Partner, ihn auf sich aufmerksam machen und für sich gewinnen und die Beziehung bis zu dem Punkt weiter entwickeln, an dem eine tiefe Verbundenheit entsteht.

Die Wirksamkeit der Strategie des »Aussitzens«, um mit der Untreue des Partners fertig zu werden, hängt natürlich von vielen Faktoren ab. Wie gut ist die Partnerschaft, von der Untreue abgesehen?

Wird die Untreue das Vertrauen auf Dauer zerstören, oder lässt sich das Vertrauen wiederherstellen? Welche Kosten müssen die Kinder tragen? Wie stehen die Aussichten, jemand anderen zu finden? Wenn die Partnerschaft von Beginn an eher ein zartes Pflänzlein war, wenn das Vertrauen unwiederbringlich verloren ist, wenn der Aufwand, den Partner zu verlassen, minimal ist und wenn ein anderer begehrenswerter Partner bereits mit offenen Armen wartet, dann mag die beste Lösung im Beenden der Partnerschaft und dem Schmieden neuer Pläne bestehen. Wenn nicht, dann ist es unter Umständen besser zu bleiben.

Strafe und Vergeltung

Bei der Analyse möglicher Reaktionen auf Eifersuchtssituationen fand Jeff Bryson heraus, dass es unter anderem um Rache und Strafe ging – und den Gedanken, mit anderen etwas anzufangen. Die wichtigsten Komponenten dieser Strategie der Problembewältigung, wie sie die Teilnehmer seiner Studie zum Ausdruck brachten, waren: »mit jemand anderem flirten oder ausgehen«; »etwas tun, um quitt zu sein«; »mehr tun, als mein Partner getan hat, und es ihr/ihm erzählen« und »meinen Partner eifersüchtig machen«.

In einem Fall war ein berufstätiges Ehepaar, Amber und Marc, 16 Jahre lang verheiratet gewesen und hatte mehrere Kinder. Die Ehe erhielt ihren Todesstoß, als Amber herausfand, dass ihr Mann eine Affäre mit seiner 13 Jahre jüngeren attraktiven Forschungsassistentin hatte, die zudem nur die letzte einer ganzen Reihe von Affären war, wie er ihr letztlich gestand. Marc, ein erfolgreicher Professor für Anthropologie, weigerte sich, die Affäre zu beenden. Er erklärte, Amber müsse verstehen, dass er aufgrund seines beruflichen Erfolges das »Recht« auf polygames Verhalten habe. Amber war nicht bereit, die Affäre zu tolerieren. Sofort begann sie eine Affäre mit einem acht Jahre jüngeren Mann und leitete Vorbereitungen für eine Scheidung ein.

Obgleich sich die Affäre mit dem jungen Mann als flüchtig erwies, erfüllte sie für Amber einige wichtige Funktionen. Ihrem Mann wurde umgehend signalisiert, dass ihr »Wert« als Partnerin durchaus groß genug war, um andere begehrenswerte Partner zu gewinnen. Dies wäre einer eventuellen Versöhnung zuträglich – eine Option, die sie sich offen halten wollte. Ihrem Selbstwertgefühl tat dies gut, zumal sie bemerkte, wie attraktiv sie doch für einige Männer war und wie viele Alternativen von Partnern sich ihr boten, die möglicherweise sogar eine größere Bereicherung darstellen würden als ihr untreuer Gatte. Hinsichtlich ihrer Ehrenrettung und des sozialen Ansehens war ihr Erfolg gemischt – die einen bewunderten sie, andere runzelten die Stirn über ihre Affäre mit einem jüngeren Mann. Nach ein paar Monaten hatte Marc genug von seiner jungen Geliebten und wollte wieder zu seiner Frau zurück. Doch zu diesem Zeitpunkt war Amber bereits klar geworden, dass es ihr ohne ihn besser ging. Sie reichte die Scheidung ein und heiratete später einen Mann, mit dem sie eine sehr gute Beziehung führte. Während Amber also glücklich wiederverheiratet ist, hangelt sich Marc von einer flüchtigen Beziehung zur nächsten und hat sich nie ganz vom Verlust seiner Frau erholt.

Manche Ehen können nach einer Treulosigkeit nicht gerettet werden, und hier besteht die beste Strategie der Problembewältigung darin weiterzuziehen. Rache an einem untreuen Partner zu nehmen mag nicht unbedingt die wirksamste Strategie der Problembewältigung darstellen, zumal sie nach hinten losgehen kann, wenn ein Partner die Ehe eigentlich retten will. Unter manchen Umständen gelingt es jedoch, die Beziehung zu erneuern – eine Strategie, die allerdings emotionales Wissen erfordert.

9. Emotionales Wissen

> Zeigt mir den Mann,
> der nicht der Leidenschaft Sklave ist.
>
> Shakespeare: »Hamlet«

Im Jahre 1931 verunglimpfte Margaret Mead die Eifersucht als »nicht wünschenswert, ein Schwachpunkt in jeder Persönlichkeit, die davon betroffen ist – eine ineffiziente negative Haltung, mit der man mit größerer Wahrscheinlichkeit ein Ziel verfehlt, als dass man irgendetwas erreicht«. Ihre Sichtweise teilen viele, von den Verfechtern der offenen Ehe bis zu religiösen Führern. Kathy Labriola, eine bekannte Verfechterin der offenen Ehe, bezeichnet Eifersucht als eines der größten Hindernisse für erfolgreiche und befriedigende Beziehungen. Der Soziologe Jan Wagner sieht Eifersucht insofern sehr kritisch, als sie die Institution der Monogamie stütze, Freiheit zerstöre und das Leben »im Hier und Jetzt« erschwere. Sogar Zen-Buddhisten argumentieren, Eifersucht sei ein »Drache im Paradies; die Hölle des Himmels; und das bitterste aller Gefühle«. Vielleicht ist dem auch so. Doch mit dieser Sichtweise konzentriert man sich nur auf eine Seite der gefährlichen Leidenschaft und vernachlässigt dabei ihr positives Potenzial. Folgender Fall illustriert mögliche Vorteile einer eifersüchtigen Haltung.

Ein Arzt, Mitte 40, suchte Hilfe, weil er seine 21 Jahre währende Ehe durch die Eifersucht seiner Frau gefährdet sah. Mit Wutanfällen und in quälenden Anrufen an seinem Arbeitsplatz, einem Krankenhaus, brachte seine Frau immer wieder ihre unbegründete Eifersucht zum Ausdruck. Er war sehr besorgt.

Der Therapeut riet ihm, die Rolle des eifersüchtigen Ehegatten zu spielen, diese Taktik jedoch nicht seiner Frau zu verraten. Da er über mehrere Jahre gelernt hatte, wie sich eine eifersüchtige Person verhält, vermochte er die Rolle des eifersüchtigen Ehemannes so überzeugend und feinsinnig zu übernehmen, dass seine Frau sein Spiel nicht bemerkte. Hatte er seine Frau früher kaum jemals von der Arbeit aus angerufen, tat er dies nun umso häufiger. Er wollte wissen, ob sie zu Hause war und was sie gerade so treibe. Er machte misstrauische und kritische Bemerkungen über jedes neue Kleidungsstück, das sie trug, und äußerte seinen Unmut, sobald sie auch nur das geringste Interesse an einem anderen Mann zeigte.

Die Wirkung war verblüffend. Die Frau fühlte sich durch die Aufmerksamkeit und das neue Interesse ihres Mannes geschmeichelt und ließ vollkommen von ihrem eifersüchtigen Verhalten ab. Ihrem Mann gegenüber verhielt sie sich nun zuvorkommend und liebevoll und brachte sogar Reue über ihr früheres Verhalten zum Ausdruck. Acht Monate später berichtete der Mann dem Therapeuten, seine Frau sei ihm gegenüber immer noch sehr liebevoll – vorsichtshalber spiele er jedoch von Zeit zu Zeit noch den eifersüchtigen Ehemann.

In diesem Fall bewies der Ehemann emotionale Intelligenz, indem er sein Wissen über die gefährliche Leidenschaft zur Rettung seiner Ehe einsetzte. Richtig angewendet, kann Eifersucht Partnerschaften bereichern, die Leidenschaft neu entfachen und ein Verbundenheitsgefühl stärken. Eifersucht ist eine adaptive Emotion, die sich über Millionen von Jahren herausgebildet hat und untrennbar mit langfristiger Liebe verbunden ist. Der totale Mangel an Eifersucht ist ein gefährlicheres Zeichen für eine Partnerschaft als ihre Präsenz. Das Fehlen von Eifersucht ist eine Art emotionale Bankrotterklärung.

Im vorliegenden Buch wurde auf den Schaden und die Zerstörung eingegangen, die Eifersucht verursachen kann: das Zerschlagen sozialer Bande, die das Leben lebenswert machen; seelische Qualen, die das Selbstwertgefühl torpedieren; ungewolltes Nachspionieren und Belästigung; physische Gewalt gegen den Partner; und paradoxerweise sogar der Mord an der geliebten Person. Wir haben zahlreiche mögliche Auslöser von Eifersucht identifiziert, Signale, die mit einer Untreue oder sogar Lossagung des Partners in Verbindung gebracht werden können und historisch auch gebracht worden sind. Wir haben die heimlichen Leidenschaften erforscht, aufgrund derer Menschen ihre Partner betrügen, und Strategien, die Frauen und Männer anwenden, um mit den Qualen der Eifersucht und der Untreue fertig zu werden.

In diesem letzten Kapitel wenden wir uns einer erfreulicheren Seite der Eifersucht zu – dem positiven Gebrauch der Eifersucht, der Ko-Evolution sexueller Harmonie und der Kultivierung emotionalen Wissens.

Das Testen einer Verbindung

Warum sind Kinder ihren Eltern gegenüber oft in nervenaufreibender Ausdauer anhänglich? Warum brechen Geliebte absichtlich Streit mit ihrem Partner vom Zaun? Warum schmiegt sich eine Frau genau in dem Moment an ihren Freund an, in dem er ein Gespräch mit einer anderen Frau beginnt? Warum halten Paare am Anfang ihrer Beziehung Händchen und legen einander die Arme um die Schulter, bis sie völlig verspannt sind? Und warum küssen sich Geliebte, stecken sich gegenseitig die Zungen in den Mund und riskieren, den anderen mit einer Krankheit anzustecken?

All diese rätselhaften Phänomene könnten eine wichtige gemeinsame Funktion haben – das Testen einer Verbindung. Menschen (und andere Lebewesen), die Partnerschaften eingehen, sehen sich vor ein tiefes Problem gestellt: wissen zu wollen, wie ernst dem anderen die Verbindung ist. Fehler können hier zu großem Kummer führen. Eine Frau, die das emotionale Engagement ihres Geliebten überschätzt, riskiert, verlassen zu werden, die Schädigung ihres Rufes und bei der harten Arbeit der Kindeserziehung allein zu stehen. Wird die Stärke einer Verbindung überschätzt, wirkt sich dies auch in Zukunft nachteilhaft aus: Die Zeit, die man mit einem nicht wirklich zugeneigten Partner verbringt, verringert sozusagen die Chancen, einen besser geeigneten Partner zu finden.

Auch das Unterschätzen der Verbindlichkeit eines Partners kann kostspielig sein. Es kann die Wirkung einer Art sich selbst bestätigenden Prophezeiung haben und eine Eigendynamik entwickeln. So kann diese Art von falscher Einschätzung zum Beispiel eine Reduzierung des eigenen Engagements mit sich bringen, was wiederum den Partner dazu bewegen kann, das Gleiche zu tun. Dadurch entsteht häufig ein Teufelskreis wechselseitigen Rückzugs und Grolls. Als trauriges Ergebnis löst sich die Partnerschaft manchmal von selbst auf, da beide Partner woanders nach tieferem, ernsthafterem Engagement suchen.

Eine zutreffende Einschätzung des Engagements eines Partners ist auch insofern höchst wichtig, als dies sich von Monat zu Monat, von Tag zu Tag, ja, von einem Moment zum anderen ändern kann. Das Engagement ist vielen Einflüssen unterworfen. Das Ansehen des Partners kann steigen oder sinken. Das körperliche Erscheinungsbild kann sich mit der Zeit aufgrund von Alterung, Krankheit,

Stress und Statusverlust wandeln. Sogar zeitweise Abwesenheit, die in jeder Beziehung vorkommt, kann beim Partner ein Gefühl der Leere hervorrufen und ihn zur Suche nach einer neuen Liebe anregen. Aus all diesen Gründen erweist sich das Austesten einer Verbindung nicht nur am Anfang einer neuen Beziehung als nützlich, sondern als eine lebenslange adaptive Notwendigkeit. Wie der Detektiv in dem Film »Blood Simple – Eine mörderische Nacht« der Brüder Coen treffend bemerkt: »Ist mir egal, ob du der Präsident der Vereinigten Staaten, der Papst oder der Mann des Jahres bist; irgendetwas kann immer schief gehen.«

Es ist schwierig, die Stärke einer Verbindung nachzuprüfen, weil es sich beim emotionalen Engagement um einen Geistes- bzw. Gefühlszustand handelt, der sich nicht unbedingt einfach so »ablesen« lässt. Die Zeichen dafür sind ambivalent und unstet. Amotz Zahavi, Biologe an der Universität Tel Aviv, hat eine überraschende und paradoxe Antwort auf die Frage, wie sich Verbindlichkeit am besten abschätzen lässt: dem anderen absichtlich Schmerz zufügen. »Die einzig sichere Methode, verlässliche Informationen über das Engagement des anderen zu erhalten«, meint er, »besteht darin, dem anderen ›Kosten‹ zu verursachen – sich auf eine für ihn schädliche Weise zu verhalten. Wir sind alle bereit, das Verhalten des anderen zu akzeptieren, solange wir einen Vorteil daraus ziehen, aber nur wenn man bereit ist, eine Bürde zu tragen, ist man wirklich an der Partnerschaft interessiert... Bei allen Mechanismen, die zum Testen der partnerschaftlichen Bande genutzt werden, geht es auch darum, den Partner mit etwas zu belasten.« Zahavis Auffassung nach fügen wir denjenigen, die wir lieben, Schmerzen zu, um die Stärke ihrer Verbundenheit zu prüfen.

Zahavi mag übertreiben, wenn er meint, nur durch ein Zufügen von Schmerzen könne man sichere Informationen erhalten. Sicherlich liefert auch eine langfristige Beobachtung der Verhaltensweise des Partners wertvolle Informationen über dessen Engagement – etwa ob er einen mit Blumen überrascht oder einen für ein langes Wochenende ans Meer entführt. Die Rauchzeichen der Untreue kann man auch ohne absichtsvoll durchgeführte Tests erkennen. Wenn der eine Partner den Geburtstag des anderen vergisst oder beim Sex den Namen einer anderen Person ausruft, sagt das sicherlich etwas über sein Engagement aus – auch ohne dass man ihm irgendetwas aufbürden müsste.

Man erfährt auch etwas über das Engagement des Partners, wenn man ihm Vorteile verschafft und dann seine Reaktion genau beobachtet. Lehnt eine Frau die Juwelen ab, die ein Mann, mit dem sie sich getroffen hat, ihr schenken will, deutet dies wohl auf einen Mangel an tiefer seelischer Verbundenheit ihrerseits hin. Zahavi hat insofern Recht, als das Ausmaß der Verbundenheit sich bei ruhigem Seegang, wenn die Beziehung sanft dahingleitet, weniger leicht ermitteln lässt. Durch das Aufbürden von Lasten und die Beobachtung der Reaktion des Partners darauf erhält man mehr wirklich aufschlussreiche Informationen.

Schon beim anfänglichen Werben um den Partner kann es – noch vor wirklichen Investitionen in die Beziehung – zu Prüfungen kommen. Bei manchen Vogelarten sichert das Männchen zunächst ein für Weibchen höchst attraktives Territorium. Nähern sich dann Weibchen, greift das Männchen sie erst einmal an. Es attackiert jedes herannahende Weibchen und schlägt die meisten in die Flucht. Ein paar Weibchen halten jedoch durch und kommen immer wieder. Mit der Zeit reduziert das Männchen seine Angriffe gegen das Weibchen mit der größten Ausdauer und stellt sie schließlich ganz ein. Das Paar bleibt dann den Rest seines Lebens zusammen. Aggression ist das verlässlichste Mittel des Männchens, das Engagement des Weibchens für eine gemeinsame Zukunft einzuschätzen. Weibchen, die das Männchen und seine Ressourcen lediglich als vorübergehende Annehmlichkeit erachten, halten die Angriffe nicht aus und machen sich schnell wieder davon. Jene, die bereit sind, eine Verbindung für das ganze Leben einzugehen, stehen die Angriffe am Anfang der Beziehung durch.

Mit der Theorie des Verbindlichkeits-Tests lassen sich auch einige ansonsten rätselhafte Aspekte von Partnerschaften erklären. So wird etwa nachvollziehbar, warum kleine Kinder ihren Eltern gegenüber manchmal nervenaufreibend anhänglich sind; warum gute Freunde, die sich lange nicht gesehen haben, sich gegenseitig derb auf den Rücken schlagen und sich gegenseitig aufziehen, verletzen und verspotten (nur ein guter Freund toleriert dieses Verhalten). Es wird klar, warum sich Geliebte nach langer Trennung in die Arme fallen, sich gegenseitig umarmen und leidenschaftlich küssen. Um zu ermitteln, ob eine Verbindung gegen äußerliche feindliche Mächte gefeit und widerstandsfähig oder eben anfällig und empfänglich für Verletzungen und Eindringlinge ist, bedarf es entsprechender Tests. Wie lässt sich diese delikate Aufgabe bewältigen?

Die Vorzüge der provozierten Eifersucht

Haben Sie jemals absichtlich den Namen eines ehemaligen Partners erwähnt, um zu sehen, wie ihr momentaner Partner reagiert? Haben Sie Ihren Partner auf einer Party jemals bewusst ignoriert? Waren Sie jemals in Gegenwart Ihres Partners ganz besonders freundlich zu jemand anderem? Haben Sie Ihrem Partner schon mal erzählt, dass jemand anderer sich in Sie »verkuckt« hat oder sich mit Ihnen verabreden wollte? Wenn ja, dann haben Sie sich der Strategie bedient, den Partner absichtlich eifersüchtig zu machen.

Nachdem sich Eifersucht im menschlichen Repertoire erst einmal entwickelt hatte, nutzten die Menschen sie auch jeweils zu ihren eigenen Gunsten. Absichtlich hervorgerufene Eifersucht entwickelte sich zu einer Art Messinstrument, mit dem das Engagement eines Partners taxiert werden kann.

In einer Studie gaben 31 Prozent der Frauen, aber nur 17 Prozent der Männer an, schon einmal absichtlich Eifersucht bei ihrem Partner provoziert zu haben. Frauen zählten gleich mehrere mögliche Strategien auf. Die am weitesten verbreitete Taktik – 51 Prozent aller Frauen erwähnten sie – bestand darin, über die Hingezogenheit zu anderen Männern zu reden; tatsächlich andere Männer zu treffen lag mit 24 Prozent an zweiter Stelle; das Erfinden einer Hingezogenheit zu jemand anderem war mit 14 Prozent die drittbeliebteste Strategie; an vierter Stelle kam, mit 11 Prozent, das Reden über ehemalige Partner.

In unserer Studie mit Neuvermählten ermittelten wir ähnliche geschlechtsspezifische Unterschiede. Deutlich mehr Frauen als Männer berichten, sie hätten absichtlich vor ihrem Partner mit anderen geflirtet, Interesse an anderen gezeigt, seien mit anderen ausgegangen und hätten auf einer Party mit einem anderen Mann gesprochen – alles, um den Partner eifersüchtig oder wütend zu machen.

William Tooke und seine Kollegen von der State University of New York in Plattsburgh haben die umfassendste Untersuchung zur strategisch hervorgerufenen Eifersucht durchgeführt. Dabei kamen auch große geschlechtsspezifische Unterschiede hinsichtlich der Handlungen heraus, mit denen Eifersucht provoziert wird. Frauen suchen häufiger demonstrativ die Gesellschaft anderer Leute. Eine Frau meinte, sie habe ihren Partner absichtlich nicht eingeladen, als sie mit ein paar Freunden ausging. Eine andere schilderte, wie sie in einer Bar ganz gezielt vor ihrem Mann Gespräche mit anderen Männern anzettelte. Eine dritte berichtete, wie sie bewusst ihrem Partner gegenüber beiläufig erwähnte, wie viel Spaß sie beim Feiern ohne ihn hatte.

Die zweite Strategie, Eifersucht zu provozieren, bestand im Ignorieren des Partners. Eine Frau berichtete, wie sie sich ihrem Partner gegenüber bewusst distanziert und uninteressiert verhielt, um ihn glauben zu machen, er sei ihr nicht so wichtig. Eine andere Frau ging absichtlich nicht an ihr Telefon, wenn ihr Freund anrief, um vorzutäuschen, sie sei mit jemand anderem ausgegangen. Eine andere sagte ihrem Freund, sie habe keine Zeit für ihn, obwohl es Wochenende war.

Die dritte Kategorie der provozierten Eifersucht war besonders wirksam, um Männer in Rage zu bringen – direktes Flirten mit anderen Männern. Eine Frau tanzte in Gegenwart ihres Mannes eng und verführerisch mit jemandem, den ihr Mann bekanntermaßen nicht mochte. Eine andere Frau kaufte in Anwesenheit ihres Freundes ein Geschenk für einen anderen. Einige berichteten davon, mit anderen Männern ausgegangen und etwas beschwippst nach Hause gekommen zu sein. Wieder andere meinten, sie zögen sich besonders sexy an, wenn sie ohne ihren Freund ausgingen – eine sichere Methode, die Eifersucht eines Mannes zu erregen.

Eine etwas subtilere und einfallsreichere Methode, den Partner eifersüchtig zu machen, besteht darin, jemand anderen im Beisein des Partners anzulächeln. Antonia Abbey von der Wayne State University entdeckte einen faszinierenden Unterschied in der Art und Weise, wie Frauen und wie Männer das Lächeln einer Frau deuten. Männer lesen aus dem Lächeln einer Frau oft irrtümlicherweise ein sexuelles Interesse heraus und verwechseln so schlichte Freundlichkeit mit »echten Absichten«. Frauen sagen, sie seien einfach nur nett und wollten keine »Signale« aussenden. Martie Haselton und ich haben die sexuellen Schlussfolgerungen der Männer bei ihren Fehlinterpretationen als »adaptive Ausrichtung« bezeichnet, da es sich hier um einen Aspekt der unbewussten männlichen Strategie des unverbindlichen Sex handelt. Indem sie schon bei einem bloßen Lächeln der Frau ein sexuelles Interesse vermuten, erhöhen sie die Wahrscheinlichkeit, im Rahmen ihrer Strategie kurzfristiger Paarungsbestrebungen sexuelle Annäherungsversuche zu unternehmen.

So nützt eine Frau, die auf einer Party in Gegenwart ihres Partners einen anderen Mann anlächelt, geschickt die evolutionär herausgebildete psychische Struktur zweier Männer aus. Der Angelächelte vermutet sexuelles Interesse und macht Annäherungsversuche. Gleichzeitig macht sie ihren Partner damit eifersüchtig, und er wird wütend, sowohl auf den Rivalen als auch auf sie, die den anderen schließlich ermuntert hat. Das Ergebnis kann eine Konfrontation der beiden Rivalen oder ein Streit der beiden Partner sein. Doch wer könnte einer Frau ihre Freundlichkeit vorwerfen? Keine andere Methode der absichtsvoll hervorgerufenen Eifersucht ist so wirksam, denn zwei Männer tanzen nach der Pfeife der Frau – die lediglich den richtigen Blick zur rechten Zeit warf.

Warum vollziehen Frauen diesen gefährlichen Drahtseilakt und spielen leichtfertig mit Mechanismen, die bekanntlich Eifersucht bei Männern hervorrufen? Für das absichtliche Erzeugen von Eifersuchtsgefühlen nennen Frauen unterschiedliche Gründe. Um diese zu ermitteln, führte Gregory White in Kalifornien eine Studie mit 150 heterosexuellen Paaren durch. Zunächst fragte er die 300 Teilnehmer, ob sie jemals versucht hätten, ihre Partner eifersüchtig zu machen. Dann fragte er sie nach den Gründen. Nur wenige Frauen gaben an, Eifersucht hervorgerufen zu haben, um ihren Partner zu bestrafen. Acht Prozent meinten, es gehe dabei um ihr Selbstwertgefühl. Zehn Prozent wollten sich für irgendetwas an ihrem Partner rächen. Das Engagement des Partners mehren zu wollen übertraf als Grund alle anderen und wurde immerhin von 38 Prozent der Frauen angeführt.

Durch das Hervorrufen von Eifersucht erweckt eine Frau bei ihrem Partner den Eindruck, ihr böten sich attraktive Alternativen und falls er nicht mehr Engagement zeige, werde sie sich verabschieden und sich konkret mit den besseren Möglichkeiten befassen. Frauen, die sich dieser Taktik bedienen, gelingt es mit größerer Wahrscheinlichkeit, das Engagement ihres Partners auf einem hohen Niveau zu halten.

40 Prozent der Frauen meinten, sie würden auch deshalb Eifersucht hervorrufen, um die Stärke der Verbindung zu testen. Mit Hilfe dieses Kunstgriffs kann sich eine Frau Informationen über Tiefe und Beständigkeit der Verbundenheit des Partners verschaffen. Dieses Mittel setzen Frauen meist in einer Phase der Partnerschaft ein, in der die Notwendigkeit zum Testen der Verbindung besonders groß ist. Frauen, deren Männer eine Zeit lang weg waren oder eine plötzli-

che Verbesserung des Status zu verbuchen haben, und Frauen, die sich aus irgendeinem Grund nicht mehr als so begehrenswert empfinden, bedürfen dieser Hilfsmittel zur grundlegenden Einschätzung des Partners.

Gregory White bestätigte diese Schlussfolgerungen, nachdem er alle 300 Teilnehmer seiner Studie gebeten hatte, anzugeben, ob sie in ihrer Beziehung mehr, gleich viel oder weniger engagiert seien als ihre Partner. Relatives Engagement ist natürlich ein wichtiger Hinweis darauf, welcher Partner auf dem »Partnerschaftsmarkt«, dem Prinzip des geringsten Interesses entsprechend – der weniger interessierte Partner hat auf der Skala der Begehrlichkeit die Oberhand –, begehrter ist. 61 Prozent der Paare passten in ihrem Maß an Engagement gut zusammen, 39 wiesen ein Missverhältnis auf. Lässt sich anhand dieser Skala relativen Engagements bereits vorhersagen, wer die Eifersuchts-Induktions-Strategie anwenden wird? Für Männer fiel das Ergebnis moderat aus: 15 Prozent derer, die weniger engagiert waren, riefen absichtlich Eifersuchtsgefühle hervor; 17 Prozent der gleich engagierten taten dies, und 22 Prozent der stärker engagierten Männer. Es lässt sich also eine leichte Tendenz nachweisen, derzufolge die weniger begehrenswerten Männer eher Eifersucht hervorzurufen versuchen.

Bei den Frauen fielen die Ergebnisse deutlicher aus. Während nur 28 Prozent der Frauen, die weniger involviert waren, angaben, absichtlich Eifersucht bei den Partnern hervorzurufen, traf dies auf 50 Prozent der stärker engagierten Frauen zu. Stärker engagierte Frauen rufen also fast zweimal so oft Eifersucht hervor wie weniger engagierte. Da Frauen, die hinsichtlich allgemeiner Begehrlichkeit hinter ihren Partnern zurückbleiben, größere Probleme mit dem Engagement ihrer Partner haben, entfachen sie Eifersuchtsgefühle bei ihren Partnern – ein Versuch, das Ungleichgewicht zu »korrigieren«.

Absichtsvoll hervorgerufene Eifersucht erfüllt also einige wichtige Funktionen für Frauen. Die Aufmerksamkeit anderer Männer ist dem Selbstwertgefühl der Frau zuträglich. Das Engagement des Partners kann verstärkt werden, weil er sich bewusst wird, wie begehrenswert sie eigentlich ist und wie leicht sie einen neuen Partner finden kann. Mit Hilfe des »Barometers« Eifersucht lässt sich die Stärke der Verbindung messen. Reagiert er emotional indifferent auf ihre Flirts, mangelt es ihm offensichtlich an Engagement; reagiert er eifersüchtig, weiß sie, dass er sie liebt. Das Hervorrufen von Eifersucht mag dem Partner »Kosten« verursachen, es liefert jedoch auch wertvolle Informationen, die anders nur schwer zu erhalten sind – und oft funktioniert es.

Virgil Sheets und seine Kollegen von der Indiana State University entdeckten, dass eine der am weitesten verbreiteten Reaktionen von eifersüchtigen Männern eine gesteigerte Aufmerksamkeit ihren Partnerinnen gegenüber ist. Männer gaben an, dass sie im Zustand der Eifersucht stärker als sonst bestrebt sind, »zu wissen, was meine Partnerin macht«, »meiner Partnerin etwas Besonderes zu bieten« und »meiner Partnerin Aufmerksamkeit zu schenken«.

Das Spiel mit der gefährlichen Leidenschaft macht allerdings emotionales Wissen erforderlich, will man Rückschläge vermeiden. Das Hervorrufen exzessiver Eifersucht kann zum Beispiel zu Gewalt führen oder zur Beendigung einer Beziehung. So berichtet ein Mann: »Meine Freundin kleidete sich gerne provokativ. Ständig waren irgendwelche Typen – nein, man muss schon sagen, coole Typen – scharf auf sie. Zunächst tat das meinem Ego gut – am Ende des Abends sah jeder, wie sie mit mir nach Hause ging. Aber nach einer Weile wollte ich nicht mal mehr ausgehen. Immer musste sie zeigen, wie toll sie aussah – sie alleine zu lassen, wäre dumm von mir gewesen. Doch am Ende rächte sich das. Sie provozierte zu viele unnötige und potenziell gefährliche Situationen (Kegeln in einem sehr kurzen Rock, zum Beispiel) und ich ließ sie ziehen. Sollte doch ein anderer Idiot den Bewacher spielen.«

Wenngleich das Hervorrufen von Eifersucht also nützliche Funktionen erfüllen kann, muss diese Strategie mit Bedacht eingesetzt werden, will man unerwünschte Konsequenzen vermeiden.

Sexuelle Leidenschaft entfachen

Wie folgender Fall zeigt, kann Eifersucht auch sexuelle Leidenschaft in Beziehungen zurückbringen:

»Nennen wir ihn Goatee Boy. Er hatte die ganze Ausstattung der späten neunziger Jahre: Ziegenbärtchen, Ohrringe, Tätowierungen, die weiten ausgebeulten Hosen und die ›richtigen‹ Schuhe. Er saß da auf dem Sofa, hip, cool ... und versuchte sich an meine Freundin ranzumachen. Und sie ging darauf ein.

Ich sah von der Bar aus zu, trank etwas Starkes und entwickelte ebenso starke Gefühle. Es war nicht der Alkohol. Es war etwas Elektrisches, wie ein Welle, die durch meine Knochen, Sehnen und Muskeln lief. Mir flog beinahe die Sicherung raus. Langer Rede kurzer Sinn: Ich ging zu meiner Freundin rüber. Mit zitternder, aber doch entschlossener Stimme sagte ich: ›Lass uns gehen.‹ Sie sah mich an, dann Goatee Boy. Dann stand sie auf, und wir gingen. In dieser Nacht spielten wir mehr Stellungen durch, als man in einem Kama-Sutra-Buch findet. Und ich ahnte nicht einmal, dass ich reingelegt worden war.«

Aufschlussreich ist hier auch der Fall von Ben und Stacy, ein Paar, das einen fünftägigen Eifersuchts-Workshop des israelischen Psychologen Ayala Pines besuchte. Ben, 15 Jahre älter als Stacy, war seit fünf Jahren geschieden, als er Stacy kennen lernte. Obwohl Stacy zum Zeitpunkt ihrer ersten Begegnung schon ein paar Liebesbeziehungen gehabt hatte, war sie noch Jungfrau, als sie zusammenkamen. Zunächst fühlte sich Ben durch die Zuneigung einer derart jungen und attraktiven Frau wie Stacy geschmeichelt. Doch bald langweilte ihn der Sex mit ihr, und er sehnte sich nach Sex mit anderen Frauen. Das wiederum machte Stacy eifersüchtig – und brachte die beiden zu dem Workshop, in dem sie »Stacys Problem« lösen wollten, wie Ben sich ausdrückte. Er sah keinen rationalen Grund dafür, nicht mit anderen Frauen zu schlafen.

An den ersten Tagen des Workshops thematisierte Ben Stacys Unsicherheit und Eifersucht und begann sogar mit anderen Workshop-Teilnehmerinnen zu flirten. Während einer Sitzung wurde Stacy von der Gruppe wegen ihrer übermäßigen Eifersucht gescholten. Tränen strömten ihr über das Gesicht, und die anderen in der Gruppe reagierten mit Umarmungen und Zuneigung. Besonders zugeneigt war ausgerechnet der attraktivste Mann in der Gruppe. Er fuhr noch fort, sie zu trösten, als die Sitzung bereits beendet war und Ben und die anderen den Raum verlassen hatten. Die Umarmungen gingen in leidenschaftliches Küssen über, und schließlich hatten sie Sex direkt dort auf dem Boden. Sie benützten keine Verhütungsmittel.

Als Ben die Untreue entdeckte, war er außer sich vor Wut und sagte: »Du hast mir mehr wehgetan als jede andere Frau, und dir hatte ich vertraut.« Über die nächsten zwei Tage konzentrierte sich die Gruppe nun mehr auf Bens Eifersucht. Auf die Frage des Therapeuten, ob der Vorfall denn irgendetwas Gutes gehabt haben könnte, antwortete er: »Als wir danach miteinander schliefen, hatten wir den leidenschaftlichsten Sex, den wir je gehabt haben. Es war unglaublich intensiv und aufregend. Ich verstehe nicht, warum.« Stacy stimmte zu. Bens Eifersucht hatte die sexuelle Leidenschaft in ihrer Beziehung neu aufleben lassen. Warum?

Der aufmerksame Leser hat natürlich schon einige Hinweise auf die wahrscheinlichsten Erklärungen entdeckt. Ein Mann, dessen Partnerin gerade von einem anderen »befruchtet« worden ist, läuft Gefahr, »genetisch« betrogen zu werden. Durch den Sex mit Stacy gleich nach ihrem Seitensprung verringerte Ben die Wahrscheinlichkeit, dass sie von einem anderen Mann schwanger würde – natürlich dachte Ben nicht in diesen Begriffen darüber nach. Die Leidenschaftlichkeit des Sex mit Stacy lässt einen Orgasmus ihrerseits vermuten, was bei der Frau zu einem stärkeren »Zurückhalten« des Spermas führt und weniger »Rückfluss« bewirkt. In früheren Zeiten bedeutete ein verstärktes »Zurückhalten« von Sperma durch die Frau eine erhöhte Wahrscheinlichkeit, schwanger zu werden. Ben war also lediglich ein moderner Teilnehmer an einem uralten »Ritual«, in dem Männer eine Art Wettkampf um die erfolgreichste Befruchtung führten.

Es gibt noch einen anderen Grund für das plötzliche Aufleben des leidenschaftlichen Sex bei Ben und Stacy. Die Aufmerksamkeit des anderen Mannes diente als Bestätigung ihrer Attraktivität und rief bei Ben Eifersucht hervor. Sobald Männern das Interesse anderer Männer an ihrer Partnerin bewusst wird, nehmen sie ihre sexuelle Ausstrahlung mit neuen Augen wahr. Als Folge werden erotische Gefühle entflammt, und der Funke springt in Form von leidenschaftlicher Liebe über. Diesen Mechanismus durfte ich selbst einmal aus nächster Nähe beobachten. Mehrere Jahre lang spielte ich mit einer sehr attraktiven verheirateten Frau Tennis. Nach einem Match erklärte sie mir eines Tages: »Du bist wirklich sehr gut für mein Sexleben. Dan ist total eifersüchtig auf dich. An den Tagen, an denen wir Tennis spielen, haben Dan und ich den besten Sex.« Äußerlich war Dan ein sanfter und ruhiger Typ, den nichts so leicht aus der Fassung bringen konnte. Doch war seine Eifersucht erst einmal entbrannt, nahm er die sexuelle Ausstrahlung seiner Frau so stark wahr, dass eine Woge von leidenschaftlichem Sex die Folge war.

Auch einige klinische Fälle verweisen auf eine intensivierte Leidenschaft als Folge von Eifersuchtsgefühlen. In einer Studie ermittelte Mary Seeman, dass 17 Prozent der befragten Frauen ein sexuelles Begehren aufgrund von Eifersucht entwickelten: »Bilder davon, was ihre Ehemänner mit eventuellen Rivalinnen machen könnten, beherrschten ihre Phantasie und erregten sie sexuell – wie sie widerstrebend zugaben.« Eine der Frauen in Seemans Studie »schien sich gewissermaßen in ständiger sexueller Erregung bzw. Überreizung zu befinden und war zwischen Vergnügen und Qual hin- und hergerissen. Dieser Zustand trug zu häufigem und lustvollem Sex bei, was das Paar enger zusammenschweißte und eine Art sekundären Gewinn aus Eifersucht darstellte.« In seinem Werk »Die Kreutzersonate« schrieb der russische Schriftsteller Tolstoi: »Unsere Streitereien waren schrecklich... und umso verblüffender, als sie von Anfällen animalischer Sexualität gefolgt waren.«

In einem höchst ungewöhnlichen Fall in Florida bezahlte ein Ehemann tatsächlich andere Männer dafür, in die eheliche Wohnung zu kommen und mit seiner Frau Sex zu haben. Er versteckte sich im Wandschrank und beobachtete seine Frau in den Armen des anderen Mannes. Seine Eifersucht rief sexuelle Leidenschaft hervor – offensichtlich die einzige Möglichkeit für ihn, in Fahrt zu kommen. Solch ein Aufwand zur sexuellen Stimulierung ist ungewöhnlich, und diese Art des Gebrauchs von Eifersucht kann natürlich nach hinten losgehen – und Abscheu oder Gewalt zur Folge haben. Für manche Paare kann Eifersucht jedoch ein sexuelles Stimulans zur Erneuerung der Leidenschaft darstellen, die mit der Zeit abhanden gekommen ist. Und manchmal trägt dies auch zur Stärkung der Liebe bei.

Ewige Liebe

Einen Beweis für die Universalität der Liebe und ihre hartnäckige Widerstandskraft gegen Bestrebungen, sie auszumerzen, liefern Gesellschaften, in denen eben dies versucht wurde. Im 19. Jahrhundert wurde etwa von der Oneida Society behauptet, romantische Liebe sei kaum verhüllte fleischliche Lust und derartige »Täuschungen« dürften auf keinen Fall gefördert werden. Im 18. Jahrhundert, um ein weiteres Beispiel zu nennen, erklärten die Shaker die intime partnerschaftliche Liebe als unwürdig und den höheren Zielen der Gemeinde abträglich und versuchten ebenfalls, sie abzuschaffen.

Auch die Mormonen sahen romantische Liebe als Ablenkung und versuchten die Menschen davon abzuhalten. In all diesen Gemeinschaften bestand die romantische Liebe zwischen zwei Menschen jedoch fort und trotzte so der Abschaffung – manchmal im Verborgenen, hinter dem Rücken der Gemeinde-Ältesten. Die Geschichte von Romeo und Julia zeigt mit universeller Symbolhaftigkeit, dass Liebe gerade durch den Versuch der Umgebung, sie zu unterdrücken, noch gefördert werden kann. Liebende haben keine Wahl; sie können ihre Gefühle vorübergehend unterdrücken oder verstecken, doch ganz austreiben lassen sie sich nicht.

Kulturen, in denen Ehen arrangiert werden oder Polygynie zulässig ist, stellen Musterbeispiele dar, denn welches System wäre besser zur Unterminierung der Liebe geeignet? Hat Liebe überhaupt einen Platz in einem System, in dem die Frau für den Mann ausgesucht wird? Selbst wenn die Ältesten die erste Frau für den Mann aussuchen, wie dies etwa in polygynen arabischen Kulturen üblich ist, heiraten Männer die zweite Frau oft aus Liebe. Taita-Frauen etwa sind lieber zweite oder dritte Ehefrau, weil sie meinen, dass sie dann mit größerer Wahrscheinlichkeit aus Liebe geheiratet werden, folglich besser behandelt werden und auch mehr emotionale Nähe möglich ist.

Ein anderes Zeugnis der Universalität von Liebe kommt in Studien zutage, in denen Frauen und Männer einfach nur gefragt wurden, ob sie gerade verliebt sind. Susan Sprecher von der Illinois State University interviewte 1667 Frauen und Männer aus drei unterschiedlichen Kulturen. 73 Prozent der russischen Frauen und 61 Prozent der russischen Männer gestanden, momentan verliebt zu sein. Die entsprechenden Werte in Japan waren 63 Prozent für die Frauen und 41 Prozent für die Männer. Amerikaner erreichten ungefähr die gleichen Werte, mit 63 Prozent der Frauen und 53 Prozent der Männer.

Aus welchem Grund sollte Liebe ein derart universelles Gefühl sein – eine zeitweise Verrücktheit, die Konzentrationsschwierigkeiten hervorruft, Appetitlosigkeit und obsessive Gedanken, die alle anderen Gedanken verdrängen? Warum sind wir alle verrückt nach Liebe? Der plausibelsten Theorie zufolge bildete sich die Liebe als Lösungsmöglichkeit im Hinblick auf die »verwandten« Probleme Verbindlichkeit bzw. Lossagung aus. Eine rationale Analyse des »Partnerschaftsmarktes« sagt uns, dass es irgendwo auf dieser Erde mit Milliarden von Menschen jemanden geben muss, der ein besserer Partner ist, als wir es sind – jemand, der klüger ist, witziger, aufregender, zuverlässiger, intelligenter, schöner. Aus subjektiver Sicht läuft man jedes Mal, wenn der Partner jemand anderen trifft, Gefahr, verlassen zu werden. Das macht verwundbar. Aller Wahrscheinlichkeit nach wird der Partner früher oder später jemanden treffen, der auf der gnadenlosen Skala des »Partnerwertes« ein bisschen besser ist und zudem genauso gerne mit dem Partner zusammen sein möchte wie man selbst.

Die Nachteile, wenn man verlassen wird, sind erheblich. Wir riskieren den »Verlust« des Aufwandes, den wir bei der Suche und beim Werben um den Partner hatten. Jeder, der von der Single-Gesellschaft schon enttäuscht, genervt oder gelangweilt war, weiß, wie schwierig es ist, eine neue Beziehung ganz von vorne anzufangen und aufzubauen. Auf irgendeine Art und Weise will man sich der unerschütterlichen Verbundenheit des Partners versichern, er soll einen nicht verlassen, wenn jemand neuer in die Stadt kommt. Andernfalls wäre es dumm, Beziehungen einzugehen.

Stellen Verbindlichkeit und die Gefahr, verlassen zu werden, das Problem dar, ist Liebe die Lösung, und zwar weil es sich dabei um eine Leidenschaft handelt, die der Vernunft trotzt. Sie sagt einem, dass der Partner für niemand anderen Augen hat, dass man die oder der Einzige ist. Sie sagt einem, dass der Partner von einer Emotionswoge ergriffen worden ist, die sich seiner Kontrolle entzieht.

Um die Funktion der Liebe aus evolutionärer Sicht prüfen zu können, baten wir mehrere hundert Frauen und Männer, Verhaltensweisen zu definieren, aus denen die Verliebtheit einer Person ersichtlich wird. In einem weiteren Schritt wurden die genannten Äußerungsformen von Verliebtheit dahingehend geordnet, wie stark sie anzeigten, dass eine Person in die Fänge der Liebe geraten ist. Zeichen ernsthafter Verbundenheit erwiesen sich als sicherster Hinweis auf Liebe, aber diese Verbundenheit kann sich auf sehr unterschiedliche Weise zeigen. Liebende sagen dem Partner langfristig materielle Ressourcen wie Nahrung, Unterkunft und körperlichen Schutz zu. Sie bieten verbindlich sexuelle Ressourcen, indem sie treu bleiben und den Liebesakt mit wilder Hingabe vollziehen. Liebende sichern ihren Partnern Ressourcen zur Reproduktion zu, was Empfängnis, Schwangerschaft und Kindgeburt betrifft. Daraus folgt, dass Liebende ihre Kinder in den Genuss elterlicher Ressourcen bringen – eine natürliche Konsequenz aus der Liebesbeziehung.

Viele dieser Akte beinhalten Selbstlosigkeit: das Zurückstellen der Eigeninteressen zugunsten der Bedürfnisse der geliebten Person, spürbare Zugeständnisse an den Partner und das Opfern eigener Freizeit für den Partner. Andere Hinweise können in einer sexuellen Offenheit und einem Vertrauen liegen, die anderen Beziehungen fehlen: unterschiedliche Stellungen ausprobieren und den tiefsten sexuellen Phantasien des Partners entsprechen.

Als Zeichen für Liebe wurden immer wieder emotionale Verbundenheit und Engagement genannt. Dazu gehörten mit echter Aufmerksamkeit und Interesse zuzuhören, auf vergnügliche Aktivitäten zu verzichten, um beim Partner zu sein, wenn er es brauchte, und echte Anteilnahme an den Problemen des Partners zu zeigen. Viele Leute schilderten, wie der Partner sich emotional zurückgezogen hatte, als sie sich in einem seelisch desolaten Zustand befanden. Viele Liebende beschrieben, wie ihre Partner ihnen in den dunkelsten Stunden Trost gespendet und sie aus einer Depression herausgezogen hatten, als ihnen schon alles hoffnungslos erschienen war.

All diese Ergebnisse stützen die Theorie, wonach Liebe ein einzigartiger Hinweis auf ernsthafte Verbundenheit ist. Zeichen der Liebe bedeuten, dass der Partner einen nicht verlassen wird, nur weil sich die Begehrlichkeit zeitweise aufgrund von Krankheit oder anderen Rückschlägen verringert. Die Liebe des Partners erkennen wir zwar an bestimmten Verhaltensweisen, diesen Verhaltensweisen müssen jedoch deutlich Emotionen zugrunde liegen, die sich dem rationalen Verständnis entziehen. Eine dieser Emotionen ist die Eifersucht.

Eifersucht ist eines der am weitesten verbreiteten Korrelate der Liebe. Sie hat sich nicht nur zum Schutz vor dem Verlust der Liebe herausgebildet, sondern auch zum Schutz vor dem Verlust an einen Rivalen. Vergegenwärtigen Sie sich, welches der folgenden Szenarios Sie eifersüchtiger machen würde:

Verlust aufgrund eines Unglücks: Ihr Partner, den Sie sehr lieben, kommt bei einem Autounfall ums Leben.

Verlust aufgrund des Schicksals des Partners: Ihr Partner, den Sie sehr lieben, erhält in seiner Firma einen neuen besser dotierten Aufgabenbereich zugeteilt und zieht in eine weit entfernte Stadt. Sie wissen, dass Sie ihn nie wieder sehen werden.

Verlust aufgrund von Ablehnung: Ihr Partner, den Sie sehr lieben, erklärt Ihnen, dass er Sie nicht mehr liebt, und beendet die Beziehung. Sie wissen, dass Sie ihn nie wieder sehen werden.

Verlust aufgrund eines Rivalen: Ihr Partner, den Sie sehr lieben, verliebt sich in jemand anderen und beendet die Beziehung mit Ihnen. Sie wissen, dass Sie ihn nie wieder sehen werden.

Im Rahmen einer Studie fragte Eugene Mathes Frauen und Männer: »Falls Ihnen dies passieren würde, wären Sie eifersüchtig?« Auf einer Skala von vier bis 28 erreichte der Verlust aufgrund eines Unglücks nur sieben Punkte im Hinblick auf die Stärke der Eifersucht; Verlust aufgrund der Berufung des Partners erreichte mit 13 beinahe die doppelte Punktzahl; Verlust aufgrund von Ablehnung erzielte 16 Punkte; der Verlust an einen Rivalen rief jedoch am meisten Eifersucht hervor und kam auf den Wert 22. Da die Evolution ein inhärent wettbewerbsartiger Prozess ist, hat sich die Eifersucht nicht einfach nur zum Schutz vor dem Verlust der Liebe entwickelt, sondern auch zur Vermeidung eines »doppelten Rückschlags« – dem Verlust an einen Rivalen.

Bei meinen Studien wurde mir immer wieder klar, dass manche Zeichen der Eifersucht sich zutreffend auch als Zeichen der Liebe deuten lassen. Schaut ein Partner beim anderen überraschend vorbei, um zu sehen, was er so treibt, dann dient diese eifersüchtige Wachsamkeit der Bewahrung des sicheren Hafens der Ausschließlichkeit und ist zugleich Ausdruck von Liebe. Kann eine Frau aus Angst vor einem Seitensprung ihres Mannes nicht schlafen, verweist dies zugleich auf die Tiefe ihrer Liebe und die Intensität ihrer Eifersucht. Erzählt ein Mann seinen Freunden, dass er sich unsterblich verliebt hat, dient dies dem doppelten Bestreben, seine Liebe mitzuteilen und die Rivalen zu warnen, ihre Hände von seiner Liebe zu lassen.

Das spektakuläre Fehlschlagen der meisten »offenen Ehen«, die in den späten sechziger Jahren und frühen Siebzigern populär wurden, gibt beredt Zeugnis ab über den misslungenen Versuch, Eifersucht aus dem Liebesleben zu verbannen. Nur wenige Ehen überstehen die »Beteiligung« einer dritten Person. Einer der positiven Effekte von Eifersucht besteht in der Bewahrung des inneren Heiligtums und seiner Verteidigung vor Eindringlingen, die ihre ganz eigenen Interessen verfolgen. Nach Meinung von Ayala Pines ist der Schutz der Liebe die wichtigste Funktion der Eifersucht: »Eifersucht dient der Verteidigung intimer Partnerschaften. Es handelt sich nicht um einen nutzlosen Anfall von Irrationalität, sondern vielmehr um ein sinnvolles Zeichen, das man richtig interpretieren lernen kann... Eifersucht veranlasst die Menschen zur Überprüfung ihrer Beziehungen... lehrt die Partner, einander nicht als selbstverständlich zu betrachten... stellt sicher, dass sie einander weiterhin wertschätzen, und... garantiert, dass die Leute ihre Liebesbeziehungen achten.«

Sichere Häfen gibt es in der heutigen Welt allerdings kaum. Die Journalistin Judith Viorst meint dazu:»Unglücklicherweise gibt es da draußen in der großen weiten Welt einen unerschöpflichen Vorrat an Frauen – Sekretärinnen und Zahnarzthelferinnen und Kellnerinnen und leitende Angestellte... Und Frauen, deren Ehemänner viel reisen, sehen sich mit einer noch größeren Menge potenzieller Versuchungen ihres Mannes konfrontiert, über die sie sich Sorgen machen können – Stewardessen, Animierdamen in San Francisco, Ex-Freundinnen in Minneapolis und neue Bekanntschaften in Detroit.«

Ironischerweise kann die Liebe unter Umständen durch die allgegenwärtige »Bedrohung« von Rivalen und durch die Eifersucht, die sie hervorrufen, erhalten werden. »Der Tag wird kommen, an dem ich mich reif und sicher fühlen werde«, bemerkt Viorst, »an dem ich zugeben werde, dass ein Mann, den andere Frauen nicht anziehend finden, der nicht lebendig genug wäre, eine andere Frau genießen zu wollen, der es nicht schafft, mich eifersüchtig zu machen, nicht zu den Männern gehört, die ich lieben kann.«

Emotionales Wissen

Anne und Robert begegneten sich im Alter von Ende 20. Beide waren attraktiv, intelligent und kulturell interessiert. Anne war in ihrem Fachbereich ein aufgehender Stern. Ihre Professoren schätzten sie für ihre Fähigkeit zu logischer Analyse. Aufgrund ihres Charismas, ihrer Besonnenheit und eines sozialen Gerechtigkeitsgefühls war sie allseits sehr beliebt. Robert kam aus Frankreich, war auch erfolgreich auf seinem Gebiet und hatte eine gute Ausstrahlung, die Frauen und Männer gleichermaßen faszinierte. Er kannte alle aktuellen Musikgruppen und die angesagtesten Filme. Anne beeindruckte er mit seinem Wissen über Weine, zudem kochte er sehr gute, exotische Gerichte für sie und ihre Freunde.

Sowohl Anne als auch Robert hatten bereits einige Affären, aber auch Liebesbeziehungen hinter sich. In den ersten Monaten ihrer Beziehung war Anne bestimmend. Da sie sich nicht einengen lassen wollte und sich weigerte, ihre Geliebten aufzugeben, musste er sich damit abfinden, sie zu sehen, wann immer sie gerade Zeit fand. An Abenden, an denen Robert wusste, dass sie mit anderen Männern schlief, betrank er sich häufig. Da sie aber von Anfang an keinen Hehl daraus gemacht hatte, unterdrückte er seine Eifersuchtsgefühle.

Über die nächsten Monate veränderte sich jedoch alles. Sie ließ ihre Geliebten fallen, befand, er sei die Liebe ihres Lebens, und wollte von nun an Monogamie und Verbindlichkeit. Sie verbrachten täglich viele Stunden zusammen, und er brachte Seiten von ihr zum Vorschein, von deren Existenz sie gar nicht gewusst hatte – ein Talent zum Singen, eine Leidenschaft für Theater und ein neu gewonnenes Interesse am Tanzen.

Nach ein paar Wochen begann sich bei ihr Eifersucht zu zeigen. Sie fragte ihn über jede Frau aus, mit der er ein Wort wechselte, und zwang ihn, jede noch so kurze Abwesenheit zu erklären. Eine lockere Unterhaltung mit einer anderen Frau im Café zeitigte einen dreistündigen Streit, mit Gefühlsausbrüchen und Tränen, bis er endlich ihre Zweifel zerstreuen und sie seiner unerschütterlichen Treue versichern konnte. Ihre Freunde erstaunte ihr Wandel vom Meister der Vernunft zu einem emotionalen Häufchen eifersüchtiger Unsicherheit.

Ständig vermutete Anne, er flirte in ihrer Abwesenheit mit anderen Frauen und stehe an der Schwelle zur Untreue. Ihre launischen Anwandlungen wurden immer schlimmer, und der Kreislauf von Anschuldigungen und Versicherungen fand immer häufiger statt. Ihre rationale Seite kämpfte um die Überwindung dieser Anfälle. Da sie vor ihren Tagen immer am emotionalsten war, entschloss sie sich, das Problem einfach ihren Hormonen zuzuschreiben. Sie überzeugte sich davon, ihre Eifersucht sei irrational. Mit Hilfe logischer Analyse überwand sie die Macht des »grünen Ungeheuers« und kam zu dem Schluss, sie müsse ihre unbegründeten Verdächtigungen einfach unterdrücken.

Dann ließ er die Bombe los. Er war durchaus an anderen Frauen interessiert und wollte keineswegs permanent mit Anne zusammen sein. Tatsächlich hatte er auch schon mit anderen Frauen geschlafen. Ihre Eifersucht war nicht unbegründet und weder auf hormonelle Unregelmäßigkeiten noch auf ein prämenstruelles Syndrom zurückzuführen. Anne war auf relevante Zeichen angesprungen – und hatte aufgrund seines Leugnens noch unnötigerweise ein schlechtes Gewissen gehabt. Sie hatte ihre Leidenszeit um Monate verlängert, weil sie nicht auf ihr emotionales Wissen geachtet hatte, mit dem die Evolution sie ausgestattet hat. Hätte sie ihre inneren Eingebungen nicht mit Logik und Vernunft übertönt, wäre ihr der fortgesetzte Kampf um etwas, das von Anfang an zum Scheitern verurteilt war, erspart geblieben.

Es ist unwahrscheinlich, dass sich Liebe, mit der unglaublichen Menge an erforderlicher innerer Hingabe, ohne einen Schutzmechanismus gegen potenzielle Rivalen und die mögliche Untreue des Partners entwickelt haben sollte. Eifersucht bildete sich zur Absicherung dieser Schwachstellen heraus – als Motivation für erhöhte Wachsamkeit, den ersten Impuls, aber auch als Antrieb zur Gewalt, das letzte Mittel. In ihren extremen Ausformungen hat man die Eifersucht, dieses wichtige Schutzschild, wahnhaft, krankhaft und morbid genannt, ein Symptom von Neurose und ein Syndrom der Psychose. Therapeuten versuchen sie ihren Patienten auszutreiben, und viele Menschen suchen sie zu unterdrücken.

Es liegt auf der Hand, warum. Der Ehepartner, der von seinem Partner zum hundertsten Mal der Untreue bezichtigt worden ist, hat es satt. Die Frau, die ihren Mann ständig in der Arbeit anruft, um sich zu vergewissern, dass er sie nicht betrügt, treibt ihn zum Wahnsinn. Die Frau, deren Selbstwertgefühl beeinträchtigt, deren Körper misshandelt und deren Leben durch einen eifersüchtigen Ehemann bedroht wird, führt ein schreckliches Dasein. Und der Mann, dessen Ex-Freundin ihm nachstellt, weiß sich vielleicht nicht mehr anders als durch ein Unterlassungsurteil zu helfen. Wut, Scham, Depression, Erniedrigung, Angst, Verwirrung, Misstrauen, Kummer, verletzter Stolz und Furcht vor Ablehnung, die mit der Eifersucht einhergehen, verleihen dieser Leidenschaft eine gefährliche Seite, wie man sie in der menschlichen Gefühlslandschaft ansonsten kaum kennt.

Da die Eifersuchtserfahrung seelische Schmerzen mit sich bringen kann, ist sie als negative Emotion bezeichnet worden. Aber aus dem Prinzip der strategischen Störungen erklärt sich die Notwendigkeit dieser schmerzlichen Erfahrung. Sie macht uns auf reale Gefahren durch reale Rivalen aufmerksam. Sie schärft unseren Blick dafür, wann emotionale Abwesenheit nicht nur auf Stress in der Arbeit beruht. Sie lässt uns subtile Zeichen speichern, die, korrekt zusammengesetzt, auf eine real bevorstehende Treulosigkeit hinweisen können. Wir verspüren Schmerzen, weil Schmerzen uns dazu zwingen, uns mit wirklichen Störungen und echten adaptiven Problemen auseinander zu setzen. Die schmerzlichen Gefühle verhelfen uns letztlich dazu, bis an die Wurzel der Probleme vorzudringen.

Aus dem Prinzip des Irrtum-Managements erklärt sich, warum Eifersucht oft als so irrational erscheint. Wir leben in einer unsicheren Welt, einem dynamischen Gewimmel, einem Chaos aus Hinweisen und Spuren, die Schlussfolgerungen über eine unsichtbare Realität erforderlich macht. Evolutionsgeschichtlich betrachtet, hatten manche Fehlschlüsse schlimmere Konsequenzen als andere. Eine tatsächliche Untreue nicht aufzudecken, war »kostspieliger«, als einen Partner irrtümlicherweise des Betrugs zu beschuldigen. Folglich hat die Evolution ein hypersensibles Abwehrsystem entwickelt, bei dem der Alarm nicht erst nach Entdeckung einer Untreue ausgelöst wird, sondern eben bereits, wenn die Umstände eine Treulosigkeit ein wenig wahrscheinlicher als sonst werden lassen. Aus dieser adaptiven Ausrichtung erklärt sich, warum wir manchmal eine Treulosigkeit vermuten, wo keine stattfand, und warum diese Fehlschlüsse auf lange Sicht keine »Irrtümer« darstellen.

Manche Menschen reagieren heute entsetzt auf die Behauptung, dass Frauen und Männer sich unterscheiden. Man fürchtet, die Entdeckung und Benennung von geschlechtsspezifischen Unterschieden könnte einer Diskriminierung Vorschub leisten. Sollte die Evolution Frauen und Männer unterschiedlich gemacht haben, dann, so diese Argumentation, könnte darin ja eine Rechtfertigung dafür gesehen werden, Frauen von sicheren Jobs fernzuhalten und sie barfüßig und schwanger zu Hause einzusperren. Kein Geschlecht kann als dem anderen über- oder unterlegen angesehen werden, so wie der Flügel eines Vogels der Flosse eines Fisches nicht über- oder unterlegen ist.

Immer wieder wurde mit Wut auf die Entdeckung geschlechtsspezifischer Unterschiede durch unsere Forschungseinrichtungen reagiert, vor allem, wenn in Publikationen wie den New York Times darüber berichtet wurde oder in Fernsehsendungen wie Dateline auf NBC. Die Forschungsergebnisse irritieren so viele Menschen, dass dieser ganze Forschungsbereich von heftigen Kontroversen geprägt ist. Ich glaube jedoch, dass die Kenntnis von geschlechtsspezifischen Unterschieden eine äußerst wichtige Voraussetzung dafür ist, mit den Dämonen, die in uns allen lauern, umgehen zu lernen.

Manche Leute fürchten, Informationen über die evolutionäre Ausprägung unserer Leidenschaften könnten missbraucht werden – »Ich konnte nicht anders; meine evolutionär bedingte psychische Veranlagung ließ mich dies tun.« Diese Bedenken dürfen nicht ignoriert werden. Ich habe jedoch Männer beobachtet, die diese Erkenntnisse eben gerade dazu eingesetzt haben, treu zu bleiben. »Wenn ich mich zu einer anderen Frau hingezogen fühle«, erzählte mir ein Mann, »weiß ich, es ist nur mein evolutionär ausgeprägtes Bedürfnis nach sexueller Vielfalt; es bedeutet nicht, dass ich meine Frau nicht liebe; es bedeutet nicht, dass sie mich nicht versteht; dieses Wissen hilft mir, treu zu bleiben.«

Männer sind manchmal beunruhigt, wenn sie erfahren, dass ihre Partnerin sexuelle Phantasien über andere Männer hat. Aber die Frau, die niemals derartige Phantasien hat, müsste ich erst noch interviewen. Sie verweisen auf die Tatsache, dass Frauen zu Urzeiten eine »Partner-Versicherung« benötigten, um Unwägbarkeiten vorzubeugen. Die Phantasien der Frauen bedeuten keinen Mangel an Liebe oder den Beginn einer Affäre mit dem Kollegen, sobald der Mann die Stadt verlässt. Das Wissen über versteckte Leidenschaften könnte uns dabei helfen, unsere Wünsche und Begierden aus der richtigen Perspektive zu betrachten.

Die Evolution hat uns alle mit einer reichhaltigen Mischung an Emotionen ausgestattet, die Eifersucht, Neid, Angst, Wut, Freude, Leidenschaft und Liebe beinhaltet. Diese Konstellation hat sich koevolutionär bei Frauen und Männern herausgebildet, wobei die einzelnen Emotionen immer wieder ihre Form und Funktion verändern, um auf neue adaptive Herausforderungen reagieren zu können. Ein tieferes Verständnis unserer gefährlichen Leidenschaften wird die Konflikte, die zwischen Liebenden, zwischen Rivalen oder zwischen Liebenden, die zu Rivalen werden, bestehen, nicht aus der Welt schaffen können. Es mag jedoch, in einem bescheidenen Maß, zur Bildung eines emotionalen Wissens beitragen, damit wir besser mit ihnen umgehen können.

Anmerkungen

1. Die gefährliche Leidenschaft

S. 15 Die Kluft zwischen den Geschlechtern..: Buss u.a., 1999.
S. 19 In einer Studie über misshandelte Frauen...: Wilson und Daly, 1996.
S. 20 Ich weiß nicht, warum ich sie getötet habe...: Carlson, 1984, S. 9.
S. 23 Wie Sarah Hrdy von der University of California...: Hrdy und Whitten, 1987.
S. 23 In einer recht großen Gruppe von Schimpansen...: de Waal, 1982.
S. 25 Steven Pinker, Psychologe vom Massachusetts Institute of Technology...: Pinker, 1997, S. 418.
S. 25 Ein Schlüssel zum Geheimnis der Liebe...: Frank, 1988.
S. 26 Ein spektakuläres Beispiel dafür ist der Fall von John W. Hinckley...: zitiert nach Hatfield und Rapson, 1993, S. 36–37.
S. 26 In einer unlängst veröffentlichten Umfrage...: Baumeister und Wotman, 1992.
S. 27 Die Geschichte von Nikolaus und Alexandra...: Baumeister und Wotman, 1992.
S. 30 In einer unserer Studien...: Schmitt, Shackelford und Buss (in Vorbereitung); in einigen vorangegangenen Untersuchungen wurden die gleichen grundsätzlichen geschlechtsspezifischen Unterschiede ermittelt; siehe auch Buss, 1998.
S. 30 In einer anderen Studie...: Ellis und Symons, 1990.
S. 31 Weltweit rangiert sexuelle Untreue unter den Scheidungsgründen an erster Stelle...: Betzig, 1989.
S. 32 Meine Kollegen haben Hunderte...: Baker und Bellis, 1995.
S. 33 Über die letzten sieben Jahre...: Greiling und Buss (in Vorbereitung).
S. 34 Aus Untersuchungen von Steve Gangestad und Randy Thornhill...: Gangestad und Thornhill, 1997.
S. 34 Zu Urzeiten erschwerten Krankheit, Krieg und Nahrungsmittelknappheit...: Diamond, 1992; 1998; Nesse und Williams, 1994; Tooby und DeVore, 1987; Williams und Nesse, 1991. Zur weiteren Diskussion dieser Faktoren in Stammeskulturen siehe: Chagnon, 1983; Hill und Hurtado, 1996.
S. 34 Paläontologische Funde...: Walker, 1995.
S. 35 Unsere weiblichen Vorfahren, die keine...: Buss, 1994; Diamond,1992; Fisher, 1992; Smith, 1984.
S. 35 War über die letzten zwei Dekaden eine Scheidungsrate...: Gottman, 1994.
S. 35 In der umfassendsten Studie zur Ovulation...: Stanislaw und Rice, 1988.
S. 36 Eine Befragung von 1152 Frauen...: Baker und Bellis, 1995.
S. 37 Die eifersüchtige Person...: Mowat, 1966; zitiert nach: Sommers, 1988, S. 153.
S. 37 In diesem Zusammenhang scheint der Fall...: Odegaard, 1968.
S. 38 Wie sich im folgenden Fall zeigt...: Clanton und Smith, 1998; Tooby und Cosmides, 1990; White, 1980; White 1981b.
S. 38 Der Mann, 35...: Shepherd 1961, S. 732.
S. 39 Unterschiede in der Attraktivität...: Clanton und Smith, 1998; Tooby und Cosmides, 1990; White, 1980; White, 1981b.
S. 39 Elaine Hatfield und ihre Kollegen...: Walster, Traupmann und Walster, 1978; Walster, Walster und Berscheid, 1978.

2. Paradoxe Eifersucht

S. 44 In einer Umfrage meinen 46 Prozent...: Mullen und Martin, 1994.
S. 44 Der hl. Augustinus wies auf diese Verbindung hin...: zitiert nach Clayton und Sheets, 1996.
S. 44 Eugene Mathes, Psychologe von der Western Illinois University...: Mathes, 1986.
S. 45 Interessant nimmt sich der Vergleich...: Riggs, 1993.
S. 45 Dieser Widerspruch spiegelt sich auch in O.J. Simpsons Aussage...: Newsweek, 28. Dez. 1998, S. 116.
S. 45 Die Emotion Eifersucht...: Gillard zitiert nach Ellis, 1950.
S. 46 Der norwegische Psychiater Nils Retterstol...: Retterstol, 1967.
S. 46 Der Psychologe Gordon Clanton...: Clanton und Smith, 1977.
S. 46 Eifersucht ist ›sexuell‹...: Daly, Wilson und Weghorst, 1982.
S. 47 Manche Autoren treffen keine Unterscheidung...: DeSteno und Salovey, 1995.
S. 47 Ein Mann mag Neid bzw. Missgunst gegenüber...: Foster, 1972.
S. 48 Nach Auffassung des Psychologen Ralph Hupka...: Hupka, 1991, S. 254, 260.
S. 48 Der Psychiater Dinesh Bhugra...: Bhugra, 1993.
S. 48 Die kapitalistische Gesellschaft...: Bhugra, 1993, S. 272.
S. 49 Drittens müsste es, da »die Motive für Eifersucht...: Bhugra, 1993, S. 273.
S. 49 Eine andere Erklärung der Eifersucht...: Bhugra, 1993.
S. 49 In einigen Fällen ist Eifersucht...: Johnson, 1969.
S. 49 Bei den Ache in Paraguay...: Borgerhoff Mulder, 1988; Hill und Hurtado, 1996.
S. 49 Sogar bei den Ammassalik...: Mirksy, 1937.
S. 49 Und entgegen Margaret Meads Behauptung...: zitiert nach Freeman, 1983, S. 244.
S. 49 Um ein Beispiel zu zitieren...: Freeman, 1983, S. 243–244.
S. 50 In einem Fall verließ der Ehemann...: Freeman, 1983, S. 244.
S. 50 Kulturen in tropischen Paradiesen...: Brown, 1991; Freeman, 1983.
S. 51 Alle Frauen und Männer führen einen Konkurrenzkampf...: Symons, 1979; Wilson und Daly, 1996.
S. 52 Dies trifft in einem besonders hohen Maß...: Alexander, 1987.
S. 53 Der Status, geschieden zu sein...: Margo Wilson und Martin Daly, in einem Gespräch 1989.
S. 53 Auch die Kinder können in Mitleidenschaft gezogen...: Daly und Wilson, 1996.
S. 55 Charles Darwin brachte den Schlüsselgedanken...: Darwin, 1877, S. 285–286.
S. 56 Die urtümlich menschlichen Ängste...: Marks, 1987.
S. 56 Höhenangst und Furcht vor Fremden...: Scarr und Salapatek, 1970.
S. 56 In einer Studie vermieden es 80 Prozent der Kinder...: Bertenthal, Campos und Caplovitz, 1983.
S. 56 Furcht vor Fremden ist bei Kindern...: Smith, 1979.
S. 56 Tatsächlich scheint das Risiko der Tötung von Kindern...: Daly und Wilson, 1988; Hrdy, 1981; Wrangham und Peterson, 1996.
S. 56 Wie der Harvard-Psychologe Jerome Kagan dokumentiert...: Kagan, Kearsley und Zelazo, 1978.

S. 58 Paul Mullen, Psychiater von der University of Otago...: Mullen, 1990.
S. 58 Don Sharpsteen, Professor für Psychologie an der University of Missouri...: Sharpsteen, 1993.
S. 59 Mary Seeman, Professorin für Psychiatrie an der University of Toronto...: Seeman, 1979.
S. 60 Gregory White und Paul Mullen haben andere Hinweise...: White und Mullen, 1989, S. 179.
S. 64 Zur Zeit herrscht eine Art Gleichgewicht...: Hall, 1984.

3. Eifersucht auf Venus und Mars

S. 69 Bram Buunk, Professor an der Universität Groningen...: Buunk und Hupka, 1987.
S. 70 Dutzende anderer Studien beweisen...: White und Mullen, 1989.
S. 70 Erst später bemerkte sie...: Seeman, 1979, S. 356.
S. 71 Seine Frau stand am Herd...: Sommers, 1988, S. 160.
S. 72 In Griechenland etwa ist der Ruf des Mannes in Gefahr...: Safilios-Rothschild, 1969, S. 78–79.
S. 74 Amerikaner und Deutsche geben ungefähr die gleichen Antworten...: Buss, 1994.
S. 74 Der Anthropologe John Marshal Townsend von der Syracuse University...: Townsend, 1995.
S. 75 So berichtete eine Frau...: Townsend, 1998, S. 12.
S. 75 In seiner Studie schließt Townsend im Hinblick auf Frauen...: Townsend, 1995, S. 173.
S. 76 Auf einer 7-Punkte-Skala...: Buss, 1989b.
S. 77 In dieser Studie mit 530 Frauen und Männern...: Shackelford, Buss und Bennett, 1999.
S. 77 Zusätzlich zu diesen mündlichen Befragungen...: Buss u.a., 1992.
S. 79 Also führten meine Kollegen und ich...: Buss u.a., 1999; siehe auch Wiederman und Allgeier, 1993.
S. 81 In ihrer Zusammenfassung heißt es...: Wiederman und Kendall, 1999.
S. 81 Solche und ähnliche geschlechtsspezifische Unterschiede...: Buunk u.a., 1996; zur Situation in Schweden siehe Wiederman und Kendall, 1999; zur Situation in China siehe Geary u.a., 1995; weitere empirisch gestützte Argumente gegen die »Doppelungs-Erklärung« liefern Mills und Catalanotti, 1997.
S. 84 »Ich glaube, im Alltag hat Eifersucht...: Viorst, 1998, S. 21.
S. 84 In festen und ernsthaften Beziehungen...: Bringle, 1995.
S. 84 Der Evolutionsanthropologe William Jankowiak...: Jankowiak, Hill und Donovan, 1992.
S. 84 Aus einer Studie ging hervor, dass homosexuelle Männer...: Blumstein und Schwartz, 1983.
S. 85 In einer Studie wurde das Eifersuchtsverhalten von 113 homosexuellen Männern...: Hawkins, 1990.
S. 85 Robert Bringle von der Purdue University...: Bringle, 1995.
S. 86 Ein Team holländischer Psychologen rekrutierte...: Dijkstra u.a., 1998.
S. 86 Mit amerikanischen Studienteilnehmern kam Michael Bailey...: Bailey u.a., 1994.

S. 87 Am 30. Juli 1771 klagte ein Mann namens Werther...: Schmitt, 1988.
S. 88 Er scheint wenig üble Laune zu haben...: Goethe, 1970, S. 29–30. Für die vorliegende Übersetzung wurde aus dem deutschen Originaltext zitiert.
S. 88 Diese Vorliebe wird weder...: Buss, 1994; Townsend und Levy, 1990; Wiederman und Allgeier, 1992.
S. 88 Da Gewalt ein immer wiederkehrendes Problem...: Buss, 1994; Ellis, 1992.
S. 89 Um dies herauszufinden, führten Pieternel Dijkstra...: Dijkstra und Buunk (in Vorbereitung).
S. 91 Um diese Frage zu beantworten, haben meine Kollegen Jae Choe...: Buss u.a. (in Vorbereitung).
S. 93 Eines der schockierendsten Beispiele...: Nelson, 1995.
S. 94 Wie erwartet, unterscheiden sich jedoch die Eigenschaften gefährlicher Rivalen...: Nelson, 1995, S. 80.
S. 94 Autos und Mobiltelefone signalisieren einen hohen Sozialstatus...: Nelson, 1995, S. 80.
S. 95 »Die Mutter von Luckys Kindern war wütend...: Nelson, 1995, S. 80 – 82.
S. 95 Selbst in Samoa, einer Kultur, die nach Meinung von Margaret Mead...: Mead, 1931.

4. Das Othello-Syndrom

S. 96 Larry und seine Frau Susan waren seit drei Jahren glücklich verheiratet...: Sommers, 1988.
S. 96 Ein Mann namens Paul kaufte sich einen modischen Mantel...: Eskapa, 1984, zitiert nach Sommers, 1988, S. 179.
S. 97 Ihr Fall war interessant genug...: Cobb, 1979, S. 513.
S. 99 Martie Haselton (University of Texas, Austin)....: Haselton und Buss (in Vorbereitung); Haselton, Buss und DeKay, 1998; siehe auch Schlager, 1995.
S. 99 Um herauszufinden, wie unsicher sich die Menschen...: Paul, Foss zund Galloway, 1993.
S. 102 In einer Studie mit britischen Männern...: Moulton, 1975.
S. 102 »Bei einem Rendezvous konkurriert ein Mann...: Van den Berghe, 1979, S. 219.
S. 103 In einer Studie aus dem so genannten Standard Sample...: Broude und Greene, 1976, S. 417.
S. 103 Armadillo verließ seine Hütte, um ein wenig durch die Wälder zu wandern...: Gregor, 1985, S. 138.
S. 104 maiyala euti bedeutet »der Penis ist müde«...: Gregor, 1985, S. 139.
S. 104 Sie weden mit dem Ausdruck japujate euti...: Gregor, 1985, S. 139.
S. 105 In einem Fall war ein vollständiger Verlust sexueller Begierde...: Vauhkonen, 1968.
S. 105 Ein Mann berichtete...: Todd und Dewhurst, 1955, S. 371.
S. 105 In einem anderen Fall war ein 68-Jähriger...: Richardson, Malloy und Grace, 1991.
S. 106 Jed Diamond, Autor des Buches »Male Menopause« ...: Diamond zitiert nach Warga, 1999, S. 315.
S. 106 Der Sexualforscher Krafft-Ebing war der Erste...: Krafft-Ebing, 1905.
S. 106 In einer Studie von 1968...: Vauhkonen, 1968.
S. 107 1985 fand Paul Mullen heraus...: Mullen und Maack, 1985.

S. 107 In einer deutschen Studie waren von 93 Fällen...: Soyka, Naber und Volcker, 1991.
S. 107 Im Rahmen einer sehr systematisch aufgebauten Studie...: Shrestha u.a., 1985.
S. 107 Alkoholkonsum steht eindeutig in Zusammenhang...: Whalley, 1978.
S. 107 Frauen von Alkoholikern könnten Sex mit ihrem Mann...: Krafft-Ebing, 1905, S. 514.
S. 108 In einem Fall begann sich ein alternder Mann...: Langfeldt, 1961, S. 33.
S. 109 Sein Therapeut war außer Stande...: Retterstol, 1967, S. 99.
S. 109 Die therapeutische Behandlung blieb ohne Erfolg...: Langfeldt, 1961, S. 26–27.
S. 110 Der Therapeut eines Paares...: Retterstol, 1967, S. 104.
S. 110 In einer Studie mit 107 Ehepaaren...: Buss, 1994.
S. 110 Ein typischer und immer wiederkehrender Gedanke von Männern...: Shrestha u.a., 1985, S. 284.
S. 111 In einem Fall wurde ein 43-jähriger Ehemann in eine psychiatrische Klinik...: Todd und Dewhurst, 1955, S. 367–368.
S. 111 Dennoch bilden Personen, die sich in ihrer Attraktivität unterscheiden...: Hatfield, Traupmann und Walster, 1979.
S. 112 Zwar altern beide im gleichen Tempo...: Symons, 1979.
S. 112 Zugleich eröffnen sich dem Mann durch seinen beruflichen Aufstieg...: Betzig, 1986; Buss, 1994; Holmberg, 1950; Symons, 1979.
S. 112 Donald Symons merkt dazu an...: Symons, 1979, S. 238–239.
S. 112 Mit dem Herannahen der Menopause...: Todd und Dewhurst, 1955, S. 371.
S. 112 Eine andere Frau, 44, fing nach vielen Jahren glücklicher Ehe...: Langfeldt, 1961, S. 30–31.
S. 113 Wie Claire Warga, Autorin des Buches...: Warga, 1999, S. 7.
S. 113 Im folgenden Fall wurde einer Frau »exzessive und irrationale Eifersucht« ...: Seeman, 1979, S. 351.
S. 114 Oscar Wilde machte auf den Umstand aufmerksam...: zitiert nach Enoch und Trethowan, 1979, S. 46.
S. 114 Tatsächlich verhält es sich unserer Theorie zufolge anders...: siehe Hatfield u.a., 1979; Tooby und Cosmides, 1990.
S. 114 Dies trifft besonders dann zu, wenn der Ehemann...: Buss, 1994; Holmberg, 1950.
S. 114 In ihrem Bericht über fünf Frauen...: Seeman, 1979, S. 354.
S. 114 Auf die sexuellen Phantasien in ihrer Jugend...: Seeman, 1979, S. 355.
S. 116 Ein Ehepaar, das ursprünglich bestens zusammenpasst...: Buss, 1987; Buss u.a., 1990.
S. 116 Obgleich es an breiter angelegten Studien zu Krankheit und Eifersucht fehlt...: Breitner und Anderson, 1994.
S. 116 Vor dem Auftreten der Parkinsonkrankheit...: Breitner und Anderson, 1994, S. 704.
S. 117 Zu Urzeiten verringerte sich der »Wert« des Mannes...: Buss, 1994; Buss u.a., 1990.
S. 117 Die weniger Attraktiven sind stärker gefährdet...: Critelli und Wade, 1980; Hatfield u.a., 1979; Kenrick, 1994; Kenrick u.a., 1993; Symons, 1979; Thiessen und Gregg, 1980; Tooby und Cosmides, 1990; White, 1980, 1981a, 1981b.
S. 118 Personen, die sich ihren Partnern gegenüber aus irgendeinem Grund...: Hatfield u.a., 1979.

S. 118 Diese Umstände begünstigen Eifersuchtsgefühle...: Tooby und Cosmides, 1990.
S. 118 Der weniger attraktive Partner schätzt sich...: Frank, 1988.
S. 118 In einer Studie mit 220 Ehepaaren versuchte Gary Hansen...: Hansen, 1985.
S. 118 Szenario 1: »Ihr Partner kehrt von einer Geschäftsreise zurück...: Hansen, 1985, S. 267.
S. 118 Szenario 2: »Ihr Partner hat eine länger andauernde emotionale...: Hansen, 1985, S. 267.
S. 119 Die überwältigende Mehrheit der Erinnerungen...: Thorne, 1998.
S. 119 In der detailliertesten Studie zu diesem Thema...: Docherty und Ellis, 1976.
S. 121 Seine Eifersucht nahm konkrete Formen an...: Docherty und Ellis, 1976, S. 681.
S. 121 Jeder der erwähnten Männer hatte eine erhöhte Empfindlichkeit...: Marks, 1987.
S. 121 In einem Fall wies ein Mann während seiner ersten Ehe...: Mullen und Maack, 1985, S. 114.
S. 122 Eine 49-Jährige klagte ihrem Therapeuten gegenüber...: Todd und Dewhurst, 1955, S. 370.
S. 123 In einer Studie mit 36 agoraphobischen Frauen...: Hafner, 1979.
S. 124 Als der Therapeut das Paar ein Jahr später wieder kontaktierte...: Hafner, 1979, S. 99–100.
S. 124 Die Schwierigkeiten begannen, als er sich in eine Therapie begab...: Turbott, 1981.
S. 125 Eines Morgens machte sie »Feuchtigkeit auf seinem Penis« aus...: Turbott, 1981, S. 167.
S. 125 Nach Meinung von Shirley Glass...: Glass, persönliches Gespräch, 15. August 1998; Laura Nitzberg, persönliches Gespräch 1992.

5. Keiner soll sie haben außer mir

S. 127 ›Gib es zu. Du hast mit ihm geschlafen‹...: Zola, 1956/1890; zitiert nach Mullen, 1990, S. 24.
S. 127 Den ersten Fall berichtete eine 19-Jährige...: Gelles und Strauss, 1988, S. 132.
S. 128 In einem anderen Fall »antwortete die Ehefrau...: White und Mullen, 1989, S. 224.
S. 128 »Als eine Frau auf der Straße...«: White und Mullen, 1989, S. 227.
S. 128 Über die letzten Jahrzehnte hinweg...: Daly u.a., 1982.
S. 129 In einer Studie mit 44 Frauen, die von ihren Partnern misshandelt...: Miller, 1980.
S. 129 In einer anderen Untersuchung mit 150 Fällen von Frauen...: Roy, 1977.
S. 129 In einer dritten Studie mit 31 Frauen...: Rounsaville, 1978.
S. 129 In einer vierten Studie mit 60 Frauen...: Hilberman und Munson, 1978, S. 461.
S. 129 Als Ergebnis einer fünften Studie bezeichneten 87 von 101...: Church, 1984.
S. 129 In mehr als einem Dutzend Studien wurde Gewalt...: Sugarman und Hotaling, 1989.

S. 129 Sugarman und Hotaling fassen zusammen...: Sugarman und Hotaling, 1989, S. 12.

S. 130 »Ein besonders niederträchtiger Ehemann«...: Chagnon, 1992, S. 147 (Hervorhebungen durch den Autor).

S. 130 »N/ahka, eine Frau mittleren Alters«...: Draper, 1992, S. 54.

S. 131 Paul Mullen von der University of Otago...: Mullen und Maack, 1985.

S. 131 Die Psychologen John Gottman und Neil Jacobson...: Jacobson und Gottman, 1998.

S. 132 In einer Studie mit mehr als 8000 Teilnehmern...: Wilson und Daly, 1996.

S. 134 Die Debatte wurde 1978 durch einen Aufsatz ausgelöst...: Steinmetz, 1978.

S. 134 Die Debatte wurde noch weiter angeheizt...: Gelles und Srauss, 1988, S. 105.

S. 134 Einige Studien deuten sogar darauf hin, dass Frauen...: Bookwala u.a., 1992.

S. 135 »Wenn er mich schlägt, schlage ich zurück«...: Gelles und Strauss, 1988, S. 90.

S. 135 »Ich kenne den Blick, den er hat, wenn er mich schlagen will...: Gelles und Strauss, 1988, S. 91.

S. 135 Im dritten Fall geht es um Francine Hughes...: Gelles und Strauss, 1988, S. 133.

S. 136 R.N. Whitehurst, der 100 Gerichtsfälle von Gewalt in der Ehe...: Whitehurst, 1971, S. 686.

S. 136 So argumentieren etwa Neil Jacobson und John Gottman...: Jacobson und Gottman, 1998, S. 55–56.

S. 137 Weiter meinen die beiden Autoren...: Jacobson und Gottman, 1998, S. 268–269.

S. 137 »Vater konnte wirklich sehr wütend werden...: Sammons, 1978, S. 43.

S. 138 »Zu den meisten Duellen zwischen zwei Männern kommt es...: Chagnon, 1983, S. 171.

S. 138 Tausende von Kilometern von den Yanomamö entfernt...: Hart und Pilling, 1960.

S. 139 Margo Wilson und Martin Daly vermuten...: Wilson und Daly, 1993a, 1993b.

S. 140 Von den 100 misshandelten Frauen...: Gayford, 1975, S. 195.

S. 140 Manche Frauen reagieren auf die Gewalt ihres Mannes...: Wilson und Daly, 1993a, 1993b.

S. 140 »Wir hatten über die Wurzeln männlicher Gewalt«...: W. Zimmerman, persönliches Gespräch, 26. März 1998.

S. 141 In einer anderen Studie wurde eine Auswahl von Frauen...: Shields und Hanneke, 1983.

S. 143 Weitet man die Definition aus...: Jason, Reichler, Easton, Neil und Wilson, 1984.

S. 144 Einem Untersuchungsbericht des National Institute of Justice...: Tjaden, 1997.

S. 145 Im Rahmen der umfassendsten Studie über die Tötung...: Wilson, Daly und Wright, 1993.

S. 146 In einer Studie über 25 Fälle von Tötung...: Chimbos, 1978.

S. 146 »Sie nannte mich oft einen ›verdammten Schweiger‹«...: Chimbos, 1978, S. 52.

S. 146 »Ihre Untreue machte mir wirklich zu schaffen«...: Chimbos, 1978, S. 52.

S. 146 »Sie beleidigte mich absichtlich vor anderen...«: Chimbos, 1978, S. 53.
S. 146 »Ständig stritten wir über ihre Affären...«: Chimbos, 1978, S. 54.
S. 146 »Wir heirateten an einem Samstag...«: Chimbos, 1978, S. 54–55.
S. 147 Martin Daly und Margo Wilson haben eine Menge Material...: Daly, Wilson und Weghorst, 1982.
S. 148 Peter Chimbos interviewte 34 Täter...: Chimbos, 1978.
S. 148 In einer Studie über Gerichtsfälle im Sudan...: Lobban, 1972.
S. 148 In einer Untersuchung über Tötungen in Uganda...: Tanner, 1970.
S. 148 In der umfassendsten kulturübergreifenden Studie...: Bohannan, 1960.
S. 148 Hier wird die Bedeutung der Eifersucht...: Daly, Wilson und Weghorst, 1982.
S. 148 Eine weitere umfassende Studie...: Sohier, 1959.
S. 149 »Männer... wollen Frauen kontrollieren...«: Daly und Wilson, 1988, S. 205.
S. 149 In einer neueren Publikation bauen sie ihren Ansatz aus...: Wilson, Daly und Daniele, 1995.
S. 150 Doch manchmal gerät die Gewalt außer Kontrolle...: Wilson und Daly, 1993a, S. 281.
S. 150 Joshua Duntley und ich haben eine Alternative: Buss und Duntley 1998, 1999; Duntley und Buss, 1998, 1999.
S. 150 Ein Australier, der seine Frau...: Wallace, 1986, S. 120.
S. 150 In einem anderen Fall äußerte ein Mann aus Illinois...: Wilson und Daly, 1993b, S. 3.
S. 151 Daly und Wilson schreiben...: Daly, Wilson und Weghorst, 1982, S. 19.
S. 151 Ironischerweise liefern Wilson und Daly...: Wilson, Daly und Wright, 1993.
S. 152 In Untersuchungen aus drei verschiedenen Ländern...: Wilson und Daly, 1993b.
S. 152 Auf die Frage eines Freundes...: Wilson und Daly, 1993b, S. 10.
S. 153 Auf der ganzen Welt wird in den entsprechenden Gesetzestexten...: Daly und Wilson, 1988.
S. 153 Daly und Wilson meinen dazu...: Daly und Wilson, 1988, S. 193–194.
S. 153 Bei den Yapese etwa hatte ein Ehemann...: Muller, 1917, S. 229.
S. 153 Im US-Bundesstaat Texas war die Gesetzgebung bis 1974...: Daly und Wilson, 1988, S. 194.
S. 153 Bis 1970 wurden in den Bundesstaaten New Mexico und Utah...: Le Fave und Scott, 1972.
S. 153 Die Tötung einer Ehebrecherin durch ihren Mann...: Blackstone, 1803, Band 4, S. 191–192.
S. 154 Ein Rechtsgelehrter beschrieb diesen Begriff...: Edwards, 1954, S. 900.
S. 155 In der Studie von Daly und Wilson...: Daly und Wilson, 1988, S. 206.
S. 155 Erstens bevorzugen Frauen normalerweise Männer...: Buss, 1989a.
S. 155 In Miami war 1980 bei allen Tötungen in der Ehe...: Wilbanks, 1984.
S. 156 Die größte Studie über Tötung in der Ehe...: Wilson, Daly und Wright, 1993.
S. 156 In einer alarmierenden Statistik wird die Bedeutung...: Daly und Wilson, 1988.
S. 156 Daly und seine Kollegen sind dieser Frage...: Daly, Wiseman und Wilson, 1997.
S. 156 »Eine Frau wurde vier Tage nach ihrem Auszug...«: Daly u.a., 1997, S. 68.

6. Lügen und Geheimnisse

S. 160 Am 28. Februar 1997 hatte Monica Lewinsky...: Newsweek, 21. September 1998, S. 58–60.

S. 161 Shere Hite setzt die Rate bei 70 Prozent an...: Hite, 1987; Greeley, 1991.

S. 162 Eine Studie war besonders aufschlussreich im Hinblick auf das Widerstreben...: Green, Lee und Lustig, 1974.

S. 162 Nach Auffassung von Anthony Thompson vom Western Australian Institute of Technology...: Thompson, 1983.

S. 162 Graham Spanier von der State University of New York in Stony Brook...: Spanier und Margolis, 1983.

S. 162 Ein aktuelleres Beispiel...: Austin American Statesman, 23. Juni 1999, S. B2.

S. 164 Dies ist nur eines von vielen Beispielen für grundlegende Unterschiede: Clark und Hatfield, 1989.

S. 164 Die Journalistin Natalie Angier zweifelt...: Angier, 1999.

S. 164 Diesen Aspekt hat Russell Clark von der University of North Texas...: Clark, 1990.

S. 165 In einer Studie von Ralph Johnson...: Johnson, 1970.

S. 165 In einer älteren Studie von Lewis Terman...: Terman, 1938.

S. 165 Deutsche weisen ähnliche Tendenzen auf...: Sigusch und Schmidt, 1971.

S. 165 Die Ergebnisse aktuellerer Untersuchungen von David Wyatt Seal...: Seal, Agostinelli und Hannett, 1994.

S. 166 In diesem Zusammenhang merkt der Evolutionspsychologe Donald Symons...: Symons, 1979, S. 207.

S. 166 Aus Untersuchungen in Japan, Großbritannien und den USA...: Ellis, Symons, 1990; Wilson, 1987.

S. 166 Hier die Phantasie eines 20-Jährigen aus Connecticut...: Berkowitz, 1997, S. 137–138.

S. 167 Bruce Ellis und Donald Symons schreiben dazu...: Ellis und Symons, 1990, S. 544.

S. 168 Folgende Sexphantasie schildert die 29-jährige Jayne...: Maltz und Boss, 1997, S. 38.

S. 168 Bobbi, eine verheiratete Frau in ihren Dreißigern...: Maltz und Boss, 1997, S. 227–228.

S. 169 Eine Frau erklärt...: Barclay, 1973, S. 211.

S. 170 Eine bemerkenswerte Entdeckung machte die Evolutionsbiologin Nancy Burley...: Burley, 1986a, 1986b.

S. 171 Es war, als hätten die weniger attraktiven Vögel...: Burley, 1986a, 1986; Trivers, 1985.

S. 171 Das erste Indiz für die Bedeutung...: Berscheid, Hatfield und Bornstedt, 1973; Walster, Walster und Berscheid, 1978.

S. 172 In einer Studie mit frisch vermählten Paaren...: Buss und Shackelford, 1997a; Shackelford und Buss, 1997b.

S. 173 Eine Studie von Bram Buunk...: Prins, Buunk und van Ypernen, 1993.

S. 174 Die gleiche Logik lässt sich auf Zeit und Energie anwenden...: Alexander, 1979.

S. 175 Um dies herauszufinden, machte David Waynforth...: Waynforth, 1999.

S. 176 Shirley Glass und Thomas Wright...: Glass und Wright, 1985.

S. 177 Zur Illustration, wie überraschend ihre ursprünglichen...: Glass, 1998, S. 36.

S. 178 »Hier eine Liste von Gründen...«: Glass und Wright, 1992, S. 371.
S. 178 Ein grundlegender geschlechtsspezifischer Unterschied...: Roscoe, Cavanaugh und Kennedy, 1988.
S. 179 Um diese Frage beantworten zu können, machten Todd Shackelford...: Buss und Shackelford, 1997a.
S. 179 Ausgesprochen narzisstische Menschen...: Buss und Chiodo, 1991.
S. 180 Brauchbare Indikatoren für Narzissmus...: Buss und Chiodo, 1991.
S. 180 Narzissmus erwies sich als wichtiger Faktor...: Shackelford und Buss, 1997a.
S. 181 Die Charakterisierung »Psychotiker« basiert...: Eysenck und Eysenck, 1975.
S. 183 Eine gute Seite an emotional labilen Menschen...: Barron, 1963; Konner, 1990.
S. 183 Ist emotionale Labilität noch mit der Charaktereigenschaft...: Buss, 1991.
S. 184 1997 haben Todd Shackelford und ich...: Shackelford und Buss, 1997a.
S. 187 Weltweit ist Untreue der Hauptgrund...: Betzig, 1989.
S. 187 In westlichen Kulturen...: Hunt, 1974; Kelly und Conley, 1987; Levinger, 1976.
S. 188 Im Rahmen der Studie mit 107 Ehepaaren...: Shackelford und Buss, 1997a.
S. 189 Zunächst wurde jeder Teilnehmer...: Ellis, 1997.
S. 189 »In unseren heutigen Zeiten...«: White und Booth, 1991.

7. Warum Frauen Affären haben

S. 191 Die Feministin Sarah Hrdy...: Hrdy, 1981.
S. 192 So hat sich ein Zyklus mit einer verborgenen...: Baker und Bellis, 1995.
S. 192 Der Logik des »Partnerschaftsmarktes« ...: Buss, 1994; Symons, 1979; Wright, 1994.
S. 192 Steve Gangestad und Randy Thornhill...: Gangestad und Thornhill, 1997.
S. 193 Symmetrie signalisiert...: Gangestad und Thornhill, 1997.
S. 195 In ihrem Buch »I'm with the Band: Confessions of a Groupie«...: des Barres, 1987.
S. 197 Stellen Sie sich vor...: Orians und Heerwagen, 1992.
S. 198 Eine mögliche Lösung dieses Problems...: Fisher, 1992; Greiling, 1995; Greiling und Buss (in Vorbereitung); Smith, 1984.
S. 198 Ein Ersatz-Partner sichert ab...: Buss, 1994; Fisher, 1992; Hardy, 1981; Smith, 1984; Smuts, 1985; Hill und Hurtado, 1996.
S. 198 Der Biologe Robert Smith schreibt dazu...: Smith, 1984, S. 613.
S. 199 Die berühmte Anthropologin Margaret Mead...: Fisher, 1992, S. 159.
S. 199 Diese zwei Anekdoten ergeben...: Buss und Schmitt, 1993.
S. 199 Nach Auffassung von Helen Fisher...: Fisher, 1992.
S. 200 Es gibt noch mehrere andere Gründe...: Betzig, 1989; Buss, 1994; Smith, 1984.
S. 200 Ihr regulärerer Partner mochte emotional...: Buss, 1989b.
S. 200 Eine moderne Frau beschrieb ihre Affäre...: Atwater, 1982, S. 75.
S. 200 Manche Ehemänner entwickeln sich...: Betzig, 1989.
S. 200 Er könnte sich als unfruchtbar erweisen...: Smith, 1984.
S. 201 Auch unsere Untersuchungen darüber, wie Frauen...: Greiling und Buss (in Vorbereitung).
S. 201 Über ein gesteigertes Selbstwertgefühl...: Thornhill, 1992.

S. 201 »Mein Selbstvertrauen und Ego...«: Atwater, 1982, S. 143.
S. 201 »Ich glaube, ich fühle mich sicher...«: Atwater, 1982, S. 144.
S. 201 Nach einer Befragung von 50 Frauen...: Atwater, 1982, S. 144.
S. 202 Eine Frau berichtete...: Atwater, 1982, S. 145.
S. 202 Die Ergebnisse unserer systematischeren...: Greiling und Buss (in Vorbereitung).
S. 203 »Oh Gott, ich könnte einen Roman...«: Atwater, 1982, S. 110. »Sex mit ihm war großartig...: Atwater, 1982, S. 111.
S. 203 »Unsere sexuelle Beziehung ist ganz anders...«: Atwater, 1982, S. 109–110.
S. 204 Unter allen möglichen Gründen für eine Affäre...: Greiling und Buss (in Vorbereitung).
S. 204 Zur Spermienkonkurrenz kommt es...: Baker und Bellis, 1995.
S. 204 Als Durchschnittswert aus...: Baker, 1997; Smith, 1984.
S. 205 In neueren Untersuchungen wurde die aktive Rolle...: Baker, 1997.
S. 208 Im Hinblick auf diese Fragestellungen...: Greiling und Buss (in Vorbereitung).
S. 211 Wie Lara Betzig in ihrer großen kulturübergreifenden...: Betzig, 1989.
S. 211 Im Rahmen einer Studie mit 100 Frauen...: Gayford, 1975, S. 195.
S. 212 Auch den Kindern der Frauen...: Hill und Hurtado, 1996.
S. 212 In manchen mediterranen Kulturen...: Daly und Wilson, 1988.
S. 213 Oft stützen wir uns bei der Einschätzung...: Leary und Downs, 1995; Leary u.a. (in Vorbereitung); siehe auch Kirkpatrick und Ellis (in Vorbereitung) zum Thema evolutionäre Funktionen der Selbstachtung.
S. 213 Letztlich kann Treulosigkeit...: Thornhill, 1992.
S. 213 Robert Frank von der Cornell University...: Frank, 1988, S. 198.
S. 214 Meine Untersuchungen zur Frage der Rufschädigung...: Buss, 1995b.

8. Strategien zur Problembewältigung

S. 216 Mit dem Fernglas spionierte Jonathan...: Todd und Dewhurst, 1955, S. 369.
S. 216 Die 43-jährige Krankenschwester Verity...: Lawson, 1988.
S. 217 Stundenlang saß sie auf den Stufen...: Lawson, 1988, S. 281.
S. 218 Meist geht es dort darum zu lernen...: Pines, 1998.
S. 219 Manche Forscher behaupten...: Salovey und Rodin, 1988.
S. 219 Und manche betrachten Gewalt aus Eifersucht...: Salovey und Rodin, 1988, S. 31.
S. 220 In einem Kapitel des »Clinical Handbook of Couple Therapy« ...: Pittman und Wagers, 1995, S. 297.
S. 220 In einem Fall konnte sich ein Mann...: Pittman und Wagers, 1995, S. 309.
S. 220 »Das Treffen der drei Beteiligten...: Pittman und Wagers, 1995, S. 309.
S. 221 Er »erklärte seiner Frau...: Pittman und Wagers, 1995, S. 311.
S. 221 In einem Fall brachte ein als irrational...: White und Mullen, 1989, S. 251.
S. 222 »Beim erstmaligen Vergehen...«: Mantegazza, 1935, S. 195.
S. 223 Eine Frau der Baiga aus Indien erzählte...: Elwin, 1939.
S. 223 Bei den Bewohnern von Cumae...: Mantegazza, 1935, S. 204.
S. 223 Bei nordamerikanischen Indianerstämmen...: Mantegazza, 1935.
S. 223 Überall auf der Welt...: Daly und Wilson, 1988.
S. 223 Bei den Yap in Mikronesien...: Hunt u.a., 1949.
S. 223 In mehreren Stammeskulturen Afrikas...: Borgerhoff Mulder, 1988.

S. 223 In einer Bibelstelle heißt es etwa: Num. 5:11–28, zitiert nach Hartung (o.D.).
S. 224 Obwohl es mittlerweile verschiedene...: Walker und Parmar, 1993.
S. 224 »Bei meinem Volk werden Mädchen...«: Walker und Parmar, 1993, S. 258–259.
S. 225 Einem französischen Gesetz zufolge...: Daly und Wilson, 1988.
S. 225 In unseren Studien über Ehepaare...: Buss, 1988b; Buss und Shackelford, 1997b.
S. 226 Joyce Shettel-Neuber und ihre Kollegen...: Shettel-Neuber, Bryson und Young, 1978.
S. 227 In einer Nachfolgestudie vier Jahre...: Buss und Shackelford, 1997b.
S. 227 In einem Fall entdeckte eine Frau...: Grold, 1972, S. 123.
S. 227 Jede Frau, der sie auf der Straße begegnete...: Grold, 1972, S. 123.
S. 228 All diese »Liebesbeweise«...: Buss, 1988a.
S. 229 Nach Meinung des Evolutionsforschers Paul Gilbert...: Gilbert, 1989.
S. 230 Die Strategie funktioniert insofern...: Tooby und Cosmides, 1996.
S. 231 In einer Studie mit 351 Personen...: Mullen und Martin, 1994.
S. 232 Die Psychologen Peter Salovey und Judith Rodin...: Salovey und Rodin, 1988.
S. 232 Umso rätselhafter scheint es zunächst, dass 50 Prozent...: Sharpsteen und Schmalz 1988.
S. 233 Auf dieser Stufe des ko-evolutionären Wettrüstens...: Tooby und Cosmides, 1990.
S. 233 In unseren Studien über Strategien...: Buss, 1988b; Buss und Shackelford, 1997b.
S. 234 White bat Männer und Frauen...: White, 1980.
S. 234 Eine dritte Strategie besteht in der Herabsetzung...: Buss und Dedden, 1990.
S. 235 Dann ordneten sie sich selbst...: Schmitt, 1988.
S. 235 Nach Auflistung der Vorlieben...: Schmitt, 1988, S. 377.
S. 236 Dieser Deutung schließen sich auch...: White und Mullen, 1989, S. 50.
S. 236 Die erste schriftliche Version dürfte sich...: Ecclus. 28:17 .
S. 236 Die Psychologen Gordon Allport und Leo Postman...: Allport und Postman, 1947, S. 314.
S. 236 Lisa Dedden, David Schmitt und ich...: Buss und Dedden, 1990, Schmitt und Buss, 1996.
S. 237 Da der Sozialstatus eines Mannes...: Buss, 1995b.
S. 238 Unsere Wahrnehmung von Schönheit unterliegt...: Graziano u.a., 1993.
S. 238 Diese Strategien verdanken ihre Wirksamkeit...: Buss u.a., 1990.
S. 239 Eine der Befragten sagte...: Bryson, 1991, S. 202.
S. 240 Es wurde mit dem Argument...: Dawkins, 1982, S. 48.
S. 240 Dennoch beobachten Psychologen immer wieder...: Tversky und Kahneman, 1974.
S. 240 Wie sich gezeigt hat, begehen...: Dawkins, 1982.
S. 241 Bei der Analyse möglicher Reaktionen...: Bryson, 1991.

9. Emotionales Wissen

S. 243 Im Jahre 1931 verunglimpfte Margaret Mead...: Mead, 1931, S. 35–36.
S. 243 Kathy Labriola, eine bekannte Verfechterin...: Labriola, 1999, S. 1.

S. 243 Der Soziologe Jan Wagner sieht Eifersucht...: Wagner, 1976.
S. 243 Sogar Zen-Buddhisten argumentieren...: Clanton und Smith, 1998, S. 178; Orage, o.D., S. 17–19.
S. 243 Ein Arzt, Mitte 40, suchte Hilfe...: Pines, 1998, S. 191–192.
S. 245 All diese rätselhaften Phänomene...: Zahavi, 1977; Zahavi und Zahavi, 1997.
S. 245 Eine zutreffende Einschätzung des Engagements...: Zahavi und Zahavi, 1997.
S. 245 Das körperliche Erscheinungsbild kann...: Buss, 1999; Symons, 1995.
S. 246 »Die einzig sichere Methode...«: Zahavi und Zahavi, 1997, S. 112.
S. 247 Bei manchen Vogelarten...: Zahavi und Zahavi, 1997.
S. 247 Wie lässt sich diese delikate Aufgabe bewältigen...: Zwar steckt die Forschung zu diesem Bereich noch in den Kinderschuhen, es gibt jedoch ein paar erste Ansätze. Siehe dazu Friedman, Bleske und Buss (in Vorbereitung); Tooke, Cline und Dailey, 1993.
S. 248 Haben Sie jemals absichtlich...: Sheets, Fredendall und Claypool, 1997; Tooke u.a., 1993. Das absichtsvolle Hervorrufen von Eifersucht geht dennoch nicht immer ganz bewusst und planvoll vonstatten; oft sind sich Menschen der strategischen Funktion ihres Verhaltens nicht bewusst.
S. 248 In einer Studie gaben 31 Prozent...: White, 1980.
S. 248 Dabei kamen auch große geschlechtsspezifische...: Tooke u.a., 1997.
S. 249 Antonia Abbey von der Wayne State University...: Abbey, 1982.
S. 249 Martie Haselton und ich...: Haselton und Buss (in Vorbereitung).
S. 250 Um diese zu ermitteln, führte Gregory White...: White, 1980.
S. 250 40 Prozent der Frauen meinten...: White, 1980.
S. 251 Gregory White bestätigte...: White, 1980.
S. 252 Virgil Sheets und seine Kollegen...: Sheets u.a., 1997.
S. 252 Männer gaben an...: Sheets u.a., 1997, S. 394.
S. 252 Das Hervorrufen exzessiver...: Sheets u.a., 1997.
S. 252 So berichtet ein Mann...: Fisher, 1999, S. 56.
S. 252 »Nennen wir ihn Goatee Boy...«: Fisher, 1999, S. 56.
S. 253 Aufschlussreich ist hier auch der Fall...: Pines, 1998.
S. 253 »Du hast mir mehr weh getan...«: Pines, 1998, S. 204.
S. 254 »Als wir danach miteinander schliefen...«: Pine, 1998, S. 204.
S. 254 Die Leidenschaftlichkeit des Sex...: Baker und Bellis, 1995.
S. 254 In einer Studie ermittelte Mary Seeman...: Seeman, 1979, S. 358.
S. 255 Eine der Frauen in Seemans...: Seeman, 1979, S. 359.
S. 255 In seinem Werk »Die Kreutzersonate«...: Tolstoi, 1960, S. 177.
S. 255 Einen Beweis für die Universalität...: Jankowiak, 1995.
S. 256 Taita-Frauen etwa sind...: Jankowiak, 1995.
S. 256 Susan Sprecher von der Illinois State University...: Sprecher u.a., 1994.
S. 256 Der plausibelsten Theorie zufolge...: Frank,1988; Pinker, 1997.
S. 258 Eifersucht ist eines der am weitesten...: Mathes, 1991.
S. 258 Vergegenwärtigen Sie sich...: Mathes, 1991, S. 93–94.
S. 259 Bei meinen Studien wurde...: Buss, 1988b.
S. 259 Nach Meinung von Ayala Pines...: Pines, 1998, S. 205–206.
S. 260 Die Journalistin Judith Viorst...: Viorst 1998, S. 19.
S. 260 »Der Tag wird kommen...«: Viorst, 1998, S. 24.

Literatur

Abbey, A. (1982): »Sex differences in attributions for friendly behavior: Do males misperceive females' friendliness?« In: Journal of Personality and Social Psychology, 32, 830–838.

Alexander, R.D. (1979): Darwinism and human affairs. Seattle: University of Washington Press.

Alexander, R.D. (1987): The biology of moral systems. Hawthorne, N.Y.: Aldine de Gruyter.

Allport, G.W. und Postman, L. (1947): The psychology of rumor. New York: Holt.

Angier, N. (1999): Woman: An intimate geography. Boston: Houghton Mifflin.

Atwater, L. (1982): The extramarital connection. New York: Irvington Publishers.

Bailey, J.M., Gaulin, S., Agyei, Y. und Gladue, B.A. (1994): »Effects of gender and sexual orientation on evolutionary relevant aspects of human mating.« In: Journal of Personality and Social Psychology, 66, 1081–1093.

Baker, R.R. (1997): »Copulation, masturbation, and infidelity: State of the art«. In: Schmitt (Hrsg.): New aspects of human ethology (S. 163–187). New York: Plenum Press.

Baker, R.R. und Bellis, M. (1995): Human sperm competition. London: Chapman Hall.

Barclay, A.M. (1973): »Sexual fantasies in men and women«. In: Medical Aspects of Human Sexuality, 7, 205–216.

Barron, F. (1963): Creativity and psychological health. Princeton, NJ: Van Nostrand.

Baumeister, R.F. und Wotman, S.R. (1992): Breaking hearts: the two sides of unrequited love. New York: The Guilford Press.

Berkowitz, B. (1997): His secret life: Male sexual fantasies. New York: Simon & Schuster.

Berscheid, E. Hatfield, E. und Bohrnstedt, G. (1973): »The body image report«. In: Psychology Today, 7, 119–131.

Berthenthal, B.I., Campos, J.J. und Caplovitz, K. S. (1983): »Self-produced locomotion: An organizer of emotional, cognitive, and social development in infancy«. In: R.N. Emde und R. Harmon (Hrsg.): Continuities and discontinuities in development. New York: Plenum Press.

Betzig, L.L. (1986): Despotism and differential reproduction: A Darwinian view of history. Hawthorne, N.Y.: Aldine de Gruyter.

Betzig, L.L. (1989): »Causes of conjugal dissolution«. In: Current Anthropology, 30, 654–676.

Bhugra, D. (1993): »Cross-cultural aspects of jealousy«. In: International Review of Psychiatry, 5, 271–280.

Blackstone, W. (1803): Commentaries on the laws of England. Philadelphia: William Young Birch & Abraham Small.

Blumstein, P. und Schwartz, P. (1983): American couples. New York: Morow.

Bohannan, P. (1960): African homicide and suicide. Princeton, N.J.: Princeton University Press.

Bookwala, J., Frieze, I.H., Smith, C. und Ryan, K. (1992): »Predictors of dating violence: A multivariate analysis«. In: Violence & Victims, 7, 297–311.

Borgerhoff Mulder, M. (1988): »Kipsigis bridewealth payments«. In: L.L. Betzig, M. Borgerhoff Mulder und P. Turke (Hrsg.): Human reproductive behavior (S. 65–82). New York: Cambridge University Press.

Breitner, B.C.C. und Anderson, D.N. (1994): »The organic and psychological antecedents of delusion jealousy in old age«. In: International Journal of Geriatric Psychiatry, 9, 703–707.

Bringle, R.G. (1995): »Sexual jealousy in the relationships of homosexual and heterosexual men«. 1980 und 1992. In: Personal Relationships, 2, 313–325.

Broude, G. und Greene, J. (1976): »Cross-cultural codes on twenty sexual attitudes and practices«. In: Ethnology, 15, 409–429.

Brown, D.E. (1991): Human universals. New York: McGraw-Hill.

Bryson, J.B. (1991): »Modes of response to jealousy-evoking situations«. In: P. Salovey (Hrsg.), The psychology of jealousy and envy (S. 178–207). New York: Guilford Press.

Burley, N. (1986a): »Sexual selection for aesthetic traits in species with biparental care«. In: American Naturalist, 127, 415–445.

Burley, N. (1986b): »Comparison of the band color preferences of two species of estrilid finches«. In: Animal Behavior, 34, 1732–1741.

Buss, D.M. (1987): Personality and the evocation of anger and upset. Unveröffentlichtes Manuskript, University of Michigan, Ann Arbor, Michigan.

Buss, D.M. (1988a): »Love acts: The evolutionary biology of love«. In: R.J. Sternberg und M.L. Barnes (Hrsg.): The psychology of love (S. 100–118). New Haven, CT: Yale University Press.

Buss, D.M. (1988b): »From vigilance to violence: Tactics of mate retention«. In: Ethology and Sociobiology, 9, 291–317.

Buss, D.M. (1989a): »Sex differences in human mate preferences: Evolutionary hypotheses testing in 37 cultures«. In: Behavioral and Brain Sciences, 12, 1–49.

Buss, D.M. (1989b): »Conflict between the sexes: Strategic interference and the evocation of anger and upset«. In: Journal of Personality and Social Psychology, 56, 735–747.

Buss, D.M. (1991): »Conflict in married couples: Personality predictors of anger and upset«. In: Journal of Personality, 59, 663–688.

Buss, D.M. (1994):The evolution of desire: Strategies of human mating. New York: Basic Books. (»Die Evolution des Begehrens«. München: Goldmann, 1997)

Buss, D.M. (1995a): »Evolutionrary Psychology: A new paradigm for psychological science«. In: Psychological Inquiry, 6, 1–49.

Buss, D.M. (1995b, Juni): Human prestige criteria. Anlässlich des jährlichen Treffens der Human Behavior and Evolutionary Society präsentiertes Referat, Santa Barbara, CA.

Buss, D.M. (1998): »Sexual strategies theory: Historical origins and current status«. In: Journal of Sex Research, 34, 19–31.

Buss, D.M. (1999): Evolutionary psychology: The new science of the mind. Boston: Allyn & Bacon.

Buss, D.M., Abbott, M., Angleitner, A., Asherian, A., Biaggio, A. und 45 andere Koautoren (1990): »International preferences in selecting mates: A study of 37 cultures«. In: Journal of Cross-Cultural Psychology, 21, 5–47.

Buss, D.M. und Chiodo, L.A. (1991): »Narcissistic acts in everyday life«. In: Journal of Personality, 59, 179–216.

Buss, D.M. und Dedden, L.A. (1990): »Derogation of competitors«. In: Journal of Social and Personal Relationships, 7, 395–422.

Buss, D.M. und Duntley, J. (1998, Juli): »Evolved homicide modules«. Anlässlich des jährlichen Treffens der Human Behavior and Evolution Society, Davis, CA, gehaltenes Referat.

Buss, D.M. (1999): »Killer psychology: The evolution of intrasexual homicide«. Anlässlich des jährlichen Treffens der Human Behavior and Evolution Society, Salt Lake City, UT, 5. Juni, gehaltenes Referat.

Buss, D.M., Larsen, R., Westen, D. und Semmelroth, J. (1992): »Sex differences in jealousy: Evolution, physiology, and psychology«. In: Psychological Science, 3, 251–255.

Buss, D.M. und Schmitt, D.P. (1993): »Sexual strategies theory: An evolutionary perspective on human mating«. In: Psychological Review, 100, 204–232.

Buss, D.M. und Shackelford, T.K. (1997a): »Susceptibility to infidelity in the first year of marriage«. In: Journal of Research in Personality, 31, 193–221.

Buss, D.M. (1997b): »From vigilance to violence: Mate retention tactics in married couples«. In: Journal of Personality and Social Psychology, 72, 346–361.

Buss, D.M., Shackelford, T.K., Choe, J., Buunk, B. und Dijkstra, P. (in Arbeit): »Distress about rivals: Reactions to intrasexual competitors in Korea, the Netherlands, and America«. In: Personal Relationships.

Buss, D.M., Shackelford, T.K., Kirkpatrick, L.A., Choe, J., Hasegawa, M., Hasegawa, T. und Bennet, K. (1999): »Jealousy and the nature of beliefs about infidelity: Test of competing hypotheses about sex differences in the United States, Korea, and Japan«. In: Personal Relationships, 6, 125–150.

Buunk, A.P., Angleitner, A., Oubaid, V. und Buss, D.M. (1986): »Sex differences in jealousy in evolutionary and cultural perspective: Tests from the Netherlands, Germany, and the United States«. In: Psychological Science, 7, 359–363.

Buunk, B. und Hupka, R.B. (1987): »Cross-cultural differences in the elicitation of jeaulousy«. In: Journal of Sex Research, 23, 12–22.

Carlson, C.A. (1984): Intrafamilial homicide: A sociobiological perspective. Unveröffentlichte Bachelor-Arbeit, McMaster Unversity. Hamilton, Ont.

Chagnon, N. (1983): Yanomamö: The fierce people (3. Aufl.). New York: Holt, Rinehart & Winston.

Chagnon, N. (1992): Yanomamö: The last days of Eden. San Diego: Harcourt Brace Jovanovich.

Chimbos, P.D. (1978): Marital Violence: A study of interspouse homicide. San Francisco: R &R Associates.

Church, J. (1984): Violence against wives: Its causes and effects. Christchurch, New Zealand: Author.

Clanton, G. und Smith, L.G. (1977): Jealousy. New York: Prentice-Hall.

Clanton, G. und Smith, L.G. (1998): Jealousy. (3. Aufl.) New York: University Press of America.

Clark, R.D. (1990): »The impact of AIDS on gender differences in willingness to engage in casual sex«. In: Journal of Applied Social Psychology, 20, 771–782.

Clark, R.D. und Hatfield, E. (1989): »Gender differences in receptivity to sexual offers«. In: Journal of Psychology and Human Sexuality, 2, 39–55.

Claypool, H. und Sheets, V. (1996, Juni): Jealousy: Adaptive or destructive? Anlässlich des jährlichen Treffens der Human Behavior and Evolution Society, Evanston, IL, gehaltenes Referat.

Cobb, J. (1979): »Morbid jealousy«. In: British Journal of Hospital Medicine, 21, 511–518.

Critelli, J.W. und Wade, L.R. (1980): »Physical attractiveness, romantic love, and equity restoration in dating relationships«. In: Journal of Personality Assessment, 44, 624–629.

Daly, M. und Wilson, M. (1988): Homicide. Hawthorn, N.Y.: Aldine de Gruyter.

Daly M., Wilson, M. und Weghorst, S.J. (1982): »Male sexual jealousy«. In: Ethology and Sociobiology, 3, 11–27.

Daly, M., Wiseman, K.A. und Wilson, M. (1997): »Women with children sired by previous partners incur excess risk of uxoricide«. In: Homicide Studies, 1, 61–71.

Darwin, C. (1871): The descent of man and selection in relation to sex. London: Murray. (Die Abstammung des Menschen und die geschlechtliche Zuchtwahl, 1875)

Darwin, C. (1877): »A biographical sketch of an infant«. In: Mind, 2, 285–294.

Dawkins, R. (1982): The extended phenotype. Oxford: Oxford University Press.

Deaux, K. und Hanna, R. (1984): »Courtship in the personal column: The influence of gender and sexual orientation«. In: Sex Roles, 11, 363–375.

Des Barres, P. (1987). I'm with the band: Confessions of a groupie. New York: Jove Books.

DeSteno, D.A. und Salovey, P. (1995): »Jealousy and envy«. In: A.S.R. Manstead und M. Hewstone (Hrsg.): The Blackwell encyclopedia of social psychology. Oxford: Basic Blackwell.

De Waal, F. (1982): Chimpanzee politics: Sex and power among apes. Baltimore: Johns Hopkins University Press.

Diamond, J. (1992): The third chimpanzee. New York: Harper Collins.

Diamond, J. (1998): Guns, germs, and steal. New York: Norton.

Diamond, J. (1997): Male menopause. Naperville, IL: Sourcebooks. (Das Feuerzeichen Mann: Wenn Männer in die Wechseljahre kommen. München: C.H. Beck, 1999)

Dijkstra, P. und Buunk, B.P. (in Vorbereitung): »Jealousy as a function of rival characteristics: An evolutionary perspective«. In: Personality and Social Psychology Bulletin.

Dijkstra, P., Buunk, B.P., Groothof, H., Poel, G., Lavermans, T. und Schrier, M. (1998): Sex differences in the events that elicit jealousy among homosexuals. Unveröffentlichtes Manuskript, University of Groningen, Niederlande.

Docherty, J.P. und Ellis J. (1976): »A new concept and finding in morbid jealousy«. In: American Journal of Psychiatry, 133, 679–683.

Draper, P. (1992): »Room to maneuver: !Kung women cope with men«. In: D.A. Counts, J.K. Brown und J.C. Campbell (Hrsg.): Sanctions and sanctuary: Cultural perspectives on the beating of wives. Bolder, CO: Westview Press.

Duntley, J.D. und Buss, D.M. (1998, Juli): Evolved anti-homicide modules. Anlässlich des jährlichen Treffens der Human Behaviour and Evolution Society, Davis, CA, gehaltenes Referat.

Duntley, J.D. und Buss, D.M. (1999): Killer Psychology: The evolution of mate homicide. Anlässlich des jährlichen Treffens der Human Behaviour and Evolution Society, Salt Lake City, UT, 5. Juni, gehaltenes Referat.

Edwards, J. (1954): »Provocation and reasonable man: Another view«. In: Criminal Law Review, 898–906.

Ellis, B.J. (1992): »The evolution of sexual attraction: Evaluative mechanisms in women«. In: J. Barkow, L. Cosmides und J. Tooby (Hrsg.): The adapted mind (S.267–288). New York: Oxford University Press.

Ellis, B.J. (1997): The dating alternatives questionnaire: An evolutionary approach to relationship dependance. Unveröffentlichtes Manuskript.

Ellis, B.J. (1998): »The Partner-Specific Investment Inventory: An evolutionary approach to individual differences in investment«. In: Journal of Personality, 66, 383–442.

Ellis, B.J. und Symons, D. (1990): »Sex differences in fantasy: An evolutionary psychological approach«. In: Journal of Sex Research, 27, 527–556.

Elwin, V. (1939): The Baiga. London: John Murray.

Enoch, M.D. und Trethowan, W.H. (1979): Uncommon psychiatric syndromes. Bristol: John Wright & Sons.

Eskapa, S. (1984): Woman versus woman: The extra-marital affair. Danbury, CT: Franklin Watts.

Eysenck, H.J. und Eysenck, S.B.G. (1975): Eysenck Personality Questionnaire Manual. Sam Diego; Educational Testing Service.

Figueredo, A.J. und McClosky, L.A. (1993): »Sex, money, and paternity: The evolution of domestic violence«. In: Ethology and Sociobiology, 14, 353–379.

Fischer, N. (1999, Februar): »Why making me jealous makes me hot«. In: Cosmopolitan, S. 56.

Fisher, H.E. (1992): The anatomy of love. New York: Norton.

Foster, G.M. (1972): »The anatomy of envy: A study in symbolic behavior«. In: Current Anthropology, 13, 165–201.

Frank, R. (1988): Passions within reason. New York: Norton.

Freeman, D. (1983): Margaret Mead and Samoa: The making and unmaking of an anthropological myth. New York: Penguin Books.

Friedman, B.X., Bleske, A. und Buss, D.M. (in Vorbereitung): Testing the testing of a bond. Research in progress, Department of Psychology, University of Texas, Austin.

Gangestad, S.W. und Thornhill, R. (1997): »The evolutionary psychology of extrapair sex: The role of fluctuating assymmetry«. In: Evolution and Human Behavior, 18, 69–88.

Gayford, J.J. (1975): »Wife battering: A preliminary survey of 100 cases«. In: British Medical Journal, 1, 194–197.

Geary, D.C., Rumsey, M., Bow-Thomas, C.C. und Howard, M.K. (1995): »Sexual jealousy as a facultative trait: Evidence from the pattern of sex differences in adults from China and the United States«. In: Ethology and Sociobiology, 16, 355–383.

Gelles, R.J. und Strauss, M.A. (1988): Intimate violence. New York: Simon und Schuster.

Gilbert, P. (1989): Human nature and suffering. Hillsdale, N.J.: Erlbaum.

Gillard, E. (1950), zitiert nach: Ellis, H.: Studies in the psychology of sex (Band 2, Kapitel 11). London: Heinemann.

Glass, S.P. (1998 Juli/August): »Voices of infidelity«. In: Psychology Today, 36–78.

Glass, S.P. und Wright, T.L. (1985): »Sex differences in the type of extramarital involvement and marital dissatisfaction«. In: Sex Roles, 12, 1101–1119.

Glass, S.P. und Wright, T.L. (1992): »Justification for extramarital relationships: The association between attitudes, behaviors, and gender«. In: Journal of Sex Research, 29, 361–387.

Goethe, J.W. (1970): The sufferings of young Werther. New York: Norton. (Die Leiden des jungen Werther)

Gottman, J. (1994): What predicts Divorce. Hillsdale, N.J.: Erlbaum.

Gray, J. (1992): Men are from Mars, women are from Venus. New York: Harper-Collins. (Männer sind anders, Frauen auch. Männer sind vom Mars. Frauen von der Venus. Goldmann, 1998)

Graziano, W.G., Jensen Campbell, L. Shebilske, L. und Lundgren, S. (1993): »Social influence, sex differences, and judgements of beauty: Putting the ›interpersonal‹ back in interpersonal attraction«. In: Journal of Personality & Social Psychology, 65, 522–531.

Greeley, A.M. (1991): Faithful attraction: Discovering intimacy, love, and fidelity in American marriage. New York: Tom Doherty.

Green, B.L., Lee, R.R. und Lstig, N. (1974): »Conscious and unconscious factors in marital infidelity«. In: Medical Aspects of Human Sexuality, 87–105.

Gregor, T. (1985): Anxious pleasures: The sexual lives of an Amazonian people. Chicago: University of Chicago Press.

Greiling, H. (1995, Juni): Woman's mate preferences across contexts. Anlässlich des jährlichen Treffens der Human Behavior und Evolution Society, Santa Barbara, CA, gehaltenes Referat.

Greiling, H. und Buss, D.M. (in Vorbereitung): »Woman's sexual strategies: The hidden dimensions of short-term extra-pair mating«. In: Personality and Individual Differences.

Grold, L.J. (1972): »Patterns of jealousy«. In: Medical Aspects of Human Sexuality, 6, 118–126.

Guerrero, L.K. und Reiter, R.L. (1998): »Expressing emotion: Sex differences in social skills and communicative responses to anger, sadness, and jealousy«. In: D.J. Canary und K. Dindia (Hrsg.): Sex differences and similarities in communication (S. 321–350). Mahwah, NJ: Erlbaum.

Hafner, R.J. (1979): »Agoraphobic women married to abnormally jealous men«. In: British Journal of Medical Psychology, 52, 99–104.

Hall, J.A. (1984): Nonverbal sex differences: Communication accuracy and expressive style. Baltimore: John Hopkins University Press.

Hansen, G.L. (1985): »Perceived threats and marital jealousy«. In: Social Psychology Quarterly, 48, 262–268.

Hart, C.W. und Pilling, A.R. (1960): The Tiwi of North Australia. New York: Holt, Rinehart & Winston.

Hartung, J. (o.D.): Chastity and Fidelity: Biblical roots of the short lash on women. Unveröffentlichtes Manuskript.

Haselton, M.G. und Buss, D.M. (in Vorbereitung): »Biases in cross-sex mind-reading: Errors in design or errors by design?« In: Journal of Personality and Social Psychology.

Haselton, M.G., Buss, D.M. und DeKay, W.T. (1998, Juli): A theory of errors in cross-sex mind-reading. Anlässlich des jährlichen Treffens der Human Behavior und Evolution Society, Davis, CA, gehaltenes Referat.

Hatfield, E. und Rapson, R.L. (1993): Love, sex, and intimacy. New York: HarperCollins.

Hatfield, E. und Rapson, R.L. (1996): Love and sex: Cross-cultural perspectives. Boston: Allyn & Bacon.

Hatfield. E., Traupmann, J. und Walster, G.W. (1979): »Equity and extramarital sex«. In: M. Cook und G. Wilson (Hrsg.): Love and attraction (S. 232–324). Oxford: Pergamon.

Hawkins, R.O. (1990): »The relationship between culture, personality, and sexual jealousy in men in heterosexual and homosexual relationships«. In: Journal of Homosexuality, 19, 67–84.

Hilberman, E. und Munson, K. (1978): »Sixty battered women«. In: Victimology, 2, 460–470.

Hill, K. und Hurtado, A.M. (1996): Ache life history. Hawthorne, N.Y.: Aldine de Gruyter.

Hite, S. (1987): Woman and love: A cultural revolution in progress. New York: Knopf.

Holmberg, A.R. (1950): Nomads of the long bow: The Siriono of Eastern Bolivia. Washington, D.C.: U.S. Government Printing Office.

Hrdy, S.B. (1981): The woman that never evolved. Cambridge: Harvard University Press.

Hrdy, S.B. und Whitten, P.P. (1987): »Patterning of sexual activity«. In: B. Smuts, D.L. Cheney, R.M. Seyfarth, R.W. Wrangham und T.T. Struhsaker (Hrsg.): Primate Societies (S.370–384). Chicago: University of Chicago Press.

Hunt, E.E., Schneider, D.M., Kidder, N.R. and Stevens, W.D. (1949): The Micronesians of Yap and their depopulation. Washington, D.C.: Pacific Science Board, National Research Council.

Hunt, M. (1974): Sexual behavior in the 1970's. Chicago: Playboy Press.

Hupka, R.B. (1991): »The motive for arousal of romantic jealousy: Its cultural origin«. In: P. Salovey (Hrsg.): The psychology of jealousy and envy (S. 252–270). New York: Guilford Press.

Jacobson, N. und Gottman, J. (1998): When men batter women. New York: Simon & Schuster.

Jankowiak, W. (Hrsg.) (1995): Romantic passion: A universal experience? New York: Columbia University Press.

Jankowiak, W.R., Hill, E.M. und Donovan, J.M. (1992): »The effects of sex and sexual orientation on attractiveness judgements«. In: Ethology and Sociobiology, 13, 73–85.

Jason, L.A., Reichler, A., Easton, J., Neal, A. und Wilson, M. (1984). »Female harassment after ending a relationship: A preliminary study«. In: Alternative Lifestyles, 6, 259–269.

Johnson, J. (1969): »Organic psychosyndromes due to boxing«. In: British Journal of Psychiatry, 115, 45–53.

Johnson, R.E. (1970): »Some correlates of extramarital coitus«. In: Journal of Marriage and the Family, 32, 449–456.

Kagan, J. Kearsley, R.B. und Zelazo, P.R. (1978): Infancy: Its place in human development. Cambridge: Harvard University Press.

Kelly, E.L. und Conley, J.J. (1987): »Personality and Compatibility: a prospective study of marital stability and marital satisfaction«. In: Journal of Personality and Social Psychology, 52, 27–40.

Kenrick, D.T. (1994): »Evolutionary social psychology: From sexual selection to social cognition«. In: Advances in Experimental Social Psychology, 26, 75–121.

Kenrick, D.T., Groth, G.E., Trost, M.R. und Sandalla, E.K. (1993): »Integrating evolutionary and social exchange perspectives on relationships: Effects of gender, self-appraisal, and involvement level on mate selection criteria«. In: Journal of Personality and Social Psychology, 64, 951–969.

Kirkpatrick, L.A. und Ellis, B.J. (in Vorbereitung): »Evolutionary perspectives on self-evaluation and self-esteem«. In: M. Clark und G. Fletcher (Hrsg.): The

Blackwell handbook in social psychology, Bd. 2: Interpersonal Processes. Oxford: Blackwell Publishers.

Kitzinger, C. und Powell, D. (1995): »Engendering infidelity: Essentialist and social constructionist readings of a story completion task«. In: Feminism & Psychology, 5, 345–372.

Konner, M. (1990): Why the reckless survive: New York: Viking.

Krafft-Ebing, R. von (1905): Textbook of insanity. Philadelphia: S.A. Davis.

Labriola, K. (1999): Unmasking the green-eyed monster: Managing jealousy in open relationships. Unveröffentlichtes Manuskript.

Langfeldt, G. (1961): »The erotic jealousy syndrome: A clinical study«. In: Acta Psychiatrica Scandinavica, 36 (suppl. 151), 7–68.

Lawson, A. (1988): Adultery: An analysis of love and betrayal. New York: Basic Books.

Leary, M.R. und Downs, D.L. (1995): »Interpersonal functions of the self-esteem motive: The self-esteem system as a sociometer«. In: M.H. Kernis (Hrsg.): Efficacy, agency, and self-esteem (S. 123–144). New York: Plenum Press.

Leary, M.R., Haupt, A.L., Strausser, K.S. und Chockel, J.T. (in Vorbereitung): »Calibrating the sociometer: The relationship between interpersonal appraisals and self-esteem«. In: Journal of Personality and Social Psychology.

Le Fave, W.R. und Scott, A.W. (1972): Handbook of criminal law. New York: West Publishing.

Levinger, G. (1976): »A social psychological perspective on marital dissolution«. In: Journal of Social Issues, 32, 21–47.

Lobban, C.F. (1972): Law and anthropology in the Sudan (an analysis of homicide cases in Sudan). African Studies Seminar Series No. 13, Sudan Research Unit, Khartoum University.

Maltz, W. und Boss, S. (1997): In the garden of desire: The intimate world of woman's sexual fantasies. New York: Broadway Books.

Mantegazza, P. (1935): The sexual relations of mankind. New York: Eugenics Publishing.

Marks, I. (1987): Fears, phobias, and rituals: Panic, anxiety, and their disorders. New York: Oxford University Press.

Mathes, E.W. (1986): »Jealousy and romantic love: A longitudinal study.« In: Psychological Reports, 58, 885–886.

Mathes, E.W. (1991): Jealousy: The psychological data. New York: University Press of America.

Mead, M. (1993): »Jealousy: Primitive and civilized«. In: S.D. Schmalhausen und V.F. Calverton (Hrsg.): Women's coming of age (S. 35–48). New York: Horace Liveright.

Miller, D.J. (1980): Battered Women: Perspectives of their problems and their perception of community response. Unveröffentlichte Magisterarbeit. University of Windsor, Ont.

Mills, M.E. und Catalanotti, R. (1997, Juni): »Are sex differences in jealousy better explained by evolutionary theory or the double shot hypothesis?« Anlässlich des jährlichen Treffens der Human Behavior and Evolutionary Society Tuscon, AZ, gehaltenes Referat.

Mirsky, J. (1937): »The Eskimo of Greenland«. In: M. Mead (Hrsg.): Cooperation and competition among primitive peoples. New York: McGraw-Hill.

Moulten, J. (1975): »Sex and reference«. In: R. Baker und F. Elliston (Hrsg.): Philosophy and Sex (S. 34–44). Buffalo: Prometheus Books.

Mowat, R.R. (1966): Morbid jealousy and murder: A psychiatric study of morbidly jealous murderers at Broadmour. London: Tavistock.

Mullen, P.E. (1990): »A phenomenology of jealousy«. In: New Zealand Journal of Psychiatry, 24, 17–28.

Mullen, P.E. und Maack, L.H. (1985): »Jealousy, pathological jealousy, and aggression«. In: D.P. Farrington und J. Gunn (Hrsg.): Aggression and dangerousness (S. 103–126). New York: Wiley.

Mullen, P.E. und Martin, J. (1994): »Jealousy: A community study«. In: British Journal of Psychiatry, 164, 35–43.

Muller, W. (1917): Yap. Band 2, Halbband 1. Hamburg: Friederichsen.

Nelson, J. (1995, August): »Babymothers«. In: Elle, S. 79–84.

Nesse, R.M. und Williams, G.C. (1994): Why we get sick. New York: Times Books. (Warum wir krank werden. Goldmann, 2000)

Odegaard, J. (1968): »Interaksjonen Mellom Prnerne ved de Patolhiske Sjalusireaksjoner«. In: Nordisk Psykiatrisk Tidsskrift, 22, 314–319.

Orage, A.R. (o.D.): On love. New York: Weiser.

Orians, G.H. und Heerwagen, J.H. (1992): »Evolved responses to landscapes«. In: J. Barkow, L. Cosmides und J. Tooby (Hrsg.): The adapted mind (S. 555–579). New York: Oxford University Press.

Paul, L., Foss, M.A. und Galloway, J. (1993): »Sexual jealousy in young woman and men: Aggressive responsiveness to partner and rival«. In: Aggressive Behavior, 19, 401–420.

Pines, A.M. (1998): Romantic jealousy: Causes, symptoms, cures. New York: Routledge.

Pinker, S. (1997): How the mind works. New York: Norton. (Wie das Denken im Kopf entsteht. 2000)

Pittman, F.S. III und Wagners, T.P. (1995): »Crises of infidelity«. In: N.S. Jacobson und A.S. Gurman (Hrsg.): Clinical handbook of couple therapy (S. 295–316). New York: Guilford Press.

Prins, K.S., Buunk, B.P. und van Ypernen, N.W. (1993): »Equity, normative disapproval and extramarital relationships«. In: Journal of Social and Personal Relationships, 10, 39–53.

Retterstol, N. (1967): »Jealousy-paranoiac psychoses«. In: Acta Psychiatric Scandinavica, 43, 75–107.

Richardson, E.D., Malloy, P.F. und Grace, J. (1991): »Othello Syndrome secondary to right cerebrovascular infarction«. In: Journal of Geriatric Psychiatry and Neurology, 4, 160–165.

Riggs, D.S. (1993): »Relationship problems and dating aggression: A potential treatment target«. In: Journal of Interpersonal Violence, 8, 18–35.

Roscoe, B., Cavanaugh, L.E. und Kennedy, D.R. (1988): »Dating infidelity: Behaviors, reasons, and consequences«. In: Adolescence, 23, 35–43.

Rounsaville, B.J. (1978): »Theories in marital violence: Evidence from a study of battered women«. In: Victimology, 3, 11–31.

Roy, M. (1977): »A current survey of 100 cases«. In: M. Roy (Hrsg.): Battered Women: A psychosociological study of domestic violence. New York: Van Nostrand Reinbold.

Safilios-Rothschild, C. (1969): »›Honor‹ crimes in contemporary Greece«. In: British Journal of Sociology, 20, 205–218.

Salovey, P. und Rodin, J. (1988): »Coping with envy and jealousy«. In: Journal of Social and Clinical Psychology, 7, 15–33.

Sammons, R. (1978). Ache Texts. Asuncion, Paraguay: New Tribes Mission.
Scarr, S. und Salapatek, P. (1970): »Patterns of fear development during infancy«. In: Merrill-Palmer Quaterly, 16, 53–90.
Schlager, D. (1995): »Evolutionary perspectives on paranoid disorder«. In: Delusional Disorders, 18, 263–279.
Schmitt, B.H. (1988): »Social comparison in romantic jealousy«. In: Personality and Social Psychology Bulletin, 14, 374–387.
Schmitt, D.P. und Buss, D.M. (1996): »Strategic self-promotion and competitor derogation: Sex and context effects on perceived effectiveness of mate attraction tactics.« In: Journal of Personality and Social Psychology, 70, 1185–1204.
Schmitt, D.P., Shackelford, T.K. und Buss D.M. (1999): Sex differences in desire for sexual variety. Manuskript.
Seal, D.W., Agosinelli, G. und Hannett, C.A. (1994): »Extradyadic romantic involvement: Moderating effects of sociosexuality and gender«. In: Sex Roles, 31, 1–22.
Seeman, M.V. (1979): »Pathological Jealousy«. In: Psychatry, 42, 351–361.
Shackelford, T.K. und Buss, D.M. (1997a): »Cues to infidelity«. In: Personality and Social Psychology Bulletin, 23, 1034–1045.
Shackelford, T.K. und Buss, D.M. (1997a): »Anticipation of marital dissolution as a consequence of spousal infidelity«. In: Journal of Social and Personal Relationships, 14, 793–808.
Shackelford, T.K., Buss, D.M. und Bennett, K. (1999): Sex differences in responses to a partner's infidelity. Manuskript.
Sharpsteen, D.J. und Schmalz, C.M. (1988): Romantic jealousy as a blended emotion. Unveröffentlichtes Manuskript, University of Denver.
Sheets, V.L., Fredendall, L.L. und Claypool, H.M. (1997): »Jealousy evocation, partner reassurance, and relationship stability: An exploration of the potential benefits of jealousy«. In: Evolution and Human Behavior, 18, 387–402.
Shepherd, M. (1961): »Morbid Jealousy: Some clinical and social aspects of a psychiatric symptom«. In: Journal of Medical Science, 107, 687–753.
Shettel-Neuber, J., Bryson, J.B. und Young, C.E. (1978): »Physical attractiveness of the ›other person‹ and jealousy«. In: Personality and Social Psychology Bulletin, 4, 612–615.
Shields, N.M. und Hanneke, C.R. (1983): »Battered Wives' reactions to marital rape«. In: D. Finkelhor, R.J. Gelles, G.T. Hotaling und M.A. Straus (Hrsg.): The dark side of families (S. 131–148). Beverly Hills, CA: Sage.
Shrestha, K., Rees, D.W., Rix, K.J.B., Hore, B.D. und Faragher, E.B. (1985): »Sexual jealousy in alcoholics«. In: Acta Psychiatrica Scandinavica, 72, 283–290.
Sigusch, V. und Schmidt, G. (1971): »Lower-class sexuality: Some emotional and social aspects in West German males and females«. In: Archives of Sexual Behavior, 1, 29–44.
Smith, P.K. (1979): »The ontogeny of fear in children«. In: W. Sluckin (Hrsg.): Fear in animals and man (S. 164–168). London: Van Nostrand.
Smith, R.L. (1984): »Human sperm competition«. In: R.L. Smith (Hrsg.): Sperm competition and the evolution of animal mating systems (S. 601–659). New York: Academic Press.
Smuts, B.B. (1985): Sex and friendship in baboons. Hawthorne, N.Y.: Aldine de Gruyter.
Sohier, J. (1959): Essai sur la criminalité dans la province de Leopoldville. Brussels: J. Duculot.

Sokoloff, B. (1948): Jealousy: A psychological study. London: Carroll and Nicholson.

Sommers, P.V. (1988): Jealousy. New York: Penguin Books.

Soyka, M., Naber, G. und Volcker, A. (1991): »Prevalence of delusional jealousy in different psychiatric disorders: An analysis of 93 cases«. In: British Journal of Psychiatry, 158, 549–553.

Spanier, G.B. und Margolis, R.L. (1983): »Marital separation and extramarital sexual behavior«. In: Journal of Sex Research, 19, 23–48.

Sprecher, S. Aron, A., Hatfield, E., Cortese, A., Potapova, E. und Levitskaya, A. (1994): »Love: American style, Russian style, and Japanese style«. In: Personal Relationships, 1, 349–369.

Stanislaw, H. und Rice, F.J. (1988): »Correlation between sexual desire and menstrual cycle characteristics«. In: Archives of Sexual Behavior, 17, 499–508.

Steinmetz, S.K. (1978): »The battered husband syndrome«. In: Victimology, 2, 449–509.

Stekel, W. (1921): The depths of the soul. London: Kegan Paul.

Sugarman, D.B. und Hotaling, G.T. (1989): »Dating Violence: Prevalence, context, and risk markers«. In: M.A. Pirog-Good und J.E. Stets (Hrsg.): Violence in dating relationships (S. 3–32). New York: Praeger.

Symons, D. (1979): The evolution of human sexuality. New York: Oxford University Press.

Symons, D. (1995): »Beauty is in the adaptations of the beholder: The evolutionary psychology of human female sexual attractiveness«. In: P.R. Abrahamson und S.D. Pinkerton (Hrsg.): Sexual mature, sexual culture (S. 80–118). Chicago: University of Chicago Press.

Tanner, R.E.S. (1970): Homicide in Uganda, 1964: Crime in East Africa. Uppsala: The Scandinavian Institute of African Studies.

Terman, L.M. (1938): Psychological factors in marital happiness. New York: McGraw Hill.

Thiessen, D.D. und Gregg, B. (1980): »Human assortative mating and genetic equilibrium: An evolutionary perspective«. In: Ethology and Sociobiology, 1, 111–140.

Thompson, A.P. (1983): »Extramarital sex: A review of the literature«. In: Journal of Sex Research, 19, 1–22.

Thorne, A. (1998, August): Interpersonal memories as building blocks for social identity and the life story. Anlässlich des jährlichen Treffens der American Psychological Association, San Francisco, gehaltenes Referat.

Thornhill, N. (1992): Female short-term sexual strategies: The self-esteem hypothesis. Anlässlich des jährlichen Treffens der Human Behavior and Evolution Society, Albuquerque, NM, gehaltenes Referat.

Tjaden, P. (1997, November): »The crime of stalking: How big is the problem?« In: National Institute of Justice Research Review.

Todd, J. und Dewhurst, K. (1955): »The Othello Syndrome: A study in the psychopathology of sexual jealousy«. In: Journal of Nervous and Mental Disease, 122, 367–376.

Tolstoi, L. (1960): La sonate à Kreutzer. Paris: Gallimard. (Die Kreutzersonate)

Tooby, J. und Cosmides, L. (1990): »On the universality of human nature and the uniqueness of the individual: The role of genetics and adaptation«. In: Journal of Peronality, 58, 17–68.

Tooby, J. und Cosmides, L. (1996): »Friendship and the banker's paradox: Other pathways to the evolution of adaptations for altruism«. In: Proceedings of the British Academy, 88, 119–143.

Tooby, J. und DeVore, I. (1987): »The reconstruction of hominid behavioral evolution through strategic modeling«. In: W.G. Kinzey (Hrsg.): The evolution of human behavior (S. 183–237). New York: State University of New York Press.

Tooke, W. Cline, K. und Daily, J. (1993, August): The coevolution of jealousy and strategic jealousy induction: An evolutionary psychological approach. Anlässlich des jährlichen Treffens der Human Behavior and Evolution Society, Binghamton, N.Y., gehaltenes Referat.

Townsend, J.M. (1995): »Sex without emotional involvement: An evolutionary interpretation of sex differences«. In: Archives of Sexual Behavior, 24, 173–206.

Townsend, J.M. (1998): What women want – what men want. New York: Oxford University Press.

Townsend, J.M. und Levy, G.D. (1990): »Effects of potential partner's physical attractiveness and socioeconomic status on sexuality and partner selection«. In: Archives of Sexual Behavior, 19, 149–164.

Trivers, R. (1985): Social evolution. Menlo Park, CA: Benjamin-Cummings.

Turbott, J. (1981): »Morbid jealousy – an unusual presentation with the reciprocal appearance of psychopathology in either spouse«. In: Australian and New Zealand Journal of Psychiatry, 15, 164–167.

Tversky, A. und Kahneman, D. (1974): »Judgement under uncertainty: Heuristics and biases«. In: Science, 185, 1124–1131.

Van den Berghe, P. (1979): Human family systems: An evolutionary view. New York: Elsevier.

Vauhkonen, K. (1968): Acta psychiatrica Scandinavica (Suppl. 202), 1.

Viorst, J. (1998): »Confessions of a jealous wife«. In: G. Clanton und L.G. Smith (Hrsg.): Jealousy (3. Aufl.), (S. 17–24). New York: University Press of America.

Wagner, J. (1976): »Jealousy, extended intimacies, and sexual affirmation«. In: ETC, 33, 269–288.

Walker, A. und Parmar, P. (1993): Warrior marks: Female genital mutilation and the sexual blinding of women. New York: Harcourt Brace.

Walker, P. (1995, Juli): Documenting patterns of violence in earlier societies: The problems and promise of using bioarchaeological data for testing evolutionary theories. Anlässlich des jährlichen Treffens der Human Behavior and Evoltion Society, Santa Barbara, CA, gehaltenes Referat.

Wallace, A. (1986): Homicide: The social reality. Sydney: New South Wales Bureau of Crime Statistics and Research.

Walster, E., Traupmann, J. und Walster, G.W. (1978): »Equity and extramarital sexuality«. In: Archives of Sexual Behavior, 7, 127–176.

Walster, E., Walster, G.W. und Berscheid, E. (1978): Equity: Theory and research. Boston: Allyn&Bacon.

Warga, C. (1999): Menopause and the mind. New York: Free Press.

Waynforth, D. (1999): »Differences in time use for mating and nepotistic effort as a function of male attractiveness in rural Belize«. In: Evolution and Human Behavior, 20, 19–28.

Whalley, L.J. (1978): »Sexual adjustment of male alcoholics«. In: Acta Psychiatriac Scandinavica, 58, 281–298.

White, G.L. (1980): »Inducing jealousy: A power perspective«. N: Personality and Social Psychology Bulletin, 6, 222–227.

White, G.L. (1981a): »Jealousy and partner's perceived motives for attraction to a rival«. In: Social Psychology Quaterly, 44, 24–30.

White, G.L. (1981b): »Relative involvement, inadequacy, and jealousy«. In: Alternative Lifestyles, 4, 291–309.

White, G.L. und Mullen, P.E. (1989): Jealousy: Theory, research, and clinical strategies. New York: The Guilford Press.

White, L.K. und Booth, A. (1991): »Divorce over the life course: The role of marital happiness«. In: Journal of Family Issues, 12, 5–21.

Whitehurst, R.N. (1971): »Violence potential in extramarital sexual responses«. In: Journal of Marriage and the Family, 33, 683–691.

Wiederman, M.W. und Allgeier, E.R. (1992): »Gender differences in mate selection criteria: Sociobiological or socioeconomic explanation?« In: Ethology and Sociobiology, 14, 115–124.

Wiederman, M.W. und Allgeier, E.R. (1993): »Gender in sexual jealousy: Adaptationist or social learning explanation?« In: Ethology and Sociobiology, 14, 115–140.

Wiederman, M.W. und Kendall, E. (1999): »Evolution, gender, and sexual jealousy: Investigation with a sample from Sweden«. In: Evolution and Human Behavior, 20, 121–128.

Wilbanks, W. (1984): Murder in Miami. Lanham, MD: University Press of America.

Williams, G.C. und Nesse, R.M. (1991): »The Dawn of Darwinian medicine«. In: Quaterly Review of Biology, 66, 1–22.

Wilson, G.D. (1987): »Male-female differences in sexual activity, enjoyment, and fantasies«. In: Personality and Individual Differences, 8, 125–126.

Wilson, M. und Daly, M. (1993a): »An evolutionary perspective on male sexual proprietariness and violence against wives«. In: Violence and Victims, 8, 271–294.

Wilson, M. und Daly, M. (1993b): »Spousal homicid risk and estrangement«. In: Violence and Victims, 8, 3–16.

Wilson, M. und Daly, M. (1996): »Male sexual proprietariness and violence against wives«. In: Current Directions in Psychological Science, 5, 2–7.

Wilson, M., Daly, M. und Daniele, A. (1995): »Familicide: The killing of spouse and children«. In: Aggressive Behavior, 21, 275–291.

Wilson, M., Daly, M. und Wright, C. (1993): »Uxoricide in Canada: Demographic risk patterns«. In: Canadian Journal of Criminology, 35, 263–291.

Wragham, R. und Peterson, D. (1996): Demonic males. Boston: Houghton Mifflin.

Wright, R. (1994): The moral animal. New York: Vintage Books.

Zahavi, A. (1977): »The testing of a bond«. In: Animal Behavior, 25, 246–247.

Zahavi, A. und Zahavi, A. (1997): The handicap principle. New York: Oxford University Press.

Zola, E. (1956). The beast in man. London: Elk Books. (Originalausgabe 1890) (Die Bestie im Menschen)

Register

abnehmende Gewinne 174ff.
Abwehrmechanismus 60ff., 73, 89, 125, 211
Ache 23, 49, 137
Adaption 17f., 22, 50, 54, 57f., 60f., 64, 122
- gemäß der Irrtum-Management-Theorie 99ff.
- Gewalt als 139ff., 153
- Untreue als 178f.
Afrika 16, 24, 57, 148, 205, 223f.
Agoraphobie 123ff.
Alexandra (Zarin) 27
Alkoholkonsum 106ff., 135, 148
Allport, Gordon 236
Alter
- und Begehrlichkeit 111ff.
- und Partnertötung 154ff.
Altern 102, 112, 138
Ammassalik (Eskimos) 49
Angier, Natalie 164, 169
Antigua-Guatemalteken 56
Arabien 224, 256
»Armadillo und die Fußspur« (Geschichte) 103f.
Atem-Magie 104
Attraktivität 38f., 53, 59, 88, 95, 111, 115, 188, 201ff.
Atwater, Lynn 202
Augustinus (hl.) 44
Australien 24, 32, 150, 152, 156
Azteken 225

Baiga 223
Bailey, Michael 86
Baker, Robin 204ff.
Barkin, Ellen 210
Begehrlichkeit, Unterschiede in der 88, 111ff., 115ff.
Belästigung 142ff.
Belize 175
Bellis, Mark 204f.
Betzig, Laura 211
Bhugra, Dinesh 48
Brasilien 103, 214
Bringle, Robert 85
Bryson, Jeff 239, 241

Bue 222
Burley, Nancy 170
Buunk, Bram 69, 89, 91, 173

Cage, Nicholas 52
Chagnon, Napoleon 103, 137
Chimbos, Peter 146, 148
China 31, 80, 153, 214, 225
Choe, Jae 80, 91
Clanton, Gordon 46
Clinton, Bill 160f., 239
Clinton, Hillary 239
Concorde-Trugschluss 239ff.
Crawford, Cindy 193
Cumae 223

Daly, Martin 46, 132, 139, 147, 149ff., 155f., 158
Darwin, Charles 43, 55
Dedden, Lisa 236
DeKay, Todd 99
Derek, Bo 111
Des Barres, Pamela 196
DeSteno, David 78f.
Deutschland 15, 80, 165
Diamond, Jed 106
Dijkstra, Pieternel 86, 89, 91
Docherty, John 120
Doppelungs-Hypothese 78ff.
Douglas, Michael 142
Dreieck, das ewige 46, 87
Duntley, Joshua 150, 157f.

Ehen unterschiedlicher Altersgruppen 154ff.
Eifersucht als gesellschaftliche Konstruktion 48
Eifersuchts-Paradoxon 44f., 47
Einschätzung des Partners, siehe auch »Partnerwert«
Eisprung, siehe auch Ovulation
Ellis, Bruce 167
Ellis, Jean 120
Emotionale Labilität 183
Emotionale Manipulation 229f.
Emotionale Untreue 15, 17
- Doppelungs-Erklärung der 78ff.

– in homosexuellen Beziehungen 84ff.
Emotionales Wissen 19, 39, 170, 243ff., 260
Engagement, emotionales 17, 19, 67, 71f., 74f., 77f., 245f.
Erektionsstörung, siehe auch Impotenz
Eritrea 214
Eskimos 49
Evolution 16, 54
– Irrtum-Mangement-Theorie und 98ff.
– Spermienkonkurrenz und 32
– Tötung des Partners und 149ff.

Fatal Attraction (»Eine Verhängnisvolle Affäre«) (Film) 25, 27, 142
Fisher, Helen 199
Flowers, Jennifer 239
Fonda, Bridget 52
Foster, Jodie 26, 28, 144
Frank, Robert 213
Frankreich 225
Fruchtbarkeit 23f., 36, 71, 128, 154

Gangestad, Steve 34, 192ff.
Geary, David 80
Gelles, Richard 134
Gene
– die Suche nach besseren 34
Genetischer Fingerabdruck 101, 205
Genitalien, Verstümmelung der 224f.
Geschlechtskrankheiten 196, 211, 236
Geschlechtsspezifische Unterschiede 74f., 100, 178, 186, 263f.
– und das absichtsvolle Hervorrufen von Eifersucht 233f., 248ff.
– und der Wunsch nach »Vielfalt« von Sexualpartnern 31, 163ff., 190
– und die Herabwürdigung von Rivalen 234ff.
– und Eifersucht 16, 70, 76, 78, 90f.
– und emotionale vs. sexuelle Untreue 15, 72, 79ff.
– und Kriterien unterschiedlicher Begehrlichkeit 88
– und Sexualphantasien 166ff.
Gewalt 19, 49, 52, 88, 127ff., 145ff., 211f., 232ff.

Gilbert, Paul 229
Gisu 148
Glass, Shirley 125, 176, 178
Glose, Glenn 142
Gottman, John 131, 137
Graham, David 147
Gray, John 69
Greeley, Andrew 161
Greiling, Heidi 33, 196, 198, 200, 203, 208, 211
Griechenland 72
Großbritannien 102, 156, 166
Guam 214
Guatemaltekische Indianer 56
Guerrero, L.K. 216

Hamlet 243
Hasegawa, Toshikazu 80
Haselton, Martie 99, 249
Hatfield, Elaine 39
Herabminderung von Rivalen 234ff.
Hesse, Hermann 23
Hinckley, John 26, 28, 144
Hite, Shere 161
Homosexuelle Beziehungen 84ff., 147
Hopi Indianer 56
Hormone 23, 190
Hrdy, Sarah 23, 191
Hughes, James 135
Hupka, Ralph 48

Impotenz 101ff., 107
Indonesien 224
Inka 225
Irak 225
Irland 69
Irrtum-Management-Theorie 98, 110, 115, 263
Israel 56, 223

Jacobson, Neil 131, 136
Jamaika 93ff.
Jankowiak, William 84
Japan 15, 25, 80, 153, 166, 225, 256
Johnson, Ralph 165
Jones, Adrianne 147
Jong, Erica (»Angst vorm Fliegen«) 167
Jugoslawien 69f.

Kagan, Jerome 56
Kamikaze-Spermien 32, 205
Kanada 146, 152, 155
Kapitalismus 22, 48, 50, 54, 137
Kendall, Erica 80f.
Kinder 24, 27, 34, 51, 53, 55f., 72, 156, 212
Kingston, Jamaika 93ff.
Kipling, Rudyard 69
Kipsigis 49, 223
Kitzinger, C. 190
Klitoridektomie 224
Klitoris 224
Ko-Evolution 62ff., 89, 95, 159, 184, 191f., 210, 217, 229, 233
Kongo 148
Konkurrenz 155, 205
Korea 15, 80, 91f., 214
Krafft-Ebing, Richard von 106
Krankhafte Eifersucht, siehe auch Othello-Syndrom
Kreutzersonate 255
Kultur 48ff., 56, 91, 103
– Gewalt und 137, 148, 151
– Liebe und 25, 256
– Strategien der Problembewältigung und 222ff.
– Untreue und 31, 37, 54
Kung San 23, 130
Kurzfristige Sexualstrategien 57, 209, 249

Labriola, Kathy 243
Letterman, David 144
Lewinsky, Monica 160f., 239
Liebe
– Evolution der 22
– unerwiderte 25ff.
Lossagung 219
Lovett, Lyle 193f.
Loyalität 53, 100, 239
Luo 148
Luyia 148

Malaysia 224
Mantegazza, Paolo 216
Margolis, Randie 162
Martin, J. 231
Mathes, Eugene 44, 259
Maya 175

Mead, Margaret 49, 95, 199, 243
Mehinaku 103f.
Menopause 113, 155
– des Mannes 106
Mexiko 69
Misshandlung 19, 33, 127ff., 200, 211f.
Monogamie 53, 73, 77, 101 f., 170, 175, 191, 209, 230, 243, 261
Montand, Yves 160
Mörder 127, 150
Mormonen 256
Mullen, Paul 58, 60, 107, 131, 231, 236

Nabokov, Vladimir 65f., 185
Nachspionieren 14, 27, 45, 122, 142ff.
Narzissmus 62, 179ff.
National Institute of Justice 144
Neid 47
Neurose 17, 44, 54, 262
Nikolaus, Zar 27f.
Nyoro 148

Offene Ehen 85, 243, 259
Oneida Society 255
Orgasmus, weiblicher 108f., 204, 207, 209
Othello-Syndrom 19, 21, 38, 50, 96ff., 101, 105ff., 115ff., 121, 185, 219
Ovulation/Eisprung 23, 35f., 192, 194, 206

Paarungsanstrengungen 174f.
Partnerschaftsstrategien 194, 210
Partnertötung 61, 145ff., 155ff.
Partner-Tötungs-Modul 152, 156
Partner-Versicherung 34f., 197ff., 210, 264
»Partnerwert« 88, 116f., 171f., 234
Patriarchat 54, 136f., 139
Paul, Luci 99
Perez, Rosie 52
Persönlichkeitsmerkmale 170, 181
Pheromone 23
Pines, Ayala 253, 259
Pinker, Steven 25
Pittman, Frank 220
Polen 214
Polygamie 73, 209, 241
Polygynie 138, 151, 256

293

Postman, Leo 236
Powell, D. 190
Problembewältigung, Strategien zur 61, 216ff., 225ff.
Promiskuität 30, 209, 239
Psychology Today (Studie) 171, 173
Psychose 181, 262

Rache 242
Rationalität 24f., 54
Reagan, Ronald 26
Reiter, R.L. 216
Relatives Engagement 118, 251
Reproduktion, erfolgreiche 44
– Promiskuität und 196
– Untreue als Gefahr für 19
Ressourcen 94, 100, 139, 156, 170, 200, 209, 212, 228, 237
Retterstol, Nils 46
Ringeltauben 102
Rodin, Judith 232
Russland 27, 214, 256

Salovey, Peter 78f., 232
Sambia 56
Samoa 49f., 95
Scheidung 32, 35, 38, 53, 149f., 157
– sexuelle Unzufriedenheit und 108, 110
– Untreue und 31, 117, 187ff., 231
Schimpansen 22f., 35, 55
Schmitt, David 236
Schuldgefühle 114, 229
Schweden 31, 80f.
Seal, David Wyatt 165
Seeman, Mary 59, 114
Selbst-Bestätigung 232
Selbstvertrauen 201f., 232
Selbstwertgefühl 45, 49, 119, 180, 201, 208, 213, 221, 236, 242
Selektion 50, 56, 63f., 99ff., 184, 191, 200, 202f., 211
Sexappeal 93, 196f., 209
Sexualphantasien 114, 166ff., 190
Sexuelle Befriedigung 84, 176ff., 203f.
Sexuelle Untreue 15, 31
Sexuelle Unzufriedenheit 108ff.
Sexy Söhne 196f.
Shackelford, Todd 91, 172, 179, 182, 184, 188

Shaker 255
Shakespeare, William 14, 29, 44, 69, 96, 107, 243
Sharpsteen, Don 58
Sheets Virgil 252
Shettel-Neuber, Joyce 226
Signalerkennung 36ff., 97
Simpson, Nicole Brown 45, 133, 157
Simpson, O.J. 45, 133, 157
Smith, Robert 198
Soga 148
Sokoloff, Boris 13
Sophie's Choice (Film) 76, 86
Sozialisation 136, 139
Spanier, Graham 162
Spekulation 210
Spermienkonkurrenz 32f., 204ff.
Sprecher, Susan 256
Stalking, Stalker siehe auch Nachspionieren, Belästigung
Steinmetz, Suzanne 134
Stekel, Wilhelm 127
Stiefkinder 53, 156, 212
Strafe 241
Strategien der Problembewältigung, siehe Problembewältigung
Strauss, Murray 134
Streep, Meryl 76, 210
Streitsucht 183, 186
Sudan 148
Symmetrie 192ff., 206
Symons, Donald 112, 166f., 207f.
»Syndrom des misshandelten Ehemannes« 134
Systematische Desensibilisierung 218

Taita 256
Täuschung 64, 66, 184
Terman, Lewis 165
Thompson, Anthony 162
Thorne, Avril 119
Thornhill, Randy 34, 192ff.
Tiv 148
Tiwi 32, 138 f.
Tolstoi, Leo 25
Tooke, William 248
Townsend, John Marshal 74f.
Treulosigkeit 108, 118, 120ff., 158, 181, 187f., 210, 212f., 228

Unfruchtbarkeit 31, 102
Universalität 33
− von Liebe 23f., 255f.
Unterdrückung von Eifersucht 85
Untreue
− Abwehrmechanismen gegen 73, 89, 229
− Charaktereigenschaften und 170ff., 179ff.
− Entdeckung von 96ff.
− Hinweise auf 20, 38f., 59, 97, 105, 107, 184
− Ruf und 59, 72f., 151, 212f.
− Unterschiedliche Begehrlichkeit/Attraktivität und 39, 59, 61, 65, 170ff.
Updike, John 30, 185

Van den Berghe, Pierre 102
Vaterschaft, unsichere 16, 109, 151, 205
Verbindlichkeit 25, 261
Verbindung, Testen der 234, 245ff.
Verdrängung 230f.
Vergewaltigung 114, 141
Viagra 102
Victoria, Königin 27
Viorst, Judith 260

Wachsamkeit 232
Wagner, Jan 243
Walker, Alice 224
Warga, Claire 113
Washington, Denzel 194
Waynforth, David 175f.
Weibliche Untreue 71, 73, 191
− als Partner-Versicherung 34f.
− Symmetrie und 194
West, Mae 111
White, Gregory 60, 234, 236, 250f.
Whitehurst, R.N. 136
Wiederman, Michael 80f.
Wilde, Oscar 114
Wilson, Margo 46, 132, 139, 147, 149ff., 155f., 158
Wright, Thomas 176, 178
Wut 43, 45f., 54, 57f., 61, 71, 120, 218

Yanomamö 130, 137ff.
Yap 223
Yapese 153

Zahavi, Amotz 246f.
Zamora, Diane 147
Zola, Emile 127

Nancy Etcoff
Nur die Schönsten überleben
Die Ästhetik des Menschen
352 Seiten, gebunden mit Schutzumschlag
ISBN 3-7205-2222-9

Schönheit ist kein Mythos!
Dieses Buch sagt uns, warum wir was als schön empfinden.
Es ist tief in unserer menschlichen Natur verankert,
für Schönheit anfällig zu sein.
Nancy Etcoff zeigt, dass sich diese Empfänglichkeit durch
alle Kulturen und Epochen zieht und dass fast überall große
Anstrengungen unternommen worden sind und werden,
um Schönheit zu erlangen.

DIEDERICHS

Anne-Marie und Reinhard Tausch

Reinhard Tausch
Hilfen bei Streß und Belastung
Vollständig überarbeitete und erweiterte Neuausgabe
(rororo sachbuch 60124)
«In seinem Taschenbuch *Hilfen bei Stress und Belastung* hat Tausch die Problematik einfühlsam, gut verständlich und Hilfe zur Selbsthilfe gebend behandelt.
Frankfurter Allgemeine Zeitung

Seit ihrer Krebserkrankung setzte sich **Dr. Anne-Marie Tausch** gemeinsam mit ihrem Mann sehr intensiv mit der Erfahrung und der Bedeutung des Sterbens auseinander. Sie starb 1983 an ihrem Krebsleiden. **Professor Dr. Reinhard Tausch** arbeitet am Psychologischen Institut der Universität Hamburg.

Anne-Marie Tausch
Gespräche gegen die Angst
Krankheit – ein Weg zum Leben
(rororo sachbuch 18375)
«Gespräche gegen die Angst» Ist eine lebendige Darstellung der Erfahrungen schwer erkrankter Menschen und ihrer Helfer in der Familie, in Krankenhäusern und Arztpraxen. Durch mehrere hundert Gesprächsausschnitte und durch persönliche Erlebnisberichte der Autorin bekommt der Leser einen tiefen Einblick in die seelische, körperliche und soziale Situation der Erkrankten. Vor allem aber zeigt Anne-Marie Tausch die vielen Möglichkeiten und Wege eines angstfreien, hilfreichen Umgangs der direkt und indirekt Betroffenen mit der Erkrankung auf.

Anne-Marie Tausch /
Reinhard Tausch
Sanftes Sterben *Was der Tod für das Leben bedeutet*
(rororo sachbuch 18843)
«Es spricht vieles dafür, daß von diesem Buch Veränderung ausgeht: Es bricht mit sanfter Radikalität ein Tabu, das Tabu des Todes. Und es informiert einfühlsam über alles, was beim Sterben, dem eigenen oder dem von Freunden und Verwandten, passiert. Jede Frage erhält eine Antwort.»
Süddeutsche Zeitung

rororo sachbuch

Weitere Informationen in der **Rowohlt Revue**, kostenlos in Ihrer buchhandlung, oder im **Internet: www.rororo.de**

rororo Sachbuch

Michael Lukas Moeller

Gelegenheit macht Liebe

Glücksbedingungen
in der Partnerschaft

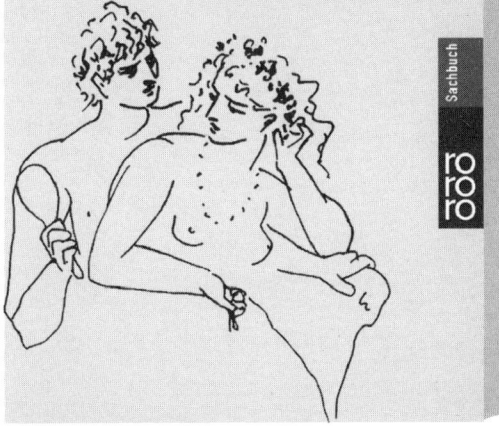

Michael Lukas Moeller
Gelegenheit macht Liebe
Glücksbedingungen in der Partnerschaft
(rororo sachbuch 61169)

In diesem Buch geht es um etwas Entscheidendes, was viele
Paare sich aber zu fragen vergessen: «Was sind die für mich
und damit für uns beide wichtigsten Liebesbedingungen?»

- Konfliktfähigkeit statt Konfliktlosigkeit
- BIG NINE. Die neun bedeutendsten Paareinsichten
- Dynamik aushäusiger Verliebtheiten
- Windrose der Wirkungen
- Allgemeine und die Vielfalt besonderer Zwiegespräche

Renner für Männer

Astrid Christina Richtsfeld
So macht Mann brave Mädchen wild *Der ultimative Erotik-Guide*
(rororo sachbuch 60680)

Christian Buchholz /
Peter Loycke
Scheidungsratgeber von Männern für Männer
(rororo sachbuch 60861)
Dieser Band behandelt alle wesentlichen Fragen zum Thema Scheidung und Trennung. Er enthält auch Informationen über die geltenden gesetzlichen Neuregelungen zum Kindschaftsrecht und zur elterlichen Sorge.

Katharina Butz /
Detlef Icheln
Penis pur *Was Männer wissen wollen*
(rororo sachbuch 60691)
«Penis pur» ist der erste Guide, der alle Fragen über das wichtigste Körperteil des Mannes kompetent und unterhaltsam beantwortet. Katharina Butz ist freie Medizinjournalistin, Trägerin verschiedener Journalistenpreise und Autorin für «Men's Health». Detlev Icheln ist Ressortleiter der Gesundheitsredaktion von «Mens Health».

Wolfgang Melcher
Der Survival-Guide: Was echte Männer können müssen
(rororo sachbuch 60860)
Dieser Band ist nicht nur spritzig und amüsant geschrieben, er ist vor allem nützlich: Denn hier steht, wie der Knopf am Hemd leicht wieder angenäht, die neue Kollegin bald erobert und die Gehaltserhöhung gewinnbringend angelegt ist.

Gisbert Redecker
Sex zwischen den Ohren *Das Gehirn als erogene Zone*
(rororo sachbuch 60682)
Gisbert Redecker ist Verhaltenstherapeut. Sein Arbeitsschwerpunkt ist die Paar- und Sexualtherapie.

Astrid Wronsky
Du siehst gut aus! *Der Pflege-Guide für Männer*
(rororo sachbuch 60848)
Die Zeiten, in denen man bei den Männern außer ihrer Zahnbürste vielleicht noch einen Rasierapparat im Bad finden konnte, sind lange vorbei, denn: ein gepflegter Body ist angesagt. Aber keine Panik, Männer! Wie so oft, sind es die einfachen, kleinen Tricks, die die Attraktivität fördern. All das findet sich in diesem Pflege-Guide.

rororo sachbuch

Weitere Informationen in der **Rowohlt Revue**, kostenlos im Buchhandel, und im Internet: **www.rororo.de**